Erwin Reisner

Vom Ursinn der Geschlechter

MAX PICARD

In Dankbarkeit, Verehrung und Freundschaft

Herausgeber der Buchreihe SYMBOLON
Dr. Peter Orban

Bisher erschienene Titel

Manfred Kyber: Einführung in das Gesamtgebiet des Okkultismus

Hans Blüher: Traktat über die Heilkunde

Eliphas Levi: Das große Mysterium

Carl du Prel: Das Rätsel des Menschen

Erwin Reisner: Vom Ursinn der Geschlechter

ERWIN REISNER

VOM URSINN DER GESCHLECHTER

Hesse Becker

Anstatt einer Vorbemerkung

Erwin Reisners Buch »Vom Ursinn der Geschlechter« erschien 1954 und ist seitdem nicht mehr aufgelegt worden. Es behandelt die große Polarität »Mann – Weib« auf eine Weise, wie sie wohl erst heute – 30 Jahre nach Erscheinen – ausreichend gewürdigt werden kann. Wir halten diesen Autoren für so gewichtig, daß wir in dieser Reihe sehr schnell weitere Werke folgen lassen werden.
Wer über das Leben Reisners und den Prozeß seiner Tilgung aus dem öffentlichen Bewußtsein mehr erfahren möchte, den verweisen wir auf unser Vorwort zu seinem Buch »Der Dämon und sein Bild« (Insel Verlag, 1986). Dort ist das Nötige gesagt, es muß hier nicht wiederholt werden.
Anstelle einer Vorbemerkung möchten wir hier eine längst verschollene Geschichte von Reisner selbst erzählen lassen. Sie entstammt seinem ersten Werk »Der blaue Pokal« und ist 1923 in Hermannstadt (Siebenbürgen) erschienen. Sie bleuchtet eindringlicher den Geist, der auch das vorliegende Werk durchzieht, als alle Vorwärter das vermögen.

Der Gott und der Götze

von Erwin Reisner

Es ist die Zeit der Sonnenfinsternis, die dem Erdbeben vorangeht. Durch die Nacht strahlt wie Phosphor der bleiche Leib des sterbenden Gottes, aber er strahlt, ohne zu erleuchten. Auch die Sterne haben ihr Licht verloren; denn alles Helle hat ER in sich genommen.

Einsamkeit umgibt das Kreuz, und die Erde ist wie ausgestorben. Da ruft zwischen Todesröcheln der Heiland über die Öde hinweg: »Gott, mein Gott! Warum hast du mich verlassen!«

Sein Ruf findet keinen Widerhall. Die Natur erkennt die Stimme nicht mehr, wie sie das Licht nicht mehr kennt.

Aber aus der Dunkelheit ballt sich der Gegengott. Auf schwarzen Wolken thronend schwebt er heran vor das Kreuz.

– Es ist Shiva, der Zerstörer, es ist Priapos mit dem obszönen Symbol, mit der höhnenden Fratze dessen, was man Liebe nennt. Und der Götze spricht:

»Wen rufst du? Nur wir sind noch; nur du bist und ich, dein ewiger Gegensatz, sonst nichts mehr. Du rufst nach dem Gott, den du auf dich gezogen hast. In deinem Streben nach eigener Göttlichkeit hast du die Welt entgottet; wo ist noch ein Gott außer dir?

Deinen Haß wolltest du ausrotten, aber indem du dein Schwert gegen ihn erhobst, verfielst du ihm. Nun hat sich dein Geschöpf gegen dich gewandt und dich ans Kreuz genagelt. Sieh, ich bin dein Geschöpf, die Ausgeburt deines eigenen Hasses. Vernichten wolltest du mich, aber du hast mich gemästet.

Als ich dir damals die Schätze der Welt versprach, wenn du vor mir niederfielest, da verschmähtest du sie, da hassest du schon die Werke dessen, den du jetzt rufst; denn du wolltest ihm gleichen; da entgegnetest du verächtlich: Es steht geschrieben: Du sollst den Herren, deinen Gott anbeten und nur ihm allein untertan sein.
Wer ist jetzt dein Herr, wenn nicht ich; denn nichts mehr ist außer uns beiden.
Auch ich muß vergeh'n im Augenblick, da du stirbst. Aber war das dein ganzes stolzes Lebenswerk?
Du lehrtest doch: Liebet eure Feinde! – Jetzt liebe mich, deinen ärgsten und letzten Feind.
Nur weil deine Liebe nicht vollkommen war, hast du mich geschaffen, wie du mich in meiner grässlichen Verzerrung vor dir siehst. Damals in der Wüste war ich schön. Noch einmal befehle ich dir nun, mich anzubeten. Liebe mich! Erkenne, daß ich dein Gott, dein Vater bin.«
Da erhebt Jesus langsam das Haupt, und seine Augen heften sich an das furchtbare Antlitz des Feindes. Dann von grenzenloser Liebe verklärt, spricht er zu ihm:
»Vater, in deine Hände befehle ich meinen Geist!«
Und das Licht, das dem heiligen Leib entströmt, beginnt wieder die Erde zu erhellen. Die Sonne tritt hervor, und die schwarzen Wolken, der Thron des Gegengottes, zerfließen in nichts.
Ein tiefes Donnern erschüttert die Luft, die Erde erbebt, der Vorhang im Tempel zerreißt, und offen liegt vor den Augen der Gläubigen das Allerheiligste.
Des Heilands brechender Blick umschließt die erlöste Natur. Und laut klingt seine Stimme:
»Es ist vollbracht!«

EINLEITUNG

Von allen Phänomen des Lebens ist – abgesehen vom Tod – die Liebe des Mannes zur Frau und der Frau zum Mann das einzige, das den Menschen wirklich in seiner Totalität betrifft, von der höchsten Spitze seiner Geistigkeit angefangen bis herab in die tiefsten Regionen seines bloß noch animalischen und vegetativen Trieblebens. Von meinen erotischen Regungen, Sehnsüchten, Glückszuständen und Leiden bin ich immer als Ganzer in Anspruch genommen, an ihnen bin ich beteiligt als erkennendes, als wollendes und als fühlendes, als psychisches und als physisches, als denkendes und als sinnlich wahrnehmendes, als ethisch gefordertes, als ästhetisch genießendes und als von leiblichen Bedürfnissen beherrschtes Wesen, und das alles mit durchaus gleicher Intensität, so daß sich vom Vorrang irgendeines der genannten Momente überhaupt nicht sprechen läßt. Es gibt da keine Region, keine Schicht meines Selbst, die ausgeschaltet oder auch nur von anderen in den Hintergrund gedrängt und zur Nebensächlichkeit herabgedrückt wäre, eine nur untergeordnete Rolle zu spielen hätte. Hier bin ich tatsächlich dieser ganze Mensch und erfahre auch sehr eindringlich, daß ich es bin. Ich kann mich in keiner Weise dispensieren, ich kann mit keinem Bruchteil meines Ich unbeteiligter Zuschauer bleiben. Als philosophischer oder wissenschaftlicher Denker, als Künstler oder Kunstgenießer, als moralische Person, als körperlich oder seelisch Leidender, als Hungriger oder Durstiger, ja selbst als Freund oder Feind vermag ich mich mit bestimmten Provinzen meiner Gesamtindividualität von meiner Ergriffenheit zu distanzieren, als erotisch Liebender aber habe ich eine solche Möglichkeit nicht. Diese Tatsache allein müßte genügen, um jedem deutlich zu machen, daß hier wie sonst nirgends die eigentliche Existenzproblematik des Menschen durchbricht und daß eben darum gerade die Frage nach dem Sinn des Erotischen in das innerste Zentrum stößt.

Schopenhauer, übrigens der einzige unter den berühmten Philosophen, der der geschlechtlichen Liebe größere Beachtung geschenkt hat, meint einmal, daß diese Liebe „die Hälfte der Kräfte und Gedanken des jüngeren

Teils der Menschheit fortwährend in Anspruch nimmt". Damit ist eher noch zu wenig als zu viel gesagt. Wenn dann freilich der gleiche Schopenhauer das ungeheure Pathos der Erotik, wie es vor allem in der Dichtung seinen Ausdruck findet, lediglich daraus zu erklären versucht, daß der Wille und das Interesse der Gattung dem der Individuen übergeordnet sei und sich diese Überordnung im Bewußtsein der Liebenden selbsttrügerisch als ein höherer Wert spiegele, der sie in ihrer Existenz zu steigern scheint, während er sie doch tatsächlich vernichtet, wenn also der Philosoph das Pathos der Liebe rein bioteleologisch erklären zu dürfen glaubt, so denkt er hier nicht viel anders als *Feuerbach,* für den der Mensch ist was er ißt, oder wie Karl *Marx,* dem alle ideellen Werte zu Illusionen, nämlich zu bloßen Momenten eines ideologischen Überbaues über den allein wirklichen materiellen und wirtschaftlichen Grundlagen werden. Solchen Deutungen widersetzt sich unser mittelbarer Wahrheitsinstinkt. Mögen die ideellen Werte, denen wir nachträumen, noch so verbogen und fragwürdig sein, es verbirgt sich trotzdem etwas in ihnen, das unsere Hochschätzung rechtfertigt. Eben darum läßt sich auch das Pathos der Erotik nicht einfach als schöne Illusion erledigen, vielmehr haben wir allen Grund anzunehmen, daß dem Gewicht dieses Pathos doch auch ein Gewicht der Sache selbst entspricht und daß hier der Mensch im eigentlichen Kern seines Seins angerührt wird, weil es dabei um das auch für ihn als für diesen einzelnen Mann oder für diese einzelne Frau Entscheidende geht. Im übrigen erweist sich Schopenhauer trotz allem doch nicht ganz ahnungslos, wenn er z. B. sehr im Gegensatz zu seiner materialistischen oder biologistischen Theorie sagt: „Warum hängt der Verliebte mit gänzlicher Hingebung an den Augen seiner Auserkorenen und ist bereit, ihr jedes Opfer zu bringen? – Weil ein *unsterblicher* Teil es ist, der nach ihr verlangt; nach allem sonstigen aber nur der sterbliche." Mag immerhin an dieser Stelle unter dem „Unsterblichen" vielleicht auch nur das Keimplasma oder dergleichen zu verstehen sein, der Umstand allein, daß Schopenhauer überhaupt ein solches Wort gebraucht und also pathetisch wird, läßt schon erkennen, daß da der um die tiefere Wirklichkeit wissende Dichter in ihm über den gewollt nüchternen Theoretiker gesiegt hat.

Ob es wirklich das Unsterbliche ist, das im Mann die Frau und in der Frau den Mann liebt, muß hier unentschieden bleiben. Jedenfalls spricht aus den zitierten Worten die Ahnung, daß es in der erotischen Liebe doch um etwas mehr geht als bloß um eine innerweltliche Erscheinung neben vielen anderen. Der Ausdruck „unsterblich" deutet auf einen *metaphysischen* Rang, der so gerade nur dem Erotischen allein zukommt, also nicht einmal dem, was wir sonst noch Liebe zu nennen pflegen, weder der Freundesliebe noch der Geschwisterliebe noch sogar der Mutterliebe. Diese Formen der Liebe mögen „reiner" sein als die geschlechtliche, aber ihrer Reinheit entspricht eben auch eine gewisse Oberflächlichkeit, ein Mangel an Tiefe. Wenn es auch nicht das Unsterbliche ist, das im Erotiker liebt, so läßt sich vielleicht doch mit einigem Recht behaupten, daß der Liebende in seiner Liebe irgendwie mit dem *Transzendenten,* also mit der Sphäre der Unsterblichkeit in Berührung kommt oder wenigstens in Berührung zu kommen meint, daß ihm eine über das bloß Empirische hinausreichende Erfahrung zuteil wird und ihn einen Blick tun läßt in das ihm sonst verschlossene eigentliche und das heißt ja ewige Leben, und das obgleich oder gerade weil die Erfüllung der erotischen Sehnsucht mit dem Verlust der individuellen Sonderexistenz oder, wie Schopenhauer sagt, mit ihrer Vernichtung zusammenhängt. „Die Liebe ist stark wie der Tod" heißt es im Lied aller Lieder, womit wohl gemeint ist, daß ihre Kraft allein ausreicht, dem Vernichter des irdisch-zeitlichen Lebens zu widerstehen, über ihn zu triumphieren.

Nur aus ihrem metaphysischen Charakter läßt sich die überragende Bedeutung erklären, die die erotische Liebe zwar nicht immer und überall, aber doch sicher in der Kultur des christlichen Abendlandes, etwa von der zweiten Hälfte des Mittelalters an gewonnen hat. Warum aber hat sie die gleiche Bedeutung nicht auch in den fremden und zeitlich ferneren Kulturen zu erringen vermocht? Das ist zweifellos eine Frage, die man nicht einfach übergehen darf. Sollte der Mensch, nämlich der abendländische Mensch im Lauf seiner Geschichte vielleicht erotischer, d. h. geschlechtlich bedürftiger geworden sein? Das ist kaum anzunehmen; denn früher einmal hat, ebenso wie alles Elementare, auch das Erotische in seiner Aktualität den Menschen zweifellos noch viel gewaltiger ergriffen als heute, da die Triebe durch Reflexion abgedämpft und abgeschwächt sind. Man braucht da nur etwa an Erscheinungen wie die kultischen Massenorgien, die Tempelprostitution und ähnliches zu denken. Der Grund dürfte vielmehr der sein, daß der späte Abendländer nur noch in der Erotik allein und kaum noch sonst irgendwo einen Zugang zur Transzendenz findet, eine gewisse Möglichkeit, den harten Panzer seiner Individualexistenz zu durchbrechen, über die Grenzen seiner Ich-Isolation hinauszukommen, von sich erlöst zu werden und damit erst wirklich Mensch zu sein. Früher war er nicht auf diese einzige Möglichkeit angewiesen. Da hing er noch zusammen mit den metaphysischen Mächten, da waren ihm noch viele Fenster nach drüben offen. Er glaubte von Natur aus an Gott oder an Götter und Dämonen, und selbst die profane Gemeinschaft war für ihn eine Realität, die hundertfache Gelegenheit bot, zu anderem in lebendige Relation zu treten.

Aber nicht nur ein tieferer und allgemeinerer Zusammenhang mit dem Metaphysischen kann für die relative Entwertung des Erotischen maßgebend sein. Auch das genaue Gegenteil wäre sehr wohl denkbar, nämlich der Verlust des metaphysischen Sinnes auch noch in diesem Bereich und die damit verbundene Ernüchterung der geschlechtlichen Beziehungen zu einer bloß biologischen Angelegenheit. Das trifft ganz ohne Zweifel zu für die Rolle, die der erotischen Liebe heute etwa in der kommunistischen Gesellschaft zu spielen noch gestattet ist, die sich ja ihrem Wesen nach gegen alles Metaphysische und Transzendente sperrt, aber, wie mir scheint, doch auch für ihre recht geringe Bedeutung bei manchen modernen exotischen Kulturvölkern, wie bei Indern und Chinesen. Ich erinnere mich an eine etliche Jahre zurückliegende Diskussion unter Akademikern über das Thema „Erotik“. Einer der Teilnehmer, ein sehr intelligenter Koreaner, Doktor der Philosophie und damals Assistent an der Wiener Universität, meldete sich zum Wort und sagte ungefähr: „Ich kann nicht begreifen, warum ihr Europäer aus der Liebe, die doch eine so einfache Sache ist, mit aller Gewalt eine so komplizierte machen wollt.“ Für diesen Mann war eben das erotische Problem ein rein biologisches und darüber hinaus vielleicht noch eine Frage des Besitzes. Es geht da erstens um die Befriedigung gewisser physischer Bedürfnisse und zweitens um die Sicherung der Nachkommenschaft, aber um nichts weiter; für die erste ist die Dirne, für die zweite die Gattin da. Von den metaphysischen Abgründen seiner urväterlichen Kultur wußte der Sohn des Ostens genau so wenig wie die weitaus meisten seiner Volks- und Zeitgenossen.

Auch für uns haben ja schließlich, was wir bei einiger Aufrichtigkeit werden zugeben müssen, die Symbole der Vergangenheit, die kultischen Feiern und Opfer, die der Mensch einst seinem Gott oder seinen Göttern darbrachte, längst ihren Sinn oder doch wenigstens ihre Eindruckskraft verloren. Von den kalten Höhen unserer säkularen Zivilisation sehen wir nur noch auf sie zurück wie auf kuriose Gewächse einer uns fremden und unverständlichen Erdperiode. Was heute davon noch übriggeblieben ist, das sind nur Schemen und hohle Masken ohne jedes wirkliche Leben. Wir reden uns die religiöse und metaphysische Leidenschaft noch gelegentlich ein, weil wir immerhin ahnen, daß wir da etwas verloren haben, aber zur blutvollen Wirklichkeit erwecken können wir sie doch nicht mehr. Dafür nimmt uns, je weniger wir vom Metaphysischen wissen, um so mehr die Leidenschaft der erotischen Liebe gefangen. Es läßt sich ohne Mühe feststellen, daß Religion und Erotik in einem eigentümlichen reziproken Verhältnis zueinander stehen, daß nämlich der stetigen Abnahme des religiösen eine ebenso stetige Zunahme des erotischen Interesses entspricht. So wird z. B. die Kunst um so eindeutiger erotisch, je weniger religiös sie ist. Es könnte darum der Anschein entstehen, als ob Religion und Eros Gegensätze wären von Anbeginn und einander ausschlössen. Dieser Schluß wäre aber falsch. Das Erotische ist durchaus nicht antireligiös, es ist vielmehr gerade das, was uns Menschen von heute an religiöser Wirklichkeit noch erreicht, was uns noch übrig bleibt, wenn wir alles andere schon verloren haben. Man könnte sagen, die Mystik des Eros ist die Oase in der trostlosen Wüste der Profaneität, der letzte metaphysische Zipfel, an den wir uns klammern.

Aber auch dieser Zipfel wird freilich immer brüchiger und fragwürdiger. Wenn heute die Erotik in der Gestalt, ich möchte fast sagen, in der Pseudomorphose einer aufreizenden Sexualität das öffentliche Leben beherrscht, was festzustellen nicht schwer wird, wenn man nur einen Blick in die Schaufenster oder auf die Reklameplakate der Großstädte wirft, so verbirgt sich dahinter die furchtbare Angst des modernen Westeuropäers, er könnte auch noch den letzten schäbigen Rest an metaphysischer Bindung verlieren. Er sucht ihn in dem zum nur noch Sexuellen degradierten Erotischen, aber gerade indem er ihn hier sucht, muß er ihn erst recht verlieren; denn eben im Sexuellen wird die Erotik metaphysiklos, platt diesseitig und rein biologisch. Damit wird übrigens deutlich, daß die Entwertung des Erotischen, wie sie sich etwa im Kommunismus beobachten läßt, das Endergebnis gerade jener Tendenzen bildet, die sich den kommunistischen Konsequenzen verzweifelt widersetzen und darum den nicht mehr erreichbaren transzendenten Gehalt der Erotik in ihren sexualistischen Absenker hineinzuprojizieren suchen. (Es verhält sich damit nicht anders wie mit den übrigen Versuchen der „westlichen“ Welt, der gefürchteten Katastrophe zu entkommen. In Ermangelung echter Werte werden Trivialitäten mit ihrem bloßen Namen beladen, und man redet sich dann ein, der legitime Verteidiger unverlierbarer Heiligtümer zu sein. Man spricht mit großem Pathos von den Idealen der Humanität oder von „moralischer Aufrüstung“ und meint damit doch eigentlich nur den behaglichen Wohlstand der Individuen.)

Aber nicht nur die Sexualisierung des Erotischen in der jüngsten Zeit, sondern bereits die Erotisierung des Metaphysischen in der abendländischen Kultur, vornehmlich in der Dichtung, deutet in diese Richtung. Zwar hat der Eros ohne Zweifel seine Würde und sogar einen bevorzugten Platz innerhalb des religiösen Komplexes. Sein Mysterium fällt zuletzt mit dem der Religion zusammen. Sobald er sich aber von dieser seiner religiösen Grundlage emanzipiert und zum Religionsersatz wird, entgleitet ihm das Mysterium. So trägt in unserer Welt die Erotik ein Janusgesicht. Einerseits ist sie wirklich die letzte Brücke zum Transzendenten und andererseits doch auch wieder die Wand, die uns den Ausblick dorthin verstellt. Man wird immer beide Seiten im Bewußtsein zu halten haben. Und wenn wir hier das Problem des Eros zum Thema machen, so sicher nicht, um etwa von ihm aus zur religiösen Wahrheit aufzusteigen, sondern vielmehr, um es gleich von allem Anfang an im Licht der geoffenbarten Wahrheit, von der her es erst sein Gewicht erhält, zu sehen und zu verstehen.

*

Während die Dichtung schon seit vielen Jahrhunderten um die erotische Liebe kreist wie ein Planet um sein Zentralgestirn, hat die Philosophie eigentümlicherweise dem gleichen Phänomen auffallend wenig Beachtung geschenkt, ja man könnte fast sagen, sie hat es geflissentlich ignoriert und umgangen, gerade so, als ob sie fürchten müßte, sich mit ihm das Konzept zu verderben, und das, obgleich die Bedeutung der Erotik für das Leben des Menschen sehr wohl erkannt wurde. Sogar der beinahe krankhaft unerotische *Kant* läßt sich gelegentlich die Worte entschlüpfen: „Erst Mann und Weib zusammen machen den Menschen aus.“ Irgendwelche Konsequenzen für seine Philosophie hat er aus dieser Einsicht aber freilich nicht gezogen, und das wenige, was er etwa über die Ehe zu sagen weiß, ist so ziemlich das *Degoutanteste,* das darüber von einem Denker überhaupt jemals gesagt wurde. Georg *Simmel* hat recht, wenn er einmal bemerkt: „Die Erörterungen im Phaidros und Symposion und die sehr einseitigen Reflexionen Schopenhauers sind, von gelegentlichen Einzelheiten abgesehen, alles, was die großen Denker zu diesem Problem beigesteuert haben."[1] Dabei muß man auch noch fragen, ob *Platon* in diesem Zusammenhang genannt zu werden verdient; denn der platonische Eros versteht sich als einen die geschlechtliche Liebe übergreifenden allgemeinen. Es geht da gar nicht oder wenigstens doch nicht in der Hauptsache um die Beziehung zwischen Mann und Weib, vielmehr erscheint diese nur als ein Sonderfall und noch dazu als ein sehr untergeordneter und minderwertiger Sonderfall der sozusagen kosmischen Erotik. Platon gehört nicht nur nicht zu den wenigen Erotikern unter den Philosophen, sondern gerade umgekehrt zu jenen, die am meisten dazu beigetragen haben, daß das Problem der geschlechtlichen Liebe aus dem Bereich der Philosophie verdrängt wurde; denn durch seine Idealisierung des allumspannenden Eros hat er der Liebe von Person zu Person jede Relevanz genommen und sie zu einer der Beachtung des Weisen kaum noch würdigen Erscheinung des der niederen Materie verhafteten sinnlichen Lebens herabgesetzt.

Die Vernachlässigung der Erotik durch die Philosophen beklagt übrigens auch *Schopenhauer*. Man sollte, sagt er gleich auf einer der ersten Seiten seiner „Metaphysik der Geschlechtsliebe", „statt sich zu wundern, daß auch ein Philosoph dieses beständige Thema aller Dichter einmal zu dem seinigen macht, sich darüber wundern, daß eine Sache, welche im Menschenleben durchweg eine so bedeutende Rolle spielt, von den Philosophen bisher so gut wie gar nicht in Betrachtung genommen ist und als ein unbearbeiteter Stoff vorliegt."[2] Diese Tatsache läßt sich aber sehr einfach erklären aus dem grundsätzlich idealistischen, und das heißt auch schon subjektivistischen, im extremsten Fall sogar solipsistischen Charakter alles natürlichen philosophischen Denkens. Es ist vielleicht der schwerste Mangel der ganzen abendländischen – und nicht nur abendländischen – Philosophie von den Griechen angefangen, sowie zum Teil auch der abendländisch-christlichen Theologie, daß da immer vom einzelnen Ich, und das heißt einseitig vom Mann her gedacht wurde, so als ob der Mensch mit seiner Problematik nichts weiter wäre als eben dieser Einzelne, nämlich dieser einzelne denkende Mann, während er doch in Wahrheit Mensch ist nur in seiner Doppelgestalt als Mann und Frau, weshalb es auch in der Schöpfungsgeschichte schon heißt: „Und Gott schuf den Menschen ihm zum Bilde ...; männlich und weiblich schuf er sie." (Gen. 1, 27). Wo davon abgesehen wird, daß der Mensch allein in dieser Zweiheit Mensch ist, da wird von seinem Wesen, nämlich von seiner Ich-Duheit abgesehen, da hat man überhaupt gar nicht den wirklichen Menschen, sondern bloß die eine seiner an sich unzulänglichen Hälften im Blick, da macht man aus ihm ganz gegen seine wahre Natur ein Einzelwesen, das als solches nicht existiert, da redet man sozusagen vom Rechten, ohne zu bemerken, daß das Rechte nur mit dem Linken ein Rechtes sein kann. Der Mensch besteht als Einzelner immer nur in seiner Bezogenheit, in seiner Hingewiesenheit auf den geschlechtlichen Partner, und nach ihm fragen muß darum von allem Anfang an heißen, nach der Realität und nach dem Sinn eben dieser seiner Bezogenheit, des Mannes auf die Frau und der Frau auf den Mann fragen.

Von den großen Philosophen des Deutschen Idealismus hat allein *Schelling* die Wirklichkeit nicht ins Abstrakte verflüchtigt und das die Welt aus sich herausspinnende Ich nicht nach dem Vorbild *Descartes* zum Absoluten gemacht. Er, der eigentliche Philosoph der Romantik, wußte etwas von der lebendigen Polarität des Realen, die sich nicht einfach auf den Subjekt-Objekt- oder gar Ich – Nicht-Ich – Gegensatz reduzieren läßt, von der alles durchwaltenden erotischen Dialektik, die nicht dem Positiven ein Negatives, dem Leben den Tod, dem Etwas das Nichts als den anderen Pol entgegenstellt, mit welchem Unfug bereits *Heraklit* begonnen hatte, sondern ein zweites Positives, ein zweites Lebendiges, ein zweites Etwas, also ein *Du*, durch dessen Existenz das Ich überhaupt erst bestätigt und nicht etwa aufgehoben oder in Frage gestellt wird. Darin eben unterscheidet sich die Romantik vom Idealismus, daß sie dem Eros mehr Kraft zutraut als dem Logos und nicht am Ende wie *Platon* den Eros doch in den Logos aufgehen läßt. Das macht ihre unverlierbare Größe aus, die heute leider gewöhnlich unterschätzt wird, von den Philosophen und noch viel mehr von den Theologen, und das ist auch der Grund dafür, daß die Romantiker viel leichter als die Idealisten einen Zugang zum Christentum fanden. Damit soll nicht gesagt sein, daß die Romantik als solche auch schon christlich gewesen wäre, sondern nur, daß sie immerhin etwas ernst genommen hat, das man auch ernst nehmen muß, wenn man Christ sein will, die Tatsache eben, daß es ein Ich nur geben kann, sofern es auch ein Du gibt, daß es den Mann nur geben kann, sofern es auch das Weib gibt und umgekehrt. Zwar hat Schelling keine besondere Philosophie der Erotik geschrieben, aber alles, was er geschrieben hat, vor allem als reifer Denker, ist vom erotischen Urerlebnis geformt, vom unmittelbaren Wissen um die positive Realität des Gegenüber.

Der Idealist erweist sich von der anderen Seite her immer als Rationalist. Das klassische Beispiel dafür ist wieder *Descartes,* aber das gleiche gilt doch auch von *Kant,* von *Fichte* und, obgleich mit einigen Einschränkungen, sogar von *Hegel.* Dem Ich des Idealisten steht bloß das Nicht-Ich gegenüber, das durchaus nicht ein Nichts zu sein braucht, sondern sehr wohl auch ein Etwas sein kann, nur eben ein Etwas, dem als dem Gegenteil des Ich alle jene spezifischen Qualitäten fehlen, die dieses konstituieren, vor allem Selbstbewußtsein und Freiheit. Man könnte sagen: das Ich ist wesenhaft Organismus, das Nicht-Ich dagegen Mechanismus, Maschine oder Apparat. Ein solches Nicht-Ich kann selbstverständlich niemals Du sein. Der Organismus lebt aus sich selber, bzw. aus der Seele oder dem Geist, der ihn sich zu seinem eigenen Leib erbaut und sich ihm hingegeben hat, so daß aus beiden Eines werden konnte. Der Leib ist hier das Du des Geistes; und genau das gleiche Verhältnis wie zwischen Geist und Leib besteht auch zwischen dem Ich und dem Du, sofern sie einander in der Welt begegnen und gegenübertreten. Das duhafte Andere bietet sich dem Ich zur Hingabe an, fordert aber gleichzeitig auch dieses zur Hingabe auf. Hier redet ein Lebendiges ein Lebendiges an, damit beide in der Gemeinschaft noch lebendiger werden. Ganz anders das Nicht-Ich, die Maschine, der Apparat als Gegenpol des Ich. Von einer wechselseitigen Hingabe kann da niemals gesprochen werden; denn es gibt Hingabe weder eines Unlebendigen noch an ein Unlebendiges. Daß sich das Ich der Maschine nicht hingibt, leuchtet ein, aber auch die Maschine gibt sich dem Ich nicht hin, sie wird nur von ihm verwendet, in seinen Dienst gestellt, ja sie ist wesenhaft Gestalt gewordenes Indienstgestelltsein. Wo immer das Subjekt-Objekt oder Ich-Nicht-Ich-Schema das philosophische Denken bestimmt, weil von der Absolutheit des ego cogitans ausgegangen wird, verwandelt sich die Welt notwendig in eine kausalgesetzlich funktionierende Maschine, und findet demnach der lebendige Eros als tragendes Prinzip keine Geltung. Für Fichte etwa werden auch noch die Nebenmenschen zum bloßen Material der Pflichterfüllung, also zu Verwendungsobjekten des ethischen Subjektes oder zu Maschinen, ganz ähnlich wie die Tiere bei Descartes, und Kant weiß sogar die Ehegatten nur als vertragsmäßig einander zur Verfügung stehende Geschlechtsapparate zu definieren. Wenn er trotzdem an anderer Stelle betont, der Nebenmensch dürfe niemals als Mittel, sondern müsse immer als Selbstzweck behandelt werden, so ist daran gewiß nichts auszusetzen, nur geht eben diese Wahrheit in das Gefüge seines philosophischen Systems nicht recht ein. Im Gegensatz zum Idealismus sieht die Romantik im Gegenüber des Ich keine diesem verfügbare Maschine, sondern ein Du, und so kommt hier auch der Eros, der für den Idealismus nur Verlegenheit bedeuten oder zum Stein des Anstoßes werden kann, wieder zu seinem Recht. Es waren darum fast ausschließlich Romantiker oder doch von der Romantik entscheidend beeinflußte Denker, die in der ersten Hälfte und noch um die Mitte des vergangenen Jahrhunderts zum Problem des Erotischen Belangreiches zu sagen hatten, wie *Schleiermacher,* Franz von *Baader* und vor allem J. J. *Bachofen.* Vielleicht darf auch *Kierkegaard* in diesem Zusammenhang genannt werden, dessen ganzes Werk im Bann seines eigenen erotischen Erlebnisses stand.

Nach dem Ende des Idealismus und dem Ausklang der Romantik verlieren sich die philosophischen Auslassungen über das Thema Erotik zumeist im ödesten Naturalismus und Rationalismus, bis dann um die Jahrhundertwende wieder ein etwas tieferes Verständnis für die Bedeutung zwar noch nicht eigentlich der erotischen Liebe, aber doch wenigstens der Ich-Du-Beziehung aufzudämmern beginnt. Martin *Buber,* Ferdinand *Ebner,* Eberhard *Grisebach* und Karl *Jaspers* sind die Namen, die vor allem genannt zu werden verdienen. Man wird aber diese Wendung nicht vorschnell eindeutig positiv bewerten dürfen; denn es handelt sich dabei viel weniger um die Wiederentdeckung einer Realität als Folge elementarer Ergriffenheit von ihr, als vielmehr um eine Konsequenz aus dem Scheitern aller Versuche, der idealistischen wie der rationalistischen, die Probleme von der Ich-Autonomie her zu lösen und ohne die leidige Voraussetzung einer schlechthin unerklärbaren objektiven Wirklichkeit auszukommen. So wie man heute wieder von Gott redet und religiöse Themen wieder als salonfähig betrachtet, nicht weil man die Macht Gottes, sondern nur, weil man die eigene Ohnmacht erfahren hat, so redet man auch wieder vom lebendigen Gegenüber, vom Du, nicht weil im modernen Menschen eine neue Liebesflamme sich entzündet hätte, sondern bloß, weil sich der Widerstand des Du, sein Realitätsanspruch dem Ich gegenüber als unüberwindbar erwiesen hat. Man sieht sich genötigt, das Du zwar nicht zu erkennen, denn dazu reichen unsere Kategorien gar nicht aus, aber doch anzuerkennen und als ein fatales Faktum hinzunehmen. Man stößt sich an ihm und muß leider zugeben, daß da etwas ist, an dem man sich stößt, so wenig das auch den Wünschen des sich Stoßenden entsprechen mag. Da aber der Mensch immer geneigt ist, aus der Not eine Tugend zu machen, so trachtet er auch aus dieser Situation das Beste für sich herauszuholen und bemüht sich, seine Niederlage in einen Sieg, seine Aporie in eine Entdeckung oder Wiederentdeckung umzufälschen. Er redet sich ein, den Idealismus überwunden zu haben und zur Erkenntnis der Ich-Du-Relation durchgedrungen zu sein.

Immerhin ist nicht zu bestreiten, daß das Scheitern der autonomen und in ihrer Autonomie für das Du blinden Philosophie, sowie das damit verbundene Aufmerksamwerden auf eine bisher vernachlässigte objektive Realität doch auch seine sehr positive Seite hat. Wenn auch gewiß das scheiternde Denken als solches nicht imstande ist, das Rätsel des lebendigen Gegenüber zu lösen oder auch nur zu „erhellen", so wird doch wenigstens der scheiternde Denker in seiner Resignation vielleicht wieder hellhörig für Stimmen, die sich ihm nicht aus seinem autonomen Selbst, sondern von anderswoher vernehmbar machen. Er wird, heißt das, wohl nicht als Philosoph, aber möglicherweise als einer, der seine philosophischen Ansprüche aufgegeben hat, bereit sein, sich belehren zu lassen und zu hören, wo er nicht mehr sich selber belehren und auch nicht mehr sprechen kann.

Nun hat freilich die Ich-Du-Problematik, wie sie in der jüngsten Philosophie, vor allem auch bei den früher genannten Denkern auftaucht, mit der Erotik, d. h. mit der Beziehung zwischen Mann und Weib noch kaum sehr viel zu tun. Es geht da vielmehr um die ganz allgemeine Frage nach dem Verhältnis des Menschen zum Nebenmenschen überhaupt ohne Rücksicht auf den Geschlechtsunterschied. Man darf sagen, daß diese Verallgemeinerung, diese Schematisierung oder Nivellierung des Problems ein rationalistisches Erbstück ist. Man anerkennt zwar die Konkretheit der Beziehung, aber man läßt sie doch noch nicht ganz konkret werden, man läßt nicht das wirkliche, sondern zunächst nur ein abstraktes, ein begriffliches Du zu Wort kommen. Das Ich und das Du stehen einander hier noch als qualitativ gleichartige Partner gegenüber, was dem Ich bei aller Anerkennntnis der unaufhebbaren Wirklichkeit des Anderen immer noch eine gewisse intellektuelle Macht über ihn sichert. Anders wird es erst dann, wenn dem Du nebst der objektiven Realität auch die qualitative Differenz zugestanden ist, d. h. wenn es verstanden wird als ein wesensmäßig anders Geartetes, das ich nicht mehr einfach mir selber als ein zweites Ich gleichsetzen und so bewältigen kann. Diese wahrhaft konkrete Ich-Du-Beziehung aber erscheint nur im Gegenüber von Mann und Weib, also im erotischen Verhältnis gegeben; denn nur hier ist das Du nicht bloß noch einmal ein Ich, sondern tatsächlich ein Anderes, das mich in seiner Andersheit beansprucht und aus mir herausruft. Nur ein solches Du sagt mir, daß ich als der, der ich bin, kein Ganzer, nämlich kein ganzer Mensch bin, daß mir etwas fehlt und daß ich mich hingewiesen sein lassen muß auf eine Seinsweise, die mein bloßes Dasein überhöht, ja von mir den Verzicht auf dieses Dasein fordert.

Die Zweigeschlechtlichkeit als solche schließt bereits den Autonomieanspruch jedes einzelnen der beiden Partner aus und verbietet damit jeden Versuch, die Realität des objektiv Gegebenen aufzuheben, sowohl idealistisch vom Ich aus wie auch rationalistisch auf den reinen Begriff hin, d. h. wo die erotische Polarität ernst genommen wird, ist die Zuständigkeit sowohl der reinen Philosophie wie auch der Wissenschaft ausgeschaltet und findet sich der Mensch auf eine Wahrheit verwiesen, die gar nicht mehr er von sich aus zu erkennen vermag, sondern die ihm von außen dargeboten wird. Das erotische Gegenüber hellt sich, heißt das, seinem Sinn nach nur auf für den *Glauben* und wird so zum Gegenstand nicht der Philosophie, sondern der Theologie, nicht der theoretischen, sondern der religiösen Kategorien.

Nun erschöpft sich aber das Wesen der Erotik nicht im bloßen Gegenüber von Personen verschiedenen Geschlechtes und in der damit verbundenen problematischen Spannung; vielmehr reden wir vom Eros erst dort, wo diese Spannung in der *Liebe* der verschiedengeschlechtlichen Personen füreinander ihre Entspannung findet. Die erotische Liebe ist ja bereits die Antwort auf die Frage nach der erstaunlichen Andersartigkeit des Anderen, sie ist das Ja des Einen zum Anderen, das sogar stärker ist als der Wille des Einzelnen zur individuellen Selbstbehauptung. Wir brauchen das Wort „Liebe“ bekanntlich für eine ganze Reihe von sehr verschiedenen Formen der Zuneigung. Man spricht von Bruderliebe, Elternliebe, Kindesliebe, Freundesliebe, ja sogar von Liebe zur Natur, zu Tieren, zu Pflanzen, zu Dingen. Trotzdem aber ist die Liebe der Geschlechter nicht etwa nur ein Sonderfall der Liebe überhaupt, sondern — wenigstens innerhalb der empirischen Wirklichkeit — die Urform aller Liebe, die Liebe schlechthin, auf die als auf das eigentliche Zentralphänomen alle anderen Formen zurückweisen. Darum denkt auch jeder ganz unwillkürlich, sobald er nur einfach das Wort „Liebe“ hört, zunächst an die geschlechtliche Liebe. Wenn eine andere gemeint ist, so muß das immer erst ausdrücklich hinzugefügt werden. So sagt auch der Romantiker *Carus:* „Fassen wir daher *das* zunächst ausschließend und nahe ins geistige Auge, was wir den wahren Mittelpunkt dieses Gefühls (der Liebe), ich möchte überhaupt sagen das Urgefühl nennen dürfen und was auch die Sprache oft ausschließend mit dem Namen der Liebe bezeichnet, d. h. die Liebe der Geschlechter gegeneinander, — und wir werden *daran* das Wesen dieses Gefühls am lebendigsten zu begreifen vermögen.“[3]

Die seit etlichen Jahrzehnten in der christlichen Theologie üblich gewordene scharfe Unterscheidung zwischen *Eros* und *Agape* geht, was man oft gar nicht weiß, auf einen dezidierten Nicht-Christen, ja Atheisten, nämlich auf *Schopenhauer* zurück, der unter dem Eros jene Form der Liebe verstanden wissen wollte, die das furchtbare Elend dieser zeitlich-irdischen Existenz immer wieder verlängert und das unselige „Rad der Geburten“ nicht zum Stillstand kommen läßt. Demgegenüber wird der allerdings der Bibel entnommene Ausdruck Agape zur Bezeichnung des von Schopenhauer allein ethisch positiv bewerteten Mitleids verwendet, das in seiner letzten Konsequenz zur Verneinung des Willens zum Leben unter dem principium individuationis und zum buddhistischen Nirvana führt. Echte Liebe und erotische Liebe sind demnach Gegensätze, eine These, die dann auch Otto *Weininger,* der sich freilich für einen Christen hielt, zur Unterbauung seiner misogynen Philosophie übernommen und radikalisiert hat. Die christliche Theologie steht nun zwar kaum in Gefahr, die Agape im Sinn Schopenhauers als bloßes Mitleid mißzuverstehen, wohl aber in der anderen, die scharfe Kontraposition von Eros und Agape mitzumachen und demgemäß von einer heiligen und einer sündigen oder, wenn man will, von einer himmlischen und einer irdischen Liebe zu reden, wobei „himmlisch“ ungefähr mit geistlich und „irdisch“ mit sinnlich gleichgesetzt wird. Gewisse Aussprüche des NT, wie z. B. Luk. 14, 26, Joh. 12, 25 oder 1. Joh. 2, 15 scheinen einer solchen Auffassung zunächst ja auch tatsächlich ein gewisses Recht zu geben.

Ich selber habe früher manchmal eine ähnliche Meinung vertreten, sehe sie aber heute als irreführend an. Wer den Eros so beurteilt, vergißt vor allem, daß nach biblischer Darstellung die beiden ersten Menschen ein Mann und ein Weib waren, weshalb hier zwischen Eros und Agape gar kein Unterschied, geschweige denn ein ausschließender Gegensatz bestehen konnte. Die vollkommene Liebe ist vollkommener Eros und vollkommene Agape zugleich. Die zweigeschlechtliche Polarität bildet die Voraussetzung für das Zustandekommen der Liebe in ihrer höchsten Form, und nur wenn diese Liebe bereits irgendwie krank geworden ist, ergibt sich aus einem gewissen Gegensatz zu ihr die Idee der Agape so wie sie gewöhnlich verstanden wird, als des Anderen, das ihr nun fehlt, das aber an sich selbst und allein ebensowenig vollkommen ist wie sie. Man sollte übrigens nicht vergessen, daß im Hohenlied, das ganz unzweideutig von der erotischen Liebe zwischen Mann und Frau redet, diese Liebe in der griechischen Übersetzung der Septuaginta *αγαπη* und nicht etwa *ερως* heißt.

Wo Liebe überhaupt Liebe genannt zu werden verdient, ist sie immer positiv, ja das Positivste, das es in der Welt gibt, und da von allem, was auf Erden unter dem Namen Liebe geht, die Liebe der Geschlechter die weitaus stärkste ist, so daß sie im Konkurrenzfall gewöhnlich ohne Bedenken über jede andere hinweggeht („Darum wird ein Mann Vater und Mutter verlassen und an seinem Weibe hangen"), so wäre es geradezu absurd, ihr nur einen niederen Rang zugestehen oder sie gar negativ bewerten zu wollen. Außerdem steht auch nach biblischer Darstellung diese Liebe und nicht irgendeine andere am Anfang der menschlichen Geschichte, und zwar von uns aus gesehen noch jenseits der durch den Fall aufgerichteten Schranke zwischen Paradies und Welt. Die Liebe des Mannes zur Frau und der Frau zum Mann ist der kreatürliche Ausdruck, die objektive Manifestation des Lebens selbst. In dieser Liebe soll der männlich und weiblich geschaffene Mensch Gottes Ebenbild sein. Wir leben um zu lieben und wir lieben, weil wir leben. Die Liebe ist der Sinn des Lebens, und das Leben ist der Gegenstand der Liebe. Gott, der Schöpfer, ist die Liebe und Gott ist auch das Leben. Die Liebe hat darum ihren Zweck in sich selber. Sie kennt kein Über-sich-Hinaus. „Wenn ich dich nur habe, so frage ich nichts nach Himmel und Erde." (Ps. 73, 25). So kann nur einer reden, der erfahren hat, daß Gott die Liebe ist. Gerade so aber redet auch und außer der Liebe zu Gott nur die erotische Liebe, welche Tatsache erkennen läßt, wo diese ihren Ursprung und ihr Urbild hat und worauf sie hinweist oder doch wenigstens hinweisen sollte.

Wenn das so ist, dann wird sich aber freilich auch die Gottesferne der gefallenen Welt hier am deutlichsten zeigen müssen, dann wird der Grad der Gottesferne vor allem am Grad der erotischen Korruption offenbar werden. Darum ist den Worten Emil *Brunners* beizustimmen: „Man darf wohl, ohne sich einer Übertreibung schuldig zu machen, behaupten, daß die Ehekrisis für die christliche Ethik das ernsteste und schwerste Problem darstellt, demgegenüber sogar die Fragen nach der wirtschaftlichen und politischen Gerechtigkeit zweiter Ordnung sind. Denn nicht nur geht es hier an die Wurzel der menschlichen Existenz, sondern es drängen sich hier auch alle Probleme der Ethik auf einen Punkt zusammen, so daß man geradezu sagen muß: Was eine Ethik über diese Frage zu sagen oder nicht zu sagen hat, entscheidet überhaupt über ihre Tauglichkeit.[4]

Das Recht und die Notwendigkeit, das Problem der menschlichen Existenz einmal von diesem Punkt her aufzurollen, ergibt sich einfach aus der Tatsache, daß hier auch der moderne säkularisierte Mensch noch immer ansprechbar ist, weil er irgendwie ahnt, daß sich in der Liebe zwischen Mann und Frau ein Geheimnis verbirgt, das sich nicht auf die gleichen rationalen Formeln bringen läßt, mit denen er sonst seine Wirklichkeit intellektuell bewältigen zu können meint. Ein alter erfahrener und gütiger Seelsorger hat mir einmal gesagt, daß es ihm immer noch gelungen sei, selbst die verstocktesten Materialisten zum Aufhorchen zu bringen, sobald er ihren Blick auf das Gebiet der Erotik lenkte. Gewiß hat dieses allgemeine Interesse auch seine sehr bedenklichen Seiten. Man wird mit einigem Recht sagen können, daß es gerade nicht die Sehnsucht nach irgendeinem Höheren, sondern ganz im Gegenteil die lüsterne Freude am Untermenschlichen sei, die die Aufmerksamkeit weckt. Das soll gar nicht bestritten werden, aber das gilt ja ebenso von der schon früher erwähnten Hypertrophie der Erotik im öffentlichen Leben Westeuropas und aller westeuropäisch beeinflußten Länder von heute, in der neuzeitlichen Kunst usw., und trotzdem hielten wir uns für berechtigt, darin auch noch etwas mehr zu sehen als bloß ein Symptom kultureller Degeneration, nämlich den Ausdruck für das tiefe Bedürfnis des aus allen metaphysischen Wolken gefallenen Menschen, den letzten in die Transzendenz hinüberweisenden Zipfel krampfhaft festzuhalten. Es geht ja nicht darum, das Erotische in der Form, in der es da auftritt, begeistert anzuerkennen, sondern nur darum, sich eines trotz allem noch immer offenen Ventils zu bedienen.

Wir konnten vor allem zweierlei feststellen: erstens, daß nur in der erotischen Liebe allein, sei es in welcher ihrer möglichen Gestalten immer, der Mensch sich mit unwiderstehlicher Gewalt als isoliertes Einzelwesen aufgehoben findet, und zwar so, daß er diese Aufhebung nicht einfach als den Gewaltakt einer ihm feindlichen Macht, sondern als die Erfüllung seiner eigenen Sehnsucht erfährt, und zweitens, was freilich im tiefsten damit zusammenhängt, daß sich das erotische Phänomen, genauer gesagt, die Problematik der Ich-Du-Beziehung, die in der Erotik ihr eigentliches Urbild hat, sich dem Zugriff sowohl der rein philosophischen wie auch der wissenschaftlichen Rationalisierung entzieht und eine Realität in Erscheinung treten läßt, die ihren Sinn, wenn überhaupt, so nur im Licht religiöser Wahrheit – wie wir uns zunächst ganz vorsichtig ausdrücken wollen – enthüllt. Nicht als ob es eine Möglichkeit gäbe, die Erotik gleichsam zum Sprungbrett der Theologie zu machen, das natürlich nicht, aber wo sollte man mit seiner Rede von theologischen Dingen einsetzen, wenn nicht eben dort, wo der Mensch von Natur aus genötigt ist, an der bedingungslosen Geltung seines Autonomieanspruches zu zweifeln, wo er einfach zugeben muß, daß er Mensch nur sein kann, gerade indem er diesen Anspruch aufgibt.

DER URSINN DER GESCHLECHTER

Die mann-weibliche Polarität

Wer erkannt hat oder wenigstens erkannt zu haben meint, daß das Tiefste und Aufschlußreichste, was jemals über den Sinn der Zweigeschlechtlichkeit des Menschen gesagt wurde, auf den ersten Seiten der Genesis steht, wird schwerlich anders können, als eben hier zu beginnen, wenn er sich zu dieser Frage äußern soll und will. Aber ein solcher Anfang hat zweifellos auch manches Bedenkliche. Die Bibel steht ja heute – auch bei vielen Theologen – nicht mehr in so hohem Kurs, daß ihre Aussagen als allgemein verbindlich oder auch nur als beachtlich gelten könnten, und so erweckt man, wenn man sich einfach auf sie beruft, leicht den Anschein, als wollte man nur eine erbauliche Predigt halten, der harmlosere Gemüter zuhören mögen, während sich die anderen mitleidig lächelnd abwenden, oder als wollte man einen seelsorgerlichen Traktat mit missionarischer Tendenz schreiben. Mindestens aber gerät man in den Verdacht, sich aus Bequemlichkeitsgründen einer altehrwürdigen Autorität zu bedienen, um so der Pflicht auszuweichen, die eigenen Thesen mit der erforderlichen Mühe und Akribie zu begründen. Die meisten Menschen unserer Zeit sind geneigt, ein Buch, das mit Bibelzitaten beginnt, nach der Lektüre der ersten Sätze verärgert aus der Hand zu legen; denn sie versprechen sich nichts mehr davon, wenigstens nichts, was sie wirklich berühren und angehen würde, was ihnen im Blick auf ihre aktuellen Fragen etwas Entscheidendes zu sagen hätte. Und das vielleicht nicht einmal ganz mit Unrecht; denn es ist leider nicht zu leugnen, daß manche Theologen es sich mit der Verknüpfung von Problemen, die den modernen Menschen beunruhigen, und ihnen angemessen erscheinenden Schriftstellen allzu leicht machen, wobei sie sehr gegen ihren eigenen Willen erstens die Hörer und Leser abstoßen und zweitens das Wort der Bibel nur noch mehr in Mißkredit bringen.

Wenn ich es trotzdem wage, von der Schöpfungsgeschichte auszugehen, so sicher nicht in der Absicht, dem Leser sofort ein Dogma an den Kopf zu werfen, das er einfach hinzunehmen hätte. Ich will zunächst über den objektiven Wahrheitsgehalt der biblischen Erzählung überhaupt nichts entscheiden. Mag es sich da um einen wörtlich zu nehmenden Tatsachenbericht, um einen bloßen Mythos, ein schönes Märchen, eine Sage, eine Legende oder um sonst etwas handeln, das braucht uns hier noch gar nicht weiter zu bekümmern. Es kommt lediglich darauf an, was mit dieser Erzählung von Adam und Eva im Paradies gemeint ist, welchen Sinn sie hat und ob sich dieser Sinn als sinnvoll erweist auch im Hinblick auf das, was sich ohne jeden Rekurs auf die Bibel, bloß auf Grund der Erfahrung feststellen läßt, bzw. ob der biblische Bericht, gleichsam als Arbeitshypothese an den Anfang gestellt, sich in der Folge fruchtbar zeigen und so indirekt seine Bestätigung finden wird oder nicht. Ich selber, das möchte ich ausdrücklich betonen, bin allerdings vom Offenbarungscharakter der Genesis überzeugt, aber ich verlange von niemandem, daß er sich mir da bedingungslos anschließt. Ich bitte nur alle, die mir vorläufig in der Annahme meiner Voraussetzung nicht folgen können, meine Ausführungen mit Wohlwollen und Hörbereitschaft hinzunehmen und die Möglichkeit nicht ganz auszuschließen, daß sie sich immerhin als brauchbar erweisen könnten. Mehr fordere ich nicht, aber das glaube ich fordern zu dürfen.

Ich stelle nun an den Anfang den Satz Gen. 1, 27: „Und Gott schuf den Menschen nach seinem Bilde, nach dem Bilde Gottes schuf er ihn; männlich und weiblich schuf er sie." Die beiden Ausdrücke für „männlich" und „weiblich" im hebräischen Urtext – sachar und nequebah – lassen sich ihrer etymologischen Herkunft nach, mit einiger Freiheit zwar, aber doch durchaus zutreffend, mit *„konvex"* und *„konkav"* übersetzen, d. h. die geschlechtliche Polarität stellt sich nach dieser sprachlichen Formulierung in der Weise dar, daß bei dem einen Pol hervortritt, was bei dem anderen zurücktritt und umgekehrt, daß also sozusagen das Innere des einen das Äußere des anderen oder das Positive des einen das Negative des anderen ist. Auf dieser Wechselseitigkeit beruht ja übrigens nicht nur die mann-weibliche, sondern jede echte Polarität ohne Ausnahme. Das Negative ist immer das Positive von der anderen Seite gesehen, wobei aber die Ausdrücke „positiv" und „negativ" einen rein formalen Charakter haben und kein Werturteil in sich schließen. Wir reden ja auch z. B. von positiver und negativer Elektrizität oder vom positiven oder negativen Pol eines Magneten, ohne damit sagen zu wollen, daß das Negative gemessen am Positiven relativ nichtig wäre. Wo das der Fall ist, wo also das Negative ein absolut oder auch nur relativ Nichtiges bedeutet, wie etwa im Gegenüber von Hell und Dunkel oder von Tod und Leben, dürfte man streng genommen von Polarität im eigentlichen Sinn gar nicht mehr sprechen. So ist demnach auch das Konkave nicht die Aufhebung des Konvexen, nicht das Nein zu ihm, nicht ein Nichts im Gegensatz zu einem Etwas, eine Irrealität im Gegensatz zu einer Realität, sondern vielmehr die von der ersten als Ergänzung geforderte und sie von sich aus wieder fordernde *andere Realität.* Schon allein daraus, daß hier von *Gott* gesagt wird: er schuf sie männlich und weiblich oder eben konvex und konkav, ergibt sich, daß jeder der beiden Pole an sich ein Positives ist; denn Gott, der Schöpfer, kann keine Nichtigkeit schaffen; das wäre widersinnig.

Es wird zunächst die Frage zu beantworten sein, was das überhaupt zu bedeuten hat, wenn das Männliche konvex und das Weibliche konkav genannt wird. Denken wir uns irgendeinen konvexen Körper, z. B. eine Halbkugel. Dieser Körper erweckt schon allein durch seine Gestalt den Eindruck der Bewegtheit oder der Aktivität. Es ist, als ob er aus der Ebene hervorgebrochen wäre und nun die Tendenz hätte, sich in der gleichen Richtung, d. h. in der Richtung seiner eigenen Achse über den Scheitelpunkt hinaus fortzubewegen. Er drückt mit anderen Worten ein *Zu-hin* aus. Nun ist aber jedes Zu-hin notwendig auch ein *Von-her,* und zwar erscheint in unserem Beispiel das Von-her symbolisiert durch die Ebene, aus der sich die Halbkugel hervorwölbt. Im Verhältnis zu dieser Ebene aber ist der gleiche Körper nicht konvex, sondern umgekehrt konkav; denn er wendet ihr ja seinen Hohlraum zu. Damit soll gesagt sein, daß er sich hinsichtlich seines Zu-hin wohl konvex, hinsichtlich seines Von-her jedoch als konkaves Gebilde darstellt, er ist also konvex *und* konkav oder eben männlich *und* weiblich in Einem. Seiner Männlichkeit nach der einen Seite entspricht seine Weiblichkeit nach der anderen, so daß er eindeutig weder männlich noch weiblich genannt werden kann. Die seiner Männlichkeit entsprechende Weiblichkeit, sein eigenes weibliches Komplement ist nicht irgendein ihm fremdes oder auch nur von ihm wesensverschiedenes Anderes, sondern er selber unter anderem Gesichtspunkt, nämlich nicht als Zu-hin, sondern als Von-her. Freilich läßt sich in gewissem Sinn gerade auch das Konkave als Zu-hin verstehen. Während aber das Konvexe die Bewegung zu hin in entschiedener Aktivität zum Ausdruck bringt, ist das konkave Zu-hin ein *erwartendes und antwortendes Sich-Ausstrecken* nach einem Kommenden, von dem die erste Bewegung, der

Antrieb zu aller Bewegung ausgeht. Darum kann der Mensch wie überhaupt das Geschöpf sich zum Schöpfer, von dem her er oder es ist, immer nur konkav, also weiblich verhalten, worüber gleich mehr gesagt werden soll. Konvex ist der Mensch nur in Beziehung zu seiner Welt.

Die konvex-konkave Polarität tritt nicht erst am Geschaffenen in Erscheinung, sie liegt vielmehr im göttlichen Schöpfungsakt selbst begründet. Wenn Gott sein Schöpferwort, sein „Es werde!" spricht, so tritt er eben damit aus sich heraus, er drückt sich aus, er „äußert" sich, er ist auf etwas hin, eben auf das hin, was durch dieses Schöpferwort, durch diesen *Logos* in die Wirklichkeit gerufen wird, auf die Welt hin. In der Welt macht sich Gott sein Gegenüber, sein *„Bild"*. Zwar wird in der Genesis erst vom *Menschen* expressis verbis gesagt, daß Gott sich ihn zum Bilde schuf, aber im Menschen kulminiert ja die ganze Schöpfung, er ist ihr eigentlicher Repräsentant, ihr vollendeter Ausdruck, ihr Haupt. Und so hat Gott zu dem, wozu er den Menschen geschaffen hat, alles geschaffen. Ist der Mensch ganz und gar sein Bild, dann ist es in ihm alle Kreatur, dann ist sie das „Reich Gottes", die Königsherrschaft Gottes oder, wie man auch sagen darf, der *Leib* Gottes oder das *Kleid* Gottes. Die Worte, die Goethe im „Faust" dem Erdgeist in den Mund legt:

> So schaff' ich am sausenden Webstuhl der Zeit
> Und wirke der Gottheit lebendiges Kleid.

müssen nicht unbedingt pantheistisch verstanden werden und sind nicht völlig unvereinbar mit dem biblischen Schöpfungsbericht. Das Kleid, das einer trägt, hat die doppelte Eigenschaft, den Träger darzustellen, ihn offenbar zu machen, und ihn zu verhüllen. Das gleiche läßt sich auch vom Leib sagen; denn der Leib ist nichts anderes als eben das Kleid des in ihm Verleiblichten, des Geistes, und das heißt im Blick auf die Bestimmung der Welt zum Bilde Gottes: „Tempel des heiligen Geistes" (1. Kor. 6, 19).

Gerade vom Kleid aber gilt, daß es sich zum Bekleideten verhält wie das Konkave zum Konvexen. Das Wort Gottes, der Logos, in dem Gott gleichsam konvex wird, schafft die Welt als das Konkave, als das Gefäß, das zur Antwort, und zwar zur *liebenden* Antwort aufgerufen ist. Nur wenn diese Antwort erfolgt und sofern sie erfolgt, vollendet sich die Schöpfung zum wahren, nämlich zum lebendigen Bild Gottes; denn ein totes Kleid könnte niemals das Bild des lebendigen Schöpfers sein. Darum hängt so viel davon ab, wie sich der Mensch, das Haupt des göttlichen Werkes verhält, wenn Gott am siebenten Tag von seinen Werken ausruht. Antwortet er oder schweigt er oder gibt er gar eine verkehrte Antwort? Öffnet er seinen Mund, um im Namen der ganzen Schöpfung das große Wort der Liebe zu sagen, d. h. bekennt er sich als das Kleid und als der Leib des Logos, durch den alle Dinge gemacht sind und ohne den nichts gemacht ist, was gemacht ist, oder vergißt er vielleicht sein Von-her, weigert er sich vielleicht, den aufzunehmen, der in sein Eigentum kommt, um selber an seine Stelle zu treten, um „wie Gott" zu sein? Das ist die große Frage, auf deren Beantwortung Himmel und Erde am siebenten Tag in höchster Spannung warten. Dem *Logos* auf der Seite Gottes soll der *Eros* auf der Seite der Schöpfung entsprechen. Erst wenn beide zusammenklingen, ist der Bund geschlossen, kommt zur Erfüllung, was Gott von Anbeginn mit der Welt vorhatte.

Gott schafft sich, wie gesagt, in der Welt seinen Leib, sein Kleid, seinen Tempel, sein Reich oder wie man das sonst ausdrücken will. Vom Menschen gilt das gleiche nicht, er wurde vielmehr in seinen Leib hinein und mit ihm, ja er wurde sogleich als Leib, als ein *wesenhaft* Leibliches geschaffen. Trotzdem ist er nicht nur Leib allein, sondern *lebendiger* Leib, Leib, in den Gott seinen Geist gehaucht hat, und so kommt ihm auch etwas von der Art Gottes zu, zwar nicht, sofern er sich zu Gott, wohl aber sofern er sich zur Welt verhält, deren Herr und Haupt er sein soll. Das heißt mit anderen Worten, er ist von Natur aus männlich *und* weiblich, konvex *und* konkav geschaffen, konvex als der zu-hin, auf die Welt hin, konkav als der von-her, von Gott her Seiende. Gott gegenüber kann er *nur weiblich* sein, ist er gar nicht *der*, sondern *die* Mensch. Männlich sein bedeutet immer geben können, und Gott kann der Mensch nichts geben – es wäre denn sich selber –, er kann von ihm nur empfangen, er kann nur die Schale sein, in die Gott die Früchte des Lebens legt, die auf dem geheimnisvollen Baum in der Mitte des Gartens Eden wachsen. Er hat aber allerdings die Aufgabe, gerade diese Früchte, also das Leben, das ihm von Gott zuströmt, das er von Gott empfängt, weiterzugeben an die übrige Schöpfung, und insofern, nur insofern ist er Mann, ist er zum Herrscher über die Schöpfung berufen und wird diese Schöpfung damit zunächst einmal zu seinem Kleid, zu seinem Leib, ja zu seinem Weib. Es bleibt eine müßige Frage, welche von den beiden Seiten des Menschen den Vorrang hat, die konvexe oder die konkave, die männliche oder die weibliche. Im bloß innerweltlichen Dasein dominiert gewiß die Männlichkeit, im gottbezogenen aber die Weiblichkeit. Und nur indem sich der Mensch Gott gegenüber rückhaltlos zu seiner Weiblichkeit bekennt, wird seine Männlichkeit der Welt gegenüber legitim. Er kann hier überhaupt nur im rechten Sinn männlich sein als der, der dort im rechten Sinn weiblich ist, sonst nicht, sonst wird seine Männlichkeit zur Vergewaltigung, sein Königtum zur Tyrannis. Er gibt dann nicht weiter an das Bedürftige, was er von Gott erhalten hat, sondern er beutet umgekehrt dieses Bedürftige, die Natur, die Kreatur für sich aus. Im achten Kapitel des Römerbriefes redet Paulus von dem ängstlichen Harren der Kreatur, das auf die Offenbarung der Kinder Gottes wartet. Das Kind Gottes, d. h. der Mensch wird dann offenbar, nämlich eben in seiner Gotteskindschaft, in seinem echten Von-her offenbar, wenn er sich Gott öffnet, wenn er Weib Gottes und so wahrer Mann der Kreatur wird. Darauf, auf dieses weitergebende und zeugende Zu-hin und auf gar nichts anderes wartet die Kreatur. Dem seiner Urbestimmung untreu gewordenen Menschen steht sie teils feindlich, teils mit einer eigentümlichen wehmütigen Liebe gegenüber. Fast alle Tiere, wenigstens fast alle höheren Tiere zeigen, sobald sie überhaupt zum Menschen in ein vertrautes Verhältnis gekommen sind, ein geheimnisvolles und tiefes Bedürfnis nach seiner Zärtlichkeit und auch nach Zärtlichkeit für ihn, ein Bedürfnis, das wirklich nur die Zärtlichkeit um der Zärtlichkeit willen und nichts außerdem sucht. Hier antwortet, wenn auch nur in sehr gedämpfter Weise, der große Eros der Schöpfung auf den Logos des Schöpfers, dessen lebendiges Organ der Mensch sein sollte, den er aber tatsächlich verschweigt oder doch nur in sehr verdorbener Gestalt weitergibt. Gerade aus dieser gelegentlichen Zärtlichkeit des Tieres, aus diesen Mollakkorden seines Liebesrufes klingt uns wie vielleicht aus nichts sonst jenes ängstliche Harren entgegen, das auf die Offenbarung unserer Gotteskindschaft wartet.

Besonders schön findet sich der mann-weibliche Doppelcharakter des Menschen ausgedrückt in den Jesaia-Worten: „Ich freue mich im Herrn, und meine Seele ist fröhlich in meinem Gott; denn er hat mich angezogen mit Kleidern des Heils, und mit dem Rock der Gerechtigkeit gekleidet, wie einen *Bräutigam* mit priesterlichem Schmuck geziert, und wie eine *Braut*, die in ihrem Geschmeide prangt." (Jes. 61, 10). Zwar ist der Ich, der hier redet, nicht irgendein einzelner Mensch oder auch einfach *der* Mensch, sondern das Volk Israel, aber doch als *der* Israel gedacht, der als Braut Gottes zugleich Bräutigam der Schöpfung wird. Die Kleider des Heils, mit denen er angezogen ist, erscheinen der erlösten Welt als die Priesterkleidung des Mannes, der, von Gott gesandt, zu ihr kommt, und sind doch auch gerade das Geschmeide der Braut, die ihren himmlischen Bräutigam erwartet.

Die eigentümliche Formulierung von Gen. 1, 27: „Und Gott schuf den Menschen nach seinem Bilde, nach dem Bilde Gottes schuf er ihn; männlich und weiblich schuf er sie.“ läßt gar keinen Zweifel darüber aufkommen, daß hier gerade die mann-weibliche Polarität des Menschen, sei sie nun in der realen Zweiheit eines männlichen und eines weiblichen Wesens oder auch nur in der sozusagen immanenten Polarität von Männlichkeit und Weiblichkeit innerhalb des einerseits Konvexen und andererseits Konkaven gegeben, als das eigentliche Merkmal der Gottebenbildlichkeit ausdrücklich hervorgehoben und betont werden soll. Der Mensch ist nach dem Bilde Gottes geschaffen eben als der, der in der Doppelgestalt des Männlichen und Weiblichen existiert. Wie Gott, indem er sein Schöpferwort spricht, als der Logos aus sich heraustritt und sich die Schöpfung entgegenstellt, damit sie sein Kleid werde, so steht dem männlich Menschlichen das weiblich Menschliche gegenüber. Der Mensch bildet also in seiner Zweigeschlechtlichkeit das Gegenüber von Gott und Welt ab. Seine Männlichkeit ist seine eigene, dem Charakter des göttlichen Logos entsprechende Weltzugewandtheit, seine Weiblichkeit die der kreatürlichen Antwort darauf entsprechende Gottzugewandtheit, bzw. unmittelbare Logoszugewandtheit. Nur sofern er in seiner Männlichkeit sich als Diener und Willensvollstrecker des Logos und in seiner Weiblichkeit als dem Logos antwortender Eros versteht, verhält und bewährt, vollendet er sich seiner Bestimmung gemäß, und vollendet sich in ihm und durch ihn die ganze Schöpfung. So sagt etwa auch Karl *Barth* in seiner Schöpfungslehre über die Zweigeschlechtlichkeit: „Eben in diesem Modus wird Gott selbst dem Menschen gegenübertreten, mit ihm verkehren, für ihn handeln. Eben diesem Modus muß seine eigene Existenz entsprechen, soll sie für Gott gut, brauchbar, verhandlungsfähig sein. Sie muß in sich selber eine Vorwegnahme, ein Vorbild ... dessen sein, was die Gestalt der Beziehung Gottes zu ihm im künftigen Bunde zwischen beiden sein wird.“ [1] Zwar redet Barth hier von dem Bunde Gottes mit dem Menschen, nämlich von dem Bund, der durch Jesus Christus geschlossen oder doch erst vollendet werden soll, aber der Bund Gottes mit dem Menschen ist immer auch schon sein Bund mit der ganzen Welt; „Denn Gott hat seinen Sohn ... gesandt in die

Welt ... daß die *Welt* durch ihn selig werde." (Joh. 3, 17). Im Bund mit Gott findet die Schöpfung ihre Vollendung.

Mit allem Nachdruck muß darum betont werden: die Zweigeschlechtlichkeit des Menschen ist also nicht Selbstzweck, nicht Urbild für irgend etwas, sondern Abbild, eben Abbild des Gegenüber von Schöpfer und Schöpfung. So wie der Mensch seine menschliche geschlechtliche Beziehung versteht, so wird er unvermeidlich auch seine Beziehung zu Gott, bzw. Gottes Beziehung zu ihm verstehen. Hält er dort die rechte Ordnung ein, so auch hier, und stellt er dort die Ordnung auf den Kopf, so auch hier und umgekehrt. Am Verhältnis des Mannes zum Weib und des Weibes zum Mann wird sich zuerst zeigen müssen, ob der Mensch sein Gottesverhältnis und die Aufgabe, die ihm im Schöpfungsplan zugewiesen ist, verstanden hat oder nicht.

Ist schon der mann-weiblich geschaffene Mensch bloß ein Abbild des Gegenüber von Schöpfer und Schöpfung, so haben erst recht alle übrigen Polaritäten und Korrelationen in der Natur lediglich den Charakter des Abbildhaften, und das zwar in um so unzulänglicherer Weise, je weiter sie sich vom Menschlichen entfernen. Man kann wohl, wie *Goethe* das in den „Wahlverwandtschaften" tut, gelegentlich auch einmal die erotische Polarität in chemischen Spannungen gespiegelt und vorgebildet sehen, aber man darf niemals in irgendeiner Naturpolarität, in einer physikalischen, chemischen oder selbst biologischen, wie im Galvanismus, im Magnetismus oder in der Zweigeschlechtlichkeit der Pflanzen und Tiere, das ursprüngliche Allgemeine zu erkennen glauben, von dem dann die Liebe zwischen dem menschlichen Mann und der menschlichen Frau nur ein Sonderfall wäre. Die ganze Schöpfung wird in Gen. 1 als ein fortschreitendes Setzen von Polaritäten dargestellt, angefangen von der Scheidung des Lichtes von der Finsternis, des Wassers vom Land usw. bis hin zur Gegenüberstellung von Tier und Mensch, aber doch erst vom Menschen heißt es ausdrücklich: „Nach dem Bilde Gottes schuf er ihn; männlich und weiblich schuf er sie." Das will sagen: erst diese letzte Polarität wird gewürdigt, Bild Gottes, also unmittelbares Abbild des eigentlichen Urbildes zu heißen. Von hier aus gewinnt dann alles andere seine Bedeutung und erscheint gleichfalls im Licht der Abbildlichkeit, aber nicht umgekehrt. Darum kann auch nur mit der Vollendung der menschlichen Bestimmung die Kreatur „frei werden von dem

Dienst des vergänglichen Wesens zu der herrlichen Freiheit der Kinder Gottes." (Röm. 8, 21).

Der Geist Gottes schwebte oder brütete über den Wassern, um aus ihnen das hervorzurufen, was ihm, dem Geist Gottes als Leib und Kleid dienen sollte. Der Mensch ist zum Bilde Gottes geschaffen heißt, er hat die Bestimmung, Leib oder Verkörperung des göttlichen Logos zu sein, anders ausgedrückt, Leib Christi, d. h. christusförmig zu werden. Er ist von allem Anfang an auf Christus hin angelegt, so wie umgekehrt der Logos von Anfang an der Leibwerdung oder Fleischwerdung zustrebt. Die Fleischwerdung des „neuen Adam" Jesus war also keineswegs erst durch den Fall des alten bedingt, sondern vom Ursprung der Schöpfung her vorgesehen, nur freilich in Herrlichkeitsgestalt und nicht in Knechtsgestalt, als unmittelbare und nicht als durch Kreuz und Grab gebrochene Verklärung. Dieser Umweg wurde erst nötig durch den Fall. Daß Gottebenbildlichkeit nichts anderes meint als Christusförmigkeit, wird besonders deutlich von Paulus im Kolosserbrief (1, 15 f) ausgesprochen, wo es von Christus heißt: „Welcher ist Bild Gottes des Unsichtbaren, Erstgeborener der ganzen Schöpfung, weil in ihm alles geschaffen wurde im Himmel und auf Erden." Auch in 2. Kor. 4, 4, wird Christus ausdrücklich „Bild Gottes" genannt, worin die von *Bultmann* inspirierte Exegese freilich nichts weiter, als eine höchst fatale gnostisch-kosmologische Gottessohnspekulation sehen kann.[2] Aus den zitierten Paulusworten geht hervor, daß *εἰκών*, im Deutschen gewöhnlich durch das Wort „Ebenbild" wiedergegeben, nicht so sehr Gegenüber als vielmehr Ausdruck, Darstellung, Manifestation oder Leib des Urbildes bedeutet. Eben darum kann von Christus auch gesagt werden: „In welchem all die Schätze der Weisheit und Erkenntnis verborgen sind" (Kol. 2, 3) und: „Denn in ihm wohnt die ganze Fülle der Gottheit *leiblich*." (2, 9).

Daß der Mensch männlich und weiblich und so nach dem Bilde Gottes geschaffen ist, muß noch nicht unbedingt heißen, daß sich die beiden Geschlechter sogleich in Gestalt gesonderter Wesen gegenüberstanden. Als der von Gott her auf die Welt hin Seiende hat der Mensch vielmehr auch abgesehen von der Geschlechtertrennung den Doppelcharakter des Konvexen und Konkaven, also eben des Männlichen und Weiblichen an sich. Übrigens erscheint auch nach der Darstellung des zweiten Schöpfungsberichtes Adam zunächst noch allein ohne eine von ihm unterschiedene Gefährtin auf Erden, und es wäre sicher falsch, in diesem ersten Adam bereits den Mann von später sehen zu wollen. Wenn ihn Maler, wie z. B. Michelangelo, mit allen Merkmalen der Männlichkeit bildlich gestalten, so entspricht das ganz gewiß nicht dem Sinn des Berichtes; denn den Mann als Geschlechtswesen kann es selbstverständlich nur geben, wenn es auch das Weib gibt. Die Behauptung mancher älterer Theologen, der ursprüngliche Adam sei *androgyn* gewesen, hat darum durchaus ihre Berechtigung, wenn auch gewiß das Wort „androgyn" Reminiszenzen erweckt an Vorstellungen mythischer Art, die man nicht gern mit der biblischen Erzählung in allzu enge Verbindung bringen möchte, so etwa an die freilich humorvoll verkleidete Rede des Aristophanes im platonischen Symposion von der Spaltung der Urmenschen: „Denn Mannweib (Adrogyne) war damals nicht bloß ein Name, aus beiden, Mann und Weib zusammengesetzt, sondern ein wirkliches, ebenso gestaltetes Geschlecht." „Ein jeder hatte zwei einander durchaus ähnliche Gesichter auf einem ringsherumgehenden Nacken, zu den beiden nach der entgegengetzten Seite voneinanderstehenden Gesichtern aber einen gemeinschaftlichen Kopf." Zur Strafe für ihren Hochmut entschloß sich Zeus, diese Menschen zu zerschneiden. „Und immer wenn er einen zerschnitten hatte, hieß er den Apollon, ihm das Gesicht und den halben Hals nach der Schnittfläche herumdrehen." Man wird aber immerhin auch hier beachten müssen, daß die beiden Gesichter, das männliche und das weibliche also, zuerst voneinander abgewendet, dann jedoch einander zugewendet sind; d. h. erst nach der Trennung stehen Mann und Weib einander gegenüber, während sie vorher als Einheit in entgegengesetzter Richtung sehen, was durchaus dem Verhältnis des Konvexen zum Konkaven an ein und demselben Körper entspricht.

Nach Gen. 2 war im ursprünglichen Schöpfungsplan Gottes die Trennung der Geschlechter keineswegs vorgesehen. Sie erwies sich erst als nötig, nachdem der Mensch gelegentlich der Benennung der Tiere unter diesen keine „Hilfe als sein Gegenüber" gefunden hatte. Der Mensch soll die Tiere, nämlich die ihm nächstverwandten Geschöpfe benennen, heißt, er soll sie ansprechen, er soll als der der Welt Zugewandte, also dem konvexen Charakter seines Wesens nach, den Logos Gottes, den er als der Gott Zugewandte in seiner weiblich-konkaven Natur empfangen hat, an die ihm zur Herrschaft anvertraute Kreatur weitergeben, um diese so ihrer Vollendung entgegenzuführen. Wenn dann gesagt wird, daß die gesuchte Hilfe nicht gefunden werden konnte, so ist damit offenbar gemeint, daß die Namen, die er den Tieren gab, die Art, in der er sie anredete, kein Echo auslösten. Die

Tiere antworteten nicht, sie blieben von dem an sie gerichteten Menschenwort unbetroffen, zweifellos deshalb, weil dieses Wort eben nicht aus dem Logos Gottes, sondern aus der Einsamkeit Adams gesprochen war. Hätte der Mensch aus dem Logos geredet, dann hätte die Kreatur aus dem Eros geantwortet. Indem nun Gott dem Menschen das Weib gab, stellte er ihm die eigene andere Seite, die konkave, die Gott zugewandte Seite gegenüber, um ihn zu veranlassen, sich in diesem Gegenüber als den Empfangenden, als den auf Gott Hingewiesenen wiederzuerkennen und damit seiner Aufgabe, den Logos von Gott zu übernehmen und der Welt darzureichen, inne zu werden, und zwar hätte diese Erkenntnis *in der Wiedervereinigung mit dem weiblichen Gegenüber* ihren Ausdruck finden müssen. So wie der Mensch ursprünglich androgyn war, wäre er nach der Einswerdung abermals androgyn geworden, aber nun in *bewußter* Weise, nämlich als der, der sich sowohl seiner Gottbezogenheit wie auch seiner Weltbezogenheit nach genau kennt, als das Weib Gottes und als der Mann der Kreatur.

Der androgyne Mensch steht demnach sowohl am Anfang wie auch am Ende des göttlichen Schöpfungsplanes, und aus einigen Stellen des Neuen Testamentes läßt sich entnehmen, daß die im Reich Gottes Vollendeten auch tatsächlich androgyn vorgestellt werden. Als Jesus von den Sadduzäern, die nicht an die Auferstehung der Toten glaubten, gefragt wurde, wessen Gattin in der Ewigkeit eine Frau sein werde, die im irdischen Leben nacheinander sieben Männern angehört hatte, antwortete er: „In der Auferstehung heiraten sie nicht, noch werden sie geheiratet *(οὔτε γαμοῦσιν οὔτε γαμίζονται)*, sondern sind wie Engel im Himmel." (Mk. 12, 25). Diese Worte sind schon wiederholt — und ich meine, durchaus mit Recht — so verstanden worden, daß der auferstandene Mensch weder Mann noch Weib ist, sondern einem geschlechtlich undifferenzierten Engel gleicht; γαμοῦσιν kann nur vom Mann, γαμίζονται nur von der Frau gesagt sein, also heißt οὔτε γαμοῦσιν οὔτε γαμίζονται soviel wie: weder männlich noch weiblich. Auch die Engel sind hier nicht nur beiläufig erwähnt; denn der Engel ist der unmittelbar vor Gott Stehende, dessen Gegenüber also Gott selber ist und der darum kein anderes Gegenüber als Hilfe nötig hat. In ihm, dem Boten Gottes, dem Überbringer der göttlichen Botschaft, des Logos erscheint die Männlichkeit, das Von-Gott-Her und Zur-Welt-Hin und die Weiblichkeit, das Von-der-Welt-Her und Zu-Gott-Hin zur Einheit verbunden. Der engelgleiche Mensch ist der ebenfalls unmittelbar vor Gott stehende, der in Einem männliche und weibliche, das vollendete Haupt der vollendeten Schöpfung, und das heißt der christusförmige Mensch.

Das Weib wird dem Mann zur Hilfe als sein Gegenüber gegeben, damit er an ihm sich seiner selbst bewußt werde, sofern er nämlich nicht der Schöpfung, sondern Gott zugewandt und eben so nicht „allein" ist. Indem er in der Frau sich seiner anderen Seite nach wiedererkennt, weiß er sich als „Weib Gottes", als das zur Empfängnis bestimmte Gefäß, das eben nur so als Gefäß auch seine Aufgabe als Mann der Schöpfung, die wieder ihm zum Gefäß gegeben ist, erfüllen kann. „Der biblische Zeuge", bemerkt Karl *Barth*, „hat den Menschen seine Menschlichkeit positiv zum erstenmal damit bejahen lassen, daß er die Frau erkannte und als die ihm gegebene Hilfe begrüßte."[3] Damit sind die Worte Adams gemeint: „Das ist doch Bein von meinem Bein und Fleisch von meinem Fleisch; man wird sie Männin heißen, weil sie vom Mann genommen ist." Adam erkennt im Weib sein Fleisch und sein Bein, das bedeutet seinen Leib oder anders ausgedrückt: sich selber *als Leib*. Diese Erkenntnis oder Selbsterkenntnis führt aber freilich nur dann zu dem gewünschten Ziel, wenn der Mensch in ihr seine Aufgabe als Weib oder Leib Gottes begreift, nicht aber, wenn er die Weiblichkeit des Weibes lediglich auf sich, auf seine Männlichkeit bezieht, wenn er also im Weib gerade nicht das Weib Gottes, sondern *sein* Weib sieht, dessen Bestimmung sich darin erschöpft, ihm, diesem menschlichen Mann zu dienen, statt sich, mit ihm verbunden, als sein eigenes anderes Selbst in den Dienst Gottes zu stellen. Sich seiner Menschlichkeit bewußt werden, seine Menschlichkeit bejahen kann zweierlei meinen: erstens, seine Geschaffenheit zum Ebenbild und Gegenüber Gottes und zweitens gerade umgekehrt, seine Sonderheit abgesehen von Gott, wenn nicht im Gegensatz zu Gott, „erkennen". Beide Möglichkeiten sind mit der Erschaffung des Weibes, mit der Geschlechtertrennung gegeben, eine sehr verheißungsvolle und eine sehr gefährliche.

Weibwerdung heißt Leibwerdung. In seiner Gottbezogenheit ist der Mensch immer weiblich-konkav, nämlich zur Verleiblichung des göttlichen Logos und damit zur Antwort aus dem Eros berufen. In der Frau erscheint dem Mann sein Leib, sein Fleisch und Bein als sein Anderes, um ihn zur Verleiblichung, d. h. zur Vereinigung mit dem Weiblich-Leiblichen zu veranlassen und darüber hinaus mit der gesamten Kreatur überhaupt; das aber nicht um seiner selbst willen, sondern weil er als die Krone der Schöpfung den Auftrag hat, diese in sich dem Schöpfer darzubringen, so wie der getreue

Knecht im Gleichnis das ihm anvertraute Pfund mit allen Wucherzinsen seinem Herrn überbringt und zum Lohn eben dafür ein Herrscheramt erhält. Die Hinwendung des Mannes zum Weib und des Menschen zur Welt hat also ihren Sinn nur in der damit unlöslich verbundenen gleichzeitigen Hinwendung von Mann *und* Weib, von Mensch *und* Welt zu Gott. Der Mann gibt sich dem Weib als seinem Leib hin, sofern sich dieser Leib Gott hingibt. Er schenkt dem Weib den von Gott empfangenen Logos und bietet sich im gleichen Akt Gott zur weiteren Empfängnis dar. So wendet sich Christus, der vollkommene Mensch in seinem Kreuzesopfer einerseits der gefallenen Welt und andererseits dem Vater zu, und zwar beides bedingungslos und so zur Einheit verbunden, daß sich das eine Moment vom anderen überhaupt nicht unterscheiden läßt. Die Hingabe an die Welt ist Hingabe an den Vater und umgekehrt.

Daß die Liebe des Mannes zum Weib Liebe zum eigenen Leib ist, drückt Paulus mit den bezeichnenden Worten aus: „Also sollen auch die Männer ihre Weiber lieben wie ihre eigenen Leiber. Wer sein Weib liebt, der liebt sich selbst. Denn niemand hat jemals sein eigen Fleisch gehaßt, sondern er nährt und pflegt sein, gleichwie auch der Herr die Gemeinde." (Eph. 5, 28 f).

Der Mann als solcher, d. h. als bloßer Geschlechtspartner, als der eine Mensch im Verhältnis zum anderen hat vor dem Weibe gar nichts voraus. Wohl aber kommt ihm in der gemeinsamen Beziehung zu Gott insofern der Primat zu, als ihm das Weib so gegenübergestellt wird wie die Schöpfung dem Schöpfer. Als Mann ist der Mensch Träger und Verwalter und Mittler des Logos, als Weib dessen Empfänger. Darin allein liegt ein gewisser Vorrang des Mannes vor dem Weib begründet, der aber zu nichts wird in dem Augenblick, da der Mann sich nicht mehr als Beauftragter Gottes, sondern als Selbstherrscher begreift. Für das biblische Verständnis der mann-weiblichen Beziehung ist entscheidend, daß das Weib vom Mann und nicht umgekehrt der Mann vom Weib genommen wird. Darum betont auch Paulus ausdrücklich: „Denn der Mann ist nicht vom Weibe, sondern das Weib ist vom Manne. Und der Mann ist nicht geschaffen um des Weibes willen, sondern das Weib und des Mannes willen." (1. Kor. 11,8). Ebenso, wäre zu sagen, ist der Mensch nicht geschaffen um der Welt, sondern die Welt um des Menschen willen, und: der Mensch ist nicht aus der Welt, sondern die Welt aus dem Menschen. Das alles gilt aber nur, solange darüber steht: Gott ist nicht um des Menschen, sondern der Mensch ist um Gottes willen. Im Augenblick, da dieser Grundsatz verleugnet wird, d. h. da sich der Mensch von Gott lossagt und sich ihm verweigert, kehrt sich alles um. Dann ist tatsächlich der Mann vom Weibe und der Mensch von der Welt. Dann regiert, wie in den heidnischen Religionen, nicht mehr der Vater, sondern die *Magna Mater*, dann materialisiert sich in den Augen des natürlichen Menschen die Gottheit *(Schelling)*, und dann erscheint sich dieser schließlich als das Produkt eines von unten nach oben aufsteigenden Naturprozesses, der nach Überschreitung seines Kulminationspunktes wieder zum Ausgang, zur Arché, zum Chaos, zur Materie, also in den gebärenden Mutterschoß zurückkehrt. Zu allen diesen mythologischen oder auch naturwissenschaftlichen Deszendenztheorien befindet sich die biblische These von der Herkunft des Weibes aus dem Mann, d. h. der Schöpfung aus dem Schöpfer im schroffsten Gegensatz. Die kausale Erklärung, die Erklärung aus der Ur-Sache, aus der Materie, aus der causa materialis, aus dem Weib ist die Erklärung des gefallenen Menschen, der auf die Stimme seines Weibes statt auf die Stimme Gottes gehört hat. Allerdings sagt Paulus im Anschluß an das eben zitierte Wort auch: „Denn wie das Weib von dem Manne, also kommt auch der Mann durch das Weib (oder vermittelst des Weibes)." Das aber meint nicht, daß der Mann aus dem Weibe oder das Geistige aus dem Materiellen hervorgegangen wäre, sondern nur, daß er sich nicht ohne leiblich-weibliche Grundlage darstellen könnte, so wie ja auch die Form erst an der Materie ihre Verwirklichung findet, obwohl sie gerade nicht von der Materie erzeugt ist. Als geistig-leibliche Ganzheit ist der Mensch nur als Mann und Weib „in dem Herrn" (Vers 11). Als Mann allein könnte er gar nicht dem Herrn zugeordnet sein; denn nur seine Weiblichkeit befähigt ihn ja zu nehmen, was der Herr gibt, und so hat er als Mann, was er hat, empfangen als Weib, und insofern läßt sich auch sagen, daß der Mann nicht ist ohne das Weib und daß er durch das Weib kommt. Damit wird wohl weniger auf die gebärende Mutter angespielt, als vielmehr darauf, daß der Mann ohne seine Weiblichkeit, die ihm da als Weib gegenübersteht, niemals Mann sein könnte.

Der Streit zwischen Idealismus (Spiritualismus) und Materialismus, der sich durch die ganze Geistesgeschichte bis zum heutigen Tag hinzieht, ist im Letzten gar nichts anderes als der Streit um den Primat des Männlichen oder des Weiblichen. Die Griechen, vor allem die Athener, waren als Männerrechtler auch die Begründer des philosophischen Idealismus. Um das Vorrecht des Mannes geht der Kampf z. B. in der Orestie des Aischylos, die schon wiederholt, so von *Bachofen,* als Paradigma herangezogen wurde. Orest tötet die Mutter, um den Vater zu rächen. Er steht also auf der Seite des Mannes gegen das Weib und handelt dabei im Auftrag des Apollon, der das geistige Prinzip vertritt gegen die chthonischen Göttinnen der Tiefe, die Erinyen. Ihrer Anklage begegnet er mit den Worten:

> Nicht ist die Mutter ihres Kindes Zeugerin,
> Sie hegt und trägt das auferweckte Leben nur –,
> Der Vater zeugt, sie aber wahrt ihm nur das Pfand.

Diese männlich-idealistische Auffassung hat aber selbstverständlich nichts mit der biblisch-christlichen zu tun, der es in keiner Weise auf die Herabsetzung des Weibes ankommt. Hier ist vielmehr die Frage nach dem Vorrang des Mannes oder der Frau gleichbedeutend mit jener nach der Schöpfung aus dem göttlichen Willen oder der generatio aequivoca, der Parthenogenesis. Wenn das Christentum auf dem Primat des Mannes besteht und bestehen muß, so darum, weil es an die Schöpfung glaubt. Der Mann steht gleichnisweise auf der Seite des Schöpfers, das Weib auf der Seite der von Gott zur Geburt aufgerufenen und von ihm selber geschaffenen Erde: „Die Erde bringe hervor . . .!" Eine Umkehrung der Geschlechterordnung müßte somit der Leugnung der Schöpfung gleichkommen, während die Einsicht in das rechte Verhältnis von Mann und Weib zur Erkenntnis der Gottgeschaffenheit alles Existierenden hinleitet.

Es wurde schon erwähnt, daß sich der Bericht der Genesis von der Erschaffung des Weibes nur so verstehen läßt, daß Gott sich erst dann zu diesem Schritt bewogen sah, als der noch androgyne Mensch, so wie er war, der ihm gestellten Aufgabe nicht nachkam, was bei Gelegenheit der Tierbenennung deutlich wurde. Deshalb konnte z. B. bei Jakob *Böhme* oder bei Franz von *Baader* der Gedanke aufkommen, der Fall habe nicht erst mit dem Genuß der verbotenen Frucht vom Erkenntnisbaum, sondern bereits vor dem Erscheinen des Weibes, nämlich mit dem dieses indirekt veranlassenden Verhalten Adams eingesetzt. So äußert sich etwa der von der Romantik beeinflußte evangelische Theologe Ph. Th. *Culmann:* „Hätte sich Adam in dem ihm anerschaffenen Urstande erhalten, so wäre die nächste Folge die gewesen, daß kein Schlaf und keine Schöpfung des Weibes stattgefunden hätte.

Nach richtiger Assimilierung der göttlichen Gebote wäre der Sohn in ihm entbunden und das Wort zu ihm gesprochen worden: du bist mein Sohn, heute habe ich dich erzeugt (Ps. 2). Setze dich zu meiner Rechten (Ps. 110 u. Apg. 2, 34).“[4] Läßt sich diese Auslegung auch gewiß nicht bis ins Letzte biblisch begründen, so ist an ihr doch jedenfalls so viel richtig, daß der status des Menschen vor der Geschlechtertrennung der Vollendung näher war, wogegen das Gegenüber von Mann und Weib erst den Umweg über ihre Wiedervereinigung nötig machte. Das findet seinen Ausdruck auch darin, daß Adam von Gott in einen Schlaf oder Traum versetzt wurde, d. h. in einen Bewußtseinszustand von verminderter Klarheit. Man versteht die Verse Gen. 2, 21 f. offenbar falsch, wenn man meint, Gott habe den Menschen gleichsam narkotisiert, ihm als einem völlig Bewußtlosen die Rippe genommen und ihm dann nach der Wiedererweckung das Weib vorgestellt. Der wahre Sinn der Erzählung dürfte der sein, daß eben in diesem Schlaf, in dieser „Ekstase“ oder genauer, in dem damit verbundenen Traumzustand der Mensch sich selber in zweifacher Gestalt gegenübertrat, und daß sich nun alles Weitere in diesem neuen Zustand abspielte. Man sollte sich hier nicht durch den freilich naheliegenden Gedanken verwirren lassen, der Traum sei doch zum Unterschied vom wachen Leben eine bloße Irrealität. Relativ irreal ist schließlich alles Dasein außerhalb der Vollendung im Reich Gottes. Auch der Zustand Adams vor der Erschaffung des Weibes war bereits, gemessen an dem Ziel, zu dem ihn Gott berufen hatte, also an der unzerstörbaren Ebenbildlichkeit oder Christusförmigkeit, irreal oder traumhaft. Nun aber, da der Mensch Gott die Antwort schuldig blieb, ohne sich allerdings auch schon gegen Gott zu wenden, versank er in einen noch tieferen Traum, in dem er nicht mehr Einer war, sondern Zwei. Die Aufgabe jedoch, die er zu erfüllen hatte, die liebende Selbsthingabe an seinen Schöpfer, blieb auch hier noch die gleiche, und sie war für ihn, obwohl nur über die Wiedervereinigung mit seinem Du und die damit verbundene Rückkehr zum ursprünglichen Ausgangspunkt, noch immer erfüllbar.

Carl Gustav *Carus* hat die tiefsinnige Bemerkung gemacht, daß die träumende Seele nur Vergangenheit und Zukunft kennt, nur in der Polarität der Zeit lebt, aber keinen Halt in der Gegenwart findet, die die Pole synthetisch vereinigt. Und es ist nur ein anderer Ausdruck für die gleiche Einsicht, wenn heute C. G. *Jung* feststellt, daß die Struktur der Traumsymbolik von der Zweiheit und Vierheit, also eben von der Polarität beherrscht wird, die für das wache Denken typische Dreigliederung hingegen nicht kennt. Dreigliedriges Denken heißt nämlich soviel wie synthetisierendes, die Pole zur Einheit zusammenfügendes und damit die empirische Zweigliedrigkeit *transzendierendes* Denken. Mit der Zwei stehen wir ganz und gar im Diesseitigen, mit der Drei jedoch finden wir uns verwiesen auf ein Jenseitiges, auf ein Bewußtsein höheren Grades, demgegenüber die Zwei traumhaften Charakter hat. Das dritte Glied der Dreiheit, die Synthesis, bezeichnet die Gegenwart als Einheit von Vergangenheit und Zukunft. August *Vetter* trifft ohne Zweifel ins Zentrum, wenn er in der Fähigkeit des Menschen, das Dritte zu fassen, das Kennzeichen seiner Gottebenbildlichkeit sieht. „Gott schuf *den* Menschen ihm zum Bilde, ... und schuf *sie* männlich und weiblich." Der Singular bezeichnet die Gottebenbildlichkeit, der Dual die Zweigeschlechtlichkeit. Ich könnte auch sagen: der Singular das volle Wachbewußtsein in der *Gegenwart* Gottes, der Dual das Unterbewußtsein in der Abwesenheit Gottes. Sofern der Mensch sich auseinandergelegt vorfindet in einen männlichen und einen weiblichen Pol, ist er nicht wach, sondern träumt er, befindet er sich „außer sich" in der Ekstase, sofern aber die beiden Pole einander *lieben,* d. h. über die Zweiheit hinweg ihrer Einheit inne werden, ist er wach.

Die Frage, ob wir die Welt, in der Mann und Frau als gesonderte Wesen einander begegnen, gerade eine Traumwelt nennen wollen oder nicht, hat übrigens keine sehr erhebliche Bedeutung. Dem Wort „Traum" haftet insofern etwas Bedenkliches an, als es uns allzu unvermittelt an unsere empirischen Träume erinnert, die von dem hier gemeinten Zustand in mancher Hinsicht noch sehr verschieden sind. Fest steht jedenfalls, daß die Welt der Zweigeschlechtlichkeit nicht einfach dieselbe sein kann wie die der Androgyneität und daß dieser anderen Welt auch ein anders qualifiziertes Bewußtsein entsprechen muß. Darauf allein kommt es an. Die Aufspaltung des ursprünglich einen Menschen in zwei hat aber nicht nur die Herabminderung der Bewußtseinsklarheit zur Folge, sie darf nicht nur negativ beurteilt werden. Wäre das so, dann hätte die Rede vom Weib als von der dem Mann gegebenen *Hilfe* jeden Sinn und jede Berechtigung verloren, dann wäre das Weib für den Mann nichts weiter als ein lebendiges Zeichen seiner Unzulänglichkeit. Aber es ist ja doch Gott, der nach dem Bericht die Geschlechtertrennung herbeiführt und der also mit ihr etwas bezweckt. Gerade das Heilsziel, die Vollendung, soll auf diesem Weg erreicht werden. Adam erkennt in der Frau *sein* Fleisch und *sein* Bein, und aus solcher Erkenntnis entsteht in ihm der Wunsch nach Wiedervereinigung mit ihr, nach der Wiederherstellung der ersten Einheit, nach dem Erwachen aus dem Traum. In der Liebe transzendiert er, wie schon gesagt wurde, die Zweiheit. Sie weist ihn hinaus über das Hier und Jetzt, und ihre Dynamik soll ausreichen, ihn auch noch weiterzuführen, nämlich zu der eigentlichen und letzten Liebe, von der sie nur der Schatten ist, zur Liebe des Geschöpfes zu seinem Schöpfer. Sie soll also der Anstoß werden, durch den sich ihm schließlich die Lippen öffnen zu der alles Geschaffene verklärenden Antwort an Gott.

Im Schlaf lösen sich die Spannungen und Verkrampfungen des wachen Lebens, die physischen wie die psychischen, und darum hat auch das rein empirische Träumen dem Wachzustand gegenüber eine gewisse Gelöstheit, worauf die heilende und regenerierende Wirkung des Schlafes beruht. Der Adam, der nach Gottes Wort „allein" war, was als „nicht gut" befunden wurde, war offenbar verkrampft in das eigene Selbst, und eben dieser Krampf sollte sich lösen im Anblick des weiblichen Du. Zunächst war der Mensch das Du Gottes und nichts außerdem. Nun aber ist er Ich und Du, hat er sein eigenes menschliches Du und sein eigenes menschliches Ich. Die konvexe und die konkave Seite seines Wesens sehen einander an in der Gestalt zweier von einander geschiedener Personen. Das Ich, das bewußte Selbst ist, im Gleichnis gesprochen, immer der Scheitelpunkt der Wölbung, die sich da einmal konvex und einmal konkav darstellt. Der Mann trägt dieses Ich sozusagen objektiviert vor sich her, so daß er um seine Ichheit genau weiß und im prägnanten Sinn des Wortes ein Ich ist. Die Frau aber hat ihr Ich in der Tiefe und auf dem Grund ihres Wesens. Es ist ihr verborgen und gewinnt erst in dem sich ihr zuwendenden Mann für sie Gestalt, so wie umgekehrt dem Mann in der Frau die andere ihm verborgene Tiefe seines Selbstseins anschaulich wird, des Selbstseins nämlich, in dem er nicht der Welt, sondern Gott zugeordnet, in dem er also nicht Ich, sondern Du ist.

Unter dem Du verstehen wir nicht irgendein beliebiges, sondern ein ganz bestimmtes und ewig unvertauschbares Anderes, auch nicht etwa das Spiegelbild, sondern das Gegenbild des Ich. Es gehört zum Ich wie das Ich zu ihm; denn es bringt sichtbar und äußerlich zur Darstellung, was das Ich unsichtbar und innerlich ist, und es verschließt gleichzeitig ins Innerliche und macht zum Geheimnis, was das Ich als sein eigenes bewußtes Sein kennt. So sind Ich und Du aufeinander gewiesen als das Bewußt-Unbewußte auf das Unbewußt-Bewußte; mein eigenes unbewußtes Selbst steht da vor mir als ein Zweites und hält mein eigenes bewußtes Selbst in sich verborgen wie in einem Tabernakel. Darum wird die Frau nach der Erzählung aus einer Rippe des Mannes, aus einem Teil seines Inneren gemacht. Was aber ist das Innere des Menschen? Daß er geschaffen wurde, daß er da ist und darum in irgendeiner Weise Von-her, daß er sich selber nicht ins Leben gerufen hat, das weiß er. Er weiß also, daß seine Existenz einen Grund hat, der nicht in ihm liegt, mag er ihn kennen oder nicht. Daß er aber auf eben diesen Grund bezogen bleibt, ja daß die Beziehung oder Rückbeziehung auf ihn seine Bestimmung ist, das weiß er — jedenfalls mit der gleichen Klarheit — nicht, und eben das ist es, was in dem auf ihn bezogenen weiblichen Du wahrnehmbar zur Erscheinung kommt. Hier zeigt sich ihm sein Selbst, nicht wie es vom Grunde *her*, sondern wie es auf den Grund *hin* ist.

Von den beiden ersten Menschen wird gesagt, daß sie *nackt* waren und sich nicht schämten. Nackt sein heißt soviel wie unverborgen, unverhüllt, aufgeschlossen oder geöffnet sein, ungefähr das gleiche wie konkav, so etwa wie die konkave Blüte der Sonne geöffnet ist. Und wenn die Schrift die Nacktheit des Menschen ausdrücklich erwähnt, so zweifellos vor allem im Blick auf sein Verhältnis zu Gott. Darum sagt auch der gefallene Adam zu Gott und nicht zum Weib: „Ich fürchtete mich; denn ich bin nackt; darum verbarg ich mich." Die Nacktheit bezeichnet nicht irgendeine Eigenschaft des betreffenden Wesens an sich, sondern die Art seiner Bezogenheit auf ein anderes Wesen. Als Ebenbild Gottes ist der Mensch für Gott, als Männin ist die Frau für den Mann, und als das höchste der Tiere ist die Schlange für das Weib, nämlich für den Menschen, nackt. Es verhält sich somit Gott zum Menschen wie der Mann zum Weib und wie der Mensch durch das Weib zur Kreatur. Im Menschen wird die Schöpfung für Gott und Gott für die Schöpfung ansprechbar, und diese Ansprechbarkeit setzt sich fort vom Mann zum Weib und vom Weib zur Schlange. Gott redet mit Adam, Adam mit dem Weib und das Weib mit dem Tier. Vom Menschen heißt es, er sei zum Bilde Gottes geschaffen, von der Frau, daß ihr der Mann den Namen „Männin" gab, von der Schlange, daß sie das klügste und insofern menschenähnlichste oder eben das nackteste (arum), also das unverhüllteste, das offenste, das konkavste unter den Tieren war. Fragwürdig und schamerregend aber wird die Nacktheit freilich in dem Augenblick, da sie nicht mehr Offenheit für Gott ist; denn in ihrer Abgekehrtheit von Gott verwandelt sie sich in ein empfangsbereites Gefäß für das Widergöttliche. So wird die nackte Schlange dem Weib und das nackte Weib dem Mann zum Verhängnis, der nun auch seine Nacktheit schuldbewußt vor Gott verbergen muß.

Man kann sinnvollerweise nur von einem nackten Leib, nicht aber von einem nackten Geist oder von einer nackten Seele sprechen, weil Geist und Seele ihrem Wesen nach unsichtbar oder verborgen sind. Der Leib als das Kleid des Geistes ist dessen Sichtbarkeit. In ihm wird der Geist sichtbar und will er sichtbar werden. Seine Nacktheit bedeutet seine Aufgeschlossenheit für den Geist, seine Bereitschaft ihn aufzunehmen, ihn durch sich sichtbar werden zu lassen, und somit ist Nacktheit in ihrem Ursinn Ausdruck nicht für die Niedrigkeit, sondern ganz im Gegenteil für den Adel des Leibes. Nur der Gott nahe Mensch, der zum Bilde Gottes geschaffene Mensch ist nackt, die Tiere sind mit Fellen, Federn oder Schuppen bedeckt, weil sie vorläufig noch auf die Offenbarung der Kinder Gottes warten, die auch sie an das Licht der göttlichen Herrlichkeit bringen soll, und der gefallene Mensch, der seine Nacktheit geschändet hat, wird von Gott mit Tierfellen bekleidet, d. h. in die Verborgenheit gestellt, die ihm nun gebührt.

Der Geist verlangt nach dem Leib und der Leib nach dem Geist. Darum begehrt der Mann *geistig* den Leib der Frau; denn er erkennt darin seine eigene Sichtbarkeit; und begehrt die Frau *leiblich* nach dem Geist des Mannes; denn sie erkennt darin ihre Verwirklichung. Die Liebe des Mannes zur Frau ist geistig im Ursprung und sinnlich ihrem Ziel nach, die Liebe der Frau zum Mann umgekehrt sinnlich im Ursprung und geistig ihrem Ziel nach. Mann-weibliche Liebe heißt also Liebe zwischen Geist und Leib. Der Mann ist als der Träger des Logos von Gott her und zur Sichtbarkeit hin, die Frau als Träger des lebendig gewordenen Eros von der Sichtbarkeit her zum unsichtbaren Logos und zu Gott hin. Darum liegt auf dem weiblichen Leib ein Abglanz, der dem männlichen fehlt, der Abglanz des Göttlichen nämlich, dem er sich zuwendet. Indem aber der Mann im Weib zuerst die leibliche Erscheinung und das Weib im Mann zuerst die Kraft des Geistes liebt, liebt jener das Zu-hin und dieses das Von-her und lieben beide Gott, zeugen beide gemeinsam die Ebenbildlichkeit des Menschen.

Sichtbar anatomisch ist der Mann *auf das Weib,* das Weib aber weit mehr als auf den Mann *auf das Kind* hin angelegt, und zwar wirkt der weibliche Körper um so weiblicher, je ausgeprägter seine Eignung für die

Aufgaben der Mutterschaft in Erscheinung tritt. Und gerade das ist es auch, was der Mann als weiblichen Reiz empfindet. Mit anderen Worten: Der männliche Organismus ist bezogen auf ein bereits Vorhandenes und sinnlich Wahrnehmbares, eben auf den konkreten weiblichen Partner, der weibliche jedoch auf ein erst Künftiges, noch nicht Sichtbares. Er weist also über das Vorhandene und in der leiblichen Erscheinung des Mannes bereits sinnlich Wahrnehmbare hinaus auf etwas, das werden, das entstehen soll; er erscheint insofern viel mehr als der männliche auf das Transzendente bezogen, ist viel mehr Ausdruck des Zu-hin der geschaffenen Kreatur. Und dieses Zu-hin zieht den Mann an, wird von ihm geliebt. Die Frau will zu dem hin, von dem her der Mann ist, und indem er sich ganz und gar mit ihr verbindet, wendet auch er sich seinem Von-her zu, werden beide Eines im gottebenbildlichen Dritten, das aber nun kein von ihnen Verschiedenes ist, sondern ihre eigene Einheit, in die sie als die bloß Einzelnen hineingenommen, in der sie beide vollendet, in der sie *erwacht* sind.

Da die Überwindung der Zweiheit, die Wiedergeburt, das Erwachen in der ebenbildlichen Einheit den Verlust der gesonderten mann-weiblichen Existenz in sich schließt, darf man vielleicht sagen, daß sie im Hinblick auf die Daseinsform der Dualität von einer Empfindung begleitet ist, die in Analogie zu den Erlebnismöglichkeiten des natürlichen Menschen, die wir ja allein kennen, eine gewisse Verwandtschaft mit der Todesangst haben mag. Genaueres läßt sich darüber freilich nicht sagen, weil wir den Zustand vor dem Fall nicht mehr rekonstruieren können. Jedenfalls verlangt die Verwirklichung des Liebeszieles von den Liebenden eine Art Opfer, eben die rückhaltlose Hingabe des einen an den anderen und beider an das Dritte. Ganz ohne Anstrengung erwacht der träumende Adam nicht aus seinem Traum. Zwar ist die Liebe stark wie der Tod, so daß sie den Tod, der ihr eigener Schatten ist, vielleicht nicht merkt, aber ganz ohne Todesahnung kommt sie vermutlich auch in ihrer höchsten Vollkommenheit nicht zur Erfüllung, ganz ohne Verzicht erreicht sie nicht ihr Ziel. Von hier aus findet *Kierkegaards* psychologisch tiefsinnige Erklärung des Sündenfalls aus der *Angst* ihre bedingte Rechtfertigung. Dem ursprünglichen Adam wäre, wenn er sich nicht in sein Selbst verkrampft hätte, wenn er nicht „allein" geblieben wäre, der Umweg über alles erspart worden, was nur irgendwie an Tod, Angst, Verzicht, Opfer oder Anstrengung erinnert. Er hätte im liebenden Ja zu Gott unmittelbar seine Ebenbildlichkeit bewähren können.

Der Charakter der Geschlechter

Eine Charakterologie der Geschlechter kann sich, so scheint es, nur auf empirische Gegebenheiten stützen, auf Wahrnehmungen also und Erlebnisse, auf äußere und innere Erfahrungen, wie sie jedem Menschen ohne Ausnahme in diesem seinem irdisch-zeitlichen Leben zugänglich sind. Die Wirklichkeit aber, mit der wir es da zu tun bekommen, hält sich nicht nur ganz und gar im Bereich des bloß Relativen, sondern sie ist auch, wenn man sie, was man als Theologe tun muß, biblisch beurteilt, die „Welt" in Anführungszeichen, d. h. die gefallene und verkehrte Welt, in der jede Einzelheit teilhat an der allgemeinen Verkehrung, also zweifellos auch und vielleicht sogar vor allem der Mensch in seiner besonderen Eigenschaft als Geschlechtswesen, sei er Mann oder Frau. Wie sollte es da möglich sein, über die Grenzen einer solchen Welt hinwegzusehen, dorthin, wo es das Vollkommene gibt, wo das Verhältnis zwischen Mann und Weib in seiner Wahrheit, in seiner gottgewollten Unversehrheit besteht? Wie sollten wir imstande sein, das Verdorbene sozusagen auszuklammern, um nur das reine Gold des Ursprünglichen übrig zu behalten und dann von den Geschlechtern und ihren Merkmalen so zu reden, als ob sie frei wären von allen Trübungen? Auf dem Weg der bloßen Empirie und einer Phänomenologie der Tatsachen gibt es da selbstverständlich gar keine Möglichkeit. Aber schließlich redet der Theologe ja auch von Gott, von der Schöpfung usw., obwohl ihn die natürliche Erfahrung nichts von all dem erkennen läßt, er redet so einfach darum, weil es für ihn eine Offenbarung gibt und weil er an sie glaubt, und im Licht dieser geglaubten Offenbarung erscheint ihm dann doch auch die gottentfremdete Wirklichkeit in einer neuen Beleuchtung und erhält für ihn einen Sinn, den sie für andere, die sich nur auf ihre natürlichen Einsichten verlassen, niemals haben kann. Er versteht die Welt ihrer Verdorbenheit zum Trotz als das Werk Gottes, das auch so, wie es jetzt ist, der göttlichen Hand nicht entgleitet. Er weiß also durch den Glauben immerhin etwas von ihrer verborgenen Wahrheit. Gott hat die Welt geschaffen, diesen Satz darf ich aussprechen, ohne damit im geringsten den korrupten Zustand der erfahrbaren Wirklichkeit, mein eigenes Erkenntnisvermögen mit eingeschlossen, in Frage zu stellen, ja gerade von hier aus bekommt der Begriff der Korruption überhaupt erst sein Gewicht. Ebenso lassen sich aber auch andere Dinge, wie etwa die Geschlechtlichkeit des Menschen, unter der Voraussetzung ihrer Bezogenheit auf den Schöpfer betrachten. Wenn ich z. B. behaupte, daß der Mann das zeugende und die Frau das empfangende Prinzip verkörpert, ohne das so Behauptete einzuengen auf uns bekannte Vorgänge, so habe ich damit die Grenzen des theologisch Statthaften noch in keiner Weise überschritten; denn genau so redet ja auch die Bibel von der gottgewollten Aufgabe der Geschlechter, wobei das Wie des Zeugens und Empfangens sowie das Was des Gezeugten und Empfangenen dahingestellt bleibt. An dem Wie und Was aber entscheidet es sich erst, ob die Beziehung der Geschlechter zueinander versehrt oder unversehrt ist. Ich würde übrigens diese Vorbemerkung für überflüssig halten, wenn ich nicht aus Erfahrung wüßte, daß manche Theologen leider geneigt sind, sich formalistischer Argumente als Waffen zu bedienen, sobald es ihnen darum geht, eine These, die ihnen nicht in ihr System paßt, aus den Angeln zu heben.

Die meisten bekannten philosophischen Charakterologien der Geschlechter gehen aus von den physiologischen und morphologischen Unterschieden zwischen Mann und Weib. Dagegen ist auch gar nichts einzuwenden, wenn das nur der Anschaulichkeit wegen geschieht und nicht schon aus einem biologistischen Vorurteil heraus, wenn damit also noch nichts über die letzten Wurzeln der geschlechtlichen Polarität ausgesagt sein soll, etwa in der Weise, daß man die psychischen und geistigen Elemente im Gesamtkomplex der erotischen Liebe bloß als den ideologischen Überbau über einem an sich rein biologischen Phänomen zu betrachten hätte. Wir schätzen, wie sich in der Folge immer wieder zeigen wird, das Physische gewiß nicht geringer ein als das Psychische, aber wir wehren uns selbstverständlich auch gegen die umgekehrte Bewertung. Der Mensch ist wie in jeder, so auch in erotischer Hinsicht eine geistig-leibliche Ganzheit, und wenn er als Mann zeugt und als Weib empfängt, so gilt das durchgängig für alle Schichten seines Wesens; denn das Geschlechtliche reicht, wie *Nietzsche* einmal sagt, bis in die feinsten Spitzen des Geistes.

Es gibt, das muß vor allem betont werden, keine Psychologie oder Charakterologie des Mannes „an sich" und der Frau „an sich"; denn der Mann ist Mann nur für die Frau und die Frau Frau nur für den Mann. Ich kann also nicht von der Frau reden, abgesehen davon, was sie in den Augen des Mannes, und nicht vom Mann, abgesehen davon, was er in den Augen der Frau ist. Jede echte Phänomenologie der Geschlechter muß ihrer Natur nach *perspektivisch* sein. Was etwa von der Frau übrigbleibt, wenn davon abstrahiert wird, wie der Mann sie beurteilt, das ist ganz sicher nicht mehr „die Frau“, sondern nur eine blasse Gedankenkonstruktion. Nur der Mann weiß um die Frau Bescheid und nur die Frau um den Mann. Das Weib wird zum Weib erst dadurch, daß Adam von ihr sagt: „Bein von meinem Bein, Fleisch von meinem Fleisch“ und sie „Männin“ nennt. Nur ein völlig weltfremder Theoretiker kann meinen, daß er imstande wäre, die Frau als solche rein objektiv zu beschreiben, so als ob er selber mit seinem männlichen Verhältnis zum Weiblichen, mit seiner Liebe und seinem Begehren gar nicht da wäre. Sage ich: Die Frau ist schön, so heißt das nicht, daß sie „an sich“ irgendeine Qualität hätte, die wir „schön“ nennen; denn Schönheit „an sich“ bleibt ein Unding. Schönheit gibt es nur als Beziehungswert. Schön kann nur sein, was schön gefunden wird, es ist also nicht schön ohne den, der es schön findet. Allerdings besteht hier zwischen Mann und Weib insofern ein Unterschied, als nicht die Frau, sondern der Mann Träger des Logos ist. Er und nicht sie hat primär die Gabe der Rede. Er und nicht sie hat primär das Bedürfnis etwas zu sagen, zu benennen und zu beschreiben. Obwohl feststeht, daß die Frau den Mann besser kennt als er sich selbst, genau so wie umgekehrt, fehlt ihr doch die Fähigkeit und auch die innere Nötigung, ihre Kenntnis in Worte zu fassen; sie erkennt schweigend, beinahe unbewußt. Er dagegen fühlt sich immer gedrängt, das, was er erkennt, auch auszusprechen. So wird die Charakterologie beider Geschlechter nur von Männern geschrieben werden können, wobei die des Mannes freilich etwas zu kurz kommt, aber er ist ja auch viel mehr der Beschreibende als der Zu-Beschreibende, genauer gesagt, seine Beschreibung kommt nicht ihm, sondern Gott zu.

Man hat gesagt, der Mann sei Natur gewordener Geist, die Frau Geist gewordene Natur, aber die Natur, die da in der Frau Geist geworden ist, oder vielleicht richtiger, sich nach der Geistwerdung ausstreckt, ist zunächst nicht die Natur der außermenschlichen Schöpfung, sondern die *menschliche* Natur, also die Natur des Mannes selbst. Er, der Mann, schaut in der Frau seine eigene Natur an, sofern sie sich seinem Geist zuwendet. Darüber hinaus ist dann gewiß die weibliche Natur auch Mittlerin zur Natur überhaupt, so wie der Geist des Mannes Mittler zum Geist überhaupt, und nur indem sich der Mann seiner Geistigkeit nach als Mittler und Diener des Geistes überhaupt versteht, wird er in der Frau die Mittlerin zur Natur überhaupt erkennen. Sondert er sich ab gegen den göttlichen Geist, in dessen Dienst er stehen sollte, so wird ihm auch die Frau nur ein verlorenes Wesen inmitten einer fremden Natur sein oder aber wird sie ihm, sofern ihm ihr Mittlertum aufgeht, zum bodenlosen Abgrund werden, in den er als der Gottverlorene stürzt. Ihr Reiz trägt dann den Abglanz nicht des göttlichen Lichtes, sondern der drohenden Finsternis.

Ob der Mann die Frau wirklich erkennt oder nicht, das hängt davon ab, ob er sich von Gott erkennen läßt oder nicht. Bleibt er unerkannt von Gott, dann wird das, was er für seine Erkenntnis der Frau hält, zu einem Mißverständnis, dann nimmt er ein Fremdes für ein Erkanntes. Aber freilich besteht auch dann, wenn keine ausdrückliche Abwendung von Gott stattgefunden hat, zwischen den Geschlechtern in ihrem Gegenüber nicht nur Bekanntschaft, sondern auch Fremdheit; denn erst die Vereinigung oder Wiedervereinigung von Mann und Frau soll ja ihrem Ursinn nach die volle Hinwendung zu Gott, das rückhaltlose Sich-Aufschließen für ihn und für das Erkannt-Werden von ihm bringen. Das Weib erkennen heißt Gott erkennen als den, der von ihm erkannt ist. Vor ihrer Vereinigung in diesem letzten absoluten Sinn erscheint der Mann der Frau und die Frau dem Mann trotz aller Hingewiesenheit beider aufeinander als das betont Andere, ja geradezu als das eigene Gegenteil, und das so sehr, daß keine Beziehung ebenso wie die der erotischen Liebe in Einem sowohl die Selbsterfüllung wie auch die Selbstaufgabe des Liebenden bedeutet. Es ist die Andersheit selbst, die Andersheit an sich, die mir in der Geliebten oder in dem Geliebten entgegentritt, also nicht nur die Andersheit dieses einen einzelnen Wesens, dieses besonderen Menschen da, sondern das Anderssein als solches in seiner ganzen Verheißung und doch auch in seiner ganzen Gefährlichkeit. In sehr schönen Worten hat diesem Gedanken Walter *Schubart* in seinem sonst allerdings mit großer Vorsicht aufzunehmenden Buch Ausdruck gegeben: „Der Eros zwingt uns in die Nähe eines fremden, in eigenen Gesetzen kreisender Wesens. Er legt uns diese Eigenwelt in liebreicher Nacht an die Seite. Wir spüren den Atem und das Lächeln des Fremden. Die ganze außerpersönliche Welt hat Gestalt gewonnen und ist in der Person der Geliebten umarmbar geworden. ... Wie in der Muschel die ferne Riesenmacht des Meeres, so rauscht aus dem Atem der Geliebten die ganze Natur.“ [5] Das ist natürlich ganz und gar vom Mann her gesprochen; denn nur er sieht in den Augen der Frau die Tiefe der Natur gespiegelt.

Nach Gen. 2, 7 formt Gott den Menschen aus Erde und bläst ihm seinen Atem ein, so daß er zu einem lebendigen Wesen wird. Der Anhauch

Gottes ist der Ur-Zeugungsakt, das dadurch bewirkte Erwachen des Lebens in dem Erdenkloß die Ur-Geburt. In beiden getrennten Geschlechtern fällt das erste Moment dem Mann, das zweite der Frau zu, er zeugt, sie gebiert. Von der männlichen Seite kommt das Unsichtbare, das dann von der weiblichen her sich in Sichtbarkeit darstellt. Als Beauftragter Gottes wirkt der Mann in die Natur hinein, die darauf mit Fruchtbarkeit antwortet und so mit dem ihr anvertrauten Pfund wuchert. Die Frau ist gleichsam die Blüte, die von unten aufwächst und sich der Sonne öffnet, aber der Mann ist nicht etwa die Sonne, die sie bescheint — das ist immer nur Gott allein —, sondern, weiter im Gleichnis gesprochen, eher die Wolke, die ihr den Regen gibt, damit sie sich noch weiter der Sonne öffnen kann. Daß die Wolke obengehalten wird, von wo ihr der Regen entströmt, verdankt sie gleichfalls der Sonne und ihrer Wärme. Sie selber strahlt kein Licht aus, sondern beschattet im Gegenteil alles, worüber sie hinzieht. Sie ist zwar durch das Licht, aber sie verhüllt gerade auch das Licht, und wenn sie vergißt, daß sie über sich die Sonne hat, wenn sie die Sonne nicht mehr durch sich hindurch läßt, sich der Sonne verschließt, dann wird es finster und gibt auch nur noch Finsternis. Indem sie sich aber als Regen niederläßt auf die Erde, indem sie so auf ihr Wolke-Sein, auf ihr Oben-Sein verzichtet, gibt sie dem Licht den Weg frei und wird so, sich opfernd, zu seinem Mittler.

In dem „Gesang der Frauen an den Dichter“ von R. M. *Rilke*[6] heißt es:

Sieh, wie sich alles auftut: so sind wir;
Denn wir sind nichts als solche Seligkeit.

Das sagen die Frauen, aber es bedeutet nicht, daß der Mann etwas anderes oder gar mehr wäre als „solche Seligkeit“. Vielmehr kommt er zu seiner Bestimmung als Mensch und als von Gott eingesetzter Herr der Schöpfung nur, indem er von und mit der Frau lernt, sich gleichfalls aufzutun, sich dem Schöpfer hinzuhalten, um von ihm immer neu befruchtet zu werden.

Wenn *Goethe* seinen Faust die Worte des Johannesprologes übersetzen läßt: „Im Anfang war die Tat“, so muß man diese Interpretation nicht unbedingt ablehnen und als unbiblisch verdammen; denn Gottes Wort, Gottes Schöpferwort ist ja immer Tat. Das Wort Gottes ist es, das das Chaos und dann die Erde befähigt, etwas hervorzubringen. Darum sind durch den göttlichen Logos alle Dinge gemacht und ist ohne ihn nichts gemacht, was gemacht ist. Der Logos ist das Zu-hin Gottes zur Welt. Und wie Gott zur Welt, so ist auch der Mann hin zum Weib und hat die Aufgabe, durch den Logos das weibliche Hervorbringen zu erwecken. Der eigentliche Erwecker ist der Logos, das von Gott oder im Auftrag Gottes gesprochene Wort. Er erweckt das noch Unlebendige oder auch das bereits Gestorbene zum Leben. Darum hat der Mensch, wenn er leben will, nichts anderes zu tun als auf den Logos zu hören, ihn bei sich aufzunehmen, ihn an sich wirken zu lassen und sich zu ihm weiblich zu verhalten. Wo in den Evangelien Jesus mit Frauen in Berührung kommt und sie betont als Frauen anredet, da steht die betreffende Frau immer stellvertretend für den ganzen Menschen und nicht nur für seine weibliche Hälfte allein. Was da gesagt wird, geht also durchaus auch den Mann und vielleicht sogar vor allem den Mann in seinem Gottesverhältnis an. Wenn z. B. Jesus der Maria, die sich zu seinen Füßen hinsetzt, um gar nichts zu tun als ihn anzuhören, d. h. als sich von seinen Worten befruchten zu lassen, den Vorzug gibt vor der aktiveren Schwester Martha, so eben darum, weil nur sie sich wahrhaft weiblich und das meint hier wahrhaft menschlich verhält. Ihr Teil soll nicht von ihr genommen werden; denn was sie erwählt hat, wird in ihr die Frucht des Lebens reifen lassen, während das Werk der Martha sich wie eine Wand zwischen Gott und den Menschen stellt. Auch in der Erzählung von der Auferweckung des Lazarus ist es wieder Maria, die sich vom Logos Christi anreden läßt, die ihm nicht eigenmächtig entgegenläuft wie Martha, sondern erst aufsteht und auf ihn zukommt, als ihr gesagt wird: „Der Meister ist da und ruft dich." Sie ist die Pforte des Glaubens, durch die sein Wort in das Grab dringt und den toten Bruder zu neuem Leben erweckt. Sicher nicht nur zufällig wird dann weiter gesagt, daß viele von den Juden, die zu *Maria* gekommen waren, an Jesus glaubten. Es war der Glaube dieser Maria, an dem sich auch der Glaube der anderen entzündete. Ihre Weiblichkeit griff auf sie über und machte sie zur Gemeinde, zur Braut Christi. Auch am leeren Grab des Auferstandenen ist es wieder eine Frau, die die erste Offenbarung empfängt und den Jüngern die apostolische Botschaft bringt: „Ich habe den Herrn gesehen." Maria Magdalena ist hier das Ohr und das Auge der ganzen Jüngergemeinde, ihre empfangende Weiblichkeit und damit ihre Menschlichkeit, sofern sie sich dem Logos Gottes zuwendet.

Tiefer als der Mann hat die Frau ihre Wurzeln in der Erde. Sie ist selbst ein Stück lebendig gewordener Erde, aber aus der Erde aufsteigend hält sie ihr Gesicht, je mehr sie wirklich Frau ist, um so sehnsüchtiger dem Göttlichen entgegen und steht so in seinem Licht. Nach beiden Seiten hin verbindet sie sich dem Dauernden und Ewigen und macht das Dauernde *unter* uns offenbar als die Widerspiegelung der Ewigkeit *über* uns, des lebendigen Grundes, aus dem wir geschaffen wurden. Es ist eine der tiefsten Einsichten *Hegels*, daß er das Gesetz der Frau als das göttliche, das des Mannes aber als das nur menschliche erkannt hat. Die Frau ist die Heimat des Mannes nach oben wie nach unten. Sie hat die Herrschaft über das Haus, aber freilich in der gefallenen Welt auch über das Grab; denn dem von Gott gelösten Adam wird die Erde, auf der das Haus steht und mit der es ihn verbindet, zur Heimat als dem Sterbenden und Gestorbenen. Verliert er den Zusammenhang mit dem Dauernden über ihm, dann hört das Dauernde unter ihm auf, dessen Abglanz zu sein. Es bleibt zwar ein Dauerndes, aber ein Dauerndes im Dunkeln, und so nimmt auch das Geheimnis der Weiblichkeit, sein ewiger Grund, den Charakter des Abgrundes an. Die Frau wird zur Hüterin nicht nur an der Pforte des Lebens als gebärende Mutter, sondern auch, und zwar endgültig, an der Pforte des Todes. So haben sie die alten Mythen immer gesehen, so sieht sie auch noch Hegel, wenn er tiefsinnig sagt, daß der Mensch der von der Frau regierten Familie und ihrem Gesetz als der Gestorbene zugehört, und so erkennt auch *Bachofen* im Weib die Mutter, die den sterbenden Sohn wieder in ihren Schoß zurücknimmt.

Von dieser düsteren Seite des weiblichen Wesens, wie überhaupt vom Charakter des Erotischen in der gefallenen Welt, soll aber erst im folgenden Kapitel ausführlicher die Rede sein. Hier geht es uns zunächst um die Urbestimmung der Geschlechter in ihrem Gegenüber und also um das Weib, sofern es den Blick nach oben gerichtet hat, dem erweckenden Logos zu, der sich ihm durch den Mann schenken will. Das Auge der Frau ist dem Oben geöffnet in Erwartung dessen, was sich ihm zeigt. Darum ist das Schauen der Frau anders geartet als das des Mannes. Die physiognomische Ausdrucksforschung hat bemerkt, daß im allgemeinen, wenn auch nicht immer, bei älteren Frauen die horizontalen Stirnfalten, bei Männern dagegen die vertikalen über der Nasenwurzel stärker ausgeprägt sind. Die Horizontalfalten entstehen durch das Öffnen der Augen, die ein ihnen Erscheinendes erwarten, die vertikalen durch das Zusammenziehen der Augenbrauen beim scharfen Hinsehen auf etwas. Das aber heißt, daß sich die Frau auch beim Schauen mehr passiv empfangend, der Mann mehr aktiv verhält. Er macht das Gesehene zu seinem Objekt, er nimmt es nicht nur auf, sondern formt es mit seinen Blicken; man könnte darum auch sagen, das Auge der Frau ist konkav, das des Mannes konvex.

Ph. *Lersch,* dem ich diesen Hinweis verdanke, macht in seinem Buch über „Das Wesen der Geschlechter" darauf aufmerksam, daß Schiller in dem Gedicht „Würde der Frauen" das weibliche Geschlecht durch ein fließendes, nämlich daktylisches, das männliche durch ein scharf akzentuiertes trochäisches Versmaß kennzeichnet, also etwa:

Ehret die Frauen! Sie flechten und weben
Himmlische Rosen ins irdische Leben.

Dagegen:

Ewig aus der Wahrheit Schranken
Schweift des Mannes wilde Kraft

— — — — — — — — — —

In der Männer Herrschgebiete
Gilt der Stärke trotzig Recht.

Und dann wieder:

Aber mit sanft überredender Bitte
Führen die Frauen das Zepter der Sitte.

Damit soll die schärfere Individualisiertheit des Mannes verglichen mit jener der Frau ausgedrückt sein. Jeder einzelne Trochäus steht ganz hart neben dem anderen, der Daktylus dagegen geht weich in den nächsten über, so daß das Ganze sich ausnimmt wie ein sanfter Wellenschlag, der sich nur wenig über die alles verbindende Oberfläche erhebt. Das männliche Prinzip als das Formprinzip ist auch das principium individuationis gegenüber dem unindividualisierten weiblich-materiellen, wobei aber natürlich das principium individuationis nicht im Sinne *Schopenhauers* abgewertet werden soll. Das Besondere und das Allgemeine sind hier nicht zu verstehen als feindliche Gegensätze, sondern als korrelative Pole, genau so wie konvex und konkav oder wie Ich und Du. Das weibliche Du erhebt sich aus der Allgemeinheit als aus seinem Grund zur Individuation, das männliche Ich wendet sich aus der Individuation dem Allgemeinen zu, und zwar aus einer Individualität, die cum grano salis auch ein Allgemeines genannt werden darf, nur eben nicht in der Bedeutung des Ungeformten. Es war ja der Fehler der rationalistischen Religionsphilosophie seit den Eleaten, daß sie das Göttliche mit den Kategorien objektiver Allgemeinheit zu fassen versuchte und so zu den Unbegriffen einer reinen Substanz, eines ens realissimum oder eines Absoluten kommen mußte.

Der Mann ist selbstverständlich, was wir schon oft genug betont haben, nicht Gott oder der Logos, sondern als Geschöpf vom Logos geformte Materie und insofern nur graduell vom Weib unterschieden. Er ist unbewußt, was die Frau bewußt ist, und umgekehrt; denn das subjektiv Bewußte ist immer das objektiv Unbewußte und das subjektiv Unbewußte das objektiv Bewußte. In der Frau also hat das Unbewußte des Mannes und im Mann das Unbewußte der Frau sichtbare und insofern für den anderen bewußte Gestalt angenommen. Die Frau repräsentiert das Ruhende, der Mann das Bewegliche, aber die Frau will den Mann und damit das Bewegliche, wie der Mann die Frau und damit das Ruhende. Der Mann ist reflektiert und hat Sehnsucht nach dem Unmittelbaren, dem Elementaren, die Frau ist unmittelbar und elementar und verlangt nach dem Reflektierten. Darum richtet er sich in seinen bewußten Willensäußerungen stets auf das Ganze. Er formt und gestaltet, er bildet und dichtet, d. h. er sucht das Weibliche wie es an sich ist, während die Frau, je bewußter und reflektierter sie wird, um so mehr die Zusammenhänge aus dem Blickfeld verliert, alles nur analysiert und zum extremsten Rationalismus neigt, zu einem Rationalismus nämlich ohne Genialität und ohne intuitiven Gehalt. Es ist darum falsch, von einer besonderen intuitiven Begabung der Frau zu reden, die sie angeblich vor dem Mann voraus haben soll. Genau das Gegenteil trifft zu. Wirklich intuitiv denken kann überhaupt nur der Mann, aber der Gegenstand seiner Intuition ist allerdings das Weib oder die Weiblichkeit, welche Tatsache dann, ungenau beurteilt, zu jenem Irrtum führt. Man verwechselt die Intuition mit ihrem Gegenstand. Intuitiv ist die Frau niemals in ihrem Denken und artikulierten Reden, sondern bloß in ihrem bewußtlosen Sich-Verhalten und Reagieren. Darin freilich übertrifft sie den Mann bei weitem und stellt auch seine schönsten Intuitionen in den Schatten. Dem entspricht auch der eigentümlich konservative Charakter des männlichen Bewußtseins und des weiblichen Instinktes einerseits und der revolutionäre des männlichen Instinktes und des weiblichen Bewußtseins andererseits. In allen Revolutionen sind immer die Frauen die radikalsten Extremistinnen, die eigentlichen Megären.

Man kann gerade heute sehr häufig die oberflächliche Behauptung hören, man müsse die Frau auch im Staat mehr zu Wort kommen lassen, dann werde das weiblich bergende, das mütterlich liebende Element der Menschlichkeit über die zerstörenden Gewalten der Geschichte triumphieren. In Wahrheit aber ist es gerade nur der bewußte Geist des Mannes, der den organisch lebendigen Charakter einer staatlichen Verfassung wie überhaupt der politischen Wirklichkeit garantiert, eben weil er auf das weiblich Ganzheitliche gerichtet bleibt. Nur wo der Mann führt, wird der Entfaltung der weiblichen Natur Raum geschaffen. Der Mann, der aus seiner genuinen Männlichkeit heraus die Gemeinschaft baut, baut damit die Weiblichkeit. Der Mann dagegen, dessen Werk auf Disharmonie und Zerstörung geht, hat seine wahre Männlichkeit bereits verloren, und zwar gerade darum verloren, weil er der Weiblichkeit verfallen ist. An seiner Stelle die Frau zum Herrscher und Gesetzgeber einsetzen, würde also heißen, dem fressenden Feuer noch weiter Nahrung geben oder, wenn man will, den Bock zum Gärtner machen.

Der relativ geringeren Individualisiertheit der Frau entspricht ihre weniger scharfe Gliederung in jeder Hinsicht. So wie schon ihre Körper- und Gesichtsformen durch Fettpolster unter der Haut gleitende Übergänge und damit eine gewisse Weichheit und Unbestimmtheit zeigen, sind auch die verschiedenen Schichten, aus denen sich die Gesamtperson aufbaut – Leib, Seele und Geist –, nicht deutlich voneinander gesondert. Demgemäß gibt es z. B. für die Frau nicht im gleichen Grad wie für den Mann einen genau fixierbaren Unterschied zwischen körperlichen und seelischen Schmerzen, weshalb sie sich durch körperliche Leiden viel leichter als der Mann zum Weinen bringen läßt, der seine Tränen gewöhnlich für die Schmerzen der Seele aufspart. Ebenso ist auch ihre Liebe immer leiblich und seelisch, sinnlich und übersinnlich zugleich. Wen sie liebt, den sucht sie ganz instinktiv sofort auch rein leiblich zu fördern, zu bemuttern, zu hätscheln und zu füttern. Sie sorgt also für seine körperlichen Bedürfnisse, für Nahrung, Bekleidung usw. Das alles hat seinen Grund darin, daß sie das zur Vollendung Drängende, nach Artikulation Verlangende am Menschen in ihrem Sein ausdrückt, während der Mann ihr und auch der Natur gegenüber der Artikulierte und Artikulierende, der Benennende ist. (Adam benennt die Tiere und auch das Weib.) Die Frau wartet darauf, von ihm benannt zu werden.

Nach Otto *Weininger* denkt die Frau in *Heniden,* d. h. in nur noch undeutlichen Vorformen des Begriffes. Sie verlangt vom Mann „die Klärung ihrer dunklen Vorstellungen, die Deutung der Heniden".[7] Darum sagen viele Mädchen, sie könnten „nur jenen Mann lieben, der gescheiter sei als sie".[8] Die Frau verhält sich zum Mann zuerst wie die Frage zur Antwort und sodann wie die Antwort zum Wort. Sie will durch die Antwort auf ihre gleichsam stumme Frage zur Sprache und zur eigenen Antwort erweckt werden. Was die Frau im tiefsten vom Mann ersehnt, ist durchaus die gewisse „Offenbarung der Söhne Gottes", von der Paulus im achten Kapitel des Römerbriefes redet, d. h. die Klärung und Verklärung des noch Unklaren aus dem Logos, aus dem männlichen Von-Gott-her-Sein. Der natürliche Mann freilich hat ihr fast immer nur eine bloß begriffliche Klärung, eine Artikulation des Unartikulierten aus seinem Sicut Deus zu bieten. Statt sich transparent zu erweisen für das auf die Frage der Frau wirklich antwortende göttliche Wort, antwortet er von sich her, aus seiner Isolierung heraus, als Individuum und nicht als Person, so wie bereits damals, als die Schlange das Weib und das Weib den Mann auf die Frucht des Baumes in der Mitte des Gartens hinwies. Auch dieser Hinweis war zunächst gar nichts anderes als Ausdruck für das Harren der Kreatur auf die Offenbarung des Sohnes Gottes, für das Harren, in dem sie aber enttäuscht wurde, weil der Mensch nach der Frucht griff, die ihn Gott gleichmachen sollte in der Erkenntnis des Guten und Bösen, d. h. im rationalen Unterscheiden, das seiner eigenen Selbstunterscheidung von Gott entsprach. Er antwortete da nicht als Bild, sondern als Rivale Gottes. Er richtete in seiner Antwort die Schranken auf gerade dorthin, wohin er die Tür hätte weit aufstoßen sollen. Die Klarheit, die Artikulation dieser Antwort ist nur *Er-klärung,* aber nicht *Ver-klärung* des Unklaren, nur Trennung, Unterscheidung, aber nicht Sammlung, Verbindung, Inbeziehungsetzung.

Die Artikuliertheit, man könnte auch sagen, die Diskontinuität des männlichen, wie die Kontinuität des weiblichen Charakters wird weiter deutlich in dem eigentümlichen Verhältnis der beiden Geschlechter zur Zeit. In ihrem Gegenüber oder genauer in ihrer Einheit stellen Mann und Frau die Gegenwart, das harmonische Ineinander von zeitlicher Erstreckung und dauerlosem Augenblick dar, in ihrer Sonderung aber fällt dem Mann der Sinn für jene, für das Nicht-mehr der Vergangenheit und das Noch-nicht der Zukunft, der Frau das Beanspruchtsein vom jeweiligen Jetzt, vom hic et nunc zu. Das Weib ist, wie *Schopenhauer* sich einmal ausdrückt, „ein geistiger Myops (Kurzsichtiger), indem sein intuitiver Verstand in der Nähe scharf sieht, hingegen einen engen Gesichtskreis hat, in welchen das Entfernte nicht fällt; daher eben alles Abwesende, Vergangene, Künftige, viel schwächer auf die Weiber wirkt als auf uns".[9] Dieses Urteil ist aber natürlich höchst ungerecht; denn Weitsichtigkeit ist genau so ein Mangel wie Kurzsichtigkeit. Das Vollkommene darf weder auf der einen noch auf der anderen Seite, sondern muß in der Mitte, in der Einheit beider gesucht werden. Die Gegenwart, auf die es ankommt, wird dort Wirklichkeit, wo sich die weibliche Augenblicksgebundenheit mit der männlichen Zeitverlorenheit verbindet, die aktive männliche Ungeduld und die passive weibliche Geduld sich finden in der Gewißheit ewigen unzerstörbaren Lebens. In seinem ruhelosen Schweifen dahin und dorthin, das an sich dem unendlichen Nichts verfällt, braucht der Mann, wenn er gerettet werden will, den Halt aus der ruhenden Mitte des Jetzt. Und in ihrer Gefesseltheit an dieses Jetzt, das an sich nur die Starrheit des Todes ist, braucht die Frau die Entbreitung und Entfaltung in das zeitlich Auseinandergelegte. Wenn Männliches und Weibliches im Widerspruch sind, stellt sich dieses vom Manne her gesehen dar als das immer schon Vergangene, das ihn festzuhalten sucht und über das er hinaus will, und jenes von der Frau her gesehen als das immer schon Zukünftige, das alles Bleibende und Dauernde und Seiende zerstört. Wenn aber Vergangenheit und Zukunft sich in Liebe begegnen, dann ist die Vergangenheit nicht das Nicht-mehr, das bloße Gewesene und Versunkene, und die Zukunft nicht das Noch-nicht, sondern sind beide die einander durchdringenden Ansichtsseiten der einen Gegenwart, die Vergangenheit das Zuhin und die Zukunft das Von-her des göttlichen Logos, so wie umgekehrt die Vergangenheit das Von-her und die Zukunft das Zu-hin der sich nach ihm ausstreckenden Schöpfung.

Als Menschen, die zum Bilde Gottes geschaffen sind, haben beide Geschlechter teil an dem ihnen gemeinsam geschenkten *Selbstbewußtsein*, d. h. am Wissen um die eigene Existenz, aber dieses Selbstbewußtsein ist trotzdem da und dort anders geartet. Das Selbstbewußtsein des Mannes ist das des *Betrachters: Ich* betrachte, *ich* bin Betrachter, das der Frau das der *Betrachteten:* Ich *werde* betrachtet, ich *bin Gegenstand* der Betrachtung. Das Ich des Mannes, heißt das, liegt mehr auf der pneumatischen, das der Frau mehr auf der somatischen Seite; denn eben in seiner Leiblichkeit sieht der Mensch sich selber an und wird er auch von anderen gesehen. „Die Art, wie dem seelischen Ich von Mann und Weib der eigene Leib gegeben ist (z. B. die Distanzierung in beiden Fällen), enthält sicher einen unüberbrückbaren Wesensunterschied. In der Art, wie die Frau konstitutiv ihren eigenen Leib erlebt – wie sie sich in ihm fühlt und weiß –, führt der Mann den seinen so distanziert mit sich, wie wenn er ein Hündchen an der Leine wäre." [10] Damit eben hängt zusammen, daß die Frau, obgleich weniger schmerzempfindlich und auch weniger wehleidig als der Mann, dennoch, wie wir schon sagten, viel leichter als er körperlicher Schmerzen wegen weint. Wenn die Frau körperlich leidet, so leidet sie selber, ihr Ich, der körperlich leidende Mann dagegen ist nicht so sehr Subjekt seines Schmerzes als vielmehr der *Besitzer* dessen, was da leidet und was er freilich um alles in der Welt nicht hergeben möchte.

Da die Frau sich von keinem Teil ihrer Gesamtperson wirklich zu distanzieren vermag, also nicht, wenigstens nicht so wie der Mann, zwischen Ich-Subjekt und Ich-Objekt unterscheidet, ist ihr Sinn sowohl für den Humor wie auch für das Tragische sehr wenig entwickelt. Beide nämlich haben den Abstand von einem objektivierten Selbst zur Voraussetzung. Die Frauen verwechseln gewöhnlich das Tragische mit dem bloß Traurigen und den Humor mit dem bloßen Unsinn. Sie können nicht über sich selber lachen, d. h. nicht über ihren eigenen Mängeln stehen und sich darum auch nicht in tragisch-kathartischem Aufschwung über ihr Schicksal, über ihr Pathos erheben. Sie bleiben da wie dort immer die unmittelbar Betroffenen. Aber das hat freilich auch seine sehr positive Seite. Es muß ja nicht unbedingt ein Vorzug oder gar ein Zeichen der Vollkommenheit sein, immer als sein eigener Doppelgänger vor sich herzugehen und sich nicht mit dem zu identifizieren, wozu man letzten Endes eben doch von Gott geschaffen wurde. Nur wer zwischen sich und Gott in unerlaubter Weise unterscheidet, weil er sich ständig mit Gott vergleicht und mit seiner Ungöttlichkeit unzufrieden ist, unterscheidet auch zwischen sich und sich. Wir wollen den Humor und den Sinn für das Tragische nicht gering schätzen. Innerhalb der empirischen Möglichkeiten des Menschen, als ethische Phänomene haben sie schon einiges zu bedeuten, aber letzte Werte, d. h. solche, die vor dem wirklich letzten Wert bestehen können, sind sie nicht, und darum sollte sich der allzu selbstbewußte Mann von der oft verachteten Humorlosigkeit der Frau ins Gewissen treffen lassen.

Einem Kapitel seines berühmten Buches hat Otto *Weininger* als Motto die beiden Worte *Kants* und *Nietzsches* vorangestellt: „Die Frau verrät ihr Geheimnis nicht“ und: „Mulier taceat de muliere“, womit nicht gesagt sein soll, daß die Frau ihr Geheimnis nicht verraten will oder soll, sondern daß sie es beim besten Willen nicht verraten kann, weil sie es nämlich in der Form eines reflektierenden Selbstbewußtseins gar nicht kennt. Wenn Frauen sich auf dem Gebiet der Psychologie, vor allem der weiblichen Psychologie versuchen, kommt darum fast immer ein Unsinn oder bestenfalls eine Plattitüde heraus. Weininger selbst bemerkt dazu: „Die Psychologie von W. (d. h. des weiblichen Seelenlebens) ... wird ebenfalls nur von Männern geschrieben. Man kann also mit Leichtigkeit sich auf den Standpunkt stellen, daß, sie wirklich zu schreiben, ein Ding der Unmöglichkeit sei, da sie Behauptungen über fremde Menschen aufstellen müsse, die keine Verifikation durch deren eigene Beobachtung ihrer selbst erhalten haben.“ [11] Dagegen ist Weininger allerdings der Meinung, daß der Mann sehr wohl imstande sei, die Frau psychologisch zu analysieren, bzw. nur er allein, und der Mann Otto Weininger tut das ja auch sehr gründlich, mit welchem Resultat, bleibe hier dahingestellt. Wir können ihm darin recht geben, und wir sagten es ja schon bei früherer Gelegenheit, daß es keine Psychologie oder Charakterologie der Frau von Frauen gibt. Dagegen gibt es zweifellos eine Psychologie des Mannes vom Mann. Wir sehen aber auch darin wieder keinen Vorzug, den der Mann vor der Frau voraus hat und der ihn als ein Wesen höherer Artung kennzeichnet. Vielmehr gilt hier genau das Gleiche, was eben über das Verhältnis der Geschlechter zum Humor und zum Tragischen gesagt wurde. Der Mann kann sich zwar analysieren und damit sein Geheimnis preisgeben, ob dann aber auch dieses Geheimnis tatsächlich *sein* Geheimnis ist oder ob er sich nicht vielleicht durch die Analyse und durch die Preisgabe um sein wahres Geheimnis bringt, ist eine andere und die zuletzt allein entscheidende Frage. Die Frau, die ihr Geheimnis nicht verrät, sei es immerhin, weil ihr die Fähigkeit dazu fehlt, wartet darauf, daß ihr dieses Geheimnis von einem Anderen gesagt wird, und so sollte offenbar der Mensch überhaupt darauf warten, daß ihm ein Anderer, nämlich Gott sagt, was und wer er ist.

Je nachdem ob wir den Menschen ansehen in seinem Verhältnis zur Schöpfung oder zum Schöpfer, wird die Bewertung der beiden Geschlechter verschieden ausfallen müssen. Das Gesicht, das der Mensch der Welt zuwendet als der, der sich die Erde „untertan“ machen soll, ist ein männliches, durch dessen Mund das göttliche Wort der Kreatur zugesprochen wird. Das andere aber, das er Gott zuwendet, um zu schauen, was ihm gezeigt, und zu hören, was ihm gesagt wird, ist ein weibliches. Der Geistliche im Gottesdienst etwa, mit dem Gesicht zur Gemeinde, steht da als Mann, als der Beauftragte und Stellvertreter des Herrn, in dessen Namen er redet. Wendet er sich aber zum Altar, dann vertritt er umgekehrt die Gemeinde vor Gott und wird so zum Repräsentanten ihrer Weiblichkeit. Es wäre sinnlos, darüber zu streiten, ob dem Mann oder der Frau der höhere Rang gebührt; denn der vollkommene Mensch ist vollkommener Mann und vollkommene Frau in Einem. Erst in der Gottverlorenheit wird diese Frage überhaupt aktuell, aber gerade hier läßt sie sich dann auch nicht eindeutig beantworten, weil der Mann, der sich an die Stelle Gottes gesetzt hat, um nun als Autokrat zu regieren, der gleiche ist, der in dialektischer Umkehrung der Welt und damit dem Weib hörig erscheint. Ob Androkratie oder Gynäkokratie, beide sind Symptome der Anarchie, wenn auch gewiß erst in der Gynäkokratie die Verfallenheit des Menschen ganz kraß zum Vorschein kommt. Die Tyrannis des Mannes bewahrt immerhin noch die Welt in ihrer ursprünglichen Anordnung. Mit der Herrschaft der Frau aber kehrt sich ihre Richtung um und brechen die dämonischen Mächte des Chaos auf. Darum setzt Gott nach dem Fall den Mann zum Herrn über das Weib. Das geschieht nicht nur um des Mannes, sondern gerade auch um der Frau willen; denn solange die Frau den Mann als ihr übergeordnet anerkennt, bleibt der Mensch seiner Weiblichkeit nach noch dorthin geöffnet, woher allein ihm das Leben geschenkt werden kann. Das ist sicher auch der einzige wahre Grund für Paulus, die Unterordnung der Frau unter den Mann wiederholt mit Betonung zu fordern. Er will damit nicht wie *Schopenhauer* behaupten, daß die Natur, als sie das Menschengeschlecht in zwei Hälften spaltete, den Schnitt nicht gerade durch die Mitte geführt hat. Sonst nämlich könnte er kaum an anderer Stelle von der Gemeinde sagen: „Darin ist weder Mann noch Weib.“ (Gal. 3, 28). Verbietet er den Frauen das Reden in der Versammlung der Gläubigen (1. Kor. 14, 34), so nicht, weil sie geringer wären als die Männer, sondern weil das Reden und Predigen dem Mann als dem von Gott her und zur Gemeinde hin Seienden allein zusteht. Dagegen soll die Antwort an Gott als Ausdruck des Zu-Gott-Hin, das Loben und Beten und Danken der Frau gewiß nicht vorenthalten werden. Die Worte aus dem

Römerbrief (10, 17): ἡ πίστις ἐξ ἀκοῆς, ἡ δὲ ἀκοὴ διὰ ῥήματος Χριστοῦ (oder ϑεοῦ), von *Luther* nicht sehr zutreffend übersetzt: „So kommt der Glaube aus der Predigt, das Predigen aber durch das Wort Gottes", kennzeichnen den Menschen, der zum Glauben kommt, als einen hörenden und damit als einen weiblichen; denn das Wort ἀκοή bedeutet das Vernommene, die Kunde, die wohl auch vom Menschen verkündigt wird, aber doch nur von solchen, die sie empfangen haben in ihrer weiblichen Natur.

Daß die Frau als die den Logos empfangende sogar mehr Gegenüber Gottes ist als der Mann in seiner Weltzugewandtheit, weil die Empfängnis die Voraussetzung bildet für alles Übrige, hat vielleicht auch *Nietzsche* geahnt, als er meinte: „Das vollkommene Weib ist ein höherer Typus des Menschen als der vollkommene Mann; auch etwas viel Selteneres." Sonst freilich stimmt sein Urteil über das andere Geschlecht mit dem *Schopenhauers* so ziemlich überein, so wenn er z. B. das Verhältnis zwischen Mann und Weib mit dem zwischen einem Adler und einer Gans vergleicht.

Von dem eigentümlichen religiösen Mysterium, von der metaphysischen Unheimlichkeit des weiblichen Wesens hat der Mensch seit jeher etwas gewußt. Die Frauen, die geistig wirklich im letzten Sinn ernst genommen zu werden verdienen, so daß es sich lohnt, ihnen ebensoviel Aufmerksamkeit zu schenken wie dem männlichen Genie, die „weisen" Frauen haben freilich immer etwas vom Charakter der Sibylle, d. h. der von irgendeinem Gott oder einer dämonischen Macht ergriffenen oder gar besessenen und nicht aus ihrem eigenen Wesenszentrum schöpfenden Seherinnen. Was sie sagen, das sagen sie in einer Art Ekstase, ist nicht Zeugung, sondern Geburt eines von einem Anderen Gezeugten. In *Goethes* „Wahlverwandtschaften" nimmt Ottilie die Handschrift Eduards an, worin *Weininger* mit Recht eine typische Erscheinung sieht. Nur insofern wird man auch den Worten *Bachofens* zustimmen dürfen: „Zu allen Zeiten hat das Weib durch die Richtung seines Geistes auf das Übernatürliche, Göttliche, der Gesetzmäßigkeit sich Entziehende, Wunderbare den größten Einfluß auf das männliche Geschlecht, die Bildung und Gesittung der Völker ausgeübt. Die besondere Anlage der Frau zur Eusébeia (Frömmigkeit), ihren vorzugsweisen Beruf zur Pflege der Gottesfurcht macht Pythagoras zum Ausgangspunkt seiner Anrede an die Krotoniatinnen, und nach Platon hebt es Strabon in einem beachtenswerten Ausspruch hervor, daß von jeher alle Deisidaimonia von dem weiblichen Geschlecht über die Männerwelt verbreitet, mit dem Glauben jeder Aberglaube von ihm gepflegt, genährt, befestigt worden seien."[12] Das Weib ist Medium, offenes Gefäß nach oben wie nach unten. Je nachdem wo der Mensch in seiner Ganzheit steht, nimmt die Frau williger als der Mann auf, was von Gott oder von den Dämonen kommt. Ihre größere Empfindlichkeit für metaphysische Einflüsse kann darum ebenso zum Fluch und zum Verderben wie zum Segen werden. Medium sein heißt nicht ganz genau dasselbe wie Mittler sein. Der Mittler übernimmt und überbringt bewußt einen Auftrag oder eine Botschaft, das Medium aber ist willenloses und bewußtloses Werkzeug der sich seiner bedienenden Macht. Darum wird in einer geordneten Welt wohl die Frau den Strahl von oben empfangen und reflektieren können, aber zu seiner Artikulation, zu seiner Umsetzung in das geprägte Wort, und das heißt eben zum Mittler im eigentlichen Sinn ist der Mann berufen. Auch davon finden sich Ahnungen schon im antiken Heidentum, also außerhalb des Bereiches der Offenbarungsgeschichte. Die weibliche Pythia sitzt auf ihrem Dreifuß und stammelt, von den aus der Tiefe aufsteigenden Dämpfen betäubt, unverständliche Worte, die der männliche Priester deutet und in sinnvolle Sätze formt. Nur so werden sie zu Orakelsprüchen des Apollon, des Lichtgottes. Abgesehen davon, wären sie nichts weiter als das dumpfe Grollen des im Abgrund verborgenen Python, des chthonischen Ungeheuers.

Dem Aufmerksamen kann kaum entgehen, daß zwischen der Situation in Delphi und jener des Paradieses eine überraschende Ähnlichkeit besteht. Dem Herrn des Heiligtums, dem Gott Apollon nämlich entspricht hier der Herr der Schöpfung, Gott, dem Priester der Mann, der Pythia das Weib und dem Python-Drachen die Schlange. Wie in Delphi der Python der Pythia, so flüstert im Paradies die Schlange dem Weib ihre Worte in die Ohren, und das Weib gibt sie weiter an den Mann, von dem die Auslegung abhängt, bei dem also die eigentliche Entscheidung liegt. Redet er im Auftrag des Gottes, in dessen Dienst er steht, oder wird er zu einem bloßen Werkzeug der Schlange und des Weibes, des Python und der Pythia? Bewährt er sich als der Priester im Heiligtum dessen, der auch der Herr der kreatürlichen Mächte ist oder verliert er diesen Herrn aus dem Blick, um der Kreatur selbst dienstbar und hörig zu werden? In Delphi ist das alles natürlich nur angedeutet und wird verständlich erst in seiner Interpretation vom Paradiese her. Außerdem steht Apollon nicht genau an der Stelle Gottes in der Sündenfallsgeschichte. Aber diese Unterschiede brauchen uns hier nicht weiter zu beunruhigen. Die Übereinstimmung im ganzen bleibt jedenfalls verblüffend, und vor allem ist die Rolle der weiblichen Person, auf die es uns ja ankommt, hier wie dort die gleiche. Die Pythia erscheint als die Gehilfin des Priesters wie die Frau als Hilfe des Mannes. Sie steht zwischen ihm und der Schlange, dem Python und doch auch zwischen ihm und Gott. Je nachdem ob so oder so, d. h. ob der Mann sie nur versteht als das Medium nach unten oder ob er in ihr die sichtbar gewordene andere Seite seines Wesens, seine Gottzugewandtheit erkennt, wird sie ihm zur Verführerin oder zur echten Hilfe werden. Sie hält gleichsam das Los des Lebens und auch das des Todes in ihrer Hand und kann so den Mann veranlassen, nach den Früchten entweder des Lebensbaumes oder des verbotenen Erkenntnisbaumes zu greifen.

Das Versagen Adams bei der Benennung der Tiere, unter denen er keine Hilfe findet, zeigt, daß er nicht nur in seinem Verhältnis zu Gott, sondern auch in dem zur Welt „allein" ist. Es gelingt ihm nicht, aus sich herauszukommen und die lebendige Beziehung herzustellen. Er versagt zunächst vor dem Schöpfer und vor der Schöpfung, vor dem Kreator und vor der Kreatur. Über dieses wie über jenes Allein-Sein soll ihm die Erscheinung des Weibes hinweghelfen. Als sein eigenes, nun zum Gegenüber gewordenes Zu-Gott-Hin hat die Frau die Bestimmung, dem Mann seine Gottbezogenheit und damit seine Aufgabe vor die Augen zu stellen, als seine eigene Natürlichkeit, als sein „Leib" aber ruft sie ihn auch zur Natur hin. Es kommt darauf an, daß er dieses ihr Mittlertum *nach beiden Seiten hin in Einem*, ja als Einheit versteht, besser gesagt, daß ihm der Ruf zur Schöpfung hin über den Ruf zu Gott hin hörbar wird; denn nur im klaren Ja zum Schöpfer ist auch das erweckende Ja zur Schöpfung und damit die Aufhebung des Alleinseins in der Welt möglich. Nur indem sich der Mensch von Gott erwecken läßt, kann er zum Erwecker der ihm anvertrauten Kreatur werden. Dagegen wird ihm der Ruf zur Natur, wenn er nur ihn allein vernimmt und nur auf ihn allein reagiert, unvermeidlich zum Verhängnis. Er löst sich in diesem Fall erst recht von Gott und verbindet oder verbündet sich mit der Natur in unfreier Verfallenheit. Aber nicht nur er löst sich von Gott, sondern er stellt sich auch als Scheidewand zwischen ihn und die Schöpfung, er macht also, daß mit ihm auch alles andere in den Zustand der Gottverlorenheit gerät. In welcher Weise er auf die Stimme seines Weibes hört, davon hängt sein Schicksal und das Schicksal der ganzen

Welt ab. Die Frau ist gerade darin Hilfe des Mannes, daß sie als sein Du ihn erkennen läßt, was er als das Du Gottes ist oder sein sollte. Mißversteht er eines dieser beiden Verhältnisse, dann mißversteht er notwendig auch das andere. Hier findet übrigens die Gleichsetzung der beiden Liebesgebote ihre tiefste Begründung. Das zweite Gebot, das Gebot der Menschenliebe, ist dem ersten und höchsten, dem Gebot der Gottesliebe gleich, weil ich mein menschliches Du überhaupt nur lieben kann, sofern ich als Du das Ich schlechthin, nämlich Gott liebe.

Mit etwas boshaften Worten sagt der Psychologe C. G. *Jung* einmal: „Durch die passive Einstellung mit unsichtbarer Absicht im Hintergrund verhilft sie (die Frau) dem Mann zu seiner Verwirklichung und verhaftet ihn damit. Zugleich wird auch sie in ihr Schicksal verwickelt; denn, wer anderen eine Grube gräbt, fällt selbst hinein.“[13] Die Zweideutigkeit im Wesen und in der Rolle der Frau, eine Zweideutigkeit, die ihr freilich vollkommen unbewußt bleibt, ist hier sehr gut angedeutet. Ihre unsichtbare Absicht bleibt auch für sie im Hintergrund. Sie ist das dem Mann aufgegebene Rätsel. Er hat es zu lösen und zu klären, für sich und für sie, aus dem Hintergrund in den Vordergrund zu stellen oder, wie wir uns früher in Anschluß an Weininger ausdrückten, er hat die Heniden, in denen sie denkt, zu artikulieren. Erkennt er in ihrer Absicht die Absicht Gottes und spricht er das aus, dann wird er zum Verkünder des Logos und dann ist alles in Ordnung, dringt er aber nicht bis dahin durch und bleibt er am bloß Natürlichen und Kreatürlichen hängen, dann verwirklicht er sich in der falschen Richtung und reißt mit sich auch die Frau in die Grube, und es muß ihm nun so erscheinen, als ob sie ihm diese Grube gegraben hätte.

Karl *Barth* macht sich Gedanken darüber, daß knapp nach der Erschaffung der Frau wohl der Mann zu ihr, aber nicht sie zu ihm ein Wort spricht, und bemerkt dazu: „Die Frau ist nach ihrer Stellung zum Mann so wenig gefragt, wie der einsame Mann nach seiner Stellung zu Gott, als dieser ihn nach seiner Bildung aus dem Staube durch seinen Odem lebendig machte, gefragt wurde. Sie wählt nicht; sie ist nur erwählt. Sie hat sich nicht zwischen den Tieren und dem Mann zu entscheiden.“[14] Dagegen muß doch gesagt werden, daß der Mann sehr wohl nach seiner Stellung zu Gott gefragt ist, und zwar von dem Augenblick an, da ihm verboten wird, vom Baum der Erkenntnis des Guten und Bösen zu essen. Und eben so, eben damit ist allerdings auch die Frau nach ihrer Stellung zum Mann gefragt und das gerade im Sinn einer Entscheidung zwischen ihm und den Tieren, nämlich der Schlange. Von ihm hat sie doch offenbar gehört, daß der Baum der Erkenntnis ein verbotener Baum ist, und von der Schlange hört sie die Aufforderung, dennoch davon zu essen. Sie entscheidet sich für die Schlange und gegen den Mann, genau so wie sich dann der Mann, indem er gleichfalls ißt, für das Weib und gegen Gott entscheidet. Genau genommen sind freilich diese beiden Entscheidungen nur eine einzige, die Entscheidung *des* Menschen in ihrer männlichen und in ihrer weiblichen Gestalt. Die Frage, wer von den beiden nun der eigentliche Schuldige ist, trifft darum am Zentrum vorbei; denn Adams Weiblichkeit hört auf die Schlange und Evas Männlichkeit hört nicht auf Gott. Beide sind der eine Mensch, der eine Ur-Adam, der da fällt, der sich statt für Gott für sich und seine Göttlichkeit entscheidet.

Der Mann steht in der Versuchung, sein Für-sich-selbst-Sein, seine Ichheit absolut zu setzen und sein Zugewandt-Sein, sein Sein für Anderes zu vergessen, also in seinem Selbst zu erstarren und sich zu isolieren. Die Frau steht in der umgekehrten Versuchung, ihre Zugewandtheit als solche, ihr Für-den-Anderen-Sein zu ihrem Selbst zu machen, d. h. auf ihr faktisches Nicht-selbst-Sein als auf ein Selbst zu reflektieren, sich darin zu bespiegeln und sich so als Selbst zu verlieren, zur bloßen Schauspielerin ihrer selbst zu werden. Diese beiden Typen, der *egozentrische* Mann und die *exzentrische* Frau, entsprechen einander, bzw. jener Mann erweist sich von der anderen Seite her gesehen als diese Frau und umgekehrt. Sie entgleitet sich, indem ihm die Welt entgleitet. Da beide einander ergänzen, findet der eine im anderen sein Widerspiel und auch seinen Widerspruch. Sie suchen sich, sie verlangen nacheinander, aber gleichzeitig hassen sie einander; denn eben das, was den Partner anziehend macht, weil es ihn als das Komplement des eigenen Wesens erscheinen läßt, stößt auch ab. So stellt sich im Gegenüber der Geschlechter der Zwiespalt dar, in den der Mensch mit sich selber gerät im Augenblick, da er seine Daseinsbestimmung verfehlt. Für die Frau ist dieser Widerspruch ausgedrückt in den Worten: „Nach deinem Mann wird dein Verlangen sein, er aber wird über dich herrschen." Damit ist gesagt: deine Liebe wird mit Lieblosigkeit beantwortet werden. Das aber kann nur sein, weil die sich dem Mann zuwendende Liebe bereits in ihrer Wurzel verkehrt ist, verkehrt nämlich zu der Liebe, die im Mann den Menschen sicut Deus liebt, in dessen Licht sich das ihr eigenes Selbst bespiegelnde Weib gleichfalls sonnen möchte. Dieses Weib öffnet sich nicht Gott, nicht dem Logos, sondern dem wie Gott sein wollenden Mann und damit einem bloßen Phantom, einem Gebilde der Einbildungskraft, das dem eigenen Spiegeldasein, aber keiner Realität entspricht. Selbstverständlich gilt vom Mann im Hinblick auf das Weib mutatis mutandis genau das Gleiche. Zwei Phantome umtanzen einander, durstig nach einer ihnen unerreichbaren Wirklichkeit.

*

Man nennt das weibliche Geschlecht auch das „schöne". Dazu hat bekanntlich *Schopenhauer* seine ironischen Randbemerkungen gemacht und behauptet, nur der vom Geschlechtstrieb umnebelte männliche Intellekt konnte ein solches Fehlurteil fällen. Die Schönheit der Frau sei nichts weiter als Illusion, eine listige Selbsttäuschung im Dienst der Fortpflanzung. Aber so leicht läßt sich der Fall doch nicht erledigen, wenn auch gewiß zugegeben werden muß, daß Schopenhauer mit seiner Meinung nicht in jeder Hinsicht unrecht hat. Über ihr bedingtes Recht wird noch zu sprechen sein. Otto *Weininger*, der ja vielfach in den Bahnen Schopenhauers weiterdenkt, äußert sich zu diesem Thema: „Alle Schönheit ist... eine Projektion, eine Emanation des Liebesbedürfnisses; und so ist auch die Schönheit des Weibes nicht ein von der Liebe Verschiedenes, nicht ein Gegenstand, auf den sie sich richtet, sondern die Schönheit des Weibes ist die Liebe des Mannes, beide sind nicht zweierlei, sondern ein und dieselbe Tatsache. Wie Häßlichkeit von Hassen, so kommt Schönheit von Lieben."[15] Hier fällt vor allem auf, daß Weininger nicht wie Schopenhauer „Geschlechtstrieb", sondern „Liebe" sagt, und das ist natürlich etwas ganz anderes. Liebe meint ein Geistiges oder doch wenigstens etwas, an dem der Geist nicht ganz unbeteiligt ist, und somit kommt auch der Schönheit, die der Liebe entspricht, die als Ausdruck des Geliebtwerdens am Geliebten erscheint, der Charakter des Geistigen zu. Gegen den Satz Weiningers: „Die Schönheit des Weibes ist die Liebe des Mannes" wäre jedoch vor allem einzuwenden, daß nicht nur der Mann das Weib, sondern auch das Weib den Mann liebt, und daß trotzdem die Schönheit keineswegs auch zu den auszeichnenden Qualitäten des Mannes gehört. Wenn also die Schönheit des Weibes mit der Liebe des Mannes zusammenhängt, und wir sind allerdings der Meinung, daß ein solcher Zusammenhang besteht, dann muß offenbar die Schönheit nur dieser besonderen Art der Liebe, also des Männlichen für das Weibliche, nicht aber auch der des Weiblichen für das Männliche zugeordnet sein, mit anderen Worten: die Schönheit gehört zu den Wesensmerkmalen nicht eines Geliebten überhaupt, sondern ausschließlich des geliebten Weibes. Schön kann nur ein sinnlich Wahrnehmbares sein, Schönheit ist eine Qualität des Sinnlichen, freilich eines Sinnlichen, an dem Geistiges in Erscheinung tritt, aber eben dieses In-Erscheinung-Treten, dieses Gestalt-Werden oder Gestalt-Annehmen und nicht das Geistige an sich wird zum entscheidenden Moment. Schön ist ein Phänomen, an dem Geistiges aufscheint und bildhafte Form annimmt. Der Mann liebt im Weib das sichtbar gewordene eigene Wesen, sein sinnliches Spiegelbild, und das macht die Schönheit aus, während die Frau im Mann das liebt, was an ihr Gestalt werden soll und nicht bereits Gestalt ist.

Im weiteren Verlauf seiner Ausführungen über die Beziehung zwischen Liebe und Schönheit, die übrigens recht unbefriedigend sind und zum schwächsten Teil seines Werkes gehören, behauptet Weininger, die Schönheit des Weibes sei bloß die in dieses hineinprojizierte *Sittlichkeit* des Mannes. Der Mann will also sein an sich unanschaubares Ethos am Weib anschaubar machen, bzw. er täuscht sich als Liebender diese Anschaubarkeit in der Geliebten vor und findet sie infolgedessen schön. Daß darin bei allem Irrtum doch auch etwas Wahres steckt, darf nicht übersehen werden; denn was ist Sittlichkeit des Mannes, wenn nicht sein Gegründet-Sein im göttlichen Grund, in seinem Von-her, und eben dieses Von-her kommt an der Schönheit des Weibes als dessen Zu-hin zum Vorschein. Das Weib ist schön als die liebende Geliebte oder als die geliebte Liebende, d. h. als die auf das ihr zugesprochene Wort, auf den ihr verliehenen Namen Antwortende. Das bedeutet aber gerade nicht, daß die Schönheit nichts weiter wäre als eine bloße Projektionserscheinung, als eine subjektbedingte Irrealität. Vielmehr heißt schön finden durchaus ein Faktum erkennen. Der Mann findet die Frau schön, weil und sofern er in ihr sein eigenes anderes Selbst erkennt, das als solches tatsächlich existiert. Dabei kann noch unentschieden bleiben, wie das beschaffen ist, was er für sein eigenes Selbst hält und worin er demgemäß sein Komplement sieht. Es könnte wohl sein, daß er sich sehr mißversteht und daß ihm sich eben darum auch etwas als schön darstellt, dessen Schönheit berechtigten Zweifeln unterliegt.

Jedenfalls entspricht die Schönheit der Frau dem besonderen Selbstverständnis des Mannes. Je umfassender dieses ist, um so größer wird auch das Verlangen nach Schönheit sein. Darum sind die weitausgreifenden Geister unter den Männern, die großen Schönheitssucher gewöhnlich auch die großen Erotiker, auf die die Frau am stärksten wirkt und die auf die Frauen am stärksten wirken. Dagegen macht der Geist des Mannes als bloßer Scharfsinn, der Geist des Wissenschaftlers, des Organisators, des Technikers auf die echte Frau gar keinen Eindruck. Ein nüchterner Denker, mag er, wie etwa *Kant*, auch noch so bedeutend sein, läßt sie kalt, weil er ja gleichfalls kalt bleibt. Dagegen können Philosophen vom Schlage *Schellings*, *Schopenhauers* oder *Nietzsches* gerade durch ihren Geist sehr wohl auch erotisch wirken; denn das, was sie denkerisch formen, ist nicht ein abstraktes Gerippe, sondern eben – das *Weib*, auch dann, wenn sie, wie Schopenhauer oder Weininger, meinen, Weiberfeinde zu sein. Je weniger der Mann nur aus seiner Autonomie schöpft, je mehr er geöffnet ist für sein Von-her, je konkaver er ist, je aufnahmebereiter für den Logos, um so mehr erschließt sich ihm in seinem Zu-hin die Welt, um so weiter breiten sich ihm die Arme der Weiblichkeit entgegen und offenbart diese ihm ihre Schönheit.

Etwas für schön halten und etwas in seiner Schönheit erkennen, ist zweierlei. Schopenhauer und Weininger haben diesen Unterschied nicht bemerkt. Beide meinen, obgleich jeder in anderer Weise, das Schöne nur für schön zu *halten*. Die Schönheit ist für sie, und darin erweisen sie sich als Schüler Kants, lediglich ein Erzeugnis der Einbildungskraft, ein vom Subjekt hinausprojizierter und den Dingen und Wesen aufgenötigter Wert. Schopenhauer redet vom Geschlechtstrieb, Weininger von der Liebe. Für den ersten ist darum die weibliche Schönheit eine reine Illusion, eine trügerische Fata Morgana, und er hat insofern recht, als die Schönheit, die allein den Trieb, die sexuelle Begierde reizt, ihren Namen tatsächlich nicht verdient. Ihr entspricht keine Realität. Das Begehrte wird nur für schön gehalten. Er übersieht aber, daß sich die Beziehung des Mannes zur Frau nicht einfach auf den Nenner Geschlechtstrieb bringen läßt. Diesen Fehler begeht Weininger gewiß nicht; denn er sagt ja „Liebe“, aber er meint allerdings eine Liebe, die sich an ein untaugliches Objekt verschwendet, und so ist am Ende auch hier die Schönheit nichts weiter als eine, wenn auch edle Illusion. Er glaubt zwar an den von aller niederen Begierde freien Schönheitssinn des Mannes, aber nicht an die wirkliche Schönheit des Weibes. Er dringt nicht durch zu der Einsicht, daß die Liebe das Geliebte nicht bloß für schön hält, sondern als das Schöne vorfindet, weil sich ihr nämlich, indem sie sich dem Anderen öffnet, dieses Andere in seinem sonst verborgenen wahren und wirklichen Eigenwert erschließt. Der Geschlechtstrieb, der nur genießen will und dem es darum gar nicht auf den Anderen ankommt, öffnet sich nicht, und so erschließt sich ihm auch nichts. Er bleibt in der Einsamkeit. Was er Schönheit nennt oder für schön hält, ist immer nur das den Genuß Versprechende und vergeht im Augenblick des Genießens.

Man hat die Schönheit zu definieren versucht als die an einer Mannigfaltigkeit aufscheinende Einheit. Wie alle allzu allgemein gehaltenen Sätze besagt auch diese Definition nicht gerade sehr viel, vor allem läßt sie darüber im unklaren, warum denn ein solches Aufscheinen der Einheit am Mannigfaltigen unser Wohlgefallen erregt; sie hat aber immerhin den Vorzug formaler Richtigkeit, so daß man von ihr ausgehen kann ohne Gefahr, auf falsche Geleise zu geraten. Einheit und Mannigfaltigkeit verhalten sich zueinander vor allem wie Ich und Nicht-Ich, wie Subjekt und Objekt; denn nur das Subjekt allein erfährt sich unmittelbar als Einheit sowohl der räumlichen wie der zeitlichen Vielheit gegenüber. Was immer im Raum und in der Zeit erscheint, ist eben damit auch teilbar und also uneinheitlich. Einheit in der Mannigfaltigkeit bedeutet demnach, daß sich das Subjektive im Objektiven spiegelt, daß das wahrnehmbare Gegenüber dem Ich zum Bild, zum Symbol, zum Ausdruck seines eigenen Wesens wird. Indem das aber geschieht, hört das Gegenüber auf, ein fremdes Anderes, ein bloßer Gegenstand zu sein und stellt sich dar als ein *Du*. Schönheit ist somit *die eigentliche Urqualität, der eigentliche Urwert der Duheit* oder, was genau das Gleiche sagt, der *Weiblichkeit*, bzw. des wahrgenommenen Geliebten schlechthin; denn ich liebe eben das, worin ich als in einem Anderen mich selber wiederfinde: „Bein von meinem Bein, Fleisch von meinem Fleisch". Ich und Nicht-Ich, Subjekt und Objekt bedeutet auch Geist und Natur, so daß das Schöne zu definieren wäre als Natur, an der der Geist sichtbar wird.

In allem Schönen erscheint das Vielfältige gliedhaft oder organisch auf ein gemeinsames Zentrum bezogen. Dieses gemeinsame Zentrum aber ist und kann zuletzt nur sein der gemeinsame Ursprung und der gemeinsame Daseinszweck, und zwar beide wieder in Einheit, das Überglänztsein vom Geist des Schöpfers, von dem her und zu dem hin alle Dinge sind. Schön ist die Gestalt des Leibes, in und an dem sich dieser Geist manifestiert, zu erkennen gibt. Wären wir vollkommen, d. h. bedingungslos aufgeschlossen für Gott, dann müßte sich uns die ganze Welt ohne irgendwelche Trübung im Licht der Schönheit als das dem Menschen gegebene Du zeigen. Zunächst aber stellt sich dem Mann in der Schönheit des Weibes mikrokosmisch sozusagen als Verheißung dar, was an der gesamten Schöpfung offenbar werden soll, wenn sie ihre Vollendung erreicht haben und zur Wohnung Gottes geworden sein wird. Darum wird das neue Jerusalem in der Johanneischen Offenbarung als *geschmückte* Braut beschrieben.

Schön ist alles, was seine Arme nach dem Logos und damit nach Gott ausbreitet und von seinem Glanz überstrahlt wird, schön ist die Schöpfung, indem sie sichtbar auf den Schöpfer hin und also weiblich ist. Im menschlichen Weib aber hat die Schöpfung ihre Blüte, ihren reinsten Ausdruck. Auf den Schöpfer hin kann selbstverständlich etwas nur sein als Antwort auf sein Wort. Die Schönheit des Schönen, heißt das, hat zur Voraussetzung, daß es vom Licht getroffen wurde. Das Geschöpf kann immer nur im Licht Gottes das Licht erkennen und nur mit der Liebe lieben, mit der es zuerst geliebt ist. Von der Schönheit in unserer Welt, von der Schönheit der Natur, der Kunst und selbstverständlich auch des Weibes gilt das alles freilich nur in sehr bedingter Weise; denn hier ist der Mensch nicht mehr hellsichtig für das göttliche Licht, und so bezieht er das Zu-hin des Weiblichen statt auf Gott auf irgendeinen Abgott, im Letzten auf das eigene Ich, womit auch alle Schönheit abgöttisch, fragwürdig und zweideutig wird. In dem Maß, in dem der gefallene Adam sich für Gott hält, hält er für schön, was sich ihm, seinem isolierten Selbst nämlich zuwendet, und verfehlt so gerade die wahre Schönheit. Und er hält nicht nur für schön, er traut sich auch die Fähigkeit und die Kraft zu, von sich her das Schöne zu gestalten. Er läßt sozusagen sein Gegenüber die Arme nach sich ausbreiten und meint dann in dieser Geste die Schönheit zu haben. Wir stoßen damit auf das eigentliche Geheimnis sowohl der natürlichen Erotik wie auch der Kunst.

Das Schöne zeigt sich auf dem Hintergrund nicht nur der räumlichen, sondern ebenso auch der zeitlichen Mannigfaltigkeit, d. h. als gegliedertes Nebeneinander *und* Nacheinander, und das zwar so, daß beides ineinandergreift und ein unlösbares Ganzes bildet. Das Von-her wie das Zu-hin drückt eine zeitliche Beziehung aus, bedeutet Vergangenheit und Zukunft, auch wenn es an einem an sich räumlich Ruhenden, etwa einem Werk der bildenden Kunst, einem Gemälde oder einer Plastik, sichtbar wird, ja dieser Zusammenklang von Raum und Zeit, die Transzendierung des gesonderten Daseins beider Anschauungsformen gehört selbst unabdingbar zum Wesen des Schönen. Es gibt gar keine bloß räumliche oder bloß zeitliche, sondern immer nur eine raum-zeitliche Schönheit. Es ist das zeitliche Moment, das die im Raum bloß als Teile sich darstellenden Einzelheiten zu Gliedern eines Ganzen macht, und es ist das räumliche Moment, das der rein linearen Zeitlichkeit die Aufgliederung erst ermöglicht. Das Schöne ließe sich darum geradezu definieren als das in der Bewegung zur Ruhe Gekommene, als die Einheit von Ruhe und Bewegung, von starrem unveränderlichem Sein und Veränderlichkeit, d. h. als Kreisen um ein Zentrum. Nur ein solcher raum-zeitlicher Gleichgewichtszustand und nicht etwa die tote Gleichzeitigkeit verdient den Namen „Gegenwart". Schön ist also das Gegenwärtige, das in seiner räumlichen Erscheinung, im Augenblick seines Jetzt-Seins die eigene Vergangenheit und Zukunft mit umgreift und wahrnehmbar werden läßt. Schön ist das Weibliche, das mit seinem Von-her aus der Kreatur sein Zu-hin zum Kreator sichtbar verbindet und so den Reflex der Ewigkeit trägt. In seinem bloß polaren Verhältnis zum Männlichen, auf das hin es ist, hat das Weibliche freilich noch nicht den Charakter des Gegenwärtigen, sondern eher den des Vergangenen, wohl aber offenbart es sich dem Männlichen als Symbol, als Bild der Gegenwart, sofern es von diesem als dessen Komplement und andere Seite erkannt wird. Gegenwart ist also die Einheit von Mann und Frau, die dem Mann in der weiblichen Schönheit als Versprechen entgegenleuchtet.

In Worten, die für unsere Ohren freilich etwas altmodisch und gespreizt klingen, die aber trotzdem das Entscheidende treffen, hat Wilhelm von *Humboldt* die Schönheit der Frau zu kennzeichnen versucht: „Ein zarter Gliederbau von verhältnismäßiger Größe und mit schön wallenden Linien umschlossen, in allen Teilen Fülle und Weichheit, eine sanfte und doch lebhafte Farbenmischung, eine feine und glatte Haut, lange und anmutig fließende Locken – diese und ähnliche Züge sind es, welche ... sich in keiner wahrhaft weiblichen Bildung verleugnen." „Das charakteristische Merkmal der weiblichen Bildung ist daher die ununterbrochene Stetigkeit der Umrisse, mit welcher ein Teil aus dem anderen gleichsam auszufließen scheint. Sie verwandelt die aus der Gestalt hervorleuchtende Kraft in reizende Fülle und verbindet alle einzelnen Züge in ungezwungener Leichtigkeit zu einem harmonischen Ganzen."[16]

Weil die Frau in ihrer konkaven Natur von der Welt her ist und die Welt gleichsam wie zu einer Schale geformt dem Logos hinhält, erscheint bei ihr alles um den eigenen Mittelpunkt angeordnet, auf ihn bezogen und von ihm ausstrahlend. Das gilt, wie Ph. *Lersch* im Anschluß an *Eckstein* (Die Sprache der menschlichen Leibeserscheinung) ausführt, auch für den weiblichen Bewegungsstil: „Vergleichsweise ist also zu sagen, daß nicht nur die Linien der leiblichen Gestalt, sondern auch die Bewegungen bei der Frau mehr um die Leibesmitte gesammelt sind, während die des Mannes mehr von der Leibesmitte radial nach außen verlaufen in Richtung des Ausgriffs und des Angriffs, oder anders ausgedrückt: der allgemeine Bewegungsstil des Mannes hat mehr *zielenden,* derjenige der Frau mehr schwingenden Charakter.“ [17] Darum wird vor allem der Tanz zum ästhetischen Ausdruck weiblichen Wesens. Der Ausgangspunkt sowohl wie das Ziel der tänzerischen Bewegung ist der Schwerpunkt des tanzenden Leibes als Symbol für das Wesenszentrum der Person. Darüber hat Heinrich von *Kleist* in seiner kleinen Schrift über das Marionettentheater manche feine Bemerkung gemacht. Die Kunst des Tänzers oder der Tänzerin beruht auf der Fähigkeit, auch die weitausgreifende Bewegung in Beziehung zum Zentrum zu halten, d. h. im übertragenen Sinn, die eigene Wesensmitte, die eigene Gegenwart niemals zu verlieren. Indem die Tänzerin so ihre Mitte entfaltet, ruft sie den männlichen Betrachter zur Teilnahme an eben dieser Mitte auf, man könnte sagen, sie ruft aus der Vergangenheit die Zukunft zur Gegenwart. Ihr Tanz ist das Werben des Eros um den Logos. Die Urform des Tanzes ist demgemäß die Kreisbewegung, und wenn im modernen Tanz der Kreis betont negiert und die Bewegung in kantige Bruchstücke zerlegt wird, so will das offenbar der Ausdruck sein für ein Lebensgefühl, das seine Mitte verloren hat und das gleitende Kreisen als schöne Illusion, als Lüge verwirft. Im absoluten Gegensatz zum Tanz steht ungefähr der Parademarsch als Ausdruck betont männlichen Wesens. Hier geht alles auf ein Ziel los, das in der dem Ausgangspunkt diametral entgegengesetzten Richtung liegt. Der Bewegungsstil des Konkaven, also des Weiblichen, greift wohl auch aus, aber er bezieht alles auf den eigenen Daseinsgrund zurück. Das Konvexe dagegen findet keinen Ruhepunkt bei sich selbst, sondern sucht diesen beim Gegenüber und muß, solange es ihn nicht gefunden hat, in geradlinigem Vorwärts verharren. Der mit der Frau tanzende Mann, das tanzende Paar bringt sinnbildlich die gemeinsame Erfüllung des weiblichen Ausgreifens und des männlichen Angreifens zur Darstellung. Wie ein ursprünglich sich geradlinig fortbewegender und nun von einem anderen Himmelskörper eingefangener Satellit kreist der Mann um den weiblichen Schwerpunkt als um den eigenen.

In der Frau erkennt und liebt der Mann seine eigene, ihm selber unbewußte Mitte, anders ausgedrückt: sein *Herz*. Das gibt dem Namen „Mein Herz", den der Liebende gelegentlich für die Geliebte gebraucht, seinen tiefen Sinn und sein tiefes Recht. Mein Herz heißt meine Mitte, der Schwerpunkt eben, in dem sich die dem männlichen Bewußtsein sonst allein in getrennter Gestalt zugänglichen Pole der Erkenntnis und des Willens zur Einheit finden. Der Liebende erkennt und will das Geliebte in ein und demselben Akt, während außerhalb der Liebe Erkennen und Wollen divergieren, das Erkannte das nicht Gewollte und das Gewollte das nicht Erkannte ist. Wie also nach dem bekannten Paulus-Wort der Mann das Haupt des Weibes, so ist das Weib das Herz des Mannes. Im Haupt hat das Leben sein bewußtes, im Herzen sein unbewußtes Zentrum. Das Haupt ist, so ließe sich sagen, das Organ der Ichheit, das Herz das Organ der Duheit. Mit dem Herzen und nicht mit dem Haupt gehört darum der Mensch Gott. Nur im Herzen hat er als das Du Gottes seine Totalität. Im Herzen müssen sich Wille und Erkenntnis treffen, wenn sie zur personhaften und das heißt zur ebenbildlichen Ganzheit kommen wollen. Nur indem sich der Mensch für seine Mitte, also für seine Weiblichkeit entscheidet, kann er sich auch für Gott entscheiden. Freilich ist diese Mitte, diese eigene Mitte des Menschen zunächst zweideutig, genau so zweideutig wie die Mitte des Gartens Eden, in der sowohl der Baum des Lebens wie auch der Baum der Erkenntnis stand. Und je nachdem wie der Mann die Mitte seines Herzens versteht, die ihm in der Gestalt des Weibes als Du entgegentritt, wird er auch die Mitte des Gartens, der ihm anvertrauten Schöpfung verstehen und nach den Früchten entweder des einen oder des anderen Baumes greifen.

Man redet von offenen und von verschlossenen oder, wie der Prophet Hesekiel, von fleischernen und von steinernen Herzen, d. h. von lebendigen und von toten, von solchen, die dem Baum des Lebens und von solchen, die dem Baum des Todes zugeordnet sind. Aber nur das offene, nur das fleischerne, nur das lebendige Herz ist ein wahres, nämlich ein im Rhythmus des göttlichen Lebens schlagendes Herz, das das Blut durch die Glieder des Leibes treibt wie die Mitte der Urschöpfung das Wasser der vier Ströme durch das Paradies. Das lebendige Herz ist offen für Gott und damit auch für die Welt. Der offenherzige Mensch hat sein Gesicht dem Schöpfer zugewendet. Franz von *Baader* nennt den Menschen das Gesicht der Schöpfung, weil aus ihm die Schöpfung den Schöpfer anschaut oder anschauen sollte. Gesicht haben heißt ja schauen können und sich anschauen lassen. Ich kann nur lieben, indem ich ein Gesicht habe oder Gesicht bin, und ich kann nur etwas lieben, das ein Gesicht hat oder Gesicht ist. In der Frau wird die Welt, die Natur für den Mann Gesicht und darum zum eigentlichen Gegenstand seiner Liebe. Der verdorbene Mensch hat vor allem ein verdorbenes, ein entstelltes Gesicht, ein böses Auge. „Das Auge ist des Leibes Licht. Wenn nun dein Auge unverdorben ist, so ist dein ganzer Leib licht, wenn es aber böse ist, so ist dein Leib finster." (Luk. 11, 34.) Mit dem Menschen, dem Gesicht, dem Auge der Welt verfinstert sich darum oder erhellt sich die ganze Schöpfung, vor allem aber sein eigenes Weib. Die Schönheit der Frau verkehrt sich in luziferischen Glanz in dem Grad, in dem der Mann nicht Gott und seinem Logos, sondern sich selber in der Frau widergespiegelt zu sehen wünscht als der, der sich an die Stelle Gottes gesetzt hat, also weder bereit ist, sein Gesicht Gott zuzuwenden, noch ihm sein steinernes und totes Herz zu öffnen.

Das Gesicht der Frau spricht die Sprache des Herzens, und je lauter es sie spricht, um so schöner ist es. Der Mann aber sieht in der Frau, die ihn anschaut, sein Herz. Er will sich mit diesem Herzen verbinden, mit ihm ein Herz werden. Nach *Platon* ist es die Schönheit, die den erotischen Wunsch weckt und zur Zeugung reizt. Eros ist „Zeugen im Schönen", wie Diotima im „Symposion" sagt; „denn das Liebenswürdige ist in der Tat das wahrhaft Schöne, Zarte, Vollendete und Seligzupreisende." Unter dem Zeugen in Schönheit ist hier freilich nicht nur und nicht einmal hauptsächlich die leibliche Zeugung zu verstehen. Die jüngere Ästhetik hat dagegen immer wieder behauptet, daß das Schöne im Betrachter gerade keine Wünsche erweckt, sondern wunschlos beseligt, ja daß sein Anblick geradezu alles Wünschen zum Schweigen bringt (*Schopenhauer*). Und doch besteht zwischen beiden Anschauungen, zwischen Diotima und Schopenhauer, eigentlich kein Widerspruch; denn Zeugen im höchsten Sinn heißt, sich dem Geliebten rückhaltlos hingeben, sich von ihm hinnehmen lassen in sein Zu-hin und eben damit von den eigenen Wünschen befreit sein. Der in solcher Weise in das Schöne Zeugende ist auch schon der aus dem Schönen Geborene oder Wiedergeborene. Indem er sich ganz an das Schöne verschwendet, wendet er sich zurück zu seinem eigenen Von-her. So findet hier eine wechselseitige Befruchtung statt; denn wie der Liebende der Geliebten sein Von-her schenkt, wird er von ihr mit ihrem Zu-hin wiederbeschenkt.

Wenn, wie schon früher gesagt wurde, die weibliche Schönheit nicht als ein Wert an sich, sondern als ein Beziehungswert verstanden werden muß, nämlich als der besondere Wert der Frau in ihrer Bezogenheit auf den Mann, so heißt das auch schon, daß diese Schönheit ein Versprechen oder eine Verheißung auf etwas hin bedeutet, in dem sich die mann-weibliche Beziehung erst vollendet und ihren letzten Sinn findet. Die Schönheit ruft, so ungefähr haben wir uns ausgedrückt, zur Zeugung, die als Antwort auf den Ruf der Schönheit jedoch abermals nicht ihr letzter Sinn und nicht die Erfüllung des Versprechens ist; denn sie will ja eben, was erst werden soll: das Gezeugte. Zu der Frage, was man sich darunter vorzustellen hat, wird noch später manches zu sagen sein. Die vorschnelle und sich allzu leicht anbietende Antwort: das *Kind,* möchten wir aber schon hier mit Entschiedenheit abwehren, weil man sich auch unter dem „Kind" sehr Verschiedenes denken kann, und wir die Einengung dieses Begriffes auf das empirische leibliche Kind jedenfalls nicht für erlaubt halten, wovon übrigens sogar der Heide Platon einiges gewußt hat.

Gehen wir von dem aus, was soeben gesagt wurde, daß der Liebende der Geliebten sein Von-her schenkt, um von ihr mit ihrem Zu-hin beschenkt zu werden. Dieses doppelte Sich-Verschenken vollzieht sich in der Zeugung, deren eigentlicher Zweck darum zunächst gar nichts anderes ist als die Herstellung der Einheit des Von-her und des Zu-hin, des Konvexen und des Konkaven, die sich vor der Zeugung als Zweiheit gegenüberstanden. Die Frau ist schön, weil und sofern an ihr das Zu-hin sichtbar wird, das aber nicht nur ihr Zu-hin allein, sondern auch das des Mannes oder genauer gesagt das des ganzen mann-weiblichen Menschen überhaupt ist. Es muß demnach etwas geben, dessen Schönheit die des Weibes noch übertrifft, in dem das zur Wirklichkeit kommt, was die weibliche Schönheit zuletzt meint, auf das sie hindeutet, das sie verheißt, nämlich der Mensch, der nicht nur so wie die Frau mittelbar über den Mann, sondern unmittelbar zu Gott hin ist und in diesem Zu-hin das Licht empfängt, das seine Schönheit absolut werden läßt. Dieser Mensch soll aus der Zeugung hervorgehen, er ist ihr wahrer und einziger Sinn. Schönheit des Weibes und Zeugung zielen also auf den *androgynen* Menschen, so wie er vor der Trennung der Geschlechter war, oder richtiger, nicht so wie er war, sondern so wie er sein wird, wenn er sich, ganz und gar Ebenbild geworden, Gott zugewendet hat.

Es dürfte einleuchten, daß wir hier von einer Zeugung reden, die weit hinausreicht über alles, was man gewöhnlich so nennt und damit kaum noch eine entfernte Ähnlichkeit hat, ja vielleicht sogar in mancher Hinsicht ihr genaues Gegenteil darstellt. Und sofern sich die eine Zeugung von der anderen unterscheidet, unterscheidet sich auch die Schönheit, die zu der einen, von jener, die zu der anderen anreizt. Wir haben schon früher einmal an die bekannten Worte *Schopenhauers* erinnert, nach welchen nur der vom Geschlechtstrieb umnebelte männliche Intellekt „das niedrig gewachsene, schmalschultrige, breithüftige und kurzbeinige Geschlecht das schöne nennen konnte". Diese Worte, so ungerecht, gehässig und im wesentlichen falsch sie auch sein mögen, geben doch zu bedenken, daß man mit dem Urteil über weibliche Schönheit vorsichtig sein sollte; denn schön ist die Frau gerade nicht dann, wenn ihre Geschlechtseigenschaften besonders prononciert hervortreten und sie für den Gattungszweck geeignet erscheinen lassen, obwohl zweifellos diese Art der „Schönheit" unter Umständen den bloßen Geschlechtstrieb des Mannes in hohem Grad aufstacheln kann. Was es mit solcher Schönheit auf sich hat, wird übrigens besonders deutlich an der Tatsache, daß sie am schnellsten vergeht und sogar in ausgesprochene Häßlichkeit umschlägt. Frauen, die nur in dieser Art schön sind, verlieren ihre ganze Schönheit oft schon nach dem ersten Kind, womit das Fehlen jeder Beziehung zur eigentlichen und ewigen Schönheit mindestens symbolisch angedeutet erscheint. Die edle weibliche Schönheit kommt gerade dann zum Vorschein, wenn die letzte Geschlechtsreife noch von der Jugend verdeckt ist. Und genau das gleiche gilt auch vom Mann. Schön sind der Jüngling und das junge Mädchen, solange sie noch gar nicht ausgeprägt männlich oder weiblich erscheinen, sondern einander vielmehr ähnlich sehen und etwas von der ursprünglichen Androgyneität ahnen lassen. Schön ist also offenbar das Androgyne, der Mensch in seiner Undifferenziertheit, was freilich auch heißt in seiner Weiblichkeit, aber eben in einer Weiblichkeit, die nicht auf den Mann, sondern auf den Schöpfer hindeutet. So war auch das Schönheitsideal der Griechen keineswegs der Mann in seiner betonten Männlichkeit, sondern der Jüngling, der beide Geschlechter in sich vereinigt. Und wenn Schopenhauer einmal behauptet, daß in allen Kulturepochen mit Geschmack die

Männer sich die Bärte rasierten, so schwebt auch ihm zweifellos jene Urschönheit vor, die den Menschen auszeichnete, als ihm die gewisse Rippe noch nicht entnommen war. Das gleiche wäre natürlich mutatis mutandis vom weiblichen Schönheitsideal zu sagen. Dem jünglinghaften Mann entspricht das ephebenhafte jungfräuliche Mädchen, und dessen Schönheit ist es, die Schiller in den Versen besingt:

In des Weibes verklärter Gestalt,
Aus der bezaubernden Einfalt der Züge
Leuchtet der Menschheit Vollendung und Wiege,
Herrschet des Kindes, des Engels Gewalt.

Schiller redet da von der *Wiege* und von der *Vollendung* des Menschen, und er redet vom *Kind* und vom *Engel,* die ja beide nicht einseitig weiblich, sondern androgyn sind. Also steht der androgyne Mensch auch für ihn am Anfang wie am Ende.

Solche Äußerungen eines am antiken Vorbild hängenden Dichters werden wir freilich ebensowenig überschätzen dürfen wie das androgyne Schönheitsideal der griechischen Plastik oder die Bartlosigkeit der Männer in den von Schopenhauer bevorzugten Epochen der Geschichte; denn hier täuscht man sich nur etwas vor, wovon man in Wahrheit unendlich weit entfernt ist, ja man wird sogar gerade die Betonung der Androgyneität im Kulturgeschmack und in der Kunst als Degenerationserscheinung werten müssen. In der Kunst stellt der Mensch seine Wunschgebilde heraus, zaubert er sich etwas vor die Augen hin, wovon die Welt, in der er lebt und der er angehört, nichts weiß, und diese Wunschgebilde sind vielleicht Ebenbilder der Götzen, aber nicht Gottes. Sie haben eine gewisse Ähnlichkeit mit den Feigenblättern, die sich der gefallene Adam vorbindet, um nicht nackt zu erscheinen. Wie der gottebenbildliche androgyne und damit vollendet schöne Mensch aussieht, davon kann man sich keine Vorstellung machen, und jeder Versuch, ihn darzustellen oder gar ihn zu imitieren, führt notwendig zu einem Kurzschluß. Der Adam vor der Erschaffung des Weibes ebenso wie der erlöste Mensch im Reich Gottes gleicht sicher nicht einem Apollon oder einem Dionysos der klassischen Kunst; denn er ist eine Wirklichkeit und nicht ein Erzeugnis der Imagination.

Die Schönheitsideale, die wir uns selbst erträumen, sind immer zweideutig. Einerseits stammen sie gewiß aus der Anamnesis, aus einer Art Erinnerung an den Zustand, von dem wir abgefallen sind und aus der Vorahnung des anderen Zustandes, für den wir bestimmt sind, sie haben also ihre Beziehung zum status integritatis und zum status perfectionis; indem sie aber diese nachbilden oder vorbilden wollen im status corruptionis, haben sie gleichfalls Anteil an der corruptio und verkehren das von ihnen Gemeinte geradezu in sein Gegenteil. Aus der göttlichen wird die dämonische Schönheit, die noch viel gefährlicher und jedenfalls viel verführerischer ist als der brutale sexuelle Reiz. Es gibt ja auch eine dämonische Schönheit der Frau, die mit jener zur Fortpflanzung lockenden Breithüftigkeit und Schmalschultrigkeit, von der Schopenhauer so übellaunig spricht, gar nichts zu tun hat, sondern ganz im Gegenteil den bloßen Generationszweck ausdrücklich verleugnet, die Schönheit nicht des gebärtüchtigen Weibes, sondern der Kurtisane, der Hetäre, die sich zu jeder Zeit mehr oder weniger dem androgynen Ideal angenähert hat. In seinem Roman „Salambo" schildert *Flaubert* mit viel Phantasie einen festlichen Aufzug der Hierodulen von Karthago. Die Menge jubelt den geweihten Tempeldirnen begeistert zu, am meisten aber jenen von ihnen, die, künstlich unfruchtbar gemacht, ihrer Gestalt nach eher Jünglingen als Mädchen gleichen. Daran wird deutlich, was es mit der androgynen Schönheit in der Welt auf sich hat. Die göttliche Schönheit ist ein Versprechen auf das Leben hin, die dämonische aber lockt in den Tod und verheißt dem, der sich ihr hingibt, unerhörte Genüsse um den Preis des Lebens. Beide weisen in ihrer Art über die Grenzen des Empirischen und der Zweigeschlechtlichkeit hinaus, nur eben die eine nach oben und die andere nach unten.

An den zur Gottebenbildlichkeit verklärten Menschen können wir vorläufig nur glauben, aber wir können ihn nicht schauen und erst recht nicht nachformen. Er entzieht sich durchaus unserer Einbildungskraft. Der 45. Psalm preist den Gesalbten Gottes und das heißt den in Christus vollendeten Menschen, den Menschen- und Gottessohn mit den Worten: „Du bist der Schönste unter den Menschenkindern." Und doch ist der, zu dem das gesagt wird, wenigstens vom NT her ausgelegt, der gleiche, von dem es auch heißt: „Er hatte keine Gestalt noch Schöne; wir sahen ihn, aber da war keine Gestalt, die uns gefallen hätte." (Jes. 53, 2). Der schönste Mensch ist für unsere natürlichen Augen der häßlichste, der heimlich mit aller Herrlichkeit des Himmels Gekrönte ist der Spottkönig mit der Dornenkrone, vor dem sich aber dennoch die ganze Schönheit Griechenlands und damit alle Schönheitsideale, die wir uns überhaupt ausdenken können, ins Nichts auflösen.

Die Liebe der Geschlechter

Von der Liebe zwischen Mann und Weib war ja eigentlich auch bisher schon immer die Rede. Wenn nun trotzdem diesem Thema noch ein besonderer Abschnitt gewidmet wird, so darum, weil es jetzt darauf ankommt, Mann und Frau nicht so sehr in ihrer Polarität und in ihrer Verschiedenartigkeit, sondern in ihrer Beziehung aufeinander und in ihrer Einheit zu sehen, durch die die polare Spannung im Gegenüber wieder aufgehoben wird; denn eben dahin, auf die Vereinigung, auf die Einswerdung der Zwei und auf gar nichts außerdem zielt die Liebe. Mann und Frau sind als Zweiheit gesetzt, nicht damit sie zwei bleiben, sondern damit sie Eines werden und gerade so die Bestimmung des Menschen erfüllen. Die geschlechtliche Liebe ist das Größte und Wichtigste, das es innerhalb der geschaffenen Welt überhaupt gibt, weil nur in ihr allein der entscheidende Schritt über die Grenzen der Welt hinaus getan werden kann. Das gilt zwar nicht von der Geschlechterliebe, die wir kennen, und zu der allein wir fähig sind, wohl aber von ihrem Urbild, von der Liebe nämlich, wie sie sich, wenn ich mich einmal so ausdrücken darf, Gott gedacht hat, als er dem Menschen die Rippe nahm und daraus das Weib bildete. Immerhin ahnen doch auch wir noch etwas von der eigenartigen metaphysischen Macht der Liebe, die sich – das weiß jeder wahrhaft Liebende ganz unmittelbar mit unerschütterlicher Gewißheit – nicht einfach als Geschlechtstrieb oder Fortpflanzungstrieb erledigen läßt. Es verhält sich damit ganz ähnlich wie mit der Freiheit, die sich auch nicht beweisen, viel eher sogar widerlegen läßt und von der wir trotzdem sehr genau wissen, daß wir über sie verfügen. Wäre die Liebe wirklich nichts weiter als idealisierter Trieb oder dergleichen, dann könnte sie nicht so sehr viel mit Glück oder Unglück, ja geradezu mit Seligkeit und Verzweiflung zu tun haben, und dann wäre eine verlorene Geliebte oder ein verlorener Geliebter durch jede andere ungefähr gleichartige Frau oder durch jeden anderen ungefähr gleichartigen Mann zu ersetzen, dann gäbe es keine Tragödien der Liebe. *Schopenhauer* meint ja zwar, auch das alles aus dem bloßen Fortpflanzungstrieb erklären zu können. Die unersetzliche Geliebte sei eben die, mit der allein der betreffende Mann die seiner Wesensart entsprechend vollkommensten Nachkommen zeugen könnte. Liebe wäre also nichts weiter als geschlechtliche Zuchtwahl, etwa im Sinn der Theorie *Darwins*. Aber wenn sie wirklich nichts anderes wäre als das, dann könnte mich die Nichterfüllung meiner erotischen Sehnsucht nach einem bestimmten Partner kaum viel unglücklicher machen als die Unmöglichkeit, meinen Hunger gerade mit dieser, mir besonders gut schmeckenden Speise zu stillen.

Die Liebe zwischen Mann und Frau ist, ohne Voreingenommenheit beurteilt, etwas grundsätzlich anderes als der Trieb, der im Tierreich Männchen und Weibchen zueinander führt. Bei den Tieren kommt es vor allem in gar keiner Weise wie beim Menschen auf die Einzigartigkeit und Unersetzlichkeit des Partners an. Wenn aber gerade das Moment der Unersetzlichkeit des Einzelnen in der menschlichen Erotik die entscheidende Rolle spielt, so heißt das, daß in ihr die Ur-Einzigkeit des *einen* Mannes und der *einen* Frau *abbildhaft* immer wieder aufscheint, daß der Mann, der nur diese Frau und keine andere will, in ihr jenes erste Weib, und daß ebenso die Frau, die nur diesen Mann und keinen anderen will, in ihm jenen ersten Mann zu erkennen meint, jenen Mann und jene Frau, die in ihrer Liebe sich vereinigen zu dem Menschen, der Gottes Ebenbild ist, weil er alles von Gott empfängt, indem er sich völlig an Gott hingibt. *Luther* sagt einmal über die Liebe zwischen Mann und Weib: „Alle andere Liebe sucht etwas anderes, denn den sie liebt, diese allein will den Geliebten eigen selbst ganz haben. Und wenn Adam nicht gefallen wäre, so wäre es das lieblichste Ding gewesen, Braut und Bräutigam." Die Einschränkung: „wenn Adam nicht gefallen wäre" muß freilich sehr ernst genommen werden, sogar dann, wenn von der Ausschließlichkeit der menschlichen Liebe gesprochen wird; denn auch diese Ausschließlichkeit, ja gerade sie, erhält durch den Fall ihre Fragwürdigkeit, so daß sie, obgleich Abbild des Urstandes und Unterscheidungsmerkmal gegenüber dem Tier, zum Zeichen der Gottentfremdung wird, genau so übrigens wie alle Eigenschaften, die den Menschen vor dem Tier auszeichnen, ihren Sinn verkehren, sobald sie der Urordnung entnommen sind.

Der Liebende sucht und findet im Geliebten nicht irgendein ihm wohlgefälliges und begehrtes Anderes, sondern sich selber als den, der er eigentlich sein sollte. Man sagt das ja oft so leicht hin: Der Liebende erkennt sich im Geliebten wieder, und denkt sich doch kaum sehr viel dabei. Aber eben darum geht es, sich ganz gründlich klar zu machen, was das heißt: Ich erkenne mich wieder in einer zweiten Person. Es heißt nämlich: Ich bemerke, überfallen von einer ungeheuren Ergriffenheit, daß diese zweite Person, dieses Du gar kein anderer ist, sondern ich selber, ich wie ich bin von einer Seite, die ich so bisher noch gar nicht an mir bemerkt habe und die mir überhaupt nur in der Gestalt eines geliebten Du erfahrbar werden kann, ich, sofern ich eine Bestimmung, eine Aufgabe, eine Möglichkeit habe, die mir in meiner Ich-Abgeschlossenheit entgangen ist oder doch nur in Gestalt einer unbestimmten und ungreifbaren Sehnsucht vorhanden war. Jetzt endlich weiß ich, wonach ich mich gesehnt habe, was ich wollte, wozu ich berufen bin. In dem Ausruf Adams vor dem Weib: „Diese ist es!" findet das seinen urhaften Ausdruck. Jetzt erst weiß ich, woran ich bin, ja wer ich bin. Ich selber war mir bisher fremd und wußte nichts mit mir anzufangen. Diese endlich steht vor mir als mein Du und offenbart mir mein Wesen.

Sich im Anderen wiedererkennen heißt nun aber nicht, sich in solcher Erkenntnis befriedigen, das geliebte Du anstarren wie sein eigenes Spiegelbild und sich darüber freuen, daß man eben so und nicht anders ist. Indem ich mir offenbar werde, erfahre ich, daß ich Ich nur sein kann in Beziehung auf etwas, daß also meine Ichheit ihre Erfüllung findet nicht in ihrer Isoliertheit, sondern erst in ihrer Hingerichtetheit auf ein Gegenüber, ja im Verzicht auf mein bloßes Selbst. Darum sagt Franz von *Baader:* „Liebend sehe ich nicht mich im Anderen, sondern ich verliere mich in ihm und finde mich nur wieder, weil der Andere sich in mir verliert." Diese wahren und tiefsinnigen Worte stehen in gar keinem Gegensatz zu dem, was eben behauptet wurde, daß der Liebende im Geliebten sich selbst wiedererkennt. Es kommt nur darauf an, was man unter dem Ich versteht. Ist damit das autonome selbstherrliche Ich des Egoismus und des subjektiven Idealismus gemeint, dann allerdings kann von einer Wiedererkenntnis dieses Ich im geliebten Du keine Rede sein. Dann bedeutet lieben ganz im Gegenteil das bedingungslose Verlieren des Ich. Aber dieses Ich ist ja auch gar kein echtes Ich, nämlich kein Ich, dessen Ichheit mit dem Sein für das Andere zusammenfällt, kein dialogisches, sondern bloß ein monologisches und damit ein falsches Ich, jenes gewisse Ich, in das sich der Mensch verkrampfte, als Gott sagte, daß es ihm nicht gut sei, allein zu sein. Der Mensch hat sein Selbst von Gott und nicht von sich. Er ist, was er ist, lediglich in seiner Gottzugewandtheit, und eben diese seine Gottzugewandtheit, diese seine konkave Seite tritt ihm ja im Weib entgegen, und so erkennt er im weiblichen Du sich selbst, indem er gleichzeitig sein einsames Ich aufgibt, sich zu seiner Weiblichkeit bekennt und sich wiederfindet, weil das Weib sich in ihm verliert, d. h. in ihm aufgeht und ihn sich öffnen läßt für Gott. An einer anderen Stelle sagt Baader: „Die wahre Liebe weiß bei ihrem Selbstopfer so wenig von Selbstmord oder Selbstvernichtung als von Selbstsucht." Selbstsucht würde heißen Selbstbehauptung in der falschen egozentrischen Ichheit, Selbstmord Verzicht auf jegliches Sein, auf jede Existenz überhaupt. Aber weder das Eine noch das Andere steht hier in Frage, sondern vielmehr das Opfer der Isoliertheit, das erst den Gewinn der vollen Lebendigkeit gewährleistet.

Selbstsucht und Selbstvernichtung stehen in der Dialektik des monologischen Denkens. In der dialogischen Liebe haben sie keinen Platz. Man redet darum am Wesen des Phänomens vorbei, wenn man von der Liebe sagt, sie sei egoistisch oder sie sei altruistisch. Die Polarität von Egoismus und Altruismus wird hier transzendiert. Der Liebende ist mit dem Geliebten Eines in der Zweiheit, und so liebt er ihn, indem er sich liebt, und sich, indem er ihn liebt. Er liebt den Anderen „wie sich selbst". „Das eben ist das Wunder der Liebe", bemerkt Georg *Simmel,* „daß sie das Fürsichsein des Ich wie des Du nicht aufhebt, ja es zur Bedingung macht, unter der jene Aufhebung der Distanz, des egoistischen Rückkehrens des Liebeswillens auf sich selbst erfolgt. Dies ist etwas völlig Irrationales, der Logik sonst gültiger Kategorien sich Entziehendes."[18]

Der Sinngehalt des früher zitierten Satzes von Baader läßt sich auch auf die Formel bringen: Der Liebende empfängt sich, indem er sich verschenkt. Man kann darum sagen – und auch ich habe das schon wiederholt gesagt –, in der Liebe seien Geben und Nehmen Eines. Das ist gewiß nicht falsch, aber vielleicht doch insofern irreführend, als hier zwei Akte zusammengesetzt oder addiert werden, die als solche im Ereignis der Liebe gar nicht vorkommen. Die Liebe gibt weder noch nimmt oder empfängt sie, sondern hält sich jenseits dieser wie jeder definierbaren Polarität. Was da wirklich geschieht, läßt sich nicht in Kategorien ausdrücken, die nur unter der Voraussetzung angewendet werden können, daß die beiden Partner einander als getrennte Individuen gegenüberstehen. Nehmen heißt sich mit etwas verbinden, von dem ein Anderer sich löst, und geben heißt, sich von etwas lösen, womit der Andere sich verbindet. Der Liebende aber löst sich weder von etwas, das er bis dahin besaß, noch verbindet er sich mit etwas, das er bis dahin nicht besaß, sondern geht über in einen völlig neuen Bewußtseinszustand, in dem er etwas als zu seinem Wesen gehörig erkennt, von dem er bis dahin nichts wußte, und etwas als nicht zu ihm gehörig erkennt, was er bis dahin für ein ihm Wesentliches hielt. Was sich auf der Ebene der Sonderung als das eigentliche Ich darstellt, erweist sich im Augenblick der Liebe als eine nun überwundene Selbsttäuschung, während das wahre Ich sich neu entdeckt gerade in der Person des Geliebten oder genauer in der Vereinigung mit ihm. Das heißt also, daß die Begriffe Geben und Nehmen nur solange gelten als die Liebe fehlt, in der Liebe selbst jedoch jeden Sinn verlieren. Die Liebe geschieht in einer anderen Ordnung, in einem anderen Wirklichkeitsbereich als in jenem, in dem gegeben und genommen wird.

Liebe ist nur dann Liebe, wenn der Geliebte ausschließlich um seiner selbst willen und nicht im Blick auf einen mit seiner Existenz nicht identischen Wert geliebt wird. Damit ist gesagt, daß die Existenz als solche den höchsten Wert darstellt oder doch, daß der höchste Wert in ihr und nur in ihr seinen Ausdruck findet, nur in ihr *gegenwärtig* sein kann. Ich liebe dein Dasein, ich liebe dich, weil du bist und aus gar keinem anderen Grund. Indem ich dich um deiner selbst willen liebe, erkenne ich dir den absoluten Wert zu, weshalb meine Liebe zu dir gar nichts weiter ist als eben die Ausdrucksform dieses Wertes. Man darf darum geradezu sagen, was die Liebe liebt, ist wieder die Liebe. Liebe entspringt aus der Erfahrung des Geliebtseins. Vielleicht weiß der Geliebte nicht einmal, daß er mich liebt, aber indem ich ihn trotzdem liebe, weiß ich es besser. Es gibt keine Liebe, die nicht auch den Willen wiedergeliebt zu sein in sich schlösse, das leuchtet ohne Schwierigkeiten ein. Wir behaupten aber noch mehr, nämlich daß es keine Liebe gibt, in der dieser Wille nicht zum Ziel käme; denn wo immer ich wahrhaft liebe, dort habe ich auch schon erkannt, daß ich geliebt bin. Adam liebt Eva auf den ersten Blick, weil sie sich ihm als die ihn Liebende, als die ihm geltende Liebe selbst offenbart. Wenn einer liebt, scheinbar ohne wiedergeliebt zu werden, vielleicht sogar ohne jedes Bedürfnis nach Gegenliebe, so hat das seinen Grund darin, daß er sich von dem Anderen, auch wenn dieser ihn zu hassen meint, trotzdem geliebt weiß. Selbstverständlich reden wir hier nur von der urbildlichen und nicht von der empirischen Liebe. Die Liebe, die wir kennen, kann sehr wohl unerwidert bleiben und so zur unglücklichen Liebe werden, aber das liegt bloß daran, daß sie sich für Liebe hält, ohne tatsächlich Liebe zu sein. Die absolute Liebe ist die Liebe zu Gott, und Gott liebe ich immer mit der Liebe, mit der ich zuerst geliebt bin. Aber die Liebe zu Gott bildet die Voraussetzung für die Liebe überhaupt, also auch für jede andere Liebe. Wenn ich eben sagte, Adam liebt Eva, weil sich ihm in ihr die ihm geltende Liebe offenbart, so heißt das, weil ihm in ihr die Liebe des Schöpfers zu ihm, dem Geschöpf anschaubar wird. Wer Gott liebt als der sich von ihm geliebt Wissende, muß notwendig in allem von Gott Geschaffenen Manifestationen seiner Liebe erkennen, der ihm geltenden Liebe. Es gibt für ihn nichts in der Welt, was ihn nicht lieben und daher nicht seine Gegenliebe wecken würde. Diese Wahrheit verbirgt sich auch hinter dem scheinbar paradoxen Gebot der Feindesliebe. Liebe deine Feinde, d. h. liebe so, daß es für dich so etwas wie Feindschaft gar nicht mehr gibt, daß du dich in deiner Liebe über die Region möglicher Gegensätze hinaushebst. Das aber geschieht in dem Augenblick, da ich mich der Liebe Gottes öffne, von ihr ergriffen werde und mit ihr wiederliebe, da ich also das erste Liebesgebot erfülle. Solange der Mensch Gott zugewendet ist, ist alles andere ihm zugewendet. Wendet sich aber irgend etwas oder irgend jemand von ihm ab oder gar gegen ihn, dann hat er sich zuvor von Gott ab- oder gegen Gott gewendet.

Wie sich die Liebe jenseits von Geben und Nehmen, von Egoismus und Altruismus ereignet, so ist in ihr auch jeder Zwiespalt, ja sogar jede Verschiedenheit von Wollen und Erkennen überwunden. Man liebt nicht als Wollender und nicht als Erkennender, sondern als *Fühlender,* und das heißt mit dem *Herzen,* mit dem Zentrum, in dem alle Kräfte und Vermögen der Seele zusammenlaufen. Der Liebende erkennt und will den Geliebten in einem Akt, weshalb keiner der beiden Ausdrücke das Eigentliche trifft. Der Liebende liebt eben, und die Liebe läßt sich nicht analysieren; sie ist nicht aus anderem zusammengesetzt; denn sie ist das Ursprüngliche, auf das vielleicht dieses oder jenes zurückgeführt werden kann, das aber selbst ein Letztes und Unrückführbares bleibt. Wollen und Erkennen in ihrer Unterscheidbarkeit haben bereits einen Bruch zur Voraussetzung, nämlich die scharfe Trennung des Ich vom Nicht-Ich, des Subjektes vom Objekt. Der eigentliche Gegenstand alles Wollens ist das Selbst des Wollenden. Ich will mich, und ich will dieses oder jenes nur, weil ich mir davon eine Steigerung oder Bereicherung meiner eigenen Person erhoffe. Indem ich es will, trachte ich seine Andersheit aufzuheben, es zu einem Bestandteil meiner selbst zu machen. Was ich dagegen nicht will, sondern in seiner Gegenständlichkeit belasse, als das ausdrücklich Andere und nicht zu mir Gehörige fixiere, das erkenne ich eben damit. Im status integritatis sucht der Mensch weder sich etwas anzueignen noch auch etwas zum bloßen Objekt seiner Erkenntnis zu machen, weshalb hier auch nicht vom Wollen und Erkennen in dem uns geläufigen Sinn gesprochen werden kann. Wohl aber gibt es in diesem Zustand Verhaltungsweisen oder Arten der Zugewandtheit, die zum Wollen und zum Erkennen ihre Entsprechung haben und in denen diese beiden vorgebildet erscheinen. Der Wille des Menschen oder eben das, was dem Willen entspricht, ist da auf Gott, sein Erkennen auf die Welt gerichtet. Weil aber die Welt Schöpfung Gottes, Werk seines Willens ist, so besteht zwischen Willen und Erkenntnis kein Widerspruch; denn im Erkennen dieser Welt stoße ich ja auf Gott, den ich will und der mich erkennt. Als das von Gott Gewollte wird das Erkannte auch gewollt und das Gewollte oder genauer der Gewollte in seinem Werk auch erkannt. Der Wille entspricht demnach ursprünglich der konkaven, das Erkennen der konvexen Seite des menschlichen Gesamtwesens. Wollen bedeutet da noch nichts weiter als dem Schöpfer, und Erkennen nichts weiter als der Schöpfung zugewandt sein. Meiner Männlichkeit nach bin ich also vor allem ein Erkennender, meiner Weiblichkeit nach ein Wollender. Darum kann nur von Adam gesagt werden: er erkannte sein Weib Eva, und darum heißt es vom Weib, daß sein Verlangen, also sein Wollen nach dem Mann sein wird. Beides freilich gilt erst für den Menschen nach dem Fall. Vorher schließt die Erkenntnis des Weibes durch den Mann dessen Willen zu Gott in sich und ist eben nur so Liebe. Indem der Mann das Weib erkennt als sein Du, als Bein von seinem Bein und Fleisch von seinem Fleisch, vollzieht er, oder könnte er doch wenigstens vollziehen, die wollende Hinwendung zu Gott. Ißt aber der Mensch vom Baum der *Erkenntnis,* weil er sein *will* wie Gott und wird damit der Wille zur egoistischen Selbstsucht, zum Mich-Wollen, zu der uns geläufigen Weise des Wollens, dann verdirbt im gleichen Grad auch das Verhältnis zum Weib und darüber hinaus zur Schöpfung überhaupt und wird zur objektiven Erkenntnis, die ihren Gegenstand zum Anderen macht und vom Erkennenden entfernt.

Dem Erkennen ist, eben weil es entfernt, weil es Distanz schafft, der *Raum,* dem Willen dagegen, weil er Veränderung, nämlich Verbindung mit dem Gewollten erstrebt, die *Zeit* zugeordnet. Wir erkennen im Raum und wir wollen in der Zeit. Das Erkannte wird festgelegt im Dort, in der Ruhe, in der Unbeweglichkeit, das Wollen vollzieht sich in der Bewegung. Liebe aber ist Ruhe und Bewegung in Einem, und das bedeutet auch Räumlichkeit und Zeitlichkeit in Einem, nämlich *Gegenwart*. Verliert der Mensch die Liebe, dann brechen Raum und Zeit auseinander und verlieren ihr Maß, sie brechen ohne Bindung aneinander aus ins Unendliche, das aber zunächst noch nicht das absolut Grenzenlose, sondern bloß das durch keine Grenze Bestimmte bedeutet. Absolute Grenzenlosigkeit würde auch bedeuten absolute Scheidung von Raum und Zeit, von Erkennen und Wollen, und in einer solchen Wirklichkeit könnte nichts mehr existieren. In ihr wären sozusagen alle Herzen zerbrochen. Was die Welt, auch die verdorbene Welt, immer noch zusammenhält, das ist allein das letzte Restchen Liebe in ihr. Alles Wirkliche ist überhaupt wirklich nur als raumzeitliche Ganzheit, als Gegenwärtigkeit. Darum kann es auch kein einziges Phänomen geben, das bloß räumlich distanzhaft, also bloß erkenntnismäßig zu fassen wäre. Vielmehr muß, wenn Beziehung überhaupt stattfinden soll, zum Erkennen ein Minimum an Wollen hinzukommen, zum Rationalen ein Minimum an Irrationalität. Zwar hindert diese Irrationalität das Zustandekommen der reinen Erkenntnis, aber sie sichert dem Erkannten die Realität, ohne die das Erkennen jeden Sinn verlieren würde. Anders ausgedrückt: Ich kann auch aus dem Erkenntnisvorgang mein lebendiges wollendes Ich niemals ganz ausschalten. Ich muß im letzten armseligen Winkel meines Selbst ein verborgener Liebender bleiben, wenn ich wirklich sein und wenn ich es mit Wirklichkeiten zu tun haben will. Es ist vielleicht nicht so schwer einzusehen, daß wir damit auf das metaphysische Geheimnis stoßen, das die Aporie der modernen Naturwissenschaft, vor allem der modernen Physik ausmacht, eine Aporie, die von der Wissenschaft selbst freilich irrtümlicherweise als Ergebnis ihrer Forschungsarbeit und als Errungenschaft ausgegeben wird. In Wahrheit aber war man doch auf Vergegenständlichung aus und ist dabei auf die Grenze des Möglichen gestoßen.

Wir kehren nochmals zu der Feststellung zurück, daß Liebe Einheit von Wollen und Erkennen und deshalb eigentlich weder Wollen noch Erkennen ist. Von hier aus gewinnt die Behauptung *Schopenhauers*, daß im Anschauen des Schönen, und das heißt ja des Geliebten, der unselige Wille zur Ruhe kommt, ihre Wahrheit. Allerdings bedeutet dieses Zur-Ruhe-

Kommen gerade nicht, wie Schopenhauer meint, ein Sterben oder ein Verlöschen des Willens, sondern ganz im Gegenteil seine Erfüllung. Was wir hier unter Schauen verstehen, liegt in der Mitte zwischen Handeln und Erleiden, es ist ein Akt, der aber nicht aus sich selbst, sondern vom Erschauten her lebt. Im lebendigen schauenden Auge, das, indem es schaut, sich auch dem Schauen des Angeschauten darbietet, hat die Liebe ihr Organ. Dieses Schauen – wir reden nicht vom hinsehenden Beobachten – ist weder Erkennen noch Wollen des Erschauten, sondern beides zugleich oder richtiger die Vollendung beider in einem ihnen jenseitigen Zustand. Der Gesichtssinn ist der paradiesische Sinn κατ' ἐξοχήν Das Auge vergewaltigt nicht und wird nicht vergewaltigt. Was sich ihm zeigt, nimmt es wahr als ein Gegenwärtiges im zeitlichen wie im räumlichen Sinn, d. h. als ein Anwesendes und fraglos Wirkliches, dessen Existenz sich nicht verleugnen und nicht bezweifeln läßt. Schauen heißt Realität zuerkennen oder anerkennen. Schauende Erkenntnis hat stets Respekt vor dem Erkannten, sie nimmt es an und will es ebenso wie es ist. Solange der Mensch ein Schauender bleibt, bleibt er darum auch ein Liebender, und alle Verkehrtheit wie alle Verderbtheit beruht zuletzt auf der Verkümmerung des Auges. Wir denken noch einmal an die Worte Jesu: „Das Auge ist des Leibes Licht." Wir können uns zwar keine Vorstellung davon machen, in welcher Gestalt die Vereinigung von Mann und Weib im sündenlosen Zustand vor sich gegangen wäre, aber soviel läßt sich vielleicht doch sagen, daß sie von der Art des Anschauens und Angeschautwerdens hätte sein sollen.

Damit soll nicht gesagt sein, daß die vollkommene Liebe ihre Erfüllung fände in einem bloßen wechselseitigen Sich-Anschauen, sondern daß sie selbst als Einswerdung im ganz wörtlichen Sinn den Charakter jener Verbindung behält, die stattfindet, wenn ein Ich und ein Du einander in die Augen sehen so, daß der Eine sich dem Anderen ganz offenbart und damit dessen ganze Offenbarung empfängt. Das Auge ist unter allen Sinnesorganen das geistigste, aber es ist trotzdem *Sinnes*organ. Geistigkeit und Sinnlichkeit lassen sich hier gar nicht voneinander trennen, vielmehr ist alles Sinnliche auch geistig und alles Geistige auch sinnlich. Die Liebe zwischen Mann und Weib hat ihre geistige und ihre sinnliche Seite, und die Sinnlichkeit steht an Wert hinter der Geistigkeit in keiner Weise zurück. Es geht ja, wie wir schon hörten, um die Verleiblichung des Geistes und um die Vergeistigung des Leibes. Wie könnte da das Leibliche minderwertig oder gar verwerflich sein. Liebe hat ihrem Wesen nach mit Sinnlichkeit zu tun, und darum ist eine nicht sinnliche Liebe ein Unbegriff. Freilich kann sich der Akzent je nachdem mehr auf das geistige oder auf das sinnliche Moment verlagern. Die Frage etwa, ob der Mann oder die Frau in der Liebe sinnlicher sei, hat schon dem alten Götterpaar Zeus und Hera keine Ruhe gelassen. Da sie beide Griechen waren und als solche die Materie verachteten, wollte jeder von ihnen den anderen mit dem Schimpf der Sinnlichkeit belasten, der Mann die Frau und die Frau den Mann. Schließlich legten sie das Problem dem Seher Teiresias zur Entscheidung vor, der, gleichfalls erstens Mann und zweitens Grieche, die Partei des Zeus ergriff und zur Strafe dafür von Hera geblendet wurde. Proserpina, die Göttin der Unterwelt, erwies sich in diesem Punkt allerdings toleranter; denn sie hat, wie Homer zu berichten weiß, dem Teiresias allein von allen Sterblichen im Tartaros den Verstand belassen. Darin liegt freilich eine leise Ironie: Der Mensch, der das Sinnliche so sehr verachtet, darf zwar seinen Geist, eben seinen Verstand, behalten, aber nicht im Leben, sondern nur in der Unterwelt, wo er nichts mehr damit anfangen kann. Auf Erden aber wird ihm das Augenlicht und damit die Fähigkeit, das Schöne zu sehen und also zu lieben, genommen. – Wir hätten an der Stelle des Teiresias die Frage ungefähr so beantwortet: Der Mann liebt mit dem Geist den Leib, die Frau mit dem Leib den Geist. Die Liebe des Mannes ist sozusagen objektiv, die der Frau subjektiv sinnlich, dagegen die der Frau objektiv und die des Mannes subjektiv geistig. Ein Mehr oder Weniger an Geistigkeit oder Sinnlichkeit wird aber weder hier noch dort festzustellen sein, im Gegenteil: mit der Intensität des Geistigen wächst auch die des Sinnlichen und umgekehrt; denn der stärkere Geist verlangt leidenschaftlicher nach dem Leib und der stärkere Leib leidenschaftlicher nach dem Geist. Trotzdem darf die Andersartigkeit der männlichen und der weiblichen Art zu lieben nicht übersehen werden. Georg *Simmel* bemerkt: „Wie generell die Liebe des Mannes und der Frau sich unterscheiden, zeigt sich vielleicht am deutlichsten, ja krassesten an den völlig entgegengesetzten Empfindungen und Beurteilungen, die wir einerseits an die Liebe des jungen Mädchens zu dem sehr viel älteren Mann, andererseits an die des jungen Mannes zu der sehr viel älteren Frau knüpfen."[19] Das junge Mädchen liebt am älteren Mann offenbar vor allem dessen geistige und sittliche Qualitäten, und das läßt ihre Liebe rührend, im edelsten Sinn echt weiblich erscheinen. Was aber kann ein junger Mann an einer alten Frau lieben? Entweder auch ihre Geistigkeit, und dann ist er kein Mann, oder er liebt sie überhaupt nicht, sondern heuchelt nur Liebe um anderer Vorteile willen, d. h. er mißbraucht die Liebe und macht sie zu einer ekelerregenden Angelegenheit. Selbstverständlich gilt von der Liebe der alten Frau zum jungen Mann mutatis mutandis das gleiche. Diese Frau ist entweder gar keine Frau, sondern ein Mann-Weib oder sie liebt aus ihrer Sinnlichkeit heraus wieder nur das Sinnliche, womit sie ihre weibliche Natur verleugnet und schändet.

Da die menschliche Liebe, soweit sie diesen Namen verdient, der *Person* des Geliebten und nicht nur, wie bei den Tieren, dem anderen Geschlecht gilt, meint sie auch die geistig-leibliche Ganzheit des Anderen und nicht nur irgendeinen Teil von ihm. „Liebe muß tatsächlich vom ganzen Menschen auf den ganzen Menschen gehen. Denn das rein Sinnliche wie das rein Geistige der Person steht jenseits der Individualität, bei beiden wäre der Ersatz durch beliebig viele Einzelne möglich."[20] Zu dieser besonderen Person wird der Mensch, ob Mann oder Frau, durch die besondere einmalige und unwiederholbare Verbindung des Geistigen mit dem Leiblichen. Löse ich das Eine oder das Andere aus der Verbindung heraus, dann verliert es seine konkrete Wirklichkeit und wird zu einem abstrakt Allgemeinen, und die allgemeine Geistigkeit ist um nichts besser als die allgemeine Sinnlichkeit, ja beide sind nur dialektische Entsprechungen und gehören eigentlich zusammen. Die Liebe zum Geistigen an sich, zum Schönen an sich, die platonische Liebe ist eine unmenschliche Liebe und damit das Gegenteil von Liebe; denn wenn ich das Allgemeine liebe, muß ich das Besondere hassen oder doch wenigstens verachten. Dieser Konsequenz kann auch Diotima in *Platons* „Symposion" nicht entgehen. Das, wofür sie und mit ihr Sokrates-Platon plädiert, hat mit der einzig wahren Liebe, mit der Liebe des Ich zum Du und des Du zum Ich gar nichts mehr zu tun. Platon will eben wie Zeus und Hera von der Sinnlichkeit nichts wissen. Sie erscheint ihm als Makel, und von diesem Makel möchte er die Liebe befreien. Damit steht er nicht allein da. „Zu allen Zeiten", schreibt der Schweizer Arzt *Bovet,* „haben ... die Menschen versucht ... das Gebot (der Liebe) und die Lust voneinander zu trennen. Entweder suchten sie die Lust allein, ohne das Gebot der Liebe ... zu erfüllen, oder sie suchten das Gebot allein, als Pflicht und Opfer, und erklärten die Lust als Sünde. So wurde der irdischen eine himmlische Liebe gegenübergestellt, und der Mensch damit in einen heillosen Zwiespalt versetzt."[21] Hier müßte allerdings noch genau definiert werden, was man unter „Lust" zu verstehen hat. Ist damit nichts anderes gemeint, als das Glück, das der Geist empfindet, wenn er sich mit dem Leib, und der Leib, wenn er sich mit dem Geist vermählt, dann hat Bovet recht. Aber wir nennen Lust gewöhnlich etwas anderes, nämlich den Genuß der Leiber allein, an dem sich der Geist ergötzt, das vom Anderen absehende und auf sich selber zurücksehende reflektierte Genießen, und es muß gefragt werden, ob es in unserem Bereich überhaupt eine Lust gibt, die nicht mindestens auch von dieser Art wäre. Es waren nicht erst die Moralphilosophen, die Lust und Liebe auseinandergerissen haben, vielmehr kommen wir alle schon mit diesem Riß auf die Welt, und jede natürliche Liebe ist von ihm gezeichnet.

Die Liebe und die Lust oder, sagen wir besser, das seelische und das sinnliche Glück der Liebe fallen dort auseinander und geraten in ein dialektisches widersprüchliches Verhältnis, wo die Liebenden selbst, also Mann und Weib, in ihrer Liebe nicht bedingungslos einander meinen und so gar nicht zu der vollkommenen Vereinigung finden, die der eigentliche und einzige Sinn der Liebe ist. Die faktische Unmöglichkeit einer solchen Einswerdung in schrankenloser gegenseitiger Hingabe aber hat ihren letzten Grund wieder in der Scheidung des Menschen von Gott. Ist der Mensch von Gott geschieden, d. h., läßt er Gott nicht den unumschränkten Herrscher über seine Existenz sein, dann bleibt er unvermeidlich auch von der Schöpfung. und von dem Teil, von der Blüte der Schöpfung geschieden, die ihm als sein unmittelbares Du in weiblicher Gestalt gegenübersteht, dann gerät er als der konvexe und als der konkave, als der von-her und als der zu-hin seiende mit sich in Konflikt. „Lieben", meint *Baader,* „kann nur Gott in Wahrheit, und falls die Kreaturen ohne und außer Gott einander lieben zu können meinen, so betrügen oder belügen sie einander und sich selbst." Alle Sehnsucht und Leidenschaft der Liebe muß also unerfüllt bleiben, und jeder Versuch, das Ziel der Liebe zu erreichen, muß mit einer Enttäuschung enden, solange der Mensch als Mann und Weib sich von Gott und seiner Liebe ausschließt, solange er glaubt, vor Gott verborgen unter den Bäumen des Gartens Eden lieben zu können.

Der Adam, der sich von Gott lossagt, weil er wie Gott sein will, verliert die Gegenwart Gottes und damit die Gegenwart als mögliche Existenzform überhaupt, auch die Gegenwart in seiner Beziehung zu irgend einem anderen Geschöpf. Er sucht sein eigenes vollendetes Sein, eben seine

Gottgleichheit, die er gegen die ihm zugedachte Gottebenbildlichkeit eingetauscht hat, in einer von ihm selbst in die Zeit hineinprojizierten Zukunft, und so gleitet er als dieser natürliche Mensch, der er nicht sein will, mit seinem ganzen natürlichen Leben und seiner natürlichen Liebe in die Vergangenheit, in das Nicht-mehr ab. Dort hat er die Gegenwart zugunsten einer illusionären Zukunft verraten, hier findet er sie als Gegenschlag verloren an eine ihm zwischen den Fingern zerrinnende Vergangenheit. Er glaubt das Leben zu ergreifen und muß schließlich merken, daß er den Tod, die reine Erfüllungslosigkeit ergriffen hat. Gegenwärtig sein heißt von Gott her und zu Gott hin sein, das will sagen: Gegenwart ist Gegenwart, weil ihr Von-her und ihr Zu-hin, ihre Vergangenheit und ihre Zukunft zusammenfallen. Oder anders formuliert: Gegenwart ist die Einheit von Erkennen und Wollen, weil ja Wollen und Zukunft ebenso zusammengehören wie Erkenntnis und Vergangenheit. Erkennen und Wollen in Einem aber heißt auch Lieben, und darum ist die Gegenwart als Gegenwart Gottes Sein in der Liebe. Außerhalb dieser Gegenwart gibt es keine Liebe, und alle Liebe, die sich in der Zeit, sei es als sinnliche Lust oder als Seligkeit der Seele zu erfüllen sucht, muß in die Schwermut münden.

Die Liebenden sind einander gegenwärtig und damit gemeinsam in der Gegenwart nicht, indem sie auf der Ebene ihres Gegenüberseins die Zweiheit in Einheit aufheben, also eigenmächtig zu ihrem Ziel kommen wollen, sondern — und darauf muß aller Nachdruck gelegt werden —, indem sie als diese Zwei ihrer Einheit *gegenwärtig* sind. Anders ausgedrückt: nicht sie sollen sich vermählen, sondern sie sollen sich *von Gott vermählen lassen*. Wenn auch heute noch das Brautpaar vor den Altar und vor den Geistlichen tritt, um sich von ihm als dem Beauftragten Gottes den Bund der Ehe bestätigen zu lassen, so bedeutet das eben, daß Gott es ist, der diese Zwei zu Einem zusammenfügt. Die Einheit der Gatten ist nicht irgend ein Zukünftiges, das erst in der Zeit verwirklicht werden müßte, sie ist vielmehr ein in der Transzendenz, auf einer anderen Ebene, in einer anderen Daseinsordnung bereits Bestehendes und so im Transzendieren zu Erreichendes. Das Zukünftige steht zum Jetzt im Verhältnis des Noch-nicht, und dieses zu jenem nach dessen Verwirklichung im Verhältnis des Nicht-mehr. Gegenwärtige Zweiheit und transzendente Einheit dagegen stehen im Verhältnis des Zusammen, des Sowohl-als-auch. Die Liebenden, die vor Gott treten, damit er sie vermähle, bieten sich ihm dar, um von ihm aus dem Traum ihrer Zweiheit, aus dem Traum der Ekstasis, in die Adam von Gott versenkt wurde, in den Wachzustand ihrer Einheit und ihrer vollen Gottgegenwärtigkeit erweckt zu werden.

Mann und Weib tun das, wozu sie bestimmt und berufen sind, nicht, indem sie innerhalb der Dimension ihrer Existenz im Gegenüber ihre Zweisamkeit in Einheit zu überführen suchen, sondern indem sie als diese Beiden ihrer Ungeschiedenheit in der anderen Dimension inne werden und sich dorthin erheben oder genauer, erheben lassen. Der Liebesakt sollte also der Ein- und Übergang sein in diese *andere* Dimension, so etwa wie man sich vorstellen könnte, daß das zweidimensionale Projektionsbild eines Würfels zu seiner dreidimensionalen Wirklichkeit erwacht, in der es erst seinen wahren Sinn findet. Das Wissen um die *Transzendenz* der Einheit bildet geradezu die Voraussetzung für ihre Herstellung. Nicht als ob der Mensch durch irgend einen theoretischen Erkenntnisvorgang ans Ziel kommen könnte. Das gerade nicht, weil sich jeder Vorgang solcher Art auf die Autonomie gründen würde, die ja hier eben überwunden werden soll. Das Wissen um die Transzendenz ist vom Menschen her gesehen vielmehr die Bereitschaft, Gott an sich handeln zu lassen, eine Frage an Gott, die seine Antwort erst auslöst. Der fragende Mensch, der darauf verzichtet, sich selber eine Antwort zu geben, öffnet sich damit dem gnädigen Zugriff von oben und der Verklärung in die höhere Daseinsform. Er wird das, was er werden soll, indem er sich in wissendem Vertrauen oder vertrauendem Wissen bedingungslos in die Hand dessen gibt, der allein die Macht hat, die Schöpfung zu ihrem Ziel zu führen, in die Hand des göttlichen Logos. Dieses Vertrauen in den Logos ist der einzige echte menschliche Eros und ist auch die einzige dem Menschen mögliche Freiheit. Im freien Ja zu Gott bejahe ich die Freiheit Gottes und das heißt die Freiheit überhaupt. In ihrer Liebe übergeben sich die Liebenden dieser Freiheit und werden von ihr aus Zweiheit zur Einheit befreit. Nur der Gott, der Adam die Rippe nahm, der das Weib dem Mann als ein Du dem Ich gegenüberstellte, kann auch wieder aus Zweien Eines machen und die Rippe dorthin einfügen, woher er sie genommen hat. Indem der Mann nach der Frau und nach seiner Einheit mit ihr transzendierend fragt, fragt er auch bereits nach Gott, wendet er sich Gott zu und tut so den entscheidenden Schritt zu seiner vollendeten Gottebenbildlichkeit.

Es wurde früher gesagt, daß Mann und Weib die endgültige Erfüllung ihrer Liebe, die Vereinigung also nur finden, wenn jeder von ihnen ausschließlich den anderen meint, zur völligen Hingabe an ihn bereit ist, wenn er in keiner Weise sich, so wie er jetzt existiert, daneben auch noch festhalten möchte. Solche Bereitschaft schließt aber gerade den Verzicht auf jede selbstmächtige Änderung des Zustandes ein, in dem ich mich augenblicklich befinde; denn Selbstmächtigkeit, absichtliches Handeln kommt immer aus der Reflexion auf mein So-sein und bedeutet somit Beharren in diesem. Das Ich, das aus eigener Vollmacht die Vereinigung mit dem Du heraufzuführen trachtet, vergewaltigt entweder das Du oder bietet sich der Vergewaltigung durch dieses dar und hält so dem vermeintlichen Endzweck der Vergewaltigung zum Trotz die Geschiedenheit der Zu-Vereinigenden im Bewußtsein fest, es verhindert jede Transzendierung in die andere Dimension. Echte Hingabe dagegen heißt sich bescheiden und die Entscheidung über mich liebend *erwarten.* Indem so die Liebenden voneinander die Antwort auf ihre Frage erwarten, erwarten sie gemeinsam die befreiende Antwort Gottes. Auch die Welt kommt ja nicht dadurch zu ihrem Ziel, daß die Menschen in ihr den Jüngsten Tag herbeizuführen suchen und aktiv oder passiv in der Zeit darauf hinarbeiten, sondern indem sie das Schicksal ihrer Welt glaubend und hoffend Gott überlassen und im Übrigen als zeitliche Wesen ein zeitliches, d. h. ein für ihre Begriffe an den Tag und die Stunde gebundenes Leben führen ohne Schwärmerei und ohne falsche Illusionen.

Das Opfer, das der Liebende dem Geliebten und das beide Gott zu bringen haben, indem sie ineinander aufgehen, erweist sich so im Blick auf den Sinn der Liebe, im Blick auf die Transzendenz ihrer Erfüllung zwar als ein ungeheures und unvorstellbares Wunder, im Blick auf die Immanenz aber als eine enttäuschend nüchterne Angelegenheit. Der Mensch bringt sich Gott nur dann wirklich zum Opfer, wenn er es unterläßt, sich oder den Anderen mit eigener Hand zu opfern. Dieses Opfer hat nichts Großartiges und auch nichts Wollüstiges an sich. Sein Urbild ist das Opfer Christi am Kreuz, der als der Bräutigam sich sowohl der Braut, nämlich der Menschheit und überhaupt der gefallenen Schöpfung wie auch dem Vater zum Opfer brachte, und das zwar so, daß beide Opferhandlungen gar nicht voneinander zu trennen sind. In diesem Opfer offenbart er sich als der *Zeugende,* der in sein Grab, in den Schoß der Erde eingeht, um den Willen des Vaters und nicht seinen eigenen Willen geschehen zu lassen, und der dann aus dem gleichen Grab aufersteht, aus dem gleichen Schoß wiedergeboren wird als der vollendete gottebenbildliche Menschensohn.

Daß die Einheit der Liebenden ihrer Zweiheit transzendent ist und daß sich die Vereinigung auf einer anderen Ebene als auf der ihrer Geschiedenheit vollendet, tut aber der Realität dessen, was da geschieht, keinen Abbruch. Es handelt sich da nicht etwa bloß um einen Vorgang im intelligiblen Bereich, sondern ganz im Gegenteil um ein im höchsten Grad konkretes Ereignis, ja um die Konkretisierung der Liebe selbst, entsprechend dem Wort: „Sie werden sein *ein* Fleisch." Nur eben vollzieht sich der Prozeß dieser Konkretisierung – wobei das Wort „Prozeß" nur bildlich verstanden werden darf – nicht auf der horizontalen Zeitstrecke, sondern gleichsam vertikal zu ihr, hinein in die Wirklichkeit der wachen Einheit von Mann und Weib, die dann auch schon das Dritte, das aus ihrer Liebe in ein und demselben Akt *Gezeugte und Geborene* ist: der *Menschensohn*. Die Ahnung von diesem letzten und eigentlichen Sinn der erotischen Liebe dämmert da und dort auch außerhalb der biblischen Welt auf. So sollte nach der Lehre des Inders *Kallidasa* durch die Ehe der Menschen der vollendete Mensch erzeugt werden, der das Böse vernichtet und die Erde zum Himmel erhebt. Aber auch der „Antichrist" *Nietzsche* besingt im „Zarathustra" die Ehe mit hymnischen Worten:

„Nicht nur fort sollst du dich pflanzen, sondern hinauf! Dazu helfe dir der Garten der Ehe."

„Ehe: so heiße ich den Willen zu zweien, das Eine zu schaffen, das mehr ist, als die es schufen. Ehrfurcht voreinander nenne ich Ehe als vor den Wollenden eines solchen Willens."

„Aber auch noch eure beste Liebe ist nur ein verzücktes Gleichnis und eine schmerzhafte Glut. Eine Fackel ist sie, die euch zu höheren Wegen leuchten soll."

„Über euch hinaus sollt ihr einst lieben! So *lernt* erst lieben! Und darum mußtet ihr den bitteren Kelch eurer Liebe trinken."

Nietzsche ist hier viel tiefer als er selber weiß. Das Eine, das die Liebenden schaffen sollen und das mehr ist als sie, ist natürlich der Übermensch, und Nietzsche denkt sich, so scheint es wenigstens nach anderen Äußerungen, den Übermenschen als das Ziel einer zeitlich-historischen, einer horizontalen Entwicklung. Hier aber hat er diese, an deszendenztheoretischen Kategorien orientierte Vorstellung offenbar aufgegeben; denn er redet ja ausdrücklich von einer Hinaufpflanzung im Gegensatz zur bloßen Fortpflanzung, vom *Einen* und nicht vom *Dritten,* also nicht von irgendeinem im gewöhnlichen Sinn gezeugten und geborenen Kind, und er ruft den Gatten zu: „Über euch hinaus sollt ihr einst lieben!" Die Fortpflanzung, das wäre nur das unselige „Rad der Geburten", das weiterrollt auf einer unendlichen Geraden im Rhythmus der ewigen Wiederkunft des Gleichen. Die Hinaufpflanzung aber meint das einmalige Ereignis, das nach aufwärts stößt und hinausführt aus dem sich ständig wiederholenden Kreislauf, das eben so den Übermenschen, den wir den „Menschensohn" nennen, hervorbringt. Natürlich wäre Nietzsche selbst mit einer solchen Interpretation seiner Worte wahrscheinlich sehr wenig einverstanden. Aber nicht darauf kommt es an, was er bewußt sagen wollte, sondern nur darauf, was er, ohne den Sinn des Gesagten zu verstehen, sagen mußte. Es ist oft so, daß der tiefste Gehalt eines Dichterwortes dem Dichter verschlossen bleibt und sich erst einem Anderen erschließt, der es plötzlich im Schein eines unvermutet aus einer ganz anderen Richtung einfallenden Lichtstrahls erkennt, vielleicht gerade aus der Richtung, die dem Dichter nur ein finsteres Niemandsland war.

Den Gegensatz zwischen Fortpflanzung und Hinaufpflanzung kennt auch der Christ *Baader*. Er sagt „Sexualität" und „Liebe", und in seiner Verwerfung der Sexualität prägt sich die gleiche innere Haltung aus, wie in seinem leidenschaftlichen Nein zur Dialektik *Hegels*. Mann und Weib als Thesis und Antithesis gefaßt, d. h. als bloße Sexualpartner können nur zu einer falschen Synthesis kommen, nämlich zu dem sterblichen Kind, das dem Tod verfällt, nachdem die Eltern an ihm gestorben sind. „Das Ideale menschlicher Liebe dagegen ist das Aufgehen des ewigen Geschlechts im Aufgehen der Einzigkeit der Person", womit Baader die Person des Menschensohnes meint. „Auch wird man anerkennen , fährt er fort, „daß nur durch eine solche Vermittlung Mann und Weib an Gemüt und Geist sich wechselseitig zum wahrhaften Menschenbilde, dem Gottesbilde zu ergänzen vermögen." Der Menschensohn ist ja auch der Gottessohn; denn er geht hervor aus dem Menschen, der sich Gott hingegeben und sein zeugendes Wort empfangen hat. Im Sexualakt verschmelzen nur die Keimzellen von Mann und Frau und die Zellkerne zur Einheit, aber nicht, wie es eigentlich sein sollte, die *Herzen*. Der Mensch ahnt aber noch immer, daß es gerade darauf ankäme, worauf manche Ausdrücke aus dem Sprachschatz der Liebe hindeuten. Die Vollendung der Liebe ist die Einheit der beiden Herzen und damit auch die Einheit von Zeugung und Geburt. Wo beide getrennt sind und in zeitlichem Abstand aufeinander folgen, dort ist auch das Gezeugte und Geborene ein Getrenntes, dort hat sich die Liebe nicht erfüllt, dort ist die Zeit, die Vergänglichkeit, der Tod Herr geblieben, weil sich die Liebenden dem Leben nicht geöffnet haben.

Jeder Liebende und jede Geliebte, jeder Bräutigam und jede Braut ist eine neue Hoffnung und ein neues Versprechen, aber jeder Ehemann und jede Ehefrau ist eine neue Enttäuschung, nicht nur der eine für den anderen, sondern der eine wie der andere für die ganze Schöpfung. Es gibt, wie jeder aufmerksame Pfarrer weiß, gewisse alte Weiber, die, soweit es ihnen ihre Zeit erlaubt, zu jeder Hochzeit laufen, um das Brautpaar anzugaffen. Otto *Weininger* würde sagen, das sei eben der Kupplerinneninstinkt, der in allen Frauen sitzt und der vor allem im Alter zum Durchbruch kommt, weil der erotische Trieb nun, da die Zeit der Liebe vorbei ist, allein in ihm Befriedigung finden kann. Aber ich glaube, es verbirgt sich dahinter doch noch etwas mehr. Es ist das geheimnisvolle Seufzen der Kreatur, das hier vernehmlich wird, das ängstliche Harren auf die Offenbarung der Kinder Gottes. Diese Frauen warten halb unbewußt auf etwas, das geschehen soll und das dann doch niemals geschieht. Es geschieht vielmehr immer wieder etwas ganz anderes, das nach einem kurzen ohnmächtigen Aufschwung die Welt in ihre alte Unerlöstheit zurückgleiten läßt. Wir hören noch einmal *Nietzsche:* „Aber auch noch eure beste Liebe ist nur ein verzücktes Gleichnis und eine schmerzhafte Glut.“ „Eure Liebe zum Weibe und des Weibes Liebe zum Manne: ach, möchte sie doch Mitleiden sein mit leidenden und verhüllten Göttern.“

DER EROS OHNE GOTT

Die falsche Entscheidung

Gott schafft den Menschen und macht ihn zu seinem Gegenüber; er stellt ihn damit vor eine Entscheidung, er ruft ihn zur Entscheidung für oder gegen seinen Schöpfer. Und Gott nimmt Adam die Rippe und führt ihm das daraus gebildete Weib zu, das heißt, er stellt ihn abermals vor eine Entscheidung, nämlich vor die Entscheidung für oder gegen das Weib. Hier wie dort ist der Mensch der Gefragte und zur Antwort Aufgeforderte, aber so, daß beide Fragen zusammengehören, ja eigentlich nur eine einzige sind, weshalb die rechte oder falsche Antwort auf die zweite auch die rechte oder falsche auf die erste in sich schließt, also die Entscheidung für oder gegen das Weib auch die Entscheidung für oder gegen Gott und umgekehrt bedeutet.

Jede Entscheidung geht, das sagt schon das Wort, von einer *Scheidung* aus, die überwunden oder aufgehoben werden soll, und zwar handelt es sich im Fall der Ur-Entscheidung um die Überwindung der Ur-Scheidung zwischen dem Schöpfer und dem Geschöpf, zwischen Gott und dem Menschen, zwar nicht in der Form, daß die Schöpfung wieder rückgängig gemacht werden sollte, aber doch so, daß sie sich zum Schöpfer bekennt als das Eigentum zum Eigentümer oder als der Leib zu seinem Haupt. Entscheidet sich der Mensch für Gott, indem er sich als den von ihm Geschiedenen *aufgibt,* dann hat er sich in rechter Weise ent-schieden. Will er aber als der sich Entscheidende den Ertrag der Entscheidung genießen als der, der er ist, noch ist, als der noch Unentschiedene und von Gott Geschiedene, mit anderen Worten, will er die Scheidung dadurch aufheben, daß er die Göttlichkeit für sich beansprucht und selber „wie Gott“ sein, dann reißt er damit die Kluft zwischen sich und Gott erst recht auf und setzt die Scheidung absolut. Entscheide ich mich für Gott oder auch für ein menschliches Du nicht um seinetwillen, sondern *um meinetwillen,* so entscheide ich mich damit in Wahrheit gegen Gott oder das Du. Gott ist der Grund meines Seins, und ich bin die

Folge dieses Grundes. Es geht demnach hier um die Entscheidung entweder der Folge für ihren Grund oder gegen den Grund für die Folge, entweder des Ausdruckes für das Wesen oder gegen das Wesen für den Ausdruck, entweder des Wortes für den Sprecher oder gegen den Sprecher für das Wort, entweder des Leibes für den Geist oder gegen den Geist für den Leib. Es leuchtet ein, daß die zweite Entscheidung mit sich im Widerspruch steht; denn die Folge kann sich nicht gegen ihren eigenen Grund entscheiden, ohne sich damit die Wurzel ihrer Existenz abzuschneiden.

Nun hört Adam, wie ausdrücklich gesagt wird, auf die Stimme seines Weibes, des Weibes nämlich, das, von der Schlange überredet, ihn zum Ungehorsam gegen Gott verführt. Es scheint also so, als ob er sich zwar *gegen Gott,* aber immerhin doch *für das Weib* entschieden hätte. Trotzdem aber werden wir bei unserer ersten Feststellung bleiben müssen, daß jede Entscheidung gegen Gott unvermeidlich auch eine Entscheidung gegen das Weib ist. Sich entscheiden heißt, wir betonen es nochmals, die Geschiedenheit, die Un-ent-schiedenheit, in der man sich befindet, aufheben zugunsten dessen, für das oder für den man sich entscheidet, sich mit seinem ganzen äußeren und inneren Selbst auf die andere Seite werfen und sich von ihr ganz und ohne jeden Vorbehalt in Anspruch nehmen lassen. Eine solche Entscheidung ist mir jedoch nur dann überhaupt möglich, wenn das Wofür in keinem Widerspruch steht zu meinem Woher, zu meinem Existenzgrund, weil ja eben die Bezogenheit auf diesen meinen Grund den innersten Kern meines Wesens ausmacht. Ich kann mich demnach eigentlich nur für meinen Grund im absoluten Sinn entscheiden und für irgend ein anderes Wesen bloß insofern als sein Grund und mein Grund der gleiche ist. Das will sagen: die echte Entscheidung für das Du fällt zusammen mit der Entscheidung für Gott. Bleibt Gott aus der Entscheidung ausgeschlossen, lasse ich mich von einem Anderen nur als von einem solchen, abgesehen von seiner geschöpflichen Gegründetheit im Schöpfer in Anspruch nehmen, dann bleibt erstens mein eigenes Wesenszentrum außerhalb der Entscheidung, bin also gar nicht wirklich ich der, der sich da entscheidet, und treffe ich zweitens auch nicht auf das Wesenszentrum des Anderen, entscheide ich mich also gar nicht wirklich für ihn. Es kommt dann lediglich zu einer Entscheidung meines vom Grund abgelösten Äußeren für sein Äußeres, und eine solche Entscheidung bedeutet auch schon die Negation des gemeinsamen Grundes, d. h.

dessen, was mich und dich miteinander verbindet und worin wir allein füreinander entschieden sein können.

Das Wesenszentrum des Mannes ist sein Von-Gott-Her, das des Weibes sein Zu-Gott-Hin. In jenem Von-her und in diesem Zu-hin stehen beide Menschen in Beziehung zu Gott als zu ihrem Daseinsgrund. Die Entscheidung des Mannes für das Weib kann darum nur Entscheidung für das weibliche Zu-Gott-Hin sein. Entscheidet er sich aber für das Weib, sofern dieses nicht zu Gott hin ist, also für die Verführerin, und hört er so auf ihre Stimme, dann hat er ihre wahre Weiblichkeit gar nicht erkannt und entscheidet sich tatsächlich gegen sie. Oder auch umgekehrt, sofern er die Weiblichkeit des Weibes nicht erkannt hat, geht seine Entscheidung, seine scheinbare Entscheidung für das Weib an diesem vorbei und wird so auch zur Entscheidung gegen Gott, gegen den Grund, auf den hin das Weib als Weib ist. Es ist also sehr die Frage, ob wirklich das Weib den Mann verführt oder ob es ihm nicht nur als Verführerin erscheint und damit allerdings auch zur Verführerin wird, indem er den wahren Charakter seiner Weiblichkeit verkennt und den wahren Sinn seiner Worte mißdeutet. Wäre der Mann gegründet in seinem Von-her, dann würde er das Wesen der Weiblichkeit als das Zu-hin verstehen. Fehlt ihm dieses Verständnis, dann offenbar deshalb, weil er bereits den Zusammenhang mit seinem Von-her verloren hat.

Was wir hier ausgeführt haben, gilt nicht nur für das erotische Verhältnis im engeren Sinn, nicht nur für die mann-weibliche Beziehung, sondern überhaupt für jedes Hören auf den Anspruch eines Anderen, das nicht vom Wesenszentrum zum Wesenszentrum geht und so gar keinen echten Kontakt herstellt, z. B. für ein Handeln aus oberflächlichem Mitleid, das nicht bis zur wahren Not des Bemitleideten vordringt. Die Stimme aus der Tiefe, auf die es eigentlich ankommt, bleibt hier ungehört. Man meint nur auf das Du zu hören, man gibt sich vielleicht aus Bequemlichkeit mit dem zufrieden, was sich leicht, allzu leicht hören läßt, mit den Worten, die von den Lippen fliegen und das Trommelfell in Schwingungen versetzen, und überhört dabei den Hilferuf des Herzens.

Die Folge kann sich, so wurde früher gesagt, nur für ihren Grund entscheiden, solange und sofern sie sich als das erweist und bewährt, was sie ist. Selbstverständlich entscheidet sich auch umgekehrt der Grund für die Folge, aber darin liegt kein Problem; denn diese Entscheidung erfolgt mit der Begründung. Weniger abstrakt gesprochen heißt das, Gott entscheidet sich für sein Geschöpf allein damit, daß er es schafft. Etwas schaffen und sich dafür entscheiden ist ein und dasselbe. Wie aber Gott zu seinem Geschöpf, dem Menschen, so verhält sich der Mann zum Weib, und so könnte es scheinen, als ob es auch für ihn gar keine andere Möglichkeit gäbe als die Entscheidung für das Weib. Zwischen der gott-menschlichen und der mann-weiblichen Relation besteht jedoch der Unterschied, daß diese zweite in der ersten ihre conditio sine qua non hat. Der Mann ist nur insofern Daseinsgrund des Weibes, als er Gott *seinen* Daseinsgrund sein läßt. Tut er das nicht, dann kehrt sich das Verhältnis zu seiner Folge um. Dann ist gar nicht mehr er der Grund und sie die Folge, sondern sie der Grund und er die Folge. Die Entscheidung für das Weib gegen Gott, das fatale Hören auf die Stimme des Weibes wird so zu einem Sich-Unterwerfen unter das Weib und darüber hinaus unter die Schlange und die ganze nun gottlos gewordene Natur. Der Herr der Schöpfung verwandelt sich in ihren Sklaven. Die Weltordnung steht auf dem Kopf. Wer sich gegen Gott entscheidet, entscheidet sich gegen das Leben und für den Tod. Der Mensch, der aus Herrschsucht und Hoffart die Herrschaft Gottes abschütteln wollte, gerät unter die Herrschaft dessen, das er als Autokrat beherrschen zu können meinte, und sein Ja dazu enthüllt sich als das Nein zu sich selber. An der Natur, für die sich der Mensch gegen Gott oder auch nur ohne Gott entschieden hat, stirbt er; sie tötet ihn, und das ist ihre Rache für die ihr von ihm bereitete Enttäuschung, die Rache dafür, daß er sie nicht seiner Herrscherpflicht gemäß ihrer Bestimmung zugeführt, sie nicht zum Reich Gottes verklärt hat und nicht offenbar geworden ist als Sohn Gottes. Die Natur will nicht über den Menschen, und das Weib will nicht über den Mann herrschen. Macht er sich zu ihrem Sklaven, dann dankt sie ihm das nicht, sondern bestraft ihn im Gegenteil dafür. Die Naturmächte, die weiblichen Mächte, denen er sich da ausliefert, in deren Dienst er sich stellt, um nicht im Dienst Gottes stehen zu müssen, verkehren sich in dämonische Mächte. Die Schlange wird zum Drachen erst dadurch, daß der Mensch sich ihr unterwirft, statt sie, wie sie es erwartet hat, zu regieren, und das Weib wird für den Mann zur Versucherin und Verführerin erst dadurch, daß er auf ihr Wort hört, statt ihr sein Wort zu sagen.

Von den zum großen Abendmahl (Luk. 14) geladenen Gästen entschuldigt sich der erste mit den Worten: „Ich habe einen Acker gekauft und muß hinausgehen und ihn besehen.“ Der zweite sagt: „Ich habe fünf Joch

Ochsen gekauft, und gehe hin sie zu besehen", und der dritte sagt „Ich habe ein Weib genommen, darum kann ich nicht kommen." In allen drei Fällen entscheidet sich der Mensch gegen den Herrn, den Gastgeber, d. h. gegen Gott für ein Stück Schöpfung, der eine für den fruchttragenden Acker, der zweite für das Tier und der dritte für das Weib. Es muß auffallen, daß in diesem Gleichnis die Situation des Paradieses ganz genau wiedergegeben ist. Die drei geladenen Gäste, die sich da entschuldigen, sind der eine Adam, der erstens auf die Stimme seines Weibes, zweitens auf die des Tieres (der Schlange) hört und drittens nach der verbotenen Frucht des Erkenntnisbaumes greift, also der Mensch im Bund mit Weib, Tier und Pflanze, d. h. mit allen Schichten der lebendigen Schöpfung gegen den Schöpfer. Aber dieses Weib muß ihm zur Verführerin, dieses Tier zum Teufel und diese Pflanze zum tödlichen Gift werden. Wäre er der Einladung des Gastgebers gefolgt, dann hätte er nichts von alldem verloren, im Gegenteil, dann wäre ihm das Weib zur Hilfe, das Tier zum dankbaren Diener und Freund und der Baum in der Mitte zum Baum des Lebens geworden.

Indem ich mich gegen Gott entscheide, entscheide ich mich aber nicht nur auch gegen das Weib und mit ihm gegen die Natur als Schöpfung Gottes, sondern auch gegen mich selbst, gegen mein eigenes Wesenszentrum, gegen mein Herz, gegen meine Existenz in der Gegenwart. Meine Gegenwart bricht auseinander in Vergangenheit und Zukunft und dementsprechend mein Herz in Erkennen und Wollen; denn ich esse vom Baum der *Erkenntnis,* weil ich sein *will* wie Gott. Die Spaltung der personalen Einheit, der herzgebundenen Einheit, nach Willen und Erkenntnis entspricht dem Gegensatz von Zweck und Mittel. Der autonome Mensch, der sich als den einzigen Zweck kennt und setzt, sucht die gesamte objektive Umwelt sich zum Mittel zu machen, und zwar zum Mittel je nachdem im positiven oder im negativen Sinn, im positiven, sofern er sie in seinen Dienst stellt, im negativen, sofern er sie von sich abrückt, um für sich freie Bahn zu schaffen, aber auch das positive Mittel ist insofern negiert, nämlich aus dem Weg geräumt, als ihm sein Eigenwert und seine Eigenständigkeit abgesprochen wird. Zum Mittel machen heißt zur *Ursache* machen und zur Vergangenheit machen in Beziehung auf den Zweck. Die reine Erkenntnis, die streng rationale Erkenntnis faßt ihren Gegenstand unter den Kategorien der Mittelbarkeit und ist so – wenn auch unbewußt – auf den Zweck, auf die technische Verwertung zugunsten des Erkenntnissubjektes ausgerichtet. Es gibt darum keine zweckfreie

Erkenntnis oder Wissenschaft. Was immer ich im ausdrücklichen Sinn dieses Wortes erkenne, das stelle ich damit als Mittel in den Dienst eines Zweckes. Und der Mensch, der sich zum Zweck erhebt, kann gar nicht anders als alle Dinge und Wesen außer ihm zu seinen Erkenntnisobjekten und damit zu bloßen Mitteln zu degradieren. Der Mann, der wie Gott sein will, muß also auch das Weib zu seinem Mittel machen, zum Mittel seiner Lust, seiner Bequemlichkeit oder seiner Eitelkeit. Aus der Gehilfin ist das Werkzeug geworden, das nicht selbst gewollt wird, sondern nur einem ihm fremden Willensziel dienen soll, also ein Wesen ohne eigenen Wert. Aber trotzdem hört er auf die Stimme eben dieses Werkzeuges, und so wird er, der Zweck sein wollte, am Ende Werkzeug des Werkzeugs, Mittel des Mittels. Er hat nun nicht nur sein Erkenntnisobjekt, sondern auch sein Willensobjekt außer sich, er ist weder als Erkennender noch als Wollender er selbst, er kommt aus dem Nichts und geht ins Nichts, er hat sein Herz verloren, ohne ein anderes gewonnen zu haben.

Das Weib steht dem Mann zunächst genau so zweideutig gegenüber wie die Mitte des Gartens Eden mit ihren zwei Bäumen oder wie die Schlange mit ihrer gespaltenen Zunge. Wird der Liebesblick der Frau vom Mann verstanden als die liebende Antwort auf die Liebe, die von Gott her durch ihn hindurchstrahlt, und als die liebende Frage nach dem erwarteten Wort der Erfüllung, so daß der Mann von der weiblichen Liebe umfaßt wird als der Zeuge der göttlichen, oder wird er gedeutet lediglich als Zeichen der Zuwendung zu ihm in seiner individuellen Isoliertheit? Darauf kommt alles an. Bezieht der Mann die Liebe der Frau in diesem zweiten Sinn auf sich, dann greift er auch schon nach der verbotenen Frucht; denn dann setzt er eben sich an die Stelle Gottes und begibt er sich mit der Frau nicht zu dem Gastmahl, zu dem er geladen wurde, sondern zu einem ganz anderen. Es hat seinen tiefen Grund, daß man in der deutschen Sprache die Hochzeit auch „Vermählung" nennt. Mann und Weib vermählen sich, d. h. sie empfangen gemeinsam das gleiche Mahl, entweder das, das Gott ihnen bereitet hat, oder das andere, das sie selber ohne und gegen Gott sich bereiten.

Beim Hochzeitsritual der griechisch-orientalischen Kirche überreicht der Priester vor dem Altar den Brautleuten ein in Honig getauchtes Gebäck und läßt sie abwechselnd davon abbeißen. Das bedeutet: sie empfangen die gleiche Speise, die gleiche Lebensnahrung aus der Hand des gleichen Lebensspenders, und indem sie diese Gabe hinnehmen, bekennen sie sich als Vermählte. Aber auch das Hochzeitsmahl, das nach der Trauungszeremonie außerhalb der Kirche eingenommen wird, meint im Grunde dasselbe. Am Gastmahl, am Hochzeitsmahl Gottes teilnehmen, sich an seinen Tisch setzen heißt, sich ihm zuwenden, um von ihm die Speisung entgegenzunehmen, sich ihm gegenüber als liebendes Weib verhalten. Der Mann soll mit seiner Gefährtin Eines werden, um mit ihr gemeinsam Weib Gottes zu sein. Nimmt er aber die weibliche Liebe ganz und gar und ausschließlich für sich in Anspruch, so als ob er der Geber aller Gaben wäre, dann verweigert er Gott die Hingabe und schlägt seine Gabe aus, dann macht er es wie jener geladene Gast im Gleichnis, der sich entschuldigt und dem Ruf des Herrn nicht folgt, weil er Hochzeit halten will. Mit dem anderen Hochzeitsmahl aber, das die beiden Gatten nun abseits von Gott sich zurichten, unter dem Dach des Hauses, das nur ihnen allein gehören soll, essen sie sich das „*Gericht*". Hier in diesem Haus und an dieser Hochzeitstafel reicht nicht der Mann der Frau, sondern umgekehrt die Frau dem Mann die Speise, so wie das schon das erste Weib im Paradiese tat, hört nicht sie auf seine, sondern er auf ihre Stimme.

Wenn man gesagt hat, daß dem Mann der Logos, der Frau aber der Eros zugeordnet ist, so heißt das, daß der Mann von Natur aus die Richtung von oben nach unten, vom Schöpfer zur Schöpfung, die Frau die von unten nach oben, von der Schöpfung zum Schöpfer hat. Die Richtung von oben kommt dem Mann freilich nicht von ihm selber aus zu – denn nicht er ist die Quelle des Logos –, sondern nur, sofern er den ihm von Gott anvertrauten Logos dem Weib und der Schöpfung zu vermitteln hat. Er ist nur Sprecher des Logos, sofern er zuerst und vor allem sein williger Hörer ist. Vergißt er das in seiner angemaßten Selbstherrlichkeit, dann kehrt sich alles um, dann wird er unversehens zum Hörer eines falschen Wortes, dann hört er auf die „Stimme seines Weibes", dann wird das Weib zur Sprecherin. Der falsche Logos nimmt den Weg von unten nach oben und dementsprechend der falsche Eros den von oben nach unten. In falscher Richtung wird gezeugt und auch geboren. Der weibliche Eros, bestimmt, zu Gott hin zu gebären, gebiert jetzt von Gott weg und das heißt auf den Tod hin. Darum muß das gefallene Weib seine Kinder, seine sterblichen Kinder mit Schmerzen gebären. Der Schmerz der Geburt nimmt den Tod nicht nur der Gebärerin, sondern auch des Geborenen vorweg. Im Schrei der gebärenden Mutter klingt bereits der Todesschrei des neugeborenen Kindes auf.

Gott ruft, wie schon einmal gesagt wurde, im Schöpfungsakt die Erde auf zu gebären, dies und jenes hervorzubringen und so in immer höheren Geschöpfen zu ihm hin zu wachsen bis zur Ebenbildlichkeit des Menschen. Die Schöpfung soll also in einem sehr positiven Sinn „wie Gott" werden, sich Gott angleichen, die Augen zur Erkenntnis Gottes aufschlagen. Und ebenso wäre es die Aufgabe des Mannes gewesen, das Weib aufzurufen, die Augen zu ihm aufzuschlagen und ihn zu erkennen, sich mit ihm zu vereinigen zur gemeinsamen Gotteserkenntnis. Aber nicht das geschah, sondern das Umgekehrte: Der Mann vereinigte sich mit dem Weib, und zwar schon in dem Augenblick, da er auf seine Stimme hörte. Er erkannte die Frau, statt sich von ihr erkennen zu lassen, er stieg zu ihr hinab, statt sie zu sich emporzuheben. Er machte nicht sie frei, sondern sich unfrei, er wurde dem Prinzip hörig, das der eigenen Hörigkeit zu entreißen gerade seine Aufgabe gewesen wäre. Die Liebe des Mannes zum Weib sollte darauf aus sein, dieses zur Liebe zu erwecken und nicht ihm zu verfallen; aber erwecken kann die männliche Liebe nur, wenn sie sich selbst erweckt weiß von der Liebe, mit der Mann und Frau immer schon zuerst geliebt sind.

Es ist der gleiche Mann, der einerseits der Frau hörig wird und andererseits sie sich hörig zu machen, sie unter seine unumschränkte Gewalt zu bringen oder gar aus einem falschen asketischen Bedürfnis heraus als die gefährliche Verführerin zur Sünde von sich zu stoßen sucht. Tyrannische Männerherrschaft und widernatürliche Geschlechtsfeindschaft, also Weiberhaß, sind nur die dialektische Umkehrung der Hörigkeit. Der dem Weib verfallene und damit unfrei gewordene Mann meint freiwerden zu können, indem er das Weib sich gegenüber unfrei macht. Aber damit bewegt er sich in einem circulus vitiosus; denn dem freien Mann entspricht nur das freie Weib und dem unfreien Weib auch der unfreie Mann. Es ist ja doch derselbe Mensch, der da einmal in männlicher und einmal in weiblicher Gestalt erscheint. In der Terminologie der modernen Psychologie ließe sich sagen: Der tyrannische Mann *verdrängt* seine faktische Hörigkeit, und verdrängen heißt nicht überwinden, sondern eher das Gegenteil. Das Verdrängte wird nämlich dort, wohin es verdrängt wurde, gleichsam konserviert. Jede Verdrängung erfolgt aus dem Bewußten ins Unbewußte oder, wie man ebensogut sagen kann, aus dem Psychischen ins Physische. Solange ich noch weiß, daß ich hörig bin, bin ich es tatsächlich noch nicht ganz. Sobald ich aber nichts mehr davon weiß, sondern mir einbilde frei zu sein, wird meine Hörigkeit zu einem blinden Trieb, gegen den ich machtlos bin, der einfach über mich kommt wie eine fremde dämonische Gewalt. Dann werde ich geschoben, während ich zu schieben glaube, dann bin ich ein Sklave, gerade indem ich mich als Herr gebärde. Eine Art Verdrängung war ja bereits die Bedeckung der Nacktheit mit Feigenblättern. Trotzdem hat Gott diese Feigenblätter den Menschen nicht heruntergerissen, sondern sie sogar noch durch die Bekleidung mit Tierfellen sanktioniert, und ebenso hat er nicht die Herrschaft des Mannes über die Frau gebrochen, sondern sie zur gültigen Ordnung in der außerparadiesischen Welt gemacht. Er hat also nicht wie ein Psychoanalytiker gehandelt und den Verdrängungskomplex abreagiert. Und das hat seinen guten Grund; denn der Mensch, wie er nun einmal war, hätte mit der ihm zum Bewußtsein gebrachten Hörigkeit nichts mehr anfangen, d. h. er hätte sie nicht mehr überwinden können; vielmehr wäre aus der bewußten Hörigkeit nur eine Verdrängung zur zweiten Potenz, eine Verdrängung der Verdrängung und somit auch eine Sünde zur zweiten Potenz geworden. Die tyrannische Unterordnung der Frau unter den Mann hat mit der ursprünglichen Schöpfungsordnung doch immerhin noch das Gemeinsame, daß sie die gleiche Stufenfolge innehält. Der Mann, der seine Hörigkeit dem Weib gegenüber widerstandslos anerkennt, muß dann aus ihr auch alle Konsequenzen ziehen, er muß sich in die Sklaverei des Weibes und darüber hinaus gemeinsam mit diesem in die Sklaverei der außermenschlichen Natur begeben. Der andere und allein befreiende Ausweg wäre die *Bekehrung*, die Wiederhinwendung zu Gott und zu seiner Liebe, aber diese Möglichkeit ist dem Menschen verschlossen. Seine Sünde, sein Abfall von Gott, läßt sich von ihm aus auf keine Weise rückgängig machen. Dieser Mensch kann nicht mehr zu Gott kommen, er kann nur darauf warten, daß Gott zu ihm kommt; denn wer den Blick von Gott abwendet, erblindet für Gott. Sein Augenlicht muß ihm erst neu geschenkt werden. Bis dahin soll er in der starren Ordnung des Gesetzes gehalten werden, die freilich keine Ordnung der Liebe ist, die ihn aber doch daran hindert, in den Abgrund des Chaos zu stürzen und diesen Sturz auch noch zum Ziel seiner Wünsche zu machen.

Nach der Erzählung im 3. Kapitel der Genesis war es Eva, die zuerst nach der Frucht des verbotenen Baumes griff, die davon aß und dann auch dem Mann zu essen gab. Trotzdem wird nicht sie, sondern er von Gott zur Verantwortung gerufen und damit zum Hauptschuldigen erklärt. Von Gott her gesehen sind beide, Mann und Weib, der *eine* Mensch. Was der eine tut, das tut auch der andere, weshalb immer beide gleich schuldig oder unschuldig sind. Aber der Mann ist das Haupt des Weibes und das Weib der Leib des Mannes, und der Leib bringt zur Darstellung, was das Haupt, was der Geist denkt und wofür er sich entscheidet. Seiner leiblichen und weiblichen Seite nach sollte der Mensch auf Gott gerichtet sein, und eben diese weibliche Seite kommt in Eva als in einem besonderen Individuum zur Erscheinung, und so spiegelt sich in ihr, wird an ihr objektiv ansichtig, was subjektiv in Adam vorgeht. Wenn er sich von Gott lossagt, um selbstherrlich die Natur zu regieren und gerade so der Natur zu verfallen, so findet das seinen Ausdruck vor allem darin, daß sein Weib diese Wendung sichtbar vollzieht. Am Weib wird deutlich, was der Mann oder richtiger der Mensch tut oder nicht tut, so wie an den Bewegungen, an den Gebärden meines Körpers und an den Mienen meines Gesichtes deutlich wird, was ich denke, empfinde und will. Die Eva, die sich von der Schlange verführen läßt und die Sünde begeht, ist die, der sich Adam bereits heimlich, ohne daß dies in Erscheinung trat, in selbstsüchtiger Liebe, d. h. in einer Liebe ohne Gott, zugewendet hat. Und eben damit, mit dieser egozentrischen Liebe verdirbt er sie. Seinem Hinsehen auf sie im Absehen von Gott entspricht ihre Zuwendung zur Kreatur, zur Schlange im Absehen von ihm, dem Mann. Er selber ist es, der in der Frau auf das Wort der Schlange hört, und zwar so hört, daß er dieses Wort als versucherische Rede versteht, als Aufforderung, dem Willen Gottes entgegen zu handeln, sich Gott zu widersetzen. Die Frau bringt in ihrem Verhalten das des Mannes ans Licht. „Jedes Weib", sagt Franz von *Baader* einmal, „ist eine Eva und eine Ave (Maria) zugleich, und es ist größtenteils das Werk des Mannes, ob die eine oder die andere dieser zwei Gestalten in ihr sich herauskehrt." „Das Weib leitet darum die böse wie die gute Wirkung nur fort, gleichsam als bewußtloser Träger. So ist das Weib, wie der Leib, in unserem dermaligen Verhalten zu ihnen sowohl zu achten als zu scheuen. Verderbe es nicht, denn es ist ein Segen darin; scheue es aber auch, denn es ist ein Fluch an ihm."

Man wird das alles nicht idealistisch verstehen dürfen, so als ob das Weib gleich dem Nicht-Ich *Fichtes* zu einer bloßen Setzung des Ich, des Mannes gemacht werden sollte. Nach dem Schöpfungsbericht ist das Weib zwar vom Mann genommen, aber nicht als des Mannes, sondern als Gottes Tat. Darum hat es dem Mann gegenüber auch eine durchaus selbständige

Realität, die es als die bloße Setzung des Ich nicht hätte, wodurch sich eben das Verhältnis zwischen Mann und Weib von jenem zwischen Gott und Schöpfung grundsätzlich unterscheidet. Auch die Schöpfung ist freilich nicht bloß eine Setzung des göttlichen Subjektes, etwa des absoluten Ich im idealistischen Sinn, als welche ihr nur eine Scheinexistenz zukäme, sondern eine von Gott hingestellte Wirklichkeit, aber doch jedenfalls eine von ihrem Schöpfer ganz und gar abhängige und auf ihn angewiesene Wirklichkeit. Immerhin ist das Weib die Darstellung des Mannes so wie der Leib die Darstellung des Geistes. Das Wesen des Mannes gewinnt in der Frau Gestalt, an ihr bildet sich seine Gottebenbildlichkeit ebenso ab wie seine Verkehrtheit. Ob diese oder jene, das hängt von der Entscheidung ab, die er aus der dem Menschen allein verliehenen Freiheit heraus fällt. Gott ist darum, so könnte man sagen, zwar für die *Realität* der Welt, nicht aber auch für ihre *Sünde,* d.h. für ihr Ja zur Irrealität verantwortlich. Er will nur, daß sie sei, und niemals, daß sie nicht sei. Kehrt sie sich dem Nicht-Sein zu, dem Tod, dem Untergang, so nur gegen den Willen Gottes, der auch weiter nichts als ihr Sein will. Vom Mann in seiner Beziehung zur Frau gilt genau das Umgekehrte wie von Gott in seiner Beziehung zur Welt. Er nämlich ist nicht für ihre Realität, wohl aber für ihre Sünde verantwortlich. Wenn Gott von sich aus seiner Göttlichkeit gemäß wirkt, dann wirkt er nur das Reale; wenn dagegen der Mensch von sich aus, d. h. in Abwendung vom wirkenden Gott wirkt, dann wirkt er das Irreale, und dieses Wirken des Irrealen, dieses Zerstören und Verderben des von Gott geschaffenen Realen ist die Sünde. Daraus ergibt sich, daß alles Gute am Weib von Gott, alles Böse an ihr vom Mann kommt. Adam hat, als er nach dem Fall zur Verantwortung gerufen wurde, das allerdings nicht anerkannt, sondern seine Sünde auf das Weib und zuletzt auf Gott abgeschoben. („Das Weib, das *du* mir zugesellt hast, gab mir und ich aß.“) Jesus, der neue Adam, hat das dann wieder rückgängig gemacht, indem er die Sünde, die nun tatsächlich nicht er, sondern das Weib, nämlich die Menschheit begangen hatte, auf sich nahm und austrug. Er hat die Sünde angenommen, als ob sie seine Sünde wäre, und gerade so dem Sünder, dem „Weib“, seine Realität wiedergegeben.

Es gibt eine Stelle im NT, die unserer Behauptung, der Mann sei der primär Schuldige, zu widersprechen scheint, nämlich 1. Tim. 2, 14: „Adam ward nicht verführt; das Weib aber ward verführt und hat die Übertretung eingeführt.“ Hier ist aber doch ausdrücklich von der Verführbarkeit und keineswegs von der Verantwortlichkeit des Weibes für die sündige Entscheidung die Rede. Das Wort, das *Luther* mit „verführen" übersetzt *(ἀπατάω* oder *ἐξαπατάω)* bedeutet eigentlich soviel wie täuschen, betrügen und ist der Septuaginta (Gen. 3, 13) entnommen *(ὁ ὄφις ἠπάτησε με)*. Das Weib wurde von der Schlange betrogen und nicht der Mann, aber das schließt keineswegs aus, daß im Verhalten oder in der Haltung des Mannes, und zwar in seiner Haltung dem Weib gegenüber die eigentliche Voraussetzung für diesen Betrug gegeben war. Bei einiger Aufmerksamkeit wird man feststellen müssen, daß gerade das die wahre Meinung auch des Apostels Paulus ist; denn es handelt sich ja in den fraglichen Worten um das bekannte Verbot, die Frauen in der Gemeinde sprechen, das bedeutet lehren zu lassen. Der Mann in der Versammlung der Gläubigen soll, so meint Paulus, allein und unmittelbar auf die Stimme Gottes und nicht auf die des Weibes hören, um nicht abermals in die gleiche falsche Situation zu geraten wie im Paradies. Der Angeredete und damit auch für alle möglichen Folgen verantwortlich Gemachte ist hier nicht die Frau, sondern der Mann. Von ihm nämlich hängt es ab, ob die Frau in der Gemeinde zu Wort kommt und ob er auf ihre Stimme hört. Er hat nur die eine Aufgabe, auf Gottes Stimme zu hören und das Gehörte zu verkündigen. Er soll sich in seiner Weiblichkeit Gott öffnen, Ohr sein für Gott, und wenn er sich so verhält, dann wird auch das Weib Ohr sein, d. h. hören und nicht sprechen. Läßt er aber das Weib reden, dann ist das schon ein Zeichen dafür, daß er seine eigene Weiblichkeit aus der Hand gegeben hat, daß er sie nicht in der rechten Ordnung, nicht in der rechten Richtung hält und so das irrende Ohr der Täuschung aussetzt.

In der Gottabwesenheit nimmt der Mann die Frau für sich in Anspruch, er sucht sie und erkennt sie nicht als seine eigene Weiblichkeit, in der er Gott gehört, sondern will nur, daß sie ihm gehöre, daß sie *sein* Weib sei. Da sie aber tatsächlich eben doch Gott gehört und nicht ihm oder ihm nur, sofern er selber mit ihr Gott gehört, kann die Liebe ohne Gott niemals zur wirklichen Vereinigung der beiden Geschlechter führen, vielmehr bleibt da zwischen Mann und Weib eine Kluft offen, die das negative Widerspiel, das negative Symbol für die vergessene Gottgehörigkeit des Weiblichen und überhaupt des Menschlichen ist. Der Bruch zwischen Gott und Mensch findet seine Entsprechung in jenem zwischen Mann und Frau. Der Mann, der nicht von Gott, sondern bloß von sich her zum Weibe kommt, stößt auf eine Partnerin, die, wenn sie zu ihm kommt, immer schon vorher bei der Schlange war, sich der Schlange verschrieben hat und so eigentlich ihr gehört, wie ja auch bereits im Paradies Eva zuerst mit der Schlange und dann erst mit Adam redet, gleichsam als Abgesandte der Schlange mit der verbotenen Frucht in der Hand vor den hintritt, der es versäumt hat, als Abgesandter Gottes mit der Frucht des Lebens in der Hand vor sie hinzutreten. Die Ahnung, daß die weibliche Natur einer finsteren chthonischen Macht verhaftet ist, von der sie erst befreit und die erst niedergerungen werden muß, wenn die erotische Liebe ihre Erfüllung finden soll, spiegelt sich in den vielen Sagen von Drachenkämpfern und Drachentötern, von Perseus und Andromeda angefangen bis zum Ritter Georg. Der Drache hält eine schöne Jungfrau gefangen, bis endlich der Held erscheint, das Ungeheuer erschlägt und die Befreite zur Gattin nimmt. Daß zwischen diesen Sagen und dem Bericht der Genesis ein tiefer Zusammenhang besteht, wird man nicht bestreiten können. Nur ist freilich Adam gerade kein Drachentöter. Er entreißt die Jungfrau nicht der sie beherrschenden dämonischen Macht, sondern verfällt dieser ebenfalls; er vermählt sich mit dem Weib im Zeichen der Schlange. Der Mann als Held und Sieger bleibt eine schöne ästhetische Illusion, die sich der Mensch zurechtlegt, um sich über die Ausweglosigkeit seiner Lage hinwegzutäuschen. Nur ein einziger Mann tötet den Drachen wirklich und erlöst zwar nicht eine Jungfrau, aber eine Dirne, der er dann die Jungfräulichkeit wiederschenkt, um sie zu seiner Braut zu machen: Jesus Christus.

Die erste geschlechtliche Vereinigung von Mann und Weib wurde seit jeher, und nicht nur im jüdisch-christlichen Raum, mit dem Sündenfall in engsten Zusammenhang gebracht, ja oft sogar mit ihm identifiziert, was dann folgerichtig zu einem rein sexualistischen Verständnis der Sünde führen mußte. So falsch aber sicher auch diese zweite Ausdeutung ist, so richtig ist ganz ohne Zweifel die erste. Zwar darf unter gar keinen Umständen die sinnliche Liebe und die körperliche Verbindung der Liebenden als solche schon für Sünde gehalten werden, wie das vielfach in asketischem Fanatismus geschehen ist, vielmehr hat man gerade in der körperlichen Einswerdung den gottgewollten Sinn der erotischen Liebe zu sehen, wohl aber kann die Art, *wie* diese Einswerdung sich vollzog und noch immer vollzieht, ihren von der Sünde geprägten Charakter nicht verleugnen. Nach einer alten jüdischen Auslegung von Gen. 3 haben sich Adam und Eva versündigt, weil sie ihre Verbindung *„zu früh“* eingingen, das heißt offenbar, bevor ihnen Gott die ausdrückliche Erlaubnis erteilt hatte. Diese Erklärung klingt vielleicht beim ersten Anhören unbefriedigend und allzu naiv, sie hat aber trotzdem ihre Tiefe und trifft durchaus das Wesentliche. Auch wir empfinden ja, soweit wir uns ein halbwegs gesundes sittliches Urteil bewahrt haben, den außerehelichen und vorehelichen Geschlechtsverkehr noch immer als etwas Unerlaubtes. Das läßt sich freilich rein ethisch kaum begründen, weshalb auch die ein relativ leichtes Spiel haben, die hier von spießbürgerlicher Voreingenommenheit reden; denn was sollte schon der Segensspruch des Geistlichen oder das Plazet des Standesbeamten am Wesen der Sache, um die es da geht, ändern können. Aber die öffentlich vollzogene Trauung, die Trauung vor Zeugen bedeutet ja doch das wechselseitige Versprechen beider Ehegatten, einander die Treue zu halten, also eine unlösliche Einheit zu sein, „bis daß der Tod sie scheidet". Die leibliche Verbindung erscheint damit geknüpft an die endgültige Zugehörigkeit des einen zum anderen. Es wurde schon einmal gesagt, daß der Geistliche, der das Gelübde des Brautpaares entgegennimmt, gewissermaßen an der Stelle Gottes steht, und daß Mann und Frau, indem sie vor dem Geistlichen und den anwesenden Zeugen ihren Willen, einander zu gehören, bekräftigen, sich nicht nur für einander, sondern auch gemeinsam für Gott entscheiden. Die geschlechtliche Vereinigung findet zu früh statt, heißt darum gar nichts weiter als sie findet ohne Gott statt. Die Entscheidung des Gatten für die Gattin und umgekehrt ist nicht auch Entscheidung beider für Gott, und darum überhaupt keine vollgültige Entscheidung. Mit dem „zu früh" meinte jener alte Exeget also zweifellos gar nichts weiter als ohne Gott und ohne die Einbeziehung Gottes in den ehelichen Bund. Der Ausschluß Gottes hatte dann allerdings seine Folgen für die ganze Art und Weise der Vereinigung. Die geschlechtliche Einswerdung unter der Hand Gottes wäre sicher auch schon rein physiologisch etwas durchaus anderes gewesen als das, was wir allein kennen, weshalb man schon sagen muß, daß in dieser unserer Welt ausnahmslos alle Hochzeiten zu früh geschlossen werden, auch dann, wenn die öffentliche Sitte gewahrt bleibt, und daß somit die kirchliche oder überhaupt amtliche Trauung nur noch den Sinn haben kann, anzudeuten, wie es eigentlich sein sollte, daß hier etwas, das an sich von Urbeginn her das Mal der Sünde trägt, so wie es nun einmal ist, unter die göttliche Zulassung und Vergebung gestellt wurde.

Es wird aber noch genauer zu klären sein, in welcher besonderen Beziehung der menschliche Zeugungsakt zum Sündenfall im allgemeinen steht.

Verboten ist dem Menschen nach dem ausdrücklichen Wort der Bibel nur, vom Baum der Erkenntnis des Guten und Bösen zu essen, weil das heißen würde, sich das entscheidende Urteil anmaßen, das Gott allein zusteht. Die hebräischen Worte tob und ra' bedeuten nicht nur das moralisch Gute und Böse, sondern das Positive und Negative in jeder Hinsicht, abstrakt ausgedrückt: *das dem Sein und das dem Nicht-Sein Zugeordnete.* Maßt sich der Mensch an, zu wissen, was das Sein ist, macht er sich sozusagen zum ontologischen Zentrum, so scheidet er sich damit vom wahren Sein ab, und alles, was jenseits seiner Daseinsgrenze liegt, also auch Gott sowie alles Gott-Ebenbildliche, muß sich ihm nun als ein Nicht-Seiendes darstellen. Da aber seine Geschlechtlichkeit, seine mann-weibliche Polarität eben das ist, was ihn „über sein So-Sein hinausweist, muß er sich jetzt gerade durch sie auf das Nichts ausgerichtet erkennen, und was uns auf das Nichts ausrichtet, ist eben das Böse an uns. So verwandelt sich die Geschlechtlichkeit aus einem Zeichen nach oben in ein Zeichen nach unten, und der Mensch transzendiert ins Negative, sobald er mit seinem Geschlechtspartner zur Einheit verschmilzt. Trotzdem aber sucht er die Vereinigung mit ihm und *genießt* so eigentlich seinen *Untergang.* Das ist es, was die Geschlechtlichkeit unter der Sünde unkeusch werden läßt. Der Unkeusche gibt sich nicht hin an ein Höheres, das ihn zu sich emporhebt, sondern wirft sich weg an ein Tieferes, an ein Weniger und sucht seine Lust gerade in dieser Selbstvergeudung. Er ist lüstern nach dem Nichts. Und die Lust am Vergehen, am eigenen wie an dem des Partners, kennzeichnet die geschlechtliche Liebe derer, die abseits von Gott und darum immer zu früh ihre Hochzeit machen.

Siegmund *Freud,* der Begründer der Psychoanalyse, war in seinen späteren Jahren geneigt, alle neurotischen Störungen, nicht wie ursprünglich auf den Geschlechtstrieb, sondern auf den sogenannten *„Todestrieb“* als auf den eigentlichen Urtrieb des Menschen zurückzuführen. Vielleicht hat er hier tiefer gesehen als er selbst wußte. Der vom Trieb Getriebene ist immer schon der seiner Eigenmächtigkeit Beraubte und das heißt der Verlorene, der in den Tod Getriebene. Wer den Trieb, irgendeinen Trieb, in seiner Triebhaftigkeit bejaht, bejaht seinen Tod und will seinen Tod, aber nicht etwa in selbstmörderischer Absicht um des Nicht-Seins, sondern um des Genusses und insofern doch wieder um des Lebens willen. Hier steht der Mensch mit sich selbst in Widerspruch. Er tut nicht, was er will, sondern was er nicht will, das tut er oder vielmehr, er will auch, was er nicht will. Die erotische Liebe ohne Sünde ist gewiß auch sinnliche, aber trotzdem nicht triebhafte Liebe. Die Triebhaftigkeit wird erst zum Merkmal der außerparadiesischen Liebe.

Der Fall samt der mit ihm verbundenen Vertreibung aus dem Paradies ist genau so wie die Erschaffung des Weibes ein Transzendieren in eine andere Wirklichkeit, nur mit dem Unterschied, daß hier das transzendierende Bewußtsein von Gott in der Gegenwart gehalten wird, während sich dort das Transzendieren als *eigenmächtige* Tat des Menschen und als Ablösung von Gott und seiner Gegenwart in die Vergänglichkeit vollzieht. Die Welt des zweigeschlechtlichen Traumes ist darum noch immer die paradiesische Welt, die Welt der im Akt der Sünde erreichten Transzendenz aber ist die außerparadiesische. In ihr erwachen die beiden Sünder unmittelbar nach ihrer Tat, in ihr werden ihnen, wie es heißt, „die Augen aufgetan", allerdings in anderer Weise als sie sich das nach den Worten der Schlange erhofft hatten. Die Augen wurden ihnen aufgetan ist nur ein anderer Ausdruck für ihr *Erwachen.* Sie erwachten nicht im Reich des Lebens, sondern in dem des Todes. Die Frucht vom Erkenntnisbaum war eine giftige Frucht, die den, der von ihr aß, narkotisierte, nämlich in einen anderen, in einen unseligen Bewußtseinszustand versetzte, wogegen die Frucht vom Lebensbaum die Erweckung in das ewige Leben und in die vollendete Gottebenbildlichkeit zur Folge gehabt hätte. In beiden Fällen wird der Ausgangszustand transzendiert, nur einmal nach oben und einmal nach unten, einmal in der Richtung auf die Freiheit in der Gegenwart Gottes und einmal in der auf die Unfreiheit in der Abwesenheit Gottes, und Unfreiheit heißt Triebgebundenheit. Indem der Mensch das Gebot übertrat, entschied er sich für den Trieb, und so nahm auch das triebhafte Gestalt an, was ihn bei rechtem Gebrauch zur Freiheit geführt hätte: seine Geschlechtlichkeit. Statt in der Vereinigung mit dem Weib zu Gott hin zu wachsen und zu Gott hin zu erwachen, versenkte er sich in die Nacht der Gottverlorenheit, in die zeitbedingte Geschichte, in der er, wie alles andere auch, dem Tod entgegengeht. Ja man kann vielleicht sogar sagen, die sich ihrem Ende zubewegende zeitliche Geschichte ist selbst der *Akt des Transzendierens* aus dem Leben in den Tod, wie er sich dem Menschen darstellt, dessen Augen vom Gift des Erkenntnisbaumes aufgetan wurden.

Die Meinung, daß der Fall mit dem ersten Geschlechtsverkehr, wenn nicht zusammenfällt, so doch sehr enge zusammenhängt, findet eine nicht unerhebliche Stütze in dem eigentümlichen Nachdruck, den der biblische Bericht auf die Nacktheit des Menschenpaares legt. Warum wird die Nacktheit, und das bedeutet ja doch wohl die unverhüllte Geschlechtlichkeit, die sichtbare Hingewiesenheit des Mannes auf die Frau und der Frau auf den Mann, nun plötzlich zum Gegenstand der Scham, zu etwas, das man ängstlich zu verbergen sucht? Wir pflegen immer nur das zu verbergen, was unser eigenes Ich bloßstellt, d. h. die Ichheit dieses Ich, sein legitimes Sein in Frage stellt. Wird die Bezogenheit auf ein Anderes in irgendeiner Weise gleichbedeutend mit der Aufhebung des Bezogenen, nämlich seines persönlichen Eigenwertes, dann und nur dann regt sich das Schamgefühl. Solange sich der Mensch unmittelbar in Gott gegründet und zuletzt auch immer nur auf Gott bezogen weiß, kann ihm seine Hingewiesenheit auf ein anderes Geschöpf keinen Abbruch tun; denn auch dieses andere Geschöpf ist ja wieder in Gott gegründet und auf Gott bezogen. Ich komme da durch keine wie immer geartete Beziehung aus der völlig gesicherten Sphäre meiner Existenz heraus, ja ich erscheine mir ganz im Gegenteil durch sie in dieser noch befestigt. Löse ich mich aber von meinem Daseinsgrund und fällt damit auch alles andere aus ihm heraus, dann bin ich freilich durch jedes Hin- und Angewiesen-Sein auf ein Anderes, als Mann auf das Weib und als Weib auf denMann, in meinem Selbstwert fragwürdig, dann muß ich das Zeichen dieser Angewiesenheit, meine Geschlechtlichkeit, als Fragezeichen zu meiner Existenz vor den Blicken des Nebenmenschen und auch des Schöpfers zu verbergen suchen, dann greife ich nach dem Feigenblatt und verkrieche mich unter die Bäume. Die Nacktheit, die vor dem Fall den Menschen adelte und ihn vor den Tieren auszeichnete, wird nachher zu seiner Schande, die ihn noch unter das Tier stellt und darum durch Gottes Gnade mit Tierfellen bedeckt wurde. Der bekleidete Mensch ist gewiß nicht besser oder reiner als der nackte; denn unter seinen Kleidern bleibt er ja was er war, aber er gibt doch wenigstens durch seine Scham und durch das Bedürfnis, sich zu bekleiden, zu erkennen, daß er mit seiner Triebhaftigkeit, mit seinem Transzendieren in das Nichts nicht einverstanden ist und daß er trotz allem das Leben noch immer höher schätzt als den Tod. Es kommt also noch nicht zur äußersten Verkehrung, und dieses Noch-nicht bildet die unerläßliche Voraussetzung für die Möglichkeit seiner Erlösung.

Gott „wohnt in einem Licht, da niemand zukommen kann“ (1. Tim. 6, 16). Er ist das Mysterium aller Mysterien; er offenbart sich zwar da und dort, in diesem und jenem, er tritt hervor aus seiner Verborgenheit, er redet an, aber in allem, worin er sich zeigt, und in jedem Wort, das er spricht, verhüllt er sich auch, so daß sein Geheimnis immer gewahrt bleibt. Was von ihm her und zu ihm hin ist, hat zwar insofern auch teil an ihm, ja dieses Von-her oder Zu-hin gibt dem Realen überhaupt erst seinen Wert und macht sein eigentliches Wesen aus, aber es läßt sich nur in der Form des Geheimnisses erfahren und fassen. Wir haben dafür das Wort „glauben“. So hat auch der Mann in seinem Von-Gott-her sein Wesen und sein Geheimnis und hat ebenso die Frau das ihre in ihrem Zu-Gott-hin. Der Mann kann die Frau und die Frau kann den Mann darum nur wirklich erkennen, indem der eine das Geheimnis des anderen respektiert, daran glaubt und in diesem Glauben seine Erfüllung findet. Die Erkenntnis, von der wir hier reden, ist selbstverständlich gerade nicht die, die sich der Mensch mit der Frucht vom Erkenntnisbaum anißt oder angegessen hat; denn diese Erkenntnis mißachtet jedes Geheimnis, sie geht auf Evidenz, auf rationale Klarheit, sie will das Erkannte unter ihre Herrschaft bringen und darüber verfügen. Als der, der sich von Gott lossagt, von Gott emanzipiert, sucht sich der Mensch seine Welt und alles, was in ihr ist, in solcher Weise geheimnislos erkennbar zu machen, natürlich auch den Geschlechtspartner, vor allem der Mann das Weib, aber dann freilich in dialektischer Umkehrung doch auch das Weib den Mann. Das geheimnislose Weib, das Weib, das nicht mehr zu Gott hin ist oder nicht mehr in diesem seinem Zu-Gott-hin-Sein erkannt wird, ist jedoch gar nicht mehr in Wahrheit Weib, und der geheimnislose Mann, der nicht mehr von Gott her ist, gar nicht mehr in Wahrheit Mann. Mit dem Mysterium haben beide ihren Wesenkern und somit ihren eigentlichen Wert für den anderen verloren, aber trotzdem sucht jeder von ihnen weiter mit ungeduldiger Leidenschaft im anderen gerade diesen Wert. In einem Atem bejahen sie ihn und verneinen sie ihn; denn jeder will im Geliebten eben das entdecken und mit Händen greifen, was sich niemals als greifbares Objekt, sondern nur als Geheimnis erkennen, nämlich glauben läßt.

Nicht erst in der Hochzeitsnacht, sondern gewöhnlich schon viel früher richtet jeder Liebende an die Geliebte und jede Liebende an den Geliebten wie Elsa an Lohengrin die verhängnisvolle und verbotene Frage nach „Nam' und Art". Das heißt, einer will den anderen erkennen, ihm sein Geheimnis entreißen, und das eben ist der Sündenfall der Liebe. Was der Liebende nur in der Hülle des Geheimnisses empfangen kann, nur in verschleierter Gestalt, das will er schleierlos sich aneignen, das Von-Gott-her des Mannes und das Zu-Gott-hin der Frau. Darum entzieht es sich ihm überhaupt, und übrig bleibt nur die enttäuschende Hülle, ein Schatten, bestenfalls, wenn viel Gnade dabei ist, ein Bruder oder eine Schwester, ein Gefährte oder eine Gefährtin. Aber auch in diesem günstigsten Fall geht die unbefriedigte Sehnsucht der Liebe daran vorbei und darüber hinaus, die Liebe des Mannes über die Frau und die Liebe der Frau über den Mann. Wir wollen immer ergreifen, statt uns ergreifen zu lassen, immer schauen, statt zu glauben. So verkleinern wir vor unseren Augen den anderen und werden selber vor ihm klein. Die Elsa, die den Gatten nach dem Namen und nach der Herkunft fragt, wird, indem sie fragt, eine andere, sie verliert ihr eigenes Geheimnis und ist so nicht mehr die seiner würdige und ihm ebenbürtige Gattin. Er entzieht sich ihr, und mit ihm entflieht auch ihr Eigentliches. Weil sie ihn ganz wollte, für sich allein wollte, mußte sie ihn verlieren und er sie. Diese Tragödie wiederholt sich ausnahmslos in jeder natürlichen Liebe. Ihr standzuhalten ist der Sinn der Ehe auf Erden, vor allem der christlichen Ehe, über die wir im letzten Kapitel sprechen werden.

Wo ihr nicht standgehalten werden kann, da wächst unvermeidlich aus der Enttäuschung der Haß. Jeder der Gatten wirft dem anderen vor, woran er selber die Schuld trägt. In der empirischen Welt stehen Mann und Frau zueinander im Verhältnis nicht nur der Korrelation, sondern auch des Widerspruches, und zwar negiert der eine Partner den anderen gerade weil und indem er auf ihn gerichtet ist. Die Frau kann, so wie sie ist, dem Anspruch des Mannes, und der Mann, so wie er ist, dem Anspruch der Frau nicht genügen. Beider Ansprüche greifen über die Möglichkeiten des Wirklichen hinaus und messen dieses an einem Maßstab, dem es niemals gerecht zu werden vermag, nämlich am Maßstab eben des Geheimnisses, das der Anspruchsvolle selber ausgetrieben hat. Der um sein Geheimnis gebrachte Geliebte aber wird gehaßt, wobei sowohl der jeweilig Hassende, ob Mann oder Frau, wie auch der jeweilig Gehaßte, also das hassende wie das gehaßte *Subjekt* im Unrecht ist. Ich habe weder das Recht, den Partner an einem Ideal zu messen, das keiner Wirklichkeit entspricht, noch das andere, seinen mich überfordernden Anspruch empört abzuweisen; denn wenn auch nicht seinem Idealbild, so müßte ich doch meiner Urbestimmung konform sein, um auf seine uneingeschränkte Gegenliebe rechnen zu dürfen. Nicht *was* für Ansprüche, wohl aber *daß* überhaupt Ansprüche an mich gestellt werden, Ansprüche, die zu befriedigen mir die Möglichkeit fehlt, ist entscheidend. Im Fehlen der Möglichkeit, der zu sein, vor dem auch jeder ungerechte Anspruch verstummen müßte, liegt meine Schuld. Ob ich also der Hassende oder der Gehaßte, der Ansprüche Stellende oder der Beanspruchte bin, die Verantwortung trage immer ich, mir und den anderen gegenüber.

Der Haß, von dem hier die Rede ist, läßt sich nicht einfach definieren als das Gegenteil der Liebe. Das ergibt sich schon aus der Tatsache, daß jeder normale Mensch das Bedürfnis hat zu lieben, auch dann, wenn ihm irgendein bestimmter Gegenstand der Liebe vorläufig noch fehlt. Dagegen hat nur ein Psychopath von sich aus das Bedürfnis zu hassen. Der Haß wird in der Regel erst durch einen bestimmten Gegenstand erregt. Der Liebesbedürftige sucht etwas, das er lieben kann, eine Frau, einen Mann, einen Freund oder vielleicht auch nur ein Tier. Der Haß aber kann sich was er haßt, nicht suchen, sondern stößt darauf. Das hat seinen Grund darin, daß die Liebe auf Freiheit beruht, ja höchster Ausdruck der Freiheit ist, während der Haß aus der Unfreiheit, aus der Ohnmacht kommt. Der nur noch Hassende ist der absolut Unfreie und Ohnmächtige, der sich gegen alles wehren muß. Nur der Teufel haßt aus seinem Wesen heraus, weil er Gott haßt; der Mensch dagegen haßt Gott nicht, er ignoriert ihn bloß, d. h. er sucht sich die Gegenstände seiner Liebe abseits von Gott. Allerdings kann man abseits von Gott, also abseits von der Liebe gar nicht lieben, und so verkehren sich schließlich die Gegenstände der Liebe selber in Gegenstände des Hasses. Ich will lieben und ich muß hassen, Ich will die Frau lieben ohne ihr Zu-Gott-hin, und ich will den Mann lieben ohne sein Von-Gott-her, also diesen wie jene ohne seinen oder ihren Zusammenhang mit der Liebe, paradox ausgedrückt: ich will ohne Liebe lieben und mich auch ohne Liebe lieben lassen. So hasse ich am Ende und werde ich gehaßt; denn im Haß wird der Selbstwiderspruch meiner lieblosen Liebe offenbar. Die Frau, die ich eifersüchtig liebe, weil ich ihre Liebe nur auf mein individuelles Ich beschränkt wissen möchte, weil ich ihr Zu-Gott-hin als ein Zu-mir-hin verstehe, diese Frau liebe ich in Wahrheit gar nicht, sondern hasse sie heimlich, und ebenso ist auch ihre Liebe, die ich mir anzueignen suche, bereits heimlicher Haß.

Gott ist das Geheimnis und Gott ist die Liebe, also ist die Liebe das Geheimnis. Aber Gott ist auch die Gegenwart, die Allgegenwart. Darum bin ich nur als Wahrer des Geheimnisses an mir und am Geliebten, d. h. als Liebender gegenwärtig. Verletze ich das Geheimnis des anderen, so nehme ich ihm die Gegenwart und verliere sie gleichfalls; denn sein Geheimnis und mein Geheimnis sind dasselbe. Ich werde mit ihm geheimnislos, lieblos und gegenwartslos. Ich stoße ihn in die *Vergangenheit,* in das *Alter* und altere wie er. Altern heißt häßlich werden, und häßlich kommt von hassen. Der alte Mensch ist der häßliche, der hassende und der gehaßte. Die Schönheit der Frau spiegelt ihr Zu-Gott-hin. Wenn diese Schönheit schwindet, der Vergangenheit verfällt, dann darum, weil sie nicht ihrem Wesen nach als das Geheimnis geliebt wird. Aber nicht nur die Frau, auch der Mann wird alt und häßlich, bis beide einander in ihrer Häßlichkeit wieder ähnlich werden, so wie sie schon einmal in ihrer Jugend ähnlich waren, ähnlich in ihrer androgynen Schönheit. Die Ähnlichkeit des Alters aber ist die Umkehrung, die Karikatur jener ersten. Damals war es das Sowohl-als-auch, sowohl Mann als auch Frau, jetzt ist es das Weder-noch, weder Mann noch Frau, das ihre Ähnlichkeit bestimmt. Während die *androgyne* Schönheit der Jugend den Jüngling dem Mädchen angleicht, gleicht die *gynandrische* Häßlichkeit des Alters umgekehrt die Greisin dem Greis an. Ihre Züge werden härter und spitzer, auf der Oberlippe und am Kinn wächst eine Art Bart, die Stimme wird rauh usw. Das junge Mädchen ist schöner als der junge Mann, aber die alte Frau ist häßlicher als der alte Mann; denn mit der Schönheit verliert sie ihre Weiblichkeit, während er nur in seiner Männlichkeit erstarrt. Auf den jungen Menschen liegt der Abglanz dessen, dem sie zugewandt sind, und die Frau ist die von Natur aus Gott Zugewandte, der Mann dagegen verkörpert in seiner sichtbaren Gestalt die Weltzugewandtheit, obgleich, wenn er in der rechten Ordnung steht, die von Gott gespeiste Weltzugewandtheit, so daß durch seine Männlichkeit immer auch seine Weiblichkeit hindurchleuchtet und auch ihn schön macht. Im Alter bleibt beiden nur die Weltzugewandtheit, die einseitige, aus der Hand Gottes gefallene Männlichkeit, und das muß selbstverständlich bei der Frau noch weit unangenehmer in Erscheinung treten als beim Mann. Sie wird als Frau einfach sinnlos. Sie hat kein Zu-hin und auch kein Von-her, sie schrumpft zu einem Nichts zusammen, aber das freilich durch die Schuld des Mannes, der ihr die Liebe versagt und sie um ihr Geheimnis gebracht hat.

Das häßliche alte Weib hält dem nicht ganz so häßlichen alten Mann den Spiegel und in ihm sein Todesurteil vor. Die Greisin zeigt dem Greis den Weg zurück zur Erde, von der er genommen wurde.

Aber nicht nur das Alter und die Häßlichkeit, sondern auch schon die Mütterlichkeit der Frau hängt zusammen mit dem Verlust der Gegenwart. Die Frau begegnet dem Mann ja nicht nur als Geliebte. Viel früher lernt er sie kennen als die Mutter, als die, von der er herkommt, ohne die er gar nicht da wäre. Vom Weib geboren sein ist nur ein anderer Ausdruck für vergänglich oder sterblich sein, also der Gegenwart entglitten und dem Gewesenen verfallen sein. Erst nach dem Sündenfall hat der Mann eine Mutter, vorher hat er, wie auch das Weib an seiner Seite, nur einen Vater. Die Tatsache, daß ich eine Mutter habe, macht mir das Nichts meiner Herkunft, das Nichts vor meiner Geburt, aber auch das Nichts meiner Hinkunft, das Nichts nach meinem Tod mit peinlicher Klarheit bewußt. Und weil ich von einer Mutter geboren bin und insofern keine Gegenwart habe, bin ich auch unfähig, die Geliebte ganz und gar als Gegenwart zu erfahren, ihr eigentliches weibliches Geheimnis zu erkennen. Ich kann gar nicht anders als in meiner Liebe zu ihr ihr Geheimnis zu verletzen, ihr also die Gegenwart zu rauben und sie damit zu einer ebensolchen Mutter zu machen, wie ich eine habe. Meine eigene Vergangenheit zwingt mich dazu, abermals Vergangenheit zu schaffen und, indem ich das tue, ein Vergangener zu werden. Im Bild der Geliebten scheint mir in unheimlicher Durchdringung als Verheißung die Gegenwart und als Drohung die Vergangenheit entgegen. Es gibt darum keine menschliche Liebe ganz ohne Dämonie, und gerade die leidenschaftlichste Liebe, die die höchste Erfüllung verspricht, ist immer auch die gefährlichste, hinter der der Tod bereits zum Sprung ansetzt.

Wie Adam im Paradies, von Gott zur Rede gestellt, die Schuld auf die Frau abzuwälzen suchte, nicht etwa aus berechnender Hinterlist, sondern weil er sie, blind für die wahren Zusammenhänge und mit getrübtem Bewußtsein, für die eigentlich Schuldige hielt, wie sich ja überhaupt die Sünde oder genauer die Sündigkeit des Menschen immer auch gerade darin äußert, daß er seine eigene Schuld vergißt und den letzten Grund aller Übel in einer äußeren Ursache sucht, wie also der Mann schon damals die Frau belastete, so belastet er sie auch weiterhin und beurteilt sie als minderwertiges, schwaches und verführerisches Wesen, das er seiner eigenen Vollkommenheit wegen niederhalten muß. Das kann so weit gehen, daß er ihr die

Seele oder sogar die wahre Existenz abspricht. Der Misogyne in allen seinen verschiedenen Formen ist der Sohn jenes Adam, der sagte: „Das Weib, das du mir zugesellt hast, gab mir und ich aß.“ Als klassisches Beispiel für einen Mann dieser Art, und zwar für einen Mann von Format kann in der jüngsten Vergangenheit etwa Otto *Weininger* gelten. „Die Frauen haben“, so läßt er sich vernehmen, „keine Existenz und keine Essenz, sie *sind* nicht, sie *sind nichts:* Man ist Mann oder man ist Weib, je nachdem ob man wer ist oder nicht.“ [1] – „Es ist das Verhältnis von Mann und Weib kein anderes als das von Subjekt und Objekt. Das Weib sucht seine Vollendung als Objekt. Es ist die Sache des Mannes oder die Sache des Kindes und will, trotz aller Bemäntelung, nicht anders genommen werden denn wie eine Sache.“ [2]

Weininger steht in der Tradition des Deutschen Idealismus, und daß der Idealismus schon bei *Platon* mit dem lebendigen Eros nichts anzufangen wußte, haben wir bereits einmal bemerkt. Der Idealist kennt nur die Alternative Subjekt oder Objekt. Da nun die Frau tatsächlich nicht Subjekt, nicht Ich im strengen Sinn ist, muß sie also Objekt und das heißt Nicht-Ich sein, bloße Setzung des alleinigen Subjektes Mann. Weininger weiß, ebensowenig wie *Kant,* der sein eigentlicher Lehrer war, etwas vom Du, vom persönlichen Gegenüber des Ich, und so muß ihm notwendig, wieder ebenso wie Kant, die Liebe sinnlos, wenn nicht geradezu verwerflich erscheinen. Das Geliebte κατ᾽ ἐξοχήν, eben das Weib, stellt sich ihm demgemäß dar als ein höchst bedenkliches Instrument der Verlockung in die Objektivität. Daß alle Neigung dem moralischen Gesetz, dem strengen Pflichtgebot widerstreitet, hatte schon Kant behauptet, und Weininger wiederholt nur mit etwas brutaleren Worten das gleiche. Man darf aber nicht meinen, daß es sich hier nur um eine kuriose Eskapade des philosophischen Geistes handelt, vielmehr bringen diese Philosophen eben das in klarer Formulierung zum Ausdruck, was die typisch männliche Einstellung zur Frau überhaupt kennzeichnet. Der Mann ist es, der sich absolut setzt, sich zum absoluten Ich macht oder doch dafür hält, und ein absolutes Ich hat außer sich allerdings nichts anderes mehr als Objekte, d. h. Nichtigkeiten, denen man sich nur um den Preis seiner Ichheit zuneigen kann. Lautet das sittliche Gebot: Sei ein Ich!, dann folgt daraus unausweichlich: Meide das Weib! Dann ist das Weib die Nichtigkeit, die den Mann ständig in die Versuchung bringt, seinen Eigenwert an sie wegzuwerfen, und dieser Gefahr kann nur begegnet werden, indem man den gefährdeten Männern die weibliche Wertlosigkeit möglichst eindringlich vor die Augen stellt.

Nach Weininger ist die Frau so durch und durch nichtig, daß man ihr sogar mit einer negativen ethischen Bewertung, etwa indem man in ihr das Prinzip des Bösen verkörpert findet, viel zu viel Ehre antäte: „Das Weib ist weder tiefsinnig noch hochsinnig, weder scharfsinnig noch geradsinnig, es ist vielmehr von alledem das gerade Gegenteil, es ist, soweit wir bisher sehen, überhaupt nicht „sinnig": es ist als Ganzes Un-sinn, un-sinnig. Aber das ist noch nicht schwachsinnig, nach dem Begriff, den man in deutscher Sprache damit verbindet: dem Begriff des Mangels an der einfachsten praktischen Orientierung im gewöhnlichen Leben. Gerade Schlauheit, Berechnung, ‚Gescheitheit' besitzt W viel regelmäßiger und konstanter als M sobald es auf die Erreichung naheliegender egoistischer Zwecke ankommt. Ein Weib ist nie so dumm, wie es der Mann zuweilen sein kann."[3]

Aber auch diese Schlauheit und Berechnung der Frau, so wie ihr besonderer Egoismus unterliegt keiner ethischen Wertung. Das alles hat nichts zu tun mit verbrecherischer Anlage oder dergleichen. Weininger redet auch von der organischen Verlogenheit des Weibes und meint damit nicht, daß die Frau im eigentlichen Sinn des Wortes lügt, sondern nur, daß sie zur Wahrheit und somit auch zur Unwahrheit gar kein echtes Verhältnis hat. Sie redet nur einfach daher, was im jeweils gegebenen Augenblick den vor der Nase liegenden praktischen Zwecken am besten zu dienen scheint. Ob Wahrheit oder Lüge spielt dabei gar keine Rolle. Sie ist in ihren Handlungen wie in ihren Worten lediglich dem unfreien Trieb unterworfen, sie weiß gar nicht was sie tut und warum sie es tut und steht so jenseits oder diesseits jeder Verantwortlichkeit. Das Weib ist so auch nicht unmoralisch, sondern lediglich *amoralisch*, unberührt von jeder ethischen Problematik. Unmoralisch oder präziser: *antimoralisch* kann bloß der Mann sein, und er wird es, sobald er seine Moralität (im Sinne *Kants*), nämlich seine Ich-Autonomie in die Hände des Weibes gibt. Gewiß liegt, das kann gar nicht bestritten werden, diesem betont männlichen Ethos eine richtige Ahnung, sozusagen vom Paradiese her, zugrunde. Dem Mann klingt da noch immer das strafende Wort: „Weil du auf die Stimme deines Weibes gehört hast" in den Ohren, also: Höre nicht auf das Weib! Aber diese Warnung bekommt doch eben jetzt einen ganz anderen, einen völlig verkehrten und widersinnigen Sinn. Damals hieß es: „Höre nicht auf die Stimme des Weibes, sondern auf die

Stimme *Gottes!*", jetzt aber: „Höre auf die Stimme deines eigenen selbstmächtigen Ich, auf das Pflichtgebot, das du in vollkommener Freiheit dir selbst vorschreibst!" Damals hätte der Mann wohl auch auf die Stimme des Weibes hören dürfen, wenn er nur vorher auf die Stimme Gottes gehört hätte. Jetzt aber ist ja kein Dritter mehr da. Es kann nicht heißen: du darfst auf die Stimme des Weibes hören, wenn du vorher auf die Stimme deiner intelligiblen Ichheit gehört hast; denn wenn ich auf diese Stimme einmal gehört habe, dann weiß ich alles, was mir not tut, dann kann ich auf alle anderen Stimmen gerne verzichten, ja dann werden alle anderen Stimmen zum inhaltlosen Geschwätz, eben zum Weibergewäsch.

Der Typus Frau, der dem Mann nach Weininger vor allem gefährlich und verhängnisvoll wird, ist die *Dirne,* nämlich die wesenhafte und nicht etwa die nur zufällige Dirne. Und was Weininger zu diesem Thema sagt, ist zu einem großen Teil außerordentlich beachtenswert. Er bemüht sich zu zeigen, von welcher Art die Männer sind, die gewissermaßen das Korrelat des weiblichen Dirnentums bilden. Es geht hier um den im Kern und nicht bloß aus gelegentlicher Schwäche antimoralischen Mann, der so wie er ist, zur Dirne als dem nur sexuellen Weib gehört. Weininger nennt an erster Stelle den „Politiker", nämlich den Politiker aus Anlage, aus innerer Berufung, d. h. den *Machtmenschen.* Machtmensch sein bedeutet auf der obersten Sprosse der Leiter zum sicut Deus stehen und infolgedessen am wenigsten durchlässig sein für das göttliche Licht, für den Heiligen Geist. Der Machtmensch, der Caesar, der Volkstribun, der Demagoge, der Diktator, bezieht alles, also auch die Liebe der Frau nur auf sich als auf diesen Einzelnen, und so ist sein Komplement die Frau, die nur den Mann oder genauer nur das Männchen will und gar nichts darüber hinaus, den Mann mit nur *einem* Gesicht, das der Welt und darin ihr zugewendet ist. Dahinter befindet sich der Rücken und das Nichts. Zu den Machtmenschen gehören aber natürlich nicht nur die ausgesprochenen Politiker, sondern ebenso die Magnaten der Wirtschaft und der Industrie, die Bankiers, die Techniker aus Passion, die Sport-Champions und zuletzt die Chauffeure, so wie Hermann *Keyserling* diesen Sondertypus geschildert hat. „Der große Tribun und die große Hetäre", man denke an Perikles und Aspasia oder an Alexander und Tais, „sind die absolut *grenzenlosen* Menschen, welche die ganze Welt zur Dekoration und Erhöhung ihres *empirischen* Ich gebrauchen. Darum sind beide jeder Liebe, Neigung und Freundschaft unfähig, lieblos, liebeleer." [4]

Zu den Machtmenschen gehört nicht der legitime Herrscher, der König „von Gottes Gnaden", der sein Regiment als ihm von Gott verliehen versteht, und gehören auch nicht die platonischen Philosophenkönige, die aus der Anschauung der Ideen die Kraft zu ihrem Herrscheramt empfangen; denn sie haben immerhin noch *zwei* Gesichter, ein konkaves und ein konvexes, und damit auch noch eine echte Beziehung zum Weiblichen.

Dem Mann, der wie Gott sein will, entspricht nicht etwa eine Frau, die gleichfalls wie Gott sein will, sondern viel eher eine solche, die in ihm, in dem Mann ihren Gott sehen und ihm Gehilfin zu seiner Gott-Werdung sein möchte. Das Verlangen der Frau ist zunächst immer auf den Mann und erst indirekt über ihn auch auf das eigene Selbst gerichtet. Allerdings aber wird ihr dabei der Mann um so mehr bloßes Mittel zum Zweck, als er sich als Selbstzweck begreift. Sie verlangt nach ihm, um an ihm und durch ihn zu wachsen. So will sie z. B. an der Macht des Mächtigen oder am Reichtum des Reichen teilhaben. Es ist ja die Urbestimmung des Mannes der gebende und die der Frau der nehmende Teil zu sein. Daran ändert sich auch im status corruptionis nichts, nur sieht eben hier das Geben ebenso wie das Nehmen ganz anders aus als im status integritatis. Geben heißt jetzt verlieren und Nehmen an sich raffen. Das Verhältnis zwischen diesem und jenem nimmt mehr und mehr den Charakter des Widerspruches an. Der Machtmensch will sich auch der Frau nur bemächtigen, er sucht sie nicht um ihrer selbst willen, und die dem Machtmenschen komplementäre Dirne will nur die Macht mitgenießen. Der Mann an sich ist ihr völlig gleichgültig. Verliert er die Macht oder wird er zum Bettler, dann wirft sie ihn weg und wendet sich einem anderen, einem noch mächtigeren oder noch reicheren zu. Damit soll gar nicht gesagt sein, daß sie in ihrer Weise nicht auch lieben könnte. Die Macht des Mächtigen wie der Reichtum des Reichen wirkt auf sie durchaus erotisch, sie gibt sich dem betreffenden Mann vielleicht sogar mit brünstiger Leidenschaft hin, aber eben doch nur, weil er mächtig oder reich ist. Ihre Liebe ist in jeder Hinsicht Ausbeutung des Geliebten, sie liebt ihn, indem sie ihn ausbeutet. Er erscheint ihr nur als liebenswerter Mann, sofern er ihr zu geben hat, und da seine Gaben endlich und vergänglich sind, so ist auch ihre Liebe endlich und vergänglich. Sie erlischt in dem Augenblick, da der Geliebte ausgeschöpft ist. Die Frau, auch die dirnenhafte Frau, will also keineswegs sich an die Stelle des Mannes setzen. Es kommt ihr nicht eigentlich darauf an, selbst mächtig oder reich zu *sein,* sondern allein darauf, Macht und Reichtum zu *empfangen,* im Schatten eines Mächtigen oder Reichen zu stehen. Nicht einmal die sogenannte emanzipierte Frau hat die Absicht, den Mann überflüssig zu machen. Von einzelnen seltenen und seltsamen Exemplaren ausgesprochener Mann-Weiber abgesehen, deren Geschlechtszugehörigkeit aber meist auch schon rein anatomisch zweifelhaft ist, hat ihre Emanzipation bloß den geheimen Sinn, etwas darzustellen, womit sie, wie sie meint, vor dem ihr immer imponierenden Urteil des Mannes bestehen kann. Sie glaubt dem Mann zu gefallen, indem sie sich ihm angleicht; auch ihr angebliches Nein zur Vorherrschaft des Mannes ist tatsächlich nur eine Art Unterwerfung unter eben diese Vorherrschaft, wenn auch in recht grotesker Form. Daß daneben oder darüber hinaus die Frauenemanzipation, *vom Mann her gesehen,* noch eine andere Seite hat, werden wir gleich hören.

Der Mann, der seine Männlichkeit nur noch in den Dienst des praktischen Lebens stellt, sie nur noch dazu verwendet, mit der Welt, mit der Natur fertig zu werden, also eben der Mann als Machtmensch, als Politiker, als Gelderwerber, als Techniker und auch als Krieger, ist ja gar nicht mehr ein ganzer, sondern nur noch ein halber Mann, der sich nur noch dem Grad seiner Intelligenz nach, aber nicht mehr prinzipiell vom männlichen Tier unterscheidet. Er hat das verloren, was seine wahre Männlichkeit, seine wahre Menschlichkeit, seine Besonderheit gegenüber den anderen Kreaturen ausmacht, seine Gottebenbildlichkeit. Er ist nicht mehr zur Welt hin als der zuerst und vor allem von Gott her Seiende, er ist eigentlich nur von der Natur her und zur Natur hin, er bewegt sich also in dem rein natürlichen Kreislauf jener Wesen, die aus der Erde kommen und wieder zur Erde zurückkehren. Hier hat das Männliche seinen Primat eingebüßt oder aufgegeben und befindet sich auf dem Weg zur „Männlichkeit“ gewisser Insekten- oder Spinnenmännchen, denen nur noch das untergeordnete Geschäft der Zeugung zukommt, die meistens auch viel kleiner sind als die Weibchen und nach Erledigung ihrer Aufgabe von diesen oder anderen Stammesgenossen gleichfalls erledigt werden. Im Bereich der bloßen Natur hat das Weibliche die Herrschaft. Da ist nicht das Weib vom Mann, sondern der Mann vom Weib. Das Erste gilt eben nur im Licht der Gottebenbildlichkeit des Menschen und sonst nicht. Von der Natürlichkeit her hat der Mann vor dem Weib gar nichts voraus, er ist vielmehr ganz und gar der Weiblichkeit hörig. Natürlichkeit in diesem Sinn bedeutet notwendig Gynäkokratie, wenn auch nicht unbedingt in Form eines sichtbaren Frauenregiments, so doch in der einer Herrschaft des weiblichen Prinzips über den Menschen.

Bei aller Erniedrigung und aller Herabwürdigung, die in der empirischen Welt die Frau durch den Mann zu erdulden hatte und hat, ist so am Ende doch nicht sie, sondern er der eigentliche Verlierer. Als das primär leibliche Wesen steht die Frau dem Erdenkloß, aus dem der Mensch gebildet wurde, erheblich näher als der Mann. Daher ja auch ihre „Materialität", ihre Mütterlichkeit, die sie dem Mann gegenüber, sofern dieser auch ein leibliches Geschöpf ist, immer behält, so wie umgekehrt er der Frau gegenüber in geistiger Hinsicht seine Paternität, seine Väterlichkeit. Diese Paternität soll vom Ursprung her der Materialität übergeordnet sein, wie Gott der Schöpfung übergeordnet ist. Reißt aber die Verbindung zwischen Schöpfer und Schöpfung ab, dann kehrt sich hier alles um, dann wird die Überordnung des Mannes sinnlos und haltlos.

Das zeigt sich vor allem schon im erotischen Verhältnis der Geschlechter zueinander. Der Mann als der um die Liebe der Frau Werbende ist bereits insofern der ihr Hörige, der von ihrem Gewähren Abhängige. Gewiß soll der Mann um die Liebe der Frau werben, aber nicht um seiner selbst willen, nicht um sein eigenes Liebesbedürfnis zu befriedigen, sondern um die Frau bereit zu machen, das zu empfangen, was sie braucht, um sich zur Gottebenbildlichkeit erheben zu können. Gerade in solcher Weise wirbt ja auch Gott um die Liebe des Menschen. Er braucht diese Liebe durchaus nicht, aber er will, daß der Mensch in ihr vollkommen werde. Von solcher Art ist die erotische Liebe des natürlichen Mannes zum natürlichen Weibe eben nicht. Ihm geht es um die eigene Glückseligkeit, und er wird unglückselig, wenn ihm das Weib die Erfüllung seiner Wünsche versagt. Darum bleibt im Liebesleben, so wie wir es kennen, die Frau auch immer der überlegene Partner. Der Typ des Don Juan oder auch der harmlosere des Casanova, d. h. überhaupt des Frauenhelden, des Ladykillers, des souveränen Liebhabers kommt jedenfalls nur sehr selten vor. Im allgemeinen bleibt der Mann in der Liebe ein unsicherer Stümper. Der linkische Galan ist viel häufiger anzutreffen als der siegessichere Eroberer, so sehr sich die Frauen auch gerade diesen wünschen mögen. Das liegt nicht nur an der eben besprochenen Materialität der Welt, in die der Mensch nun einmal abgefallen ist, sondern vielleicht noch mehr daran, daß sich der Mann der Frau gegenüber von Anfang an schuldig fühlt und immer, wenn er sich einer Frau nähert, ein schlechtes Gewissen bekommt. Er ahnt nämlich, daß das, was er von der Frau will, worum er wirbt, gerade nicht das ist, was zu wollen seine eigentliche Aufgabe wäre; denn er begehrt sie, während er sie erlösen sollte, er wünscht ihre Hingabe, während er sich ihr hingeben sollte. Er sucht, heißt das, den Liebesgenuß und nicht die Ehe, die sie aus ihrer Natur heraus immer erwartet und fordert, die Ehe nämlich als die bedingungslose Entscheidung dieses einen Mannes für diese eine Frau, bzw. für die unlösliche Einheit beider. Selbst dann, wenn die Frau die Ehe gar nicht zu verlangen scheint, wie etwa als Hetäre, sondern dem schweifenden Liebesverlangen des Mannes entgegenkommt, findet sie ihre Befriedigung nicht im bloßen Gewähren, sondern vielmehr in dem, was sie dem sie besitzenden Mann weit darüber hinaus abfordert. In der Hetäre rächt sich das Weib an dem es mißbrauchenden Mann. Die treulose Dirne ist die heimliche Bundesgenossin der treuen, aber betrogenen und verlassenen Gattinnen und Bräute. In ihr offenbart sich dem Mann die Frau so wie er sie bei aller treuherzigen Ungeschicklichkeit seines Liebeswerbens tatsächlich haben will oder wie sie doch wenigstens seinem verborgenen wahren Charakter entspricht. Es gibt nichts komischeres als einen schüchternen Seladon, der von einer mit allen Salben geschmierten Kurtisane zur Marionette gemacht wird, komisch nicht, weil hier etwa Unvereinbarkeiten zusammenträfen, sondern weil das Weib da den Mann in brutaler Weise bloßstellt und seine wahre Natur, seine Hörigkeit zum Vorschein bringt. Sie reißt ihm die Maske seiner Harmlosigkeit herunter, und dahinter wird das Gesicht des Schuldigen, des von Anfang an am Weib Schuldigen sichtbar.

Die Loslösung von Gott, dem Vater und Schöpfer bedingt den Verlust des Sinnes für die Herkunft von oben, daher auch für die Herkunft des Weibes vom Mann. Die Richtung des Werdens kehrt sich um. An die Stelle des Urvaters tritt die Urmutter, die Magna Mater, alles ist vom Weibe geboren, alles kommt von unten. Dieses Bild beherrscht bereits die Mythen der Alten und reicht in säkularisierter und rationalisierter Gestalt, in den Evolutions- und Deszendenztheorien der neueren Naturwissenschaft bis in die jüngste Zeit herauf. Aus ihm erklärt sich auch die Vorstellung *Bachofens* von den gynäkokratischen Anfängen des Menschengeschlechtes, der Menschheitsgeschichte, die sich ja auch auf die alten Mythen beruft. Danach soll sich der Mann erst allmählich und nicht ohne schwere Kämpfe von der Frau emanzipiert haben, so wie sich der Knabe im Übergang zum Jünglingsalter von der Mutter emanzipiert. Aber der Macht, von der man herkommt, von der man bedingt ist, bleibt man aller Emanzipation zum Trotz eben doch verhaftet. Der Jüngling wird Mann und der Mann wird Greis, und als Greis kehrt er sterbend doch wieder dorthin zurück, von wo er seinen Ausgang genommen hat. Jeder männliche Tod, jede männliche Leiche bedeutet einen Triumph der Weiblichkeit.

Der Mann unterliegt dem weiblichen Prinzip in dem Grad, in dem er seiner Geistigkeit oder richtiger seiner Geistlichkeit verlustig geht und in bloßer Weltzugewandtheit seine Bestimmung sucht. Das gilt vor allem von der jüngsten Zeit mit ihrer technischen, materialistischen und wissenschaftlich-rationalistischen Verflachung, zu der notwendig auch die sogenannte Frauenbewegung, die Emanzipation der Frau gehört. Philipp *Lersch* spricht nur eine heute weit verbreitete Meinung aus, wenn er dazu bemerkt: „Die betont männliche Daseinsordnung, die durch den Aufschwung der Technik und der positiven Wissenschaften, durch die Technisierung des Lebensbetriebes, die Organisation der Wirtschaft und die Spezialisierung der Tätigkeiten geschaffen war, unterstellte die Frau dem Zwang einer Bevormundung durch den Mann, gegen die sie Protest erhob und aus der sie sich im Namen der ihr zugeteilten Lebensaufgaben und Lebensrechte zu befreien suchte."[5] Aber das alles ist nur sehr bedingt und nur teilweise richtig. Die Frauenbewegung kommt gar nicht aus dem Protest gegen die Technisierung des Lebens, sondern eher aus der Zustimmung zu ihr, die dem weiblichen Geschlecht in ihrer Ungeistigkeit eine Chance gibt, ähnlich wie die Schüchternheit des früher erwähnten Seladons der Kurtisane. Auch der Aufstand des Proletariates hat ja nichts mit einem Protest gegen die Technik zu tun, sondern ist vielmehr ihr Ergebnis oder eine ihrer eigenen Ansichtsseiten. Der Proletarier ist der technische Mensch schlechthin, der sich nun als der wirkliche durchsetzt. Der Techniker enthüllt sich da als der Technisierte, der Machtmensch als der Übermächtigte, der Maschinenbauer als Glied der Maschine. Und genau so enthüllt sich der von der Frauenemanzipation überrannte Mann als der verweiblichte.

Es ist gewiß wahr, daß die technische Bewältigung der Natur, diese dem göttlichen Urgebot, sich die Erde untertan zu machen, diametral entgegengesetzte Tyrannis vom Mann ausgeht und nicht im weiblichen Charakter ihre Begründung findet. Aber eben dann, wenn der Mann seine Männlichkeit in solcher Weise versteht und entwickelt, verfällt er dem Weib als der anderen Seite des dialektischen Verhältnisses. Zum Knecht der Frau wird der Mann in seiner reinen Sexualität, d. h. in der triebhaften Verkehrung des Eros aus dem Verlust des Logos, und die Technik ist gar nichts anderes als auf die Natur gerichtete Sexualität. Derselbe Mann, dem die Welt als Raum seiner Machtentfaltung erscheint, sieht in der Frau lediglich ein Genußobjekt. Daraus erklärt sich etwa, daß in dem kriegerischen und insofern extrem männlichen Sparta die Macht der Frau weit größer war als in dem relativ unkriegerischen und mehr dem Geistigen zugewandten Athen. Ähnliches gilt auch von dem modernen übertechnisierten Amerika. Wie die Frau nicht die geschlechtlichen Funktionen des Mannes übernehmen kann, so eignet sie sich auch nicht für die ausgesprochen technisch-organisatorische oder gar kriegerische Arbeit. Wo immer aber der Mann in solchen Dingen seine besondere Daseinsaufgabe zu erfüllen sucht, ist er nicht mehr vollwertiger Mann, sondern nur noch Männchen und steht darum in Abhängigkeit von seinem Gegenpol, dem Weibchen. In der Einleitung zu seinem „Mutterrecht" stellt *Bachofen* den Apollon und den Dionysos einander gegenüber als die Repräsentanten zweier verschiedener Typen der Männlichkeit. Apollon ist der Träger des geistigen Prinzips und darum der Gott des unwandelbaren unsterblichen Lichtes, der Sol invictus, Dionysos aber verkörpert nur die phallisch männliche Kraft, das Licht, das aufgeht und in seinem Aufgehen das weibliche Geschlecht zu orgiastischer Begeisterung fortreißt, das aber dann auch wieder untergeht. Darum liegt im Heiligtum von Delphi Dionysos zu den Füßen der goldenen Apollonstatue begraben, und sein Grabstein trägt die Inschrift: Hier liegt der tote Dionysos, der Sohn der Semele.

Die Verkümmerung und schließliche Erblindung des eschatologischen Auges, des transzendierenden Sinnesorgans, sowie die dementsprechende Einengung des Interesses auf das Innerweltlich-Empirische, auf die Verbesserung der irdischen Lebensbedingungen entspricht also durchaus der fortschreitenden Beschränkung auf das nur noch Sexuelle im Bereich des Erotischen; denn die Sexualität geht einerseits auf den augenblicklichen Genuß und andererseits auf die Fortpflanzung der Gattung, hier wie dort auf ein zeitliches Ziel. Der männliche Machtmensch hat, wie wir zu zeigen versuchten, sein weibliches Gegenstück in der Hetäre. Weder ist dieser Mann noch vollwertiger Mann – denn er ist nur noch zur Welt hin und nicht auch von Gott her – noch dieses Weib vollwertiges Weib –, denn es ist nur von der

Welt her und nicht auch zu Gott hin. Die wahre Männlichkeit wie die wahre Weiblichkeit haben vielmehr beide außer sich als sie nunmehr beherrschende fremde Mächte, als das die wimmelnde Masse der Männchen und Weibchen Übergreifende. In ihrer fremden anonymen Gestalt aber werden Männlichkeit und Weiblichkeit dämonisch, verwandelt sich die Männlichkeit an sich in das apokalyptische Tier aus dem Abgrund, in den Antichrist und die Weiblichkeit an sich in die große Hure Babel. Das Tier aus dem Abgrund, vom Drachen mit der gottentfremdeten Erde gezeugt, ist die absolut gewordene Macht, mit deren zufälligen menschlichen Vertretern, den Königen, d. h. den Despoten und Diktatoren, die große Hure wahllos hurt.

Im Laufe der abendländischen Kulturgeschichte hat sich ohne Frage eine allmähliche Annäherung der Geschlechter, ein Ausgleich des Geschlechtsunterschiedes vollzogen, und zwar, wie es zunächst scheint, in der Richtung auf das Männliche, was zweifellos mit dem zunehmenden Individualismus zusammenhängt. Grundsätzlich läßt sich sagen: Je individualistischer der Mensch, um so geringer der Geschlechtsunterschied, weil nämlich das Individuum seiner Natur nach isoliert, also auch nicht primär auf einen geschlechtlichen Partner angelegt ist. Eigentlicher Repräsentant des Individuationsprinzips, der isolierten, auf sich bezogenen Ichheit ist aber seiner subjektiven Uranlage entsprechend der Mann. Trotzdem wird man keineswegs behaupten dürfen, daß die Männlichkeit als solche im extremen Individualismus ihre Vollendung findet, vielmehr muß der Mann als der männlichste gelten, der sich bei größtmöglicher Selbstbewahrung mit größtmöglicher Entschiedenheit auf die Welt außer ihm, vor allem auch auf das Weibliche entwirft, in dem also Selbstsein und Füranderes-Sein in keinem Widerspruch stehen. Der Mann als bloßer Individualist ist ein degenerierter Mann, dem auch eine nur noch degenerierte Frau entspricht. Die Annäherung der Geschlechter beruht somit auf ihrer gemeinsamen Degeneration. Männer und Frauen sind körperlich einander ähnlich und sozial „gleichberechtigt" in ihrer Nichtigkeit. Da sie alle keinen Anspruch mehr haben an das Leben, glauben sie die gleichen Ansprüche zu haben. Sie deuten die negative Allgemeinheit ihres Nicht-Habens in die positive eines Alles-Habens um. Es ist als ob sich das Konvexe wie das Konkave in gleicher Weise abgeflacht hätte. Die glatten Flächen, die sich aus dieser Abflachung ergeben, sind weder Männer noch Frauen und schon gar nicht Menschen, sondern eher eine Art von Arbeitsbienen oder noch besser: Serienfabrikate der gleichen Maschinenbestandteile. Im Schrecken über diese Nivellierung versuchen dann die Frauen, ihre verlorene Weiblichkeit durch eine raffinierte Kleidung oder Entkleidung, durch rot gefärbte Lippen und Fingernägel, und die Männer ihre Männlichkeit durch wattierte Schultern vorzutäuschen. Anders ausgedrückt: Der flache Mann macht sich künstlich konvex und die flache Frau künstlich konkav. Der echte Schmuck wird durch Simili ersetzt und tut so am Ende auch den gleichen Dienst, weil er ja nur noch Simili-Männer und Simili-Frauen zu schmücken hat.

Die Nivellierung der Geschlechter kommt aus dem Verlust des Wissens um den Sinn der mann-weiblichen Polarität, nämlich um ihren *Gleichnischarakter*. Wenn der Mensch nichts mehr erkennt von dem Gegenüber Gottes und der Schöpfung, dann wird ihm auch das Gegenüber von Mann und Weib bedeutungslos, dann sucht er entweder den Mann dem Weib oder das Weib dem Mann anzugleichen. Das erste geschieht in allen orgiastischen und magischen Religionen, das zweite im Herrschaftsbereich des abendländischen Rationalismus und Individualismus. Bei den kultischen Festen der Astarte und der Kybele, aber auch des Dionysos pflegten die Männer Frauenkleider zu tragen und sich so symbolisch zu Frauen zu machen. Das hat natürlich auch seinen tiefen Sinn; denn der Gottheit gegenüber ist ja tatsächlich der Mensch Weib und nicht Mann. Aber die wahre Weiblichkeit des Menschen vor Gott bewährt sich nicht darin, daß er sich sozusagen entmannt, wie das die Priester der Kybele taten, sondern darin, daß er als Mann und Weib in ihrer Gemeinschaft sich zum Gefäß des göttlichen Geistes macht. In der gewaltsamen Verweiblichung des Mannes dagegen sagt sich der Mensch von Gott los, wirft er die ihm geschenkte Männlichkeit, den Logos, von sich und überantwortet sich ganz und gar der Natur und ihren Mächten. Er unterschlägt also sein Von-Gott-her; und wer nicht von Gott her ist, der kann auch nicht zu ihm, sondern nur noch zu irgendeinem Abgott hin sein. Umgekehrt unterschlägt der Individualist sein Zu-Gott-hin, eben seine Weiblichkeit. Er ist nur noch von-her, aber eben nicht von Gott, sondern ausschließlich von sich her, autonom. Dort vergißt der Mensch auf seine göttliche Abkunft, hier auf seine Bestimmung zum Ebenbild Gottes. Der Abgott, dem sich der Verweiblichte zuwendet, enthüllt sich zuletzt als das Chaos, als das Nichts. Aber auch der andere Abgott, von dem her der Vermännlichte zu sein scheint, der Ich-Gott ist ein Nichts, ein infinitesimaler Punkt, ein verschwindendes Atom, und so begegnen einander schließlich absolute Männlichkeit und absolute Weiblichkeit, Okzident und Orient in der gleichen Nichtigkeit.

Wo aber, ob so oder so, Mann und Frau einander angeglichen erscheinen, ist doch im Grunde das Weibliche dem Männlichen, nämlich das Naturhafte dem Menschlichen übergeordnet. Es gibt darum gar keine Gleichordnung der Geschlechter. Überordnung des Weiblichen über das Männliche heißt freilich noch nicht Überordnung der wirklichen Frau über den Mann. Die Frau als Siegerin im Kampf der Geschlechter ist doch gemeinsam mit dem Mann Unterliegerin im Kampf gegen die außermenschliche Natur. Ihr Sieg blieb ein Pyrrhussieg. Die Frau kann gerade als Frau nur herrschen, solange sie die Superiorität des Mannes liebend anerkennt, geradeso wie ja auch der Mensch nur herrschen kann, solange er sich Gott unterwirft. Mit Sklaverei oder dergleichen hat das gar nichts zu tun, im Gegenteil. Wo es Sklaven gibt, dort sind auch die Sklavenhalter nur Sklaven mit anderem Vorzeichen. Es ist aber das Geheimnis der Freiheit, daß sie nur empfangen werden kann, und daß es darum zur Freiheit des Menschen in seiner Weiblichkeit gehört, sich der Freiheit hinzugeben.

Die vergängliche Liebe

Wie die Geschiedenheit der beiden Geschlechter, das Gegenüber von Mann und Weib im Verhältnis zum androgynen Urzustand, so ist auch die außerparadiesische Wirklichkeit der paradiesischen *transzendent,* d. h. sie liegt auf einer anderen Daseinsebene, in einer anderen Dimension als diese, weshalb ihr auch eine andere Bewußtseinsstruktur entspricht. Zwischen beiden besteht keine Kontinuität, kein allmählicher Übergang, vielmehr sind sie durch eine qualitative Differenz geschieden, durch einen „Sprung“. Die immanente Kontinuität der einen mündet niemals und an keiner Stelle in die andere ein, so wie es ja auch zwischen Traum- und Wachleben keine ungebrochene Verbindung gibt. Während aber in jenem ersten Fall, also im Fall der Geschlechtertrennung, beide Daseinsweisen in der Hand Gottes liegen, so daß auch die tiefere nicht aus seiner Ordnung herausfällt, transzendiert die außerparadiesische Welt gerade diese Ordnung und negiert sie. Die mann-weibliche Zweiheit des Paradieses steigert zwar die *Polspannung,* aber sie läßt die Pole noch nicht zu *Gegenpolen,* nicht zu Gegensätzen werden, ebenso wie auch der Mensch hier noch nicht im Gegensatz zu Gott steht. Der status corruptionis jedoch ist gekennzeichnet durch den Widerspruch zu Gott, und das hat zur unabdingbaren Folge, daß der Mensch auch zu seiner Umwelt, zu seinem Mitmenschen und schließlich zu sich selbst in Widerspruch gerät. Ich bin im Widerspruch zu meinem Mitmenschen heißt, daß mir dieser nicht oder doch mindestens nicht nur als Partner, sondern vor allem auch als *Rivale,* nicht nur als Du, sondern auch als das andere konkurrierende Ich erscheint, mit anderen Worten: Nicht nur als Korrelat, sondern auch als Doppelgänger, *nicht nur in weiblicher, sondern auch in männlicher Gestalt,* als Nebenbuhler. Auf dieser Stufe, die von der früheren durch einen peinlichen Bruch geschieden ist, gibt es viele Menschen verschiedenen Geschlechtes und nicht nur das eine Paar, den einen Mann und das eine Weib. Da sind Männer und Weiber, die nicht etwa als Abkömmlinge auf das eine Urpaar zurückgehen, die vielmehr einfach vorgefunden werden, genau so wie Adam Eva vorfand, als er in der Welt der Zweigeschlechtlichkeit erwachte. Der eine Mann und die eine Frau haben sich sozusagen auseinandergelegt aus dem Singular oder Dual in den Plural. Der außerparadiesische Kosmos ist von allem Anfang an ein „pluralistisches Universum".

Damit erledigt sich unter anderem etwa auch die so häufig gestellte verfängliche Frage, woher denn Kain seine Gattin genommen hat und woher jene Menschen kamen, von denen erschlagen zu werden er nach seinem Brudermord fürchten mußte. In der Welt nämlich, in der es von den Eltern geschiedene Kinder gibt, in der sich der Mensch geschlechtlich vermehrt, gibt es eben auch immer schon die anderen Menschen. Das gehört zur Natur dieser Welt. Hier begegnen sich die Menschen als nebeneinander und nicht als füreinander existierende. Sie machen sich wechselseitig den Daseinsraum streitig. Der eine ist die Negation des anderen, wie das zuerst im Verhältnis zwischen Kain und Abel deutlich wird. Derselbe Kain, der Abel erschlägt, ist auch schon der von Feinden umdrohte. Aber es gibt in dieser Welt nicht nur viele Männer, sondern auch viele Frauen, um die die Männer miteinander kämpfen und von denen jeder einzelne möglichst viele sich anzueignen sucht. So nimmt der Kainsenkel Lamech zwei Weiber, Ada und Zilla, und tötet zwei Männer. Er brüstet sich damit vor den Frauen, um so sein Anrecht auf sie zu bekräftigen. Der stärkste Mann, der seine Rivalen ausrottet, erweist sich nach dem Gesetz der gefallenen Welt als der, der auf die Liebe des anderen Geschlechtes Anspruch erheben darf; denn hier gilt nicht der Wille Gottes, nach dem der Mensch die ihm anvertraute Schöpfung regiert, sondern der subjektive Wille des Menschen, und das heißt des Mannes. Das Weib wird zur Beute des Gewaltherrschers.

Adam ist gleichsam zerbrochen in viele Männer und Eva in viele Frauen, aber keiner dieser vielen Männer ist *der* Mann, auch dann nicht, wenn es einem gelänge, alle übrigen zu töten, und alle Frauen zusammen sind nicht *die* Frau, auch dann nicht, wenn sämtliche Gattinnen eines einzigen Mannes wären. Der wirkliche Mann und die Mannheit fallen ebensowenig zusammen wie das wirkliche Weib und die Weibheit. In allen einzelnen Männern sucht vielmehr der Mann jetzt nach dem Weib und irrt dabei hin und her zwischen den einzelnen Weibern und der in seinen Vorstellungen erahnten die einzelnen übergreifenden Weibheit, und ebenso sucht auch in allen einzelnen Weibern das Weib nach dem Mann, hin und her irrend zwischen den wirklichen Männern und der Idee des Mannes. Die Liebe des Mannes sowohl wie die der Frau geht zunächst gar nicht auf ein bestimmtes Individuum des anderen Geschlechtes, sondern auf das allgemein Weibliche und auf das allgemein Männliche. „Du siehst mit diesem Trank im Leibe bald Helenen in jedem Weibe." Aber der Zaubertrank oder Hexentrank täuscht; denn im Augenblick, da der Mann nach irgendeiner konkreten Frau greift, muß er merken, daß sie nicht Helena, nicht das Weib an sich, nicht die Eva im Paradies ist, die Walter Stolzing in seinem Preislied besingt. Dasselbe gilt natürlich auch umgekehrt für die Frau, auch sie findet den ersehnten und erträumten paradiesischen Adam nicht wieder. In der Allgemeinheit, in der Idealität läßt sich das Ziel der Liebe überhaupt nicht realisieren. Liebe muß sich auf die Person hin verdichten, in der empirischen Welt also auf das Individuum hin, und dieses stimmt mit der Idee niemals überein. Das Individuum bleibt immer eines unter vielen und wird nie zum einzigen, ebensowenig wie jener Mann, der seine Nebenbuhler erschlägt. So endet alle Liebessehnsucht im tragischen Zwiespalt zwischen dem Weib und den Weibern, dem Mann und den Männern.

Der Streit zwischen Kain und Abel ging eigentlich um die Gottebenbildlichkeit, die aber freilich für die menschliche Vorstellung nach dem Fall die Färbung des Sicut Deus angenommen hatte. Kain tötet Abel aus *Eifersucht,* aus eifersüchtiger Gottesliebe. Er sieht in dem Bruder den Rivalen im Streben nach Gottgleichheit. Er will Gott für sich allein haben und gönnt ihn nicht auch dem anderen. Seine Liebe ist nicht, was sie eigentlich sein sollte, Bereitschaft zur Hingabe, sondern Begierde nach dem Besitz des Geliebten. Gott soll mir gehören und nicht dir. Er will also Gott in seinen Dienst stellen, statt sich in den Dienst Gottes, und das ist die Wurzel aller Eifersucht, selbstverständlich auch und vor allem der geschlechtlichen. Was Kain im Blick auf Gott tut, das tut Lamech in der Hinwendung zum Weib. Er entledigt sich der möglichen Konkurrenten. In der Haltung Kains Gott gegenüber verbirgt sich heimlich bereits der Polytheismus. Wenn Gott *mein* Gott ist, dann ist er nicht auch dein Gott, dann ist dein Gott ein anderer Gott. Indem der Mensch zerbricht, indem aus dem einen Mann viele Männer werden, werden auch aus dem einen Gott viele Götter. Jeder hat seinen eigenen Gott oder sein eigenes Gottesbild, seinen eigenen Götzen. Und der Vielgötterei entspricht die Vielweiberei. Man kann nicht wirklich an einen Gott glauben und viele Frauen haben wollen. Das eine schließt das andere radikal aus. Polygamie ist die andere Seite des Polytheismus, auch dann, wenn, wie etwa im Islam, die unteilbare Einheit Gottes dogmatisch starr behauptet wird. Man darf vielleicht sogar sagen, daß gerade der dogmatisch starre Monotheismus, dem schon die christliche Trinitätslehre als Gotteslästerung erscheint, nur die dialektische Umkehrung des Polytheismus, „Eingötterei" und also selbst verkappter Polytheismus ist.

In seiner „Metaphysik der Geschlechtsliebe" betont *Schopenhauer*, daß der Mann „bequem über hundert Kinder im Jahr zeugen kann, wenn ihm ebenso viele Weiber zu Gebote stehen; das Weib hingegen könnte, mit noch so vielen Männern, doch nur *ein* Kind im Jahr (von Zwillingsgeburten abgesehen) zur Welt bringen."[6] Auch wenn man nicht wie Schopenhauer daraus den Schluß zieht auf die Natürlichkeit der Polygamie und die Unnatürlichkeit der Monogamie, bleibt doch die hier erwähnte Tatsache als solche bestehen und mit ihr alles, was sich dann aus ihr notwendig an bedrängenden Problemen ergibt. Die Frage, worin denn diese besondere Disharmonie der Geschlechter ihre Wurzel hat, läßt sich gar nicht unterdrücken. Warum wird gerade für den Mann und nicht auch, wenigstens bei weitem nicht im gleichen Grad, für die Frau die Vielzahl des anderen Geschlechtes zum Problem? Es gibt etwa kein weibliches Gegenstück zu Lamech, keine irgendwie typische Frauengestalt, die andere Frauen tötet, um sich möglichst viele Männer anzueignen. Warum widerspricht die Beschränkung auf nur einen einzigen Partner der männlichen Naturanlage weit mehr als der weiblichen? Warum legt sich gerade für den Mann der Gegenstand seines geschlechtlichen Verlangens quantitativ auseinander? Die Antwort auf alle diese und ähnliche Fragen muß zweifellos darin gesucht werden, daß eben der Mann das eigentliche Ich, der eigentliche Träger der menschlichen Subjektivität ist, die, indem sie sich isoliert, ihr Gegenüber auch im Gegensatz zur eigenen Einheit, also zerteilt, vervielfältigt sehen muß. Der subjektivistische Mensch als Mann macht das Du zum Es, zum Objekt, und alles bloß Objektive unterliegt der Kategorie der Quantität. Für den Mann bedeutet seine polygame Naturanlage natürlich eine Not, aber diese Not läßt sich nicht dadurch beheben, daß der Naturanlage Zugeständnisse gemacht werden, wie z. B. Schopenhauer will; denn der polygame Mann ist nur mit schlechtem Gewissen polygam, er empfindet seinen Trieb zur Vielheit ganz unwillkürlich als etwas, das eigentlich nicht sein sollte. Er will viele Frauen und will sie doch auch wieder nicht. Er ist in Wahrheit polygam und monogam zugleich, und eben dieses Zugleich, nicht aber der gesetzliche Zwang zur Monogamie, von dem sich übrigens die Wenigsten wirklich zwingen lassen, macht seine tiefste Not aus, eine Not, der sich innerhalb der empirischen Welt auf gar keine Weise entgehen läßt. Nicht erst die faktische Polygamie, sondern bereits der Hang zur Polygamie ist das wahre Übel, das Zeichen dafür nämlich, daß mit der natürlichen Geschlechtigkeit als solcher und von Urbeginn an etwas nicht in Ordnung ist. Die Welt der vielen Menschen, der vielen Männer und der vielen Frauen ist die verdorbene Welt.

*

Nirgends sonst vielleicht wird ebenso wie im Bereich des Sexualen unmittelbar deutlich, daß der Mensch unter der Herrschaft eines unfreien Triebes steht und daß die Triebhaftigkeit dieses Triebes der reflektierten Bewußtheit des Getriebenen *direkt proportional* ist. Ihm unterliegt nämlich gerade der vor allem, der in klarster Absicht seinen Genuß sucht, eine Tatsache, die deutlich genug zeigt, welcher grundsätzliche Unterschied zwischen dem Trieb des Menschen und dem Instinkt des Tieres besteht. Der Trieb ist eben keineswegs, wie man immer wieder hören kann, der noch dumpfe und also noch nicht ins Bewußtsein erhobene, sondern gerade umgekehrt der dem Bewußtsein *entglittene* und damit geistlos, d. h. rein naturhaft gewordene Wille. Dem introvertierten und introspektiven, dem isolierten und verengten Selbst verwandelt sich das, was ursprünglich im Bereich seiner seelisch bewältigten und mit ihm wesenhaft verbundenen Umwelt lag, in eine ihm transzendente, seiner Herrschaft entzogene und gerade so es beherrschende blinde Macht, der er dienen muß und auch tatsächlich dient, von der er gebraucht wird, indem er meint, seinen eigenen Zielen und Zwecken nachzugehen. Insofern hat *Schopenhauer* durchaus recht, wenn er meint, daß die geschlechtliche Liebe der Individuen mit all ihrer Seligkeit nichts weiter sei als ein schlauer Trick des Gattungswillens, dem es auf das Glück der Individuen gerade nicht ankommt. Gewiß gilt das nur von der sexuellen Lust im engsten Sinn und nicht auch von der Erotik überhaupt; denn als erotischer Schwärmer, als sentimentaler Liebhaber sucht ja der Mensch die Grenzen seiner Individualexistenz pathetisch zu überschreiten und sich mit dem Einheitsdrang, der in der Sexualität nur Trieb ist, persönlich zu identifizieren, ihn in seinen bewußten Willen aufzunehmen. Nur verliert er dabei allerdings als der, der er ist, wieder den Boden der naturhaften Realität und schweift ab ins Phantastische.

Die Urbindung, von der das Geschöpf niemals loskommt, ist seine Geschaffenheit vom Schöpfer, sein Gegründetsein im Grund aller Gründe, sein Von-Gott-her und Zu-Gott-hin, seine Ur-Männlichkeit und Ur-Weiblichkeit. Isoliert sich der Mensch von Gott, fällt er von ihm ab, so löst er damit nicht etwa diese Bindung – das kann er gar nicht –, sondern macht sie sich nur unbewußt; er „verdrängt" sie aus dem Bewußtsein ins Unbewußtsein und verwandelt sie so in einen Trieb, dem als dialektischer Gegenpol der bewußte Wille zum autonomen Selbstsein gegenübersteht. Er bezieht als Mann sein eigenes Von-her und das Zu-hin der Frau auf sich, er betrachtet das geschlechtliche Verhältnis als eine Angelegenheit, die ihn und die Geliebte allein angeht. Aber sein Von-her bleibt trotzdem das Von-Gott-her und das Zu-hin der Frau das Zu-Gott-hin, nur daß dies jetzt freilich jenseits seines Bewußtseins liegt und sich ihm infolgedessen als das Ungewollte am Gewollten, als die Nachtseite seines Liebeslebens darstellt. Der Wille zum Leben verkehrt sich für ihn in den Trieb zum Tod, in das Nichts, eben in das dem Licht der bewußten Wirklichkeit Transzendente. Er ist als Erkennender aus dem Zusammenhang der Schöpfung herausgefallen. Er lebt sein Leben im Gefängnis einer reduzierten Existenz, in einem Gefängnis ohne Türen und ohne Fenster. Es geschieht etwas mit ihm, aber er ist nicht imstande, seinen Willen mit diesem Geschehen in Einklang zu bringen. Zwar ahnt er und empfindet er unwillkürlich, daß das, was ihn da mitnimmt, der Strom des allein lebendigen Lebens ist, und nur darum wird ihm überhaupt die Erfüllung seiner Liebeswünsche zur Lust, aber die Ahnung wird wieder zurückgebogen auf die individuelle Existenz, auf das individuelle Ich und somit das Erahnte als etwas ganz anderes interpretiert als was es in Wahrheit ist. So mischen sich im Liebesgenuß völlig disharmonisch Leben und Tod, Seligkeit und Verdammnis, Wille und Trieb, Liebe und Sexualität.

Die eigentümliche Spannung zwischen Liebe und Sexualität beruht vor allem darauf, daß sich die Liebe ihrer Natur nach immer nur auf *ein* Wesen, auf *eine* Person richten kann, daß aber eben diese Einengung auf ein *empirisches* Wesen, nämlich auf ein Individuum des anderen Geschlechtes, auf dieses einzelne Weib oder auf diesen einzelnen Mann, unausweichlich die Sexualisierung der Liebe bedingt, weil ja dieses einzelne Weib nicht *das* Weib und dieser einzelne Mann nicht *der* Mann ist. Als Sexualität aber, als Trieb geht die Liebe gar nicht mehr auf den einzelnen Partner, sondern auf die Allgemeinheit des anderen Geschlechtes, auf alle Männer und auf alle Frauen; so hebt sich also die individualistisch entartete Liebe in ihren eigenen Konsequenzen auf und wird kollektivistisch. Daß von hier aus auf das Verhältnis zwischen Individualismus und Kollektivismus überhaupt ein grelles Licht fällt, braucht kaum erwähnt zu werden.

Man wird auf Grund dieser Einsicht nicht einfach die Liebe bejahen, die Sexualität aber verneinen dürfen, vielmehr muß schon an der Liebe als solcher etwas schief sein, wenn sie durch die Sexualität in Frage gestellt werden kann. Beide, die individualistische Liebe und die kollektivistische Sexualität, sind als dialektische Gegenpole aus einer gemeinsamen Mitte herausgefallen und koinzidieren nun wieder als opposita, wobei aber der oppositus unaufgehoben bleibt. Das Bedenkliche ist nicht das eine oder das andere, sondern die Gebrochenheit beider. Vor allem wäre es falsch, die Sexualität mit der Sinnlichkeit gleichzusetzen und dann diese zu verwerfen oder ihr doch einen niederen Rang gegenüber der angeblich edleren, weil geistigen Liebe anzuweisen. Nicht weil sie sinnlich ist, sondern weil sie *nur* sinnlich ist, d. h. den Geist ausschaltet, wird die Sexualität fragwürdig, aber die gleiche Fragwürdigkeit belastet auch die *nur* geistige Liebe, die das Fleisch ausschaltet. Beide gehören unlöslich zusammen und keine hat der anderen etwas vorzuwerfen. Außerdem aber ist dort, wo Geist und Fleisch schuldig werden, der Geist immer der eigentlich Schuldige. Die Verantwortung für die Entartung der Sinnlichkeit zur Sexualität trägt also allein der sich in seiner Gottgleichheit besondernde Geist.

Indem der Liebende den Geliebten sexuell begehrt und genießt, will er gar nicht ihn, sondern ich, bzw. er will ihn nur als Mittel zum Zweck, als Genußobjekt, das als solches ersetzbar ist durch jedes andere, das den gleichen Dienst tut. Wollen und Erkennen sind hier ganz offensichtlich auseinandergebrochen, und was dieser Bruch im Letzten zu bedeuten hat, wird gerade in der Sexualität besonders deutlich. Gewollt wird nur das eigene Ich des Genießenden, erkannt aber wird der Partner, der ihm zu seinem Genuß verhilft, d. h. der Wille richtet sich auf den Zweck und ist darum teleologisch, die Erkenntnis richtet sich auf das Mittel und ist demgemäß kausal. Alles kausale Erkennen geht aus von der Frage nach dem Mittel, alles egoistische Wollen von der Frage nach dem Zweck, und wo immer Erkennen und Wollen geschieden sind, fehlt dem erkennenden und wollenden Subjekt die Mitte, das Herz, das Organ der Liebe, aus dem heraus ein einziger Strom fließt, vom Ich zum Du und das Du als das Geliebte ungeschieden als das zugleich Gewollte und Erkannte ergreift. In einer Welt, in der sich das Wollen an Zwecken und das Erkennen am Schema der Kausalität orientiert, verkümmert unausweichlich die Liebe der Geschlechter zur Sexualität; denn diese Verkümmerung ist gar nichts anderes als eben der Ausdruck für jenen Bruch im Bereich des Erotischen.

Der sexuell Begehrende will nicht diese bestimmte Frau oder diesen bestimmten Mann, sondern alle Frauen oder alle Männer, die seiner Genußsucht entsprechen, auf jeden Fall immer mehr oder noch mehr entsprechen als der jeweilige Partner, weil ja kein wirkliches Wesen dem Ideal jemals gleichkommt. So ist unbewußt im sexuellen Wunsch nach dem Besitz dieses einen Geliebten der Wunsch nach dem anderen, nach dem nächsten bereits inbegriffen. Die sexuelle Liebe trägt den Keim der Untreue, das Moment der Untreue immer schon in sich. Es gibt keine treue Sexualität. Leo *Tolstoi* hat die Worte der Bergpredigt: „Ich aber sage euch: Wer ein Weib ansieht, ihrer zu begehren, der hat schon mit ihr die Ehe gebrochen in seinem Herzen." (Matth. 5, 28) im Blick nicht auf irgendeine fremde Frau, sondern auf die eigene Gattin verstehen wollen. Er meinte also, Christus wollte sagen: Wer die eigene Frau sexuell begehrt, hat damit bereits die eigene Ehe gebrochen. Diese Exegese ist natürlich falsch und geht am eigentlichen Sinn der Worte vorbei. Wahr bleibt aber trotzdem, daß die Sexualität auch in der Ehe, eben weil sie ihrer Natur nach gar nicht treu sein kann, auf den Ehebruch tendiert, daß die sexuell begehrte Frau als solche gar nicht mehr diese eine, sondern schon die andere ist. Mit großer Meisterschaft hat der englische Dichter George *Barker* diese verhängnisvollen Zusammenhänge in seinem Roman „Der Dorn im Fleisch“ (The Dead Seagull) dargestellt. Die leidenschaftliche sexuelle Liebe zur eigenen Frau, eine Liebe, die in ihrer Ausschließlichkeit sogar auf das noch ungeborene Kind der Geliebten eifersüchtig ist, erzeugt da sozusagen aus sich selbst heraus die Nebenbuhlerin in Gestalt einer schrankenlosen mänadenhaften Dirne, mit der dann der Mann die Ehe bricht und Weib und Kind in den Tod stößt. Diese Dirne ist gar nicht eigentlich eine andere, sondern eben die, die der Mann unbewußt in der Gattin liebt, vielleicht könnte man auch sagen, die andere Wesensseite der vergötterten Frau selbst, wie ja überhaupt immer der dämonische Gegengott das unbewußte Komplement ist zu dem Licht-Gott, den sich der Mensch nach seinem Bilde formt.

Nicht darin liegt, wie ich nun nochmals betonen möchte, das so tief Fragwürdige der Sexualität, daß sie körperlich und sinnlich ist, sondern allein darin, daß sie sich in ihrer Körperlichkeit und Sinnlichkeit vom Geist abgelöst hat, wie dieser von Gott, und daß dann trotzdem der von ihr abgelöste Geist das Ganze und also auch sich selber in sie hineinprojiziert. Nur körperlich und sinnlich heißt reflektiert und aus der Mitte gesetzt sein. Was seinem Wesen nach ganz und gar Ich selbst, an dem Ich ganz und gar und völlig unmittelbar beteiligt sein müßte, das erscheint hier in die Mittelbarkeit verlegt und damit in ein bloßes Zerrbild seiner selbst verkehrt. Die Hingabe des Ich vollzieht sich so, daß das wahre Ich draußen bleibt als Beobachter des Vorganges und sich, statt sich wirklich zu geben, immer wieder zu sich zurücknimmt. Der Geist, der sich dem Leib vermählen sollte, versagt sich ihm und bringt ihn um seine Unschuld. Er ist es darum und nicht der Leib, der die Sünde begeht.

Weder das Körperliche als solches noch das Geistige als solches, noch auch beide in ihrer Vereinigung sind sündig. Von Sünde kann vielmehr erst da die Rede sein, wo die Harmonie ihrer Beziehung zerstört wird, der Beziehung zwischen Sinnlichkeit und Geistigkeit, zwischen Wollen und Erkennen, zwischen dem Allgemeinen und dem Besonderen. Der Mensch hat immer wieder geglaubt, die Disharmonie durch die Ausschaltung des einen der beiden Pole überwinden zu können, entweder also durch Ernüchterung des Sexuellen zu einem lediglich biologischen Vorgang, wie in der berühmten Glas-Wasser-Theorie, oder aber – und das ist natürlich der weitaus tiefere Versuch – durch gewaltsame Abtötung aller sinnlichen Bedürfnisse, durch asketische Enthaltsamkeit. Die Glas-Wasser-Theorie widerspricht so sehr allem menschlichen Empfinden, daß darüber kaum ein Wort verloren zu werden braucht. Der Mensch hat einfach nicht die Möglichkeit, sich zum Tier zu machen, und wo er es versucht, wird er nur zu einer Karikatur des Tieres. Dagegen hat die Askese zweifellos ihren Ernst und auch ihre Würde, der wir ihrer Verfehltheit zum Trotz unsere Achtung nicht versagen können. Unter dem Asketen verstehen wir hier natürlich nicht den, der in Enthaltsamkeit lebt, weil seine geschlechtlichen Bedürfnisse durch Konzentration aller Kräfte auf anderes herabgemindert oder beinahe zum Schweigen gebracht sind, sondern nur den anderen, den die Unterdrückung der Triebe eine wesentliche und unaufhörliche Anstrengung kostet, mit der er niemals fertig wird. Er allein vergewaltigt seinen Leib und sucht sich ihm gegenüber in reiner Geistigkeit zu behaupten. Das aber widerspricht der wahren Natur nicht nur des Leibes, sondern ebenso des Geistes. Wir sagten ja früher, daß in der Sexualität sich der Geist dem Leib versagt und daß gerade so die Sinnlichkeit überhaupt erst zur Sexualität wird. Wie also sollte das Übel beseitigt werden können, indem der Geist dieses sein Sich-Versagen auf die Spitze treibt. Der echte Asket ist eigentlich, ohne es zu wissen, der vollendete Sexualist. Er gibt dem Leib nicht die ihm geraubte Unschuld zurück, er verdammt ihn vielmehr und zeigt damit, daß er die wahre Wurzel des Übels gar nicht kennt. Er verhält sich zum haltlosen Triebmenschen nicht anders als der Tyrann zum Sklaven. Beide gehören zusammen und sind auch dasselbe, nur jedesmal von einer anderen Seite gesehen. Der Tyrann glaubt ein Herr zu sein, während er tatsächlich ein Sklave ist, und genau so ist auch der Asket ein Triebmensch, der sich gleichsam in der Mitte auseinandergeschnitten hat, ein Mann ohne Weib und darum gar kein vollwertiger Mensch, ein entmannter Mann. Die Tiefe der paulinischen Sexualethik, an die keine Asketik der natürlichen Religionen heranreicht, liegt gerade darin, daß sie von der Vergewaltigung der Triebe nichts wissen will. Gewiß spricht Paulus den Wunsch aus, alle könnten so enthaltsam leben wie er, und gewiß sagt er, es wäre dem Menschen besser, keine Ehe einzugehen, aber das doch nur, weil er in seinem Glaubensleben die Erfüllung hat, vor der alle erotische Glückseligkeit des Menschen verblaßt. Hier ist ja eben das erreicht, was von allem Anfang an erreicht werden sollte und auf das hin dem Mann das Weib als Hilfe gegeben wurde.

In der sexuellen Liebe vollzieht sich die Vereinigung der Geschlechter, ihr Ein-Fleisch-Werden diesseits der Grenze, die zu transzendieren gerade ihre Aufgabe gewesen wäre. Der von Gott abgewandte Mensch verliert seine eigene Transzendenz, in der er Gottes Ebenbild ist, aus den Augen, also eben die Dimension, in der er als Mann und Weib Eines sein darf und soll, auf die hin er sich zu vereinigen hätte. Versucht er die Vereinigung in der Immanenz, so begeht er einen Raub an Gott, so wird sie zu etwas, das ohne Gott, ja gegen Gott geschieht. Eben darum kommt es aber auch zu gar keiner wahren Vereinigung. Die sich Vereinigenden werden nicht Eines, sondern bleiben zwei, sie verharren in dem Raum der Erfüllungslosigkeit. Jeder von beiden sieht auf die Einheit wie auf ein anderes hin. Sie vereinigen sich unter Vorbehalt, nämlich unter dem Vorbehalt, aus der Einheit wieder zu ihrer Zweiheit und Gesondertheit zurückkehren zu dürfen. Ohne freilich die letzten Hintergründe dieses Vorganges zu ahnen, bemerkt C. G. *Jung* in seinem „Versuch einer Darstellung der psychoanalytischen Theorie bzw. der Erotik“: „Die ausgebildete normale Sexualität ist die Verengung und Zuspitzung einer im früheren Stadium des Individuums durch den ganzen Körper und Nervensystem verbreiteten Triebhaftigkeit. Diese nimmt erst mit solcher Zuspitzung auf die Genitalorgane den Charakter der Sexualität an.“[7] Für uns wichtig an diesen Sätzen ist allein die zweifellos zutreffende Feststellung, daß die Sexualität gewissermaßen lokalisiert ist und beschränkt bleibt auf einen genau abgegrenzten Teil des Organismus, also nicht den ganzen Menschen, nicht einmal den ganzen leiblichen Menschen ergreift. Darin dürfen wir ein sehr handgreifliches Symbol sehen für ihre Objektivität, d. h. für ihre Abgelöstheit von der Gesamtperson. Indem ich nur sexuell liebe, liebe gar nicht ich, sondern liebt nur etwas an mir, womit natürlich das Wort „Liebe“ auch schon sinnlos geworden ist, und das gilt, wie noch hinzugefügt werden muß, für den Mann in weit höherem Grad als für die Frau, eine Tatsache, die sich übrigens rein physiologisch leicht feststellen läßt.

Die Stelle aus *Luthers* „Sermon von dem ehelichen Stand“, die bereits einmal zitiert wurde, endet mit dem Satz: „Wenn Adam nicht gefallen wäre, so wäre es das lieblichste Ding gewesen, Braut und Bräutigam.“ Und Luther fährt dann fort: „Aber nun ist die Liebe auch nicht mehr rein. Denn wiewohl ein ehelich Gemahl das andere haben will, so sucht doch auch ein jeglicher seine Lust an dem anderen. Und das fälscht die Liebe.“ Es macht sie, dürfen wir sagen, geradezu zur Nicht-Liebe, zum Gegenteil der Liebe. Wer Gott nicht liebt „von *ganzem* Herzen, von *ganzer* Seele, von *allen* Kräften und von *ganzem* Gemüte“, der kann auch den Nächsten, das menschliche Du, den Geschlechtspartner nicht lieben wie sich selbst. Er liebt vielmehr immer sich mehr als den anderen und trachtet sogar die Liebe zum anderen in den Dienst der Selbstliebe zu stellen. Er *genießt* seine Liebe. Genießen aber heißt, sich sein Glück objektiv bewußt machen und so in eigentümlicher Zwiespältigkeit beteiligt und unbeteiligt zugleich sein, Akteur und Zuschauer in einer Person. Der von Gott abgefallene Mensch ist der besonderte, der spezialisierte, und eben diese seine Besonderheit oder Spezialisiertheit setzt sich in sein eigenes Wesen hinein fort, er teilt sich auf, er zerfällt, er verliert die innere Kontinuität, er ist dies und das und jenes ohne festen Zusammenhang, er ist unter anderem auch ein Liebender aber eben nur *auch*, und wenn er liebt, so bleibt er mit den anderen, mit den nicht auf Liebe spezialisierten Teilen oder Seiten seines Selbst außerhalb der Liebe. Er liebt auch die Geliebte niemals mit *ganzem* Herzen. Nicht nur die Sexualität allein, auch die sogenannte seelische Liebe hat hier den Charakter der Zugespitztheit, der Beschränktheit auf einen scharf abgegrenzten Bezirk, und die für das Sexuelle kennzeichnende Verengung, von der Jung redet, ist gar nichts weiter als die sichtbar sinnfällige Darstellung der grundlegenden psychischen Haltung, sozusagen ihr *Symptom.* Darum hat im Gesamtkomplex der natürlichen Liebe das seelische Moment vor dem sinnlichen auch gar nichts voraus, im Gegenteil, dort und nicht hier sitzt in Wahrheit der Schaden. Der seine Sinnlichkeit abtötende oder gar sich körperlich verstümmelnde Asket hat demgemäß sehr viel Ähnlichkeit mit einem schlechten Arzt, der an den Symptomen herumkuriert, statt die Krankheit an ihrer Wurzel zu packen. Er beschneidet nur sein Fleisch, aber nicht sein Herz. Wäre der Mensch so geartet, daß er Gott von ganzem Herzen lieben könnte, dann würde er auch sein Du von ganzem Herzen lieben, dann würde sich die Liebe über seine ganze Seele und über seinen ganzen Leib ausbreiten, dann würde er mit allem lieben, was er hat und nicht nur mit Bruchteilen, und dann gäbe es nichts an ihm, was in besonderer Weise die Scham verletzt, weil es in seiner Besonderung vom Übrigen seine Besonderung von Gott, seine radikale Ungöttlichkeit drastisch zum Vorschein bringt.

Es ist freilich nicht nur die erotische Liebe allein, die sich beim Menschen zugespitzt und spezialisiert hat, sondern vieles, ja genau genommen sogar alles andere auch, aber keine andere Spezialisiertheit trägt doch im gleichen Grad das Merkmal der Widersinnigkeit und Verkehrtheit an sich. Daß ich etwa nur mit den Augen sehe und nur mit den Ohren höre, widerspricht noch nicht geradezu dem Sehen und Hören als solchem, obwohl ich mir vielleicht vorstellen könnte, daß ein absolut vollkommenes Wesen „ganz Auge" und „ganz Ohr" wäre. Die Liebe aber ist ihrer Natur nach total. Wo ihr die Totalität fehlt, dort hört sie auf Liebe zu sein und wird zu einer Karikatur ihrer selbst; ihre Schönheit entstellt sich zur Häßlichkeit. Der nicht liebende Mensch ist der unmenschliche Mensch, und darum wird gerade an der objektivierten Geschlechtlichkeit wie an nichts außerdem die faktische Unmenschlichkeit des Menschen offenbar.

Aus dem narkotischen Schlaf, in den sich Adam durch den Genuß der giftigen Frucht selbst versetzte, erwacht er furchtbar nüchtern geworden als ein *Gezeichneter*, gezeichnet nämlich mit dem Zeichen, das die Bibel in betonter Weise das „Fleisch" nennt, und eben als der so Gezeichnete ist er auch der Vereinzelte, der Mann unter Männern mit dem Weib unter Weibern an seiner Seite. Die Konzentration des Geschlechtes auf eine isolierte Region des Leibes entspricht durchaus der Isolierung des Individuums innerhalb der Menge aller übrigen. Wer das Zeichen dieser Konzentration trägt, ist nicht mehr der eine, zum Ebenbild Gottes bestimmte Mensch, nicht mehr der eine Adam, und darum wird das Zeichen zum Zeichen seiner Gott-Unebenbildlichkeit, das vor allem vor dem Angesicht Gottes verhüllt werden muß, weil es Gott beleidigt. Aus diesem Grund dürfen die israelitischen Priester nicht auf Stufen zum Opferaltar emporsteigen (Ex. 20, 26) und wurde Ham, der es versäumt hatte, die Blöße des trunkenen Vaters zu bedecken, in Kanaan zur Knechtschaft verflucht. Zwar hat der Gezeichnete keine Macht über das Zeichen, er kann es nicht austilgen, aber indem er es verhüllt, gibt er zu erkennen, daß er um seine Gottunebenbildlichkeit weiß und hält sich so der rückführenden Gnade offen, der Gnade, die ihn einst in den Hütten Sems, im Vorhof des Heiligtums wohnen lassen wird, um ihn am Ende hineinzunehmen in die Wiedergeburt als Glied am Leib des neuen Adam, ut omnes unum sint.

Die Auferstehung Christi aus dem Grab in verklärter Leiblichkeit nimmt die Auferstehung aller in ihm, die Wiedervereinigung in ihm als dem neuen Adam vorweg. Von auferstehenden Erlösergottheiten reden auch die alten heidnischen Religionen in ihren Mythen. Dionysos, Attis, Tamuz, Osiris, Adonis, Baldur usw. Sie alle sterben eine Art Opfertod, auf den dann auch ihre Wiedererweckung folgt. Dem russischen Ostergruß: „Christ ist erstanden, er ist wahrhaftig erstanden!" entsprechen viele, beinahe wörtlich gleiche Auferweckungsformeln altorientalischer Priester. Während aber die Auferstehung Christi den transzendierenden Übergang in die reine Welt des Gottesreiches meint, in der die Erweckten weder freien noch sich freien lassen, vollzieht sich die jener Götter zurück in die Welt der Zeit und des ewigen Kreislaufes. Die Auferstehung Christi entzündet die heilige Freude über die Erlösung der Welt jenseits der Leben-Tod-Dialektik, die Freude über die Auferstehung des Dionysos oder des Adonis dagegen äußert sich im trunkenen Taumel sexueller Orgien, die gerade jenes Zeichen, das die Gottunebenbildlichkeit bezeichnet, zum Symbol ihres Gottes machen. So steht das Kreuz Christi da aufgerichtet gegen das Zeichen natürlicher Fruchtbarkeit, und es gibt keine ärgere Verkennung des christlichen Auferstehungsmysteriums als die Gleichordnung beider Symbole, wie etwa in fast blasphemischer Form am Ende des bereits erwähnten Buches von Walter *Schubart* „Religion und Eros". Um die Entscheidung zwischen Christus und Dionysos hat auch *Nietzsche* gerungen, aber ihm, dem reinen Verblendeten wäre es niemals eingefallen, den phallischen Charakter des zweiten auf den ersten zu übertragen, im Gegenteil, er wollte viel eher den Dionysos auf seine Weise verchristlichen und damit Christus überflüssig machen, er wollte, könnte man sagen, eigentlich Christus behalten und ihm nur einen anderen Namen geben. Um die Beziehung zwischen beiden weiß übrigens auch das NT, vor allem der griechisch gebildete Paulus sehr genau. Die Worte von Damaskus: „Es wird dir schwer werden wider den Stachel zu löcken."[8] klingen deutlich an an eine Stelle aus den „Bacchen" des *Euripides*, wo sie dem Dionysos in den Mund gelegt werden (Hans *Blüher*). Wenn der auferstandene Christus diese Worte spricht, so offenbart er sich damit als der wahre Dionysos, d. h. als das, was das Heidentum unwissend wissend meint, wenn es den Namen des Dionysos ausspricht. Gewiß gibt es keinen möglichen Weg von Dionysos zu Christus, anders ausgedrückt: von der sexuell verdorbenen zur heiligen Liebe, wohl aber fällt von Christus und von der heiligen Liebe ein erhellender Lichtstrahl zurück auch auf die verdorbene und auf Dionysos. Damit wird die Sünde nicht etwa gerechtfertigt, sondern gerade umgekehrt überhaupt erst als Sünde, als Verkehrtheit erkannt. Dionysos mag noch so oft auferstehen, und das Fest seiner Auferstehung mag noch so oft menadisch und lenäisch (Heraklit), d. h. orgiastisch, in sexueller Raserei gefeiert werden, damit wird die alles vernichtende Zeit nicht zum Stillstand gebracht, wenn aber Christus aufersteht, dann weiß ich auch, was es mit dem allen auf sich hat, dann wird mir seine ganze vanitas offenbar.

Der Sturz aus der Einheit des Ebenbildes in die Vielheit der Gezeichneten ist auch der Sturz aus der Gegenwart in die Zeit. In der sexuellen Lust verkehrt sich die Gegenwart der Liebesseligkeit in den zwischen Vergangenheit und Zukunft eingespannten Jetztaugenblick, der aber immer wieder mit ihr verwechselt wird, so wie ja der Mensch auch sonst das bloße Jetzt mit der Gegenwart verwechselt, sobald er reflektierend sein gesondertes Ich in den Blick nimmt und es aus allen Zusammenhängen löst. Diesem atomisierten und vereinzelten Ich entspricht eben eine gleichfalls atomisierte und vereinzelte Dauer. Auch die Zeit spitzt sich zu in der außerparadiesischen Welt. Die Sexualität macht den Liebensgenuß zum vorgenommenen und vorweggenommenen Zweck. Darum verliert hier die Zeit ihre Rundung, die Form des in sich zurückkehrenden und sich erfüllenden Bogens. Sie wird zur geraden Strecke, zur kürzesten Verbindung zwischen Ausgangspunkt und Ziel, und damit verliert sie ihren Eigenwert, sie ist nichts mehr, oder richtiger, sie ist das Nichts, Ausdruck der Nichtigkeit dessen, der sich in ihr bewegt. Und als Nichts kann die Gerade auch kein echtes Ziel haben. Sie schleudert vielmehr alles hinaus in die sinn- und seinslose Unendlichkeit, in der es keine Erfüllung gibt, nur das Immer-Weiter über alles Leben hinweg in den Tod.

In der sexuellen Liebe — und alle empirische Liebe zwischen Mann und Weib ist sexuell — versucht der Mensch das Ziel, die Einheit der beiden Liebenden, die nur im Transzendieren der Zweiheit, sowie überhaupt der Daseinsebene, auf der sich die Geschlechter als geschiedene Wesen begegnen, zu erlangen wäre, auf dieser Daseinsebene selbst zu verwirklichen. Er will in dem Zustand verharren, in den er versetzt wurde, um ihn zu überwinden, er will, bildlich gesprochen, ein Träumer bleiben, statt aus dem Traum zu erwachen, aber er will trotzdem auch als Träumer das höhere Leben des Erwachten für sich in Anspruch nehmen. So wird der Endzweck der Liebe zum Gegenstand der Begierde, der concupiscentia, und das heißt, er wird aus seiner zeitüberlegenen Gegenwärtigkeit in die Zeit, nämlich in die Zukunft verlegt. Man kann darum geradezu die Entstehung der Zeit als Vergänglichkeit aus der Verfehlung des Liebeszieles ableiten. Der zeitliche Prozeß enthüllt sich als die Form des Transzendierens in der Immanenz, als der *nicht transzendierende Akt des Transzendierens* selbst. In der Zeit trachtet der Mensch auf dem Boden der Diesseitigkeit nach dem, was nur im Hinausgreifen über das Diesseitige zu erlangen wäre. Er bewegt sich gleichsam entlang einer horizontalen Geraden, statt sich in die Vertikale zu erheben und verlängert damit die erfüllungslose Horizontale ad indefinitum. Er möchte die Zeit überwinden und zur Gegenwart kommen; da er sich aber an die Existenz auf der Horizontalen klammert, zeugt er immer nur neue Zeit und verstrickt sich so immer tiefer in die Erfüllungslosigkeit und Unseligkeit. Die Gegenwart, die die Liebe meint, ist das alles umgreifende und in sich lebendig machende Leben. In ihr geht nichts verloren, sondern wird im Gegenteil alles erst zu seiner wahren Wirklichkeit gebracht. Die Zeit jedoch ist das *Nacheinander,* das Entweder-Oder, in dem das Eine nur werden kann, während das Andere vergeht. Jeder Schritt in die Zukunft versetzt das augenblickliche Jetzt zurück in die Vergangenheit und vernichtet es damit. So schafft sich der Mensch, der in die Zukunft ausgreift, seinen eigenen Tod und Untergang. Indem er ein Werdender, ein sich seinem Ziel Nähernder zu sein glaubt, ist er ein Vergehender. Er eilt von der Begierde getrieben zum Genuß und verschmachtet im Genuß nach Begierde, nach weiterer Zukunft.

Freilich läßt sich auch innerhalb der Zeit von einem gewissen Transzendieren reden; denn der jeweilige Augenblick wird ja zugunsten des folgenden verlassen. Da sich aber dieser zweite Augenblick von dem ersten gar nicht qualitativ, sondern bloß quantitativ, seinem Ort in der Zeit nach unterscheidet, ist seine Transzendenz eine unechte und überdies eine *ausschließende.* Der zweite lebt, um ein bekanntes Wort *Heraklits* zu variieren, den Tod des ersten, und der erste stirbt das Leben des zweiten. Darum ist alle zeitliche Liebe von der Ahnung des Todes umschattet, und das um so mehr, je leidenschaftlicher sich die Liebenden von ihr hinnehmen lassen. Lieben, Eines werden, ans Ziel kommen, das heißt hier aufhören zu sein, also sterben. Man könnte meinen, daß das ja auch von der in echter Weise transzendierenden, von der sündenlosen Liebe gilt; denn indem die Liebenden Eines werden, müssen sie die Welt ihrer Zweiheit verlassen und sterben damit als die, die sie hier sind. Aber eben das Wort „sterben" wäre in diesem Zusammenhang völlig unangebracht. Sterben bedeutet — darüber kann es keine Meinungsverschiedenheit geben — aus dem Sein in das Nicht-Sein übergehen, vernichtet werden. Wo das nicht geschieht, wo ich mich gerade umgekehrt in ein höhers Sein erhebe, wo ich mich vollende und zu meiner wahren Existenz komme, dort sterbe ich nicht, dort geschieht mit mir vielmehr das genaue *Gegenteil des Sterbens,* und es besteht gar kein Grund zu vermuten, daß ein solcher Übergang trotzdem als Sterben empfunden wird. Diese Vermutung könnte nur aus der durch nichts gerechtfertigten Übertragung der Bedingungen, unter welchen das zeitgebundene unechte Transzendieren steht, auf das echte erwachsen. Der in die Zeit gefallene und nun in ihr gefangene Mensch möchte sich über die Hoffnungslosigkeit seines Sterbens hinwegtäuschen durch eine Art Verklärung des Todes und seine Interpretation als Nachtseite der Erfüllung selbst. Das ist die Illusion, der Selbstbetrug, der das Fundament abgibt für das ästhetische Gebäude der Tragödie und damit auch für die erträumte Seligkeit des *Liebestodes,* den die Dichter fast aller Epochen und aller Kulturkreise immer wieder besungen haben. So singt bei Richard *Wagner* Isolde neben dem Leichnam Tristans in ekstatischer Verzückung:

In dem brausenden Schall,
In dem wogenden Schwall,
In des Weltatems wehendem All
Versinken,
Ertrinken,
Unbewußt,
Höchste Lust.

Und so heißt es weniger weit ins Kosmische ausgreifend, weniger hymnisch und dramatisch, aber dafür lyrisch versuchlicher in einem zweifellos sehr schönen Gedicht von *Matthisson:*

O, könnten wir in einer stillen Nacht,
Wenn meine Kerze mit der deinen wacht,
So Herz an Herz geschmiegt in einem herben
Endlosen süßen Liebeskusse sterben.

Die Idee des Liebestodes ist natürlich nicht aus der Luft gegriffen. Sie hat ihre Tiefe und auch ihre bedingte Wahrheit. Hier ahnt der Mensch doch immerhin etwas von der Transzendenz, auf die die Liebe der Geschlechter zielt. Er ahnt, daß diese Liebe etwas meint, das sich nicht in der Dimension der Zeit, sondern nur in ihrer Aufhebung verwirklichen läßt. Die irdische Liebe muß, wo sie an die Grenze des Absoluten stößt und über sich hinauszuwachsen scheint, notwendig zur Katastrophe führen. Man wird es sich darum nicht zu leicht machen dürfen mit der Kritik. Die tragische Liebe, die Liebe des Liebestodes, die das happy end verschmäht, steht unendlich hoch über der billig zu befriedigenden Verliebtheit, für die ein „trautes Heim" mit dem dazugehörigen Kindersegen das summum bonum bedeutet und die von den metaphysischen Hintergründen, von dem furchtbaren Ernst dessen, was es heißt, „ein Fleisch werden", überhaupt nichts weiß.

Erst nachdem man das alles sehr gründlich bedacht und in die Rechnung eingestellt hat, wird man sagen dürfen, daß der Irrtum immer gerade dort die gefährlichsten Formen annimmt, wo er der Wahrheit am nächsten kommt. Und der Irrtum der Liebestod-Romantik besteht darin, daß er das Sterben verseligt, daß er also Tod und Seligkeit, die ewig unversöhnliche Gegensätze bleiben, in einer idealistischen Synthese, in einer coincidentia oppositorum zusammenbringt. Damit ist dem Katastrophischen der Katastrophe wie auch der Jenseitigkeit des Jenseitigen eben doch wieder der letzte Ernst genommen. Aller tragischen Erschütterung zum Trotz soll da die irdische Liebe zwischen einem Mann und einer Frau und das ewige Leben miteinander in kontinuierliche Verbindung gebracht werden, so als ob der zeitliche Tod eines Menschen hinreichen könnte, nicht nur seine Schuld zu sühnen, sondern darüber hinaus auch noch ihn in den Genuß seiner geläuterten Existenz zu bringen. Wo aber Liebe in ihren letzten Konsequenzen zum Tod führen muß, da ist sie tatsächlich gerichtet und nicht gerechtfertigt. Die Liebenden meinen, gemeinsam sterben zu müssen oder sterben zu dürfen, weil ihre Liebe zu heilig ist für diese Welt; in Wahrheit aber sterben sie gerade an der Unheiligeikt ihrer Liebe, die vor den Ansprüchen des Absoluten, das sie ersehnen, vor des „Weltatems wehendem All" nicht standhält. Die heilige Liebe geht nicht auf den Tod, sondern auf das Leben, nicht auf die Nacht, sondern auf den Tag. Die beiden Kerzen, die in dem Gedicht von Matthisson miteinander brennen, meinen zweifellos die Lebensflammen der beiden Liebenden, die dann gemeinsam in der Nacht des endlosen Kusses verlöschen, so wie Isolde in ihrer höchsten Lust unbewußt versinkt und ertrinkt. In der heiligen Liebe jedoch verlöschen die Lebensflammen nicht, sondern vereinigen sich zum ewig leuchtenden Licht. Wo von Nacht und Sterben, von Versinken und Ertrinken geredet wird, da ist alles schon aus der Perspektive der Gefallenheit gesehen und verfälscht. Nur weil Gott nicht dabei ist, nur weil die Liebenden ihre Liebe nicht als ihr gemeinsames Hin zu Gott erfahren und verstehen, d. h. weil ihre Liebe nicht das ist, was sie sein sollte, stehen Tod und Nacht an der Grenze wie die Cherubim an der Pforte des Paradieses.

Obwohl also, ja gerade weil die tragische Liebe näher herankommt an die Wahrheit als irgendeine andere dem Menschen mögliche, wird an ihr der innere Widerspruch des Erotischen in der zeitlichen Welt erst recht offenbar. Das gleiche gilt ja übrigens auch sonst von allen Erscheinungen auf diesem Gebiet. So ist es z. B. durchaus wahr, daß die Liebe der Geschlechter einzig und allein auf die körperliche Vereinigung geht und in ihr ihren letzten Sinn hat. Der Geist will sich verleiblichen, der Leib will den Geist in sich aufnehmen, das und gar nichts anderes heißt lieben. Eine Liebe, die nicht darin ihre Seligkeit sucht, ist keine Liebe. Aber eben darum muß die ganze Verdorbenheit der außerparadiesischen Liebe auch hier vor allem zum Vorschein kommen. Das der Erfüllung Nächste ist gleichzeitig das ihr Fernste, sie selbst und ihr eigenes Gegenteil. Die Liebe will die Glückseligkeit in der Einswerdung und sie soll sie auch wollen, aber indem sie sie will, so wie sie ist, verkehrt sie mit schicksalhafter Notwendigkeit die Seligkeit in Genuß und in Lust.

Man wird zwischen diesen drei Formen dessen, was man Glück nennt, sehr genau unterscheiden müssen, also zwischen Seligkeit (beatitudo, μακαρία), Genuß (delicium, τρυφή) und Lust (voluptas, ἡδονή). Der Selige ist der, der zur Vollendung seiner Existenz, seiner Bestimmung kommt, der sich Erfüllende. Seligkeit meint das Glück des unmittelbaren und den Seligen ganz und gar durchdringenden Seins. Genuß dagegen heißt sein Glück reflektierend wahrnehmen und sich daran als halb unbeteiligter Zuschauer erfreuen, so etwa wie man sich über ein Geschenk freut, das man vor die Augen hinhält und betrachtet. Der Genießer verliert sich zum Teil an das Genossene, und zwar paradoxerweise gerade weil und indem er sich ihm gegenüber relativ unbeteiligt verhält. Er ist im Genuß er selbst und doch auch wieder nicht er selbst. Lust endlich bedeutet haltlose und bedingungslose Hingabe an den objektiven Genuß, wohlgemerkt *an den Genuß und nicht etwa an den Gegenstand des Genusses,* Verzicht auf das eigene Sein nicht um eines Anderen, sondern um des subjektiven Glücksgefühles willen, das als Zweck den anderen zum Mittel erniedrigt. Der Genuß erscheint so als die Vorstufe der Lust, die Lust als die Vollendung des Genusses. Aber Lust und Seligkeit haben auch wieder das Gemeinsame, daß sie bedingungslos oder, wie man heute sagen würde, „existenziell“ sind, während der Genuß sich in der Unverbindlichkeit einer Zwischenregion hält. Nicht nur in der Seligkeit, auch in der Lust transzendiert der Mensch die Grenzen des Empirischen ins Metaphysische, freilich einmal nach oben und einmal nach unten, einmal zur Vollendung und einmal zur Verdammnis. Die Lust ist tiefer als der Genuß, aber sie ist auch satanischer. Auch als Genießer tragen wir das Zeichen der Urschuld. Trotzdem gehört der Genuß zu den uns in dieser Welt sozusagen zugelassenen Sünden, während wir in der Lust die Sünde zur zweiten Potenz begehen, die nicht zugelassen, weil nicht vergeben werden kann. Mag auch der Genuß in seiner vorsichtigen Haltung zwischen Himmel und Hölle etwas recht Erbärmliches sein, vielleicht sollen wir gerade in dieser unserer Erbärmlichkeit bewahrt bleiben für den Himmel und seine Seligkeit, vielleicht soll sie uns zum „Pfahl im Fleisch“ werden, der uns ständig bewußt macht, was wir sind und was wir nicht sind.

Die Dialektik der zeitlichen Liebe

Seit jeher haben die Philosophen die Geschichte der Menschheit teils optimistisch für einen Aufstieg gehalten vom Niederen zum Höheren, von der Gebundenheit an die materielle Natur zur Freiheit des Geistes, teils pessimistisch für einen Abfall aus einem relativ reinen Urzustand in die Verderbnis. Demgemäß hat man auch die Geschichte der geschlechtlichen Liebe beurteilt, entweder als Entwicklung von brutaler Sinnlichkeit zu kultivierteren und galanteren Formen oder umgekehrt als einen Degenerationsprozeß, an dessen Ende zwar nicht die Brutalität, aber ein raffiniertes sexuelles Genießertum steht. Die allgemeine Meinung neigte sich zweifellos, wenigstens in den letzten Jahrhunderten, der ersten Vorstellung zu. Man glaubt also etwa, daß sich die Menschen ursprünglich nach Art der Tiere wahllos vermischten, daß jeder Mann nach jeder Frau griff, die ihm gerade über den Weg lief. Die Beziehung der Geschlechter wäre demnach eine rein sexuelle gewesen, der Mensch lebte im Zustand der sogenannten *„Promiskuität"*. Erst allmählich hätte sich dann diese Sumpflandschaft in eine Kulturlandschaft verwandelt, deren Göttin nicht mehr Aphrodite, sondern Demeter (siehe *Bachofen*) war. Der wilde Geschlechtstrieb wurde durch eheliche Sitten gebändigt und schließlich zur seelischen Liebe verklärt. Die Sexualität steht sonach am Anfang und treibt dann, man weiß freilich nicht recht wie und warum, aus sich selber als edlere Blüte die eigentliche Erotik hervor. Dabei gilt nach dieser Auffassung das körperlich-sinnliche Moment ganz selbstverständlich als etwas von vornherein Anrüchiges oder doch Minderwertiges, das geistig-seelische dagegen als das ungleich Höhere, so daß, wenn dieser Prozeß ungehemmt weitergehen würde, die sinnliche Liebe sich überhaupt in den gasförmigen Zustand bloßer Spiritualität auflösen müßte, sehr zum Schaden der noch Ungeborenen.

Daß wir uns solchen und ähnlichen Vorstellungen nicht anschließen können, ergibt sich aus allem, was schon gesagt wurde. Am Anfang steht als das Ursprüngliche weder die ausschließlich sinnliche und damit bloß sexuelle noch auch irgendeine phantastische seelische Liebe, sondern eben die allein echte und unverfälschte Liebe in ihrer geistig-sinnlichen Ungebrochenheit, die Liebe, in der der Geist den Leib und der Leib den Geist, der Mann das Weib und das Weib den Mann liebt. Und am Ende steht konsequenterweise auch nicht entweder das eine oder das andere, sondern stehen abermals beide, aber nun allerdings nicht in ihrer Harmonie, sondern im Widerspruch zueinander als Gegensätze. Wir wollen sie im folgenden *Sexualität* und *Erotik* nennen, obwohl der zweite Ausdruck mehrdeutig ist und infolgedessen irreführend sein könnte. Unter Erotik versteht man und haben auch wir bisher verstanden die geschlechtliche Liebe überhaupt in allen ihren möglichen Erscheinungen, also etwa gerade auch in ihrer Unzerstörtheit. Da sich aber keine bessere Bezeichnung für das finden läßt, wovon wir jetzt im Gegensatz zur Sexualität reden wollen, möge man diese terminologische Ungenauigkeit mit Nachsicht hinnehmen. Wir verstehen also nunmehr unter Sexualität die bloß triebhafte Geschlechtlichkeit, an die sich der Mensch, seine Richtung umkehrend, verliert, und unter Erotik die sich in Antithese zum Sinnlichen geistig sublimierende, die wenn auch nicht ganz zutreffend so genannte *„platonische"* Liebe.

Die Sexualität ist, wie schon wiederholt ausdrücklich betont wurde, nicht darum fragwürdig, weil sie mit den Sinnen und dem Leib zusammenhängt, weil hier der Leib liebt und geliebt wird, sondern nur darum, weil sie das Geistige negiert, indem sie den Akzent einseitig auf das Sinnliche verlagert. Aber die reine Erotik, die ihrerseits wieder den Leib negiert, ist durchaus nicht weniger fragwürdig, vielmehr gehören beide zusammen als die dialektischen Pole der gleichen Fragwürdigkeit, nämlich der Abgesondertheit, des Heraus-Gefallenseins aus der geist-leiblichen Mitte. Sexualität heißt einfach *Umkehrung der Stromrichtung*. Wie Adam auf die Stimme seines Weibes, so hört der Geist auf die Stimme seines Leibes und läßt sich von diesem die Frucht anbieten, statt sie ihm zu reichen. Die Frucht aber, die der Leib dem Geist anbietet, ist immer die vom verbotenen Baum. Wenn der Geist empfängt, so macht er sich damit zum Gefäß dessen, von dem er empfängt, d. h. er macht sich dem Leib gegenüber zum Weib und den Leib sich gegenüber zum Mann, er wird konkav nach der Seite hin, nach der er konvex sein sollte und konvex nach der anderen hin, nach der er konkav sein sollte, nämlich nach der Seite Gottes. Wer für Gott konkav ist und von ihm empfängt, empfängt die Frucht des Lebensbaumes und mit ihr die Freiheit, die Herrschaft, das Herrentum. Als der Freie schlechthin schenkt Gott niemals etwa anderes als Freiheit. Nur der Knecht Gottes ist darum wahrhaft frei. Wer sich dagegen Gott versagt, um von der Kreatur — und auch die eigene Leiblichkeit ist Kreatur — zu empfangen, wird ihr hörig. Sexualität, Sinnenhörigkeit fällt also zusammen mit Kreaturhörigkeit. Während der Geist meint, sich den Leib dienstbar zu machen, indem er ihn als Genußobjekt verwendet, begibt er sich tatsächlich in seinen Dienst. In gewissem Sinn ist er ja freilich auch dazu berufen, dem Leib zu dienen, aber ebenso wie ein König seinem Volk und Land und nicht so wie ein Sklave seinem Zwingherrn dient. Der dienende König will die Freiheit seiner Untertanen, er gibt die ihm von oben geschenkte Freiheit nach unten weiter, er ist der befreiende Befreite, und ebenso sollte der Geist den Leib, der Mann die Frau befreien, frei machen, „freien", und sollte sich der Leib vom Geist, die Frau vom Mann frei machen oder „freien" lassen. In der Sexualität aber unterjocht, vergewaltigt einerseits der Geist den Leib und der Mann die Frau und gerät gerade so, von der anderen Seite her gesehen, unter das Joch des Unterjochten. Diesem dialektischen Verhängnis wäre nur durch die Rückverkehrung der Stromrichtung abzuhelfen, keineswegs aber dadurch, daß sich der Geist dem Leib überhaupt versagt und an die Stelle der verdorbenen sinnlichen eine bloß noch geistige Liebe setzt, die in ihrer radikalen Negation der Sinnlichkeit die Vergewaltigung des Leibes und mit ihr, wenn auch in verborgener Weise, die eigene Vergewaltigung durch den Leib erst recht auf die Spitze treibt. Der idealistische Erotiker ist nicht, wie er meint, das Gegenteil des sexuellen Lüstlings, sondern dieser selbst mit vertauschtem Vorzeichen. Es ist der gleiche Mensch, der da einmal körperlich und einmal seelisch Unzucht treibt, mögen ihm auch die schönen Gefühle, in denen er heimlich schwelgt und durch die er sich über alles Niedere hoch erhoben zu haben meint, noch so edel erscheinen.

Erotik und Sexualität verhalten sich zueinander genau so wie Idealismus und Materialismus. Der Idealismus sucht, wie schon sein Name sagt, die Wahrheit in der *Idee,* die sich die Einbildungskraft in einer selbst geschaffenen spirituellen Welt jenseits der Wirklichkeit vorzaubert, der Materialismus im rationalen *Begriff,* dem er nach Möglichkeit alles Reale angleicht, um es so für die objektive Erkenntnis beherrschbar zu machen. Aber auch hier ist es der gleiche Geist, der einmal so und einmal so verfährt und dem eigentlichen Anspruch der Wirklichkeit ausweicht. Der Materialismus glaubt, die Welt berechenbar machen und damit in seine Dienste zwingen zu können, aber in Wahrheit hört er wieder nur auf die Stimme der Materie und wird sich deshalb eines Tages als ihr Diener erkennen müssen. Der Idealismus zieht sich aus der Faktizität in sein anscheinend ungefährdetes Traumreich zurück und entzieht sich so der Wirklichkeit, die dann als feindliche Macht gegen den Träumer aufsteht, ihn wie einen Blinden überfällt und sein ganzes Ideengebäude zerschlägt. Ebenso wird auch der idealistische Erotiker einmal sehr unangenehm erwachen und bemerken, daß er nur ein von seinen Trieben haltlos Getriebener ist. Der Sexualist macht aus dem Gegenstand seiner Begierde eine Sache zu seinem Gebrauch, eine Sache unter Sachen, die dem Allgemeingesetz aller bloßen Sachlichkeit unterliegt, er raubt ihm jeden Eigenwert. Aber auch der Erotiker setzt an die Stelle des einmaligen und unwiederholbaren Geliebten ein Allgemeines, das diesen gleichfalls als Person aufhebt, und so ist die Sexualität wie die Erotik in ihrer letzten Konsequenz lieblos, ja geradezu unmenschlich. Das Gleiche gilt ja übrigens auch von Idealismus und Materialismus. Ob *Hegel* oder *Marx,* beide machen aus dem konkreten einzelnen Menschen, auf den es doch ganz allein ankommt, ein an sich gleichgültiges und immer ersetzbares Glied ihres Systems. Der absolute Geist geht in seiner Selbstvollendung über mich und dich genau so hinweg wie der Geschichtsprozeß des dialektischen Materialismus. Marx hat einmal gesagt, er habe das, was durch Hegel auf den Kopf gestellt wurde, wieder auf die Füße gestellt. Tatsächlich aber steht bei Marx das Entscheidende, nämlich der Mensch genau so auf dem Kopf wie bei Hegel. Er hat den Menschen nicht umgedreht, sondern nur gleichsam den Boden, der bei Hegel unter dem Kopf lag, dem weiterhin Verkehrten auf die Fußsohlen gelegt. Das ist der ganze Unterschied. Auf die Füße stellen kann sich der Mensch weder als Idealist noch als Materialist, weder als Erotiker noch als Sexualist, überhaupt nicht selbst, sondern könnte er nur von oben her gestellt werden.

Das letzte Ziel sowohl der Sexualität wie auch der Erotik ist das *absolute Paar,* das Ur-Paar in seiner Vereinigung. Während aber dieses Ziel dem bloßen Geschlechtstrieb völlig transzendent und darum unbewußt bleibt, als ein nur im Untergang des Getriebenen sich Verwirklichendes, phantasieren es sich die erotisch Liebenden als eine von ihnen selbst repräsentierte Realität vor. Sie wollen also als die, die sie faktisch sind, das absolute Paar sein. Wenn etwa *Goethe* seiner Liebe zu Charlotte von Stein Ausdruck gibt in den Versen:

> Denn du warst in einem abgelebten Leben
> Meine Schwester oder meine Frau.

so steigert er damit sich und die Geliebte gemeinsam in eine überzeitliche Existenz hinein, in der er die Paare hier und die Paare dort zu einem einzigen Ur-Paar verschmelzen. Zwar wird expressis verbis von einem „abgelebten", also von einem vergangenen und somit gleichfalls dem Tod verfallenen Leben gesprochen, gemeint aber ist ja doch die Kontinuität zwischen diesem und jenem Leben, das, was der Zeit und der Vergänglichkeit stand hält, also allem Werden und Vergehen transzendent ist und sich in den empirischen Erscheinungen nur spiegelt. Das Bewußtsein oder richtiger der Traum von einer solchen Überzeitlichkeit geht aber natürlich auf Kosten der konkreten Individuen, des Mannes Goethe und der Frau von Stein, sowie ihrer Liebe, die sie als diese Einzelnen und Einmaligen aufeinander weist. Das Vorstellungsgebilde macht sich anheischig, die Wirklichkeit nicht nur zu ersetzen, sondern sogar zu überbieten, das Urbild verdrängt das Abbild, aber ohne dabei selbst Realität werden zu können. Der erotisch Liebende schwebt über der Erde und bildet sich ein, mit dem Verlust des

Bodens unter den Füßen den Himmel erobert zu haben. So schafft er sich die Illusion einer vom Wechsel unberührten ewigen Gegenwart.

In der reinen Sexualität dagegen, die gar nichts weiter ist als Verlangen nach physischem Genuß, wird die Liebesseligkeit zum vergänglichen Rausch, dem als Andeutung des Todes die Ernüchterung folgt. Hier gibt es keine Kontinuität, nicht einmal im Verhältnis der beiden einander begehrenden Personen selbst. Ihre Liebe hat keine Dauer, sie erstickt nach jedem Genuß in Gleichgültigkeit, Widerwillen, vielleicht sogar Haß gegen den Partner, vor allem beim Mann; denn die Frau liebt gewöhnlich weder einseitig erotisch noch einseitig sexuell und ist also in ihrer Sexualität auch weniger diskontinuierlich. Nur wenn man unter Liebe gar nichts anderes als Geschlechtstrieb versteht, wird man den zynischen Worten *Schopenhauers* beipflichten können: „Wäre Petrarcas Leidenschaft befriedigt worden; so wäre von dem an sein Gesang verstummt, wie der des Vogels, sobald die Eier gelegt sind."[9] Statt Petrarca hätte Schopenhauer im Blick auf das früher zitierte Gedicht ebensogut Goethe sagen können. Die Geliebte bedichtet immer nur der Erotiker und niemals der Sexualist; denn Dichtung bedeutet schon Verewigung, Erhebung in die Sphäre der zeitjenseitigen Urbilder. Das braucht eigentlich erst gar nicht ausgesprochen zu werden. Indem ich meine Liebe in Verse forme, sage ich bereits, daß die Geliebte in einem abgelebten Leben meine Schwester oder meine Frau, nämlich das mir von Uranfang bestimmte Weib war. Der Erotiker findet in dieser Vorstellung die Erfüllung oder doch den Traum der Erfüllung. Der Sexualist Schopenhauer jedoch hält sie umgekehrt für den Ausdruck der Nicht-Erfüllung. Nur weil mein biologischer Trieb nicht ans Ziel kommt, schaffe ich mir in meiner prekären Situation den erotischen ideologischen Überbau als Ersatzgebilde. Sobald aber der sexuelle Wunsch befriedigt wird, verstummt der Gesang, der Dichter wirft seine Lyra in die Ecke und wird aus dem Olympier, dessen Rolle er bisher spielte, zu einem ganz gewöhnlichen Männchen unter Millionen anderen.

Wie überall, wo dialektische Gegenpole aufeinanderprallen, hat auch hier weder der eine noch der andere, weder der Erotiker Goethe oder Petrarca noch der Sexualist Schopenhauer vollkommen recht oder vollkommen unrecht. Genauer gesagt, an sich selbst hat jeder vollkommen unrecht, aber dabei doch allen Anlaß, auf das Wort des Gegners zu hören, so als ob dieser ihm gegenüber recht hätte; denn wie dem einen die Realität, so fehlt dem anderen die Idealität. Vom Rechthaben könnte überhaupt nur dort geredet werden, wo beide in der konkreten Gegenwart zur Einheit verbunden wären und es eben darum gar keine Rechthaberei mehr gäbe.

In den eben angeführten Beispielen war Schopenhauer theoretischer Sexualist und waren Goethe und Petrarca praktische Erotiker. Wir wollen nun auch einen theoretischen Erotiker hören, der wohl die Polarität von Erotik und Sexualität erkannt, aber nur diese allein mit seinem Bannfluch belegt hat, Otto *Weininger*. „Liebe und Begehren", so meint er, „sind zwei so verschiedene, einander so völlig ausschließende, ja entgegengesetzte Zustände, daß in den Momenten, wo ein Mensch wirklich *liebt*, ihm der Gedanke der körperlichen Vereinigung mit dem geliebten Wesen ein völlig undenkbarer ist ... Der lügt oder hat nie gewußt, was Liebe ist, der behauptet, eine Frau noch zu lieben, die er begehrt: so verschieden sind Liebe und Geschlechtstrieb." „Es gibt also ‚platonische' Liebe, wenn auch die Professoren der Psychiatrie nichts davon halten. Ich möchte sogar sagen: es gibt nur ‚platonische' Liebe. Denn was sonst noch Liebe genannt wird, gehört in das Reich der Säue. Es gibt nur eine Liebe: es ist die Liebe zur Beatrice, die Anbetung der Madonna."[10] So konnte Weininger freilich nur reden, weil er erstens noch sehr jung war, worüber noch zu sprechen sein wird, und zweitens ein Mann war; denn die normale Frau, die sich und anderen nichts vorheuchelt, findet weder an dem Zynismus Schopenhauers noch an dem Idealismus Weiningers Geschmack. Ewig nur auf den Knien angebetet zu werden, das wäre, wie einmal gesagt wurde, schließlich auch einer Madonna zu langweilig. Sogar der keuschen Elisabeth ist der in alle Mysterien des Venusberges eingeweihte Tannhäuser viel interessanter als der sie nur anhimmelnde und den holden Abendstern besingende Wolfram von Eschenbach.

Die idealistische Erotik kann weder als Überwindung noch als Veredelung der Sexualität angesehen werden, weil sie nicht weniger als diese vom Egoismus her bestimmt ist. Wenn ein junger Mann nach der Art Weiningers die Geliebte in keiner Weise begehrt und ihm der Gedanke an körperliche Vereinigung völlig undenkbar erscheint, so meint er überhaupt nicht dieses bestimmte Mädchen vor ihm, sondern ein Idealweib seiner Imagination — C. G. *Jung* würde vermutlich sagen, seine eigene „anima" — und ist leicht geneigt, es dem Mädchen sehr übel zu nehmen, wenn es diesem Ideal nicht entspricht und sich eines Tages als ein Wesen von Fleisch und

Blut mit sinnlichen Ansprüchen entpuppt. Er liebt in Wahrheit nur ein Bild und kein reales Geschöpf. Bilder aber macht sich der Mensch, sie werden ihm nicht gegeben. Und so tritt der in ein Bild Verliebte gar nicht aus sich heraus, er wendet sich nicht einem anderen zu, und das heißt, er liebt überhaupt nicht. Er läßt sich nicht in Anspruch nehmen, sondern nimmt nur in Anspruch. Nicht nur von Gott, auch von anderen Wesen darf man sich kein Bild noch Gleichnis machen. *Hegel* erzählt in seiner „Religionsphilosophie“ von dem englischen Weltreisenden Bruce, er habe einmal in Abessinien einem Türken einen gemalten Fisch gezeigt, worauf der Türke sagte: „Der Fisch wird dich am Jüngsten Tag verklagen, weil du ihm keine Seele gabst.“ Er meinte damit, daß dem Bild eben das fehlt, was die Wirklichkeit des Abgebildeten ausmacht. Der Maler bemächtigt sich des Gegenstandes, er verwandelt ihn in *seinen* Gegenstand, indem er ihm gleichzeitig die Eigenständigkeit raubt. Das Gleiche tut aber auch der, der nicht auf Leinwand oder Papier, sondern in Gedanken malt. Auch der bloß vorgestellte Gott ist ein Gottesbild und also ein Götze, ein Gott nach meinem Bild und nicht der, zu dessen Bild ich geschaffen wurde. Mit dem Bild der Geliebten, mit dem Idealweib, an dem ich die wirkliche Geliebte messe, verhält es sich nicht anders. Wie der Maler dem Fisch, so gibt der Erotiker der Frau keine Seele, besser gesagt, er macht sie seelenlos, um sie für sich haben zu können. Er vergewaltigt ihre Seele wie der brutale Sinnenmensch ihren Leib.

Ebenso wie der Sexualist versucht der Erotiker die Einheit von Mann und Weib von sich her in der Immanenz zu verwirklichen, wenn auch im Bereich des Geistigen oder Seelischen, sozusagen als „synthetisches Urteil a priori“. Auch dieser „Verschmelzung zu einem Wesen mit einer geliebten Seele“ *(Schleiermacher)* ist die Mißachtung des Geheimnisses im anderen und die Verweigerung der Hingabe an ihn eigentümlich. In den „Vertrauten Briefen“ über die „Lucinde“ von Friedrich *Schlegel* bemerkt *Schleiermacher:* „Wenn wir unser Sinnen und Denken und Handeln bis in seinen geheimsten Sitz verfolgen, und überall aufs neue die unendliche Übereinstimmung unserer Geister antreffen, daß du entzückt ausrufst, sind wir denn mehr als ein Wesen, Eleonore? Dann durchglüht uns auch gewiß am stärksten und göttlichsten das heilige Feuer der Liebe, und dann feierten wir am liebsten ihre höchsten Mysterien.“ Wer die „Lucinde“ kennt und von daher weiß, was mit diesen „höchsten Mysterien“ gemeint ist, erkennt auch schon, wie nahe hier die schwärmerische romantische Erotik an die

Sexualität gebaut ist und wie sie ständig im Begriff steht, dialektisch in sie umzuschlagen. Besonders verräterisch klingen dann noch die folgenden Worte: „Der Gott muß in den Liebenden sein; ihre Umarmung ist eigentlich seine Umschließung." Der Gott, von dem da geredet wird, ist sicher nicht der, von dem der Pastor Schleiermacher auftragsgemäß zu predigen hatte, sondern wahrscheinlich der Gott Dionysos, der zwar nicht beim Namen genannt, aber doch durch den bestimmten Artikel schüchtern angedeutet wird. Es ist nicht schwer, überall aufs neue die unendliche Übereinstimmung der Geister anzutreffen, wenn Eleonore von allem Anfang an ihren Platz als bloßes Bild im Geist des dithyrambischen Liebhabers gefunden hat. Eben als dieses bloße Bildwesen steht sie ihm dann gegebenenfalls auch körperlich zur Verfügung. Sie ist ja in jeder Weise nur noch sein Geschöpf, ein Stück je nachdem seiner Seele oder seines Leibes.

Schlegel und Schleiermacher wußten zweifellos etwas von der Dialektik der sinnlichen und der sentimentalen Liebe, der Sexualität und der Erotik, aber als die Romantiker, die sie waren, wollten sie die Gegensätze miteinander vermitteln und so mit Hilfe eines ästhetischen Kunstgriffes zur Synthese, zum verlorenen Ursprung, zur Harmonie zurückführen. Sie träumten den alten Traum des Vaters der Dialektik, des *Heraklit* vom Streit als dem Vater aller Dinge. Die Sexualität soll durch die Erotik geadelt, die Erotik durch die Sexualität konkretisiert werden. Man schmückt einen Misthaufen mit einer Pfauenfeder. Der Geist will in der Natur sich selbst erkennen, so als ob nicht gerade diese Natur durch ihre Geistwidrigkeit und dieser Geist durch seine Naturwidrigkeit gekennzeichnet wären. Man täuscht sich über das Prinzipielle des Zwiespalts hinweg und interpretiert ihn vorschnell optimistisch als Polarität oder als Korrelation, und so ist das Endergebnis gar keine echte Synthese, sondern bloß die lockere Addition von inkommensurablen Größen, ganz ähnlich wie das Absolute in der von *Spinoza* beeinflußten Identitätsphilosophie *Schellings*. Gerade die „Lucinde" läßt diese Inkommensuralbilität besonders peinlich empfinden. Die gewaltsame Verklärung der nacktesten Geschlechtlichkeit, jener gewissen höchsten Mysterien der Liebe, der Versuch, aus den physischen Merkmalen vor allem des Männlichen Symbole einer alle Zeit transzendierenden Ewigkeit zu machen, kann auf den unvoreingenommenen Leser nur als grobe Geschmacklosigkeit oder als subtilisierte Pornographie wirken. Es ist Schlegel weder geglückt, das Sinnliche zu vergeistigen noch auch das Geistige zu versinnlichen, vielmehr erweckt sein Buch den Eindruck eines ungesunden Treibhausproduktes, das auch nicht den allerleisesten Anhauch der Wirklichkeit verträgt.

Zu den bevorzugten antiken Motiven der romantischen Kunst gehört der schöne Jüngling Narkissos, der, über den Rand des Baches gebeugt, sich in das eigene Spiegelbild verliebt. Die Romantik wollte nämlich darin ein Gleichnis sehen für den sich in der Natur wiederfindenden subjektiven Geist. Aber die alte Sage meint das genaue Gegenteil. Narkissos wird ja von der rächenden Nemesis dazu verdammt, in hoffnungsloser Liebe an sich selber gebannt zu bleiben, weil er der schönen Nymphe Echo seine Liebe versagte. Der Name Narkissos hängt zusammen mit dem Wort ναρκάω (erstarren). Narkissos ist also der Erstarrte, der in sich Erstarrte, der keinen Blick hat für die Welt um ihn her und für ihre Ansprüche an ihn. Darum weist er die Liebeswerbungen der Echo, d. h. des *Widerhalls* zurück. Er verweigert der Antwortenden die Antwort, er schließt sich ab in seine Einsamkeit, er erstarrt in seiner Isolierung. Und genau so erstarrt auch die Romantik im Ich und in seinen Imaginationen. Der Romantiker ist also wirklich ein Narkissos, der sich in das eigene Spiegelbild vergafft und verliebt, als Erotiker wie als Sexualist und auch dann, ja sogar dann erst recht, wenn er durch die Vermischung beider seine Narkose überwinden zu können meint.

Der Gegensatz zwischen Eros und Sexus deckt sich grundsätzlich mit dem von Gut und Böse im moralischen Sinn, d. h. im Sinn jenes Pseudowissens, das sich Adam mit dem Genuß der verbotenen Frucht erworben und das ihn angeblich Gott gleich gemacht hatte. Da aber die eigentliche Wurzel des Übels eben nicht im moralisch Bösen, sondern in der Spaltung der Pole gesucht werden muß, bleibt auch jeder Versuch, das Böse durch das Gute oder die verdorbene Sinnlichkeit durch eine vergeistigte Erotik zu überwinden, aussichtslos. Vielmehr führt die Intensivierung des einen Poles notwendig auch zur Potenzierung des anderen. Der Gegensatz wird bestenfalls übertüncht, dem Blick des Bewußtseins entzogen und also „verdrängt“. Das Verdrängte und gerade durch die Verdrägung mit reaktiver Energie Geladene bleibt aber nicht ewig in seinem finsteren Verlies, sondern kommt dort einmal zur Explosion und durchbricht dann die Decke, die es von der Oberwelt abschließt. Die psychoanalytische Therapie versucht dieser Katastrophe vorzubeugen, indem sie gleichsam Ventile in die Decke bohrt, durch welche die Explosionsgase nach oben, also in die Region des Bewußtseins abströmen können. Genau besehen erweist sich auch schon die „Lucinde“ Schlegels als therapeutisches Unternehmen solcher Art. Die Erotik nimmt die Sexualität in sich auf wie das Bewußtsein das Unbewußte und macht sie damit scheinbar ungefährlich. Ganz anders dagegen verfährt das Neue Testament. Auch der Kampf Jesu gegen die Pharisäer oder der des Apostels Paulus gegen die jüdische Gesetzlichkeit ist eine Art Psychoanalyse, nur eben eine, die um die Mitte weiß. Hier wird nicht nur addiert und idealistisch-romantisch synthetisiert, hier werden keine Ventile geöffnet, die dem Unten den Zugang nach oben gestatten, sondern hier wird die trennende Zwischenwand überhaupt entfernt und durch eben das ersetzt, was die Feindlichkeit der feindlichen Pole aufhebt, man könnte sagen, der Baum der Erkenntnis des Guten und Bösen wird mit allen seinen Wurzeln ausgerodet und an seiner Stelle der Baum des Lebens eingepflanzt. Die pharisäische Moral ist die Moral im Schatten des Erkenntnisbaumes, die Moral, die dem AT als Notgerüst diente, „bis das die Zeit erfüllet war“, nun aber abgebaut werden muß, damit das Auge freie Sicht für das Eigentliche bekommen kann. Jesus selbst ist dieses Eigentliche, diese Mitte, dieser Lebensbaum, dieses „Brot des Lebens“, das das Gift des anderen Baumes aus dem Blut treibt, so wie es im letzten Kapitel der Apokalypse von der heiligen Stadt heißt: „In der Mitte ihrer Straße und diesseits und jenseits des Stromes je ein Lebensbaum, der zwölffach Früchte bringt, indem er jeden Monat seine Frucht abgibt, und die Blätter des Baumes zur Heilung der Völker.“ Im Gegensatz dazu bleibt die letzte Weisheit der Psychoanalytiker von *Schlegel* und *Schleiermacher* bis *Freud* und *Jung* die bloße Entspannung durch Summierung der Pole. Zugespitzt ausgedrückt: Der Pharisäer wird überredet, nun doch auch das Böse in seinen Willen aufzunehmen und so aufzuhören ein Pharisäer zu sein.

Wie das Gute zum Bösen in der alttestamentlichen Gesetzlichkeit, so verhalten sich im Mythos der Griechen die Olympier zu den chthonischen Göttern. Auch der Titanensturz etwa ist nur eine besondere Form pharisäischer Verdrängung. Alles, was der griechische Genius an Kulturschöpfungen hervorgebracht hat, die Kunstwerke, die philosophischen und wissenschaftlichen Entdeckungen stehen im Licht des Olymp und beziehen ihre Kraft aus dem Eros. Von der Kultur des Abendlandes, das die Tradition der Antike fortführte, gilt natürlich das gleiche. Diese Kulturgüter sind die geistigen Kinder, von denen *Platon* im „Symposion“ Diotima, die Frau aus Mantinea reden läßt: „Und jeder sollte lieber solche Kinder haben wollen, wenn er auf Homer und Hesiod und die anderen trefflichen Dichter sieht, nicht ohne Neid, was für Geburten sie zurücklassen, die ihnen unsterblichen Ruhm und Angedenken sichern, indem sie selbst unsterblich sind." Aber diese Unsterblichkeit des aus dem Eros Gezeugten und Geborenen ist freilich eine Illusion; denn seine wunderbare Herrlichkeit gleicht nur der der Sonne im Mittag, die doch wieder untergehen, hinter dem Horizont verschwinden und im Reich der Nacht versinken muß. Auf unser besonderes Problem übertragen heißt das: Alles Erotische schlägt immer wieder und unversehens um ins Sexuelle, wird von den Dämonen, die unter der Oberfläche lauern, übermächtigt. Mit dem ewigen Licht hat es nichts zu tun; denn es trägt seine eigene Negation in sich.

Der griechische okzidentalische Geist steht im Kampf gegen den Sexus für den Eros, für die Olympier gegen die Götter der Unterwelt und darum gegen den orgiastischen Orient, dessen Repräsentanten in der klassischen Zeit vor allem die Perser waren. Eros gegen Sexus heißt hier aber auch der Mann gegen die Frau; denn der Mann als der Träger des Geistes ist der eigentliche Erotiker. Ganz wie die Griechen hat auch noch *Weininger* das Weib mit dem sexuellen Prinzip identifiziert. Vom Eros weiß seiner Meinung nach die Frau nichts, und wo sie sich erotisch gebärdet, dort handelt sie gegen ihre Natur und wird hysterisch. Weininger führt alle weibliche Hysterie darauf zurück, daß sich die Frau die ihrem Wesen durchaus unangemessenen Moralbegriffe des Mannes anzueignen versucht und mit ihnen die ihr allein natürliche schrankenlose Sexualität vergewaltigt. Um dem Mann zu gefallen, d. h. *aus Sexualität* tut sie so, als ob sie asexuell oder gar antisexuell wäre, bzw. sie tut nicht nur so, sie glaubt vielmehr am Ende selbst an die Aufrichtigkeit dieses ihres Tuns, und eben das erzeugt dann unausweislich den hysterischen Krampf. Es wäre ungerecht, diese Erklärung der Hysterie als baren Unsinn zu verwerfen und ihre relative Wahrheit unbeachtet zu lassen. Nur eben das stimmt nicht, daß die Frau ausschließlich sexuell ist. Für sie besteht der typisch männliche Zwiespalt von Sinnlichkeit und Geistigkeit gar nicht. Die akzeptierte, und wie wir gerne zugeben wollen, widernatürlicherweise akzeptierte männliche Moral trifft also nicht, wie Weininger behauptet, auf eine eindeutige Sexualität, wohl aber auf eine psychologische Struktur, der die moralistische Antisexualität, die sterilisierte Erotik inadäquat ist. Das Weib kann diese ihm im tiefsten unverständliche abstrakte Ethik nicht verarbeiten, sie verwundet seine Natur. Und hier allein liegt der Grund für die Hysterie. Der Mann ist einerseits antisexuell und andererseits prononciert sexuell. Er trägt ganz bewußt diese beiden Seelen in seiner Brust. Die Frau aber nicht, und darum allein kann ihr unter Umständen die Annahme der männlichen Antisexualität zum Verhängnis werden, freilich auch die Annahme der männlichen Sexualität, aber die macht sie nicht zu einem psychisch kranken, sondern zu einem moralisch haltlosen Wesen.

Die Deutung der antiken Kultur aus dem Kampf des Geistes gegen die Sinnlichkeit, des männlichen gegen das weibliche Prinzip, kennzeichnet, wenigstens nach der einen Seite, die Mythologie *Bachofens*. Männliche oder erotische Kultur heißt Herrschaft des Geistes über das Fleisch, der geistigen Menschen, der Aristokraten, der immer nur wenigen Auserlesenen über die große Menge der an das Materielle Hingegebenen. Der Aufstieg des niederen Volkes, der unteren Schichten in der Demokratie muß dagegen zur Verwilderung der Sitten, zum Zusammenbruch der Kulter und zur Zerstörung der staatlichen Ordnung führen. Rebellion des niederen Volkes aber heißt Rebellion der Sinnlichkeit. „Dieser Fortschritt der Versinnlichung des Daseins“, bemerkt Bachofen, „fällt überall mit der Auflösung der politischen Organisation und mit dem Verfall des staatlichen Lebens zusammen. An der Stelle reicher Gliederung macht sich das Gesetz der Demokratie, der ununterschiedenen Masse, und jene Freiheit und Gleichheit geltend, welche das natürliche Leben vor dem zivilgeordneten auszeichnet, und das der leiblich-stofflichen Seite der menschlichen Natur angehört. Die Alten sind sich über diese Verbindung völlig klar, heben sie in den entscheidensten Aussprüchen hervor und zeigen uns in bezeichnenden historischen Angaben die fleischliche und die politische Emanzipation als notwendige und stets verbundene Zwillingsbrüder. Die dionysische Religion ist zu gleicher Zeit die Apotheose des aphroditischen Genusses und die der allgemeinen Brüderlichkeit, daher den dienenden Ständen besonders lieb und von Tyrannen, den Peisistratiden, Ptolemäern, Caesar im Interesse ihrer auf die demokratische Entwicklung gegründeten Herrschaft besonders begünstigt.“[11] Als Beispiel aus der griechischen Geistesgeschichte könnte man dafür vor allem *Heraklit* und *Platon* anführen. Heraklit bekämpft sowohl die demokratische Staatsform wie auch den orgiastischen Dionysoskult. Weil Ephesus demokratisch war, lehnte er die ihm angetragenen Regierungsämter ab, und gleichzeitig wandte er sich scharf gegen die Feiern zu Ehren des Dionysos. Den Bacchen und Mänaden drohte er mit dem heranrückenden Feuer, wir würden sagen, mit dem Jüngsten Gericht, und die den geschlechtlichen Taumel verherrlichenden Kultgesänge ließ er nur gelten, weil, wie er meint, Dionysos auch Hades, d. h. der Totengott ist, dem sich die Teilnehmer an der Orgie, wenn auch unbewußt, weihen. Platons ganze Philosophie ist eine Verherrlichung des Eros und eine Verdammung des Sexus. Auch sein Staat, den die dem Reich der Ideen meditierend zugewandten Philosophenkönige regieren, steht unter dem Zeichen des gleichen erotischen Prinzips, von dem Sokrates oder Diotima im Symposion redet, und dieser Staat ist radikal aristokratisch und antidemokratisch. Die Demokratie, am Ende unausweichlich verbunden mit der Tyrannis, gilt hier als die schlimmste politische Verfallsform.

Zwar genießen rein theoretisch im platonischen Staat die Frauen die gleichen Rechte wie die Männer — auch die Weibergemeinschaft der höheren Stände bedeutet da keineswegs eine Versklavung des Weibes —, aber doch nur, sofern sie auch die gleichen Pflichten übernehmen und das heißt aufhören Frauen zu sein. Nicht das Weib zwar, aber doch die Weiblichkeit ist damit entmündigt. Da in dieser Erotik gar nicht mehr das wirkliche Weib, sondern das Idealbild gemeint ist, das sich der Mann vom Weibe macht, also ein Gebilde des männlichen Geistes, so ist es nur selbstverständlich, daß in letzter Konsequenz das Weibliche überhaupt ausgeschaltet wird und die absolute Männlichkeit allein als der erstrebte Wert erscheint. Darauf spitzt sich ja auch tatsächlich die von Sokrates vorgetragene Rede der Diotima zu. Aber auch der Umstand, daß im Heiligtum von Delphi Dionysos, der Gott der phallischen und damit auf die Frau hingewiesenen Männlichkeit zu Füßen des keuschen, weiberlosen Apollon begraben liegt, deutet auf die gleiche Idee. Ebenso, wenn unter griechisch-ptolemäischem Einfluß im späten Ägypten Serapis als rein männliche Gottheit an die Stelle des unlöslich mit Isis verbundenen, ja ihr, der Schwester und Gattin geradezu hörigen und darum auch der Unterwelt verfallenen Osiris tritt. Nach *Plutarch* (De Is. et Os.) soll Ptolemäus, der Feldherr Alexanders des Großen, die Statue des Serapis nach Ägypten gebracht haben, und Alexander, der Besieger des Orients, der nicht ohne tiefen Grund mit Achill, dem Helden des trojanischen Krieges verglichen wurde, ist auch der Bezwinger der orgiastischen, der Muttergöttin verhafteten Kultur oder gilt doch wenigstens dafür in der

Mythologie des Volkes. In einem ähnlichen Verhältnis wie Apollon zu Dionysos hat man Octavianus Augustus zu Marc Anton, dem Geliebten der hetärischen Cleopatra gesehen, und die Schlacht bei Actium wurde zum Symbol des Triumphes des erotischen über das sexuelle Prinzip. Dichter haben Octavianus als den „neuen Orest" verherrlicht, weil er ebenso wie der Sohn des Agamemnon das Weib, die Mutter besiegt hat, und zwar im Dienst und im Auftrag des Gottes Apollon.

Aus dem gleichen Grundgedanken deutet Bachofen den in 1. Kön. 10 geschilderten geistigen Sieg Salomons über die ihn mit Rätseln versuchende Königin von Saba, sowie die legendäre Erzählung von der Begegnung Alexanders des Großen mit der indischen Königin Kandake. Zu dieser von Julius Valerus überlieferten Sage äußert sich Bachofen: „Wie vor Oedipus' lösendem Worte die Sphinx sich in den Abgrund stürzt, aus dem sie hervorgegangen, wie der nächtlich leuchtende wechselvolle Mond dem ewig gleichen Glanze des Tagesgestirnes weicht, so sieht sich Kandake gleich der Königin von Saba durch das vor ihr erscheinende, von ihr erkannte höhere Licht ins Nichts zurückgeführt. Der Ruhm ihrer Klugheit erbleicht vor den mächtigeren, die Labyrinthe der weiblichen List erhellenden Strahlen der männlichen Weisheit." [12]

Wir werden freilich zu alledem sagen müssen, daß solche Siege des Geistes über die Natur oder des Mannes über das Weib, des Eros über den Sexus immer nur auf der Linie des „Er wird dein Herr sein" liegen und nicht zur Erlösung des Menschen als Mann und Weib aus der Knechtschaft ihrer natürlichen Verfallenheit führen. Die einzige Ausnahme bildet hier vielleicht das Beispiel von Salomon und der Königin von Saba; denn die Weisheit des israelitischen Königs ist nicht männliche, sondern göttliche, von Gott empfangene Weisheit. Nicht der männliche Geist soll über die weibliche Stofflichkeit und Sinnlichkeit triumphieren, wie das griechischer Anschauung entspricht, sondern durch den Mann soll auf das Weib der göttliche Sinn ausstrahlen und vom Weib auf den Mann reflektiert beide erlösen. Nicht die Erotik hat die Aufgabe, die Sexualität auszutilgen, sondern nur der Liebe ist es gegeben, sowohl den erotischen wie auch den sexuellen Krampf zu entspannen und den ganzen Menschen seiner geistigen und seiner sinnlichen Natur nach zur Gottebenbildlichkeit zu befreien.

Auch die Problematik von Aristokratie und Demokratie bei Platon wäre von hier aus zu klären. Es scheint zunächst so, als ob die Philosophenkönige in ihrer Hinwendung zu den Ideen eben die Haltung bewahrten, die dem Menschen überhaupt als dem Herrn der Schöpfung und dem Mann als dem Haupt des Weibes angemessen ist: Konkav nach oben und konvex nach unten. Aber was sind schon diese Ideen? Sind sie Gott oder auch nur Götter, oder sind sie nicht vielmehr bloße Göttlichkeiten, Schemen des Göttlichen, Erzeugnisse des menschlichen Wertwillens, ohne selbständige, jedenfalls ohne persönliche Existenz? Urbilder wohl, aber eben doch nur Ur-*Bilder*. Und es bleibt dabei: Du sollst dir keine Bilder, auch keine Urbilder machen. Der Zerfall des Staates setzt nach *Platons* Darstellung ein, sobald die Könige und Philosophen die Musik zugunsten der Gymnastik vernachlässigen. Ein Gedanke von wahrhaft erstaunlicher Tiefe und des größten aller Philosophen durchaus würdig. Musik und Gymnastik, das sind nur andere Ausdrücke für Geist und Leib. Die Vernachlässigung der Musik und die Bevorzugung der Gymnastik bedeutet also Verrat des Geistigen an die Sinnlichkeit, Hören des Mannes auf die Stimme des Weibes. Und damit beginnt allerdings der Umsturz. Was dann weiter folgt bis hin zur Ochlokratie, zur Pöbelherrschaft und zur Tyrannis ist nur noch die Fortsetzung und schließliche Vollendung jener ersten Wendung. Aber wie konnte es dazu kommen? Platon selbst macht die Sterne dafür verantwortlich. Er sieht nicht und kann als der Idealist, der er ist, auch gar nicht sehen, daß das Urübel bereits in der so hoch gepriesenen Ideenschau verborgen lag; denn hier west der philosophische Geist trotz aller Erhabenheit des Geschauten nur in sich selbst und hat nicht die Offenheit nach oben, die ihn erst zur Regentschaft nach unten befähigen würde. Ohne es zu merken ist er gerade in seiner sterilen Geistigkeit bereits dem Sinnlichen verfallen, hat er also bereits der Gymnastik vor der Musik den Vorzug gegeben. Auch die platonischen Könige sind nur Erotiker und keine Liebenden, kalt bis ans Herz hinan. Sie formen den Staat in heimlicher Despotie nach ihren Urbildern und nicht nach dem Willen eines lebendigen und liebenden Gottes. Als die Heroen des Geistes rebellieren sie tatsächlich gegen den Geist, und die Rebellion des niederen Volkes, die Empörung der Masse bringt dann lediglich ihre eigene Rebellion zum Vorschein, genau so wie der hemmungslose Durchbruch des Sexuellen in der dionysischen Orgiastik nur fleischlich offenbar macht, was der erotische Traum an übersinnlicher Unzucht getrieben hat.

Nur Liebe weckt Gegenliebe, Erotik läßt kalt oder erregt, wenn sie aggressiv wird, sogar Haß, und zwar noch mehr als bloße Sexualität, deren sinnliches Begehren doch wenigstens echt ist. Die Korrelation von Liebe und Gegenliebe bildet überhaupt den Gradmesser für die Realität der Liebe. Indem der Mensch sich der göttlichen Liebe versagt, gerät er auf den abschüssigen Weg zur Irrealität, und je weniger Realität er hat, um so weniger hat auch seine Liebe, um so weniger Gleichgewicht besteht zwischen Liebe und Gegenliebe in der empirischen Welt. Nur die Dichtung ersinnt Fälle von absuluter Gegenseitigkeit, wie Romeo und Julia oder Tristan und Isolde. Aber diese Liebe hat dann auch schon die Tragik in sich, weil sie alle Möglichkeiten des irdischen Lebens sprengt.

Wo die Liebe einseitig bleibt oder doch das Gleichgewicht merklich gestört ist, kann es oft so scheinen, als ob der weniger Liebende der mehr Sexuelle und der stärker Liebende der mehr Erotische wäre. Wenigstens wird das in den meisten Fällen der Eindruck des typischen Erotikers sein. Er glaubt sich verkannt und in seinen heiligsten Gefühlen verletzt, er wundert sich, wenn der andere auf seinen doch so „reinen" Liebesanspruch nicht reagiert, wenn der erhoffte Widerhall ausbleibt, er neigt dazu, sich selbst tief zu bedauern und sich für zu gut zu halten für diese Welt. Daß er in Wahrheit den Geliebten gar nicht wirklich meint, daß er ihn nur tyrannisieren und umformen will nach seinem Ideal, statt ihn zu nehmen wie er ist und sich von ihm nehmen zu lassen, das kommt ihm nicht zum Bewußtsein. Nicht nur der sexuell Begehrende, auch der Erotiker sucht sich den Partner hörig zu machen und ihn in seinen Dienst zu zwingen. Er betrachtet ihn zwar nicht als Genußobjekt — man möchte beinahe sagen, *nicht einmal* als Genußobjekt —, aber als eine Art tabula rasa, der er nach Belieben sein Klischee aufdrücken kann. Weder in dem einen noch in dem anderen Fall behandelt der Liebende den Geliebten als sein Du, weder hier noch dort nimmt er die persönliche Realität des anderen ernst. Sucht er aber an das Ziel seiner Wünsche zu kommen, indem er dem Geliebten Macht über sich einräumt und also die Rollen vertauscht, ohne dabei freilich seine Haltung zu ändern, d. h. ohne aufzuhören Erotiker oder Sexualist zu sein, dann schlägt seine Tyrannei in Hörigkeit um, dann wird er je nachdem zum Sklaven oder zum Hampelmann des Geliebten.

Die Problematik von Liebe und Gegenliebe ist bereits mit der Vielheit der männlichen und weiblichen Individuen gegeben. Gäbe es nur den einen Adam und die eine Eva, dann wäre die Frage, wer wen liebt oder wiederliebt, wer mehr oder weniger liebt, völlig sinnlos; denn daß der Mann die Frau und die Frau den Mann liebt, liegt in der Natur beider Geschlechter. Mann sein heißt schon das Weibliche und Weib sein das Männliche lieben, und da sich in Adam und Eva das Eine wie das Andere konkretisiert, so gibt es auch nur die Möglichkeit, diese eine Frau und diesen einen Mann zu lieben. Wen aber liebt nun eigentlich der Mann, der es mit vielen Frauen und die Frau, die es mit vielen Männern zu tun hat? Man kann sehr häufig die Meinung hören, daß zwar die Sexualität sich unterschiedslos auf das ganze andere Geschlecht, die Erotik aber ihrem Wesen nach auf eine einzige Person richte. Das Zweite stimmt aber nur, sofern die Erotik aus der Perspektive der Sexualität gesehen wird. In Wahrheit gehen beide, Sexus und Eros, auf ein Allgemeines, nur eben jener auf die begriffliche, dieser auf die ideelle Allgemeinheit, jener auf die Allgemeinheit der im Raum ausgebreiteten Materie, dieser auf die Allgemeinheit der Form, die allerdings, und das eben verführt zur Täuschung, *als Einheit vorgestellt* wird. Die Mitte aber, die *Realität des Du* ist da wie dort verfehlt. Von beiden Extremen her beurteilt stellt sich die persönliche Liebe als individualistische Abweichung in der Richtung auf den jeweiligen Gegenpol dar, d. h. sie erscheint aus der Perspektive der Sexualität als relative Erotik und aus der Perspektive der Erotik als relative Sexualität, genau so wie im Licht der Aristotelischen Ontologie irgendein konkretes Ding verstanden werden kann sowohl als geformte Materie wie auch als materialisierte Form, nur nicht als der wahre Ursprung, aus dem Materie und Form bereits abstrahiert sind. Die persönliche Liebe unterscheidet sich von der Erotik und von der Sexualität dadurch, daß sie allein *dialogisch* ist, indem sie nach Gegenliebe fragt, bzw. überhaupt nur in der Gegenliebe ihre Erfüllung findet, während in der Erotik ebensowenig wie in der Sexualität Wechselseitigkeit besteht. Der Sexualist will nur geliebt sein, sofern sich hier überhaupt noch von Liebe reden läßt, der Erotiker liebt nur ins Blaue hinein eine Traumfigur. Beide aber opfern unbedenklich das Du ihrer Allgemeinheit auf. Als Urtypus des Erotikers darf Don Juan gelten, den man nicht als skrupellosen Verführer und Wollüstling mißverstehen sollte. Don Juan sucht die ideale Frau, die nur in seiner Vorstellung existiert, und probiert nach der Reihe die ihm über den Weg laufenden wirklichen Frauen auf ihre Übereinstimmung mit seinem Ideal aus. Da ihn jede enttäuscht und notwendig enttäuschen muß, wirft er auch jede angeekelt wieder fort, ohne dankbares Gedenken und ohne Absicht, jemals wieder zu ihr zurückzukehren. Die einmal besessene ist für immer erledigt. Er will nichts mehr von ihr wissen. Mag sie zugrunde gehen. Sie hat nichts Besseres verdient. Ein lediglich sexuell gestimmter Verführer, freilich von der liebenswürdigen Sorte, ist dagegen Casanova. Er sucht nicht wie Don Juan die eine Einzige und Unvergleichliche, sondern wirklich alle ohne Ausnahme, wenn sie nur seinem sinnlichen Geschmack entsprechen. Er liebt einfach das ganze weibliche Geschlecht in seinen sämtlichen Vertreterinnen. Er möchte sich am liebsten, was für Don Juan unmöglich wäre, mit einem Harem umgeben, um je nach Laune bald diese und bald jene und dann vielleicht wieder diese herauszugreifen. Er verwirft auch keine, sondern bleibt allen in seiner Weise gewogen.

In ein und demselben Augenblick muß sich nun freilich jede wie immer geartete Liebe auf nur einen einzigen Partner beschränken. Das gilt für die höchsten Höhen genau so wie für die tiefsten Tiefen und wird vielleicht gerade hier besonders, sozusagen handgreiflich klar. Die Liebe realisiert sich also unter allen Umständen nur im Dual. Aber in unserer Welt bedeutet Realisierung noch nicht Realität, geschweige denn Vollkommenheit. Ich bin mir zunächst einmal real als dieses einzelne Individuum, wenigstens habe ich keine Möglichkeit, darüber hinaus meine Realität zu erfahren. Wohl aber erfahre ich, daß ich in meiner Individualität ein unzureichendes Wesen bin, und zwar erfahre ich das *objektiv* in meiner naturgesetzlichen Bedingtheit, in meiner ungewollten Abhängigkeit von anderem und anderen, in meinem Nicht-Macht-Haben über mich, und *subjektiv* in der Idee meiner niemals zu erreichenden, die empirischen Gegebenheiten weit hinter sich lassenden persönlichen Vollendung. In dem gleichen Zwiespalt jedoch wie mein individuelles Selbst befindet sich auch meine individuelle Liebe. Sie ist bloß als individuelle möglich, aber damit steht sie einerseits unter dem peinlichen Druck der objektiven Naturkausalität und der ihr entsprechenden unfreien Getriebenheit, d. h. sie ist sexuell, und andererseits unter der Forderung einer absoluten unrealisierbaren Idee, d. h. sie ist erotisch. So stellen Erotik und Sexualität gleicherweise die Realität der individuellen Liebe in Frage, sie zeigen an, daß dem bloß empirisch Realen ein Mangel anhaftet, aber sie sind darum keineswegs das, woran es mangelt, so daß sich die eine durch die andere ergänzen ließe, sondern eben nur Zeichen des Mangels, das merkbar gewordene Ungenügen, die phänomenale Irrealität des Realen.

Der Liebende sucht im Geliebten, und zwar je stärker, leidenschaftlicher und tiefer seine seelische oder sinnliche Liebe ist, um so mehr, den *absoluten* Partner. Die Liebe zu der einen Person will einerseits wirklich nur diese eine Person und keine andere, andererseits aber projiziert sie in sie alles hinein, was zu lieben überhaupt möglich ist, und negiert sie so auch wieder als diese eine. Sie verlangt zwei Dinge zugleich, die sich im zeitlichen Leben niemals miteinander vereinbaren lassen: *die Totalität und die Begrenzung.* Sie richtet Schranken auf und reißt alle Schranken nieder. Der absolute Partner, der in keine Schranken eingeht, kann sich dabei darstellen entweder als die Summe aller Wesen des anderen Geschlechtes, als die Masse der Frauen oder Männer, oder als die imaginierte Person höherer Ordnung, die alle zur Einheit in sich befaßt, als das Urweib oder der Urmann. Der Summe entspricht die Sexualität, die Venus Vulgivaga, die Aphrodite Pandemos, der idealisierten Person die Erotik, die Venus Urania. Aber weder eine Summe noch ein Ideal kann geliebt werden, sondern immer nur ein reales Wesen, dieser oder jener Mensch. Darum muß jede in der Welt mögliche Liebe sowohl erotisch wie auch sexuell unbefriedigend bleiben, also im tiefsten unglückliche Liebe sein. Nach dem Grundsatz *Spinozas* omnis determinatio est negatio urteilt *Nietzsche:* „Die Liebe zu Einem ist Barbarei: denn sie wird auf Unkosten aller übrigen ausgeübt." Damit ist gesagt, daß individuelle Liebe Schuld bedeutet oder vielleicht richtiger, da wir anders als individuell eben gar nicht lieben können, Schuld offenbar macht. Als Liebender bin ich immer schon schuldig, und zwar an dem Einzelnen, den ich liebe, weil ich tatsächlich mit meiner Liebe mehr meine als nur ihn allein, und auch an den anderen, die ich aus meiner Liebe ausschließe, indem ich sie dem Einen zuwende. Ich muß also, ob ich will oder nicht, „barbarisch" oder treulos, ja barbarisch *und* treulos sein. Vom sexuellen Begehren, das nach *Tolstoi* schon an sich den Ehebruch einschließt, haben wir bereits gesprochen, aber es wäre eine Selbsttäuschung zu meinen, daß das gleiche nicht ebenso von der erotischen Schwärmerei gilt. Zwar betrüge ich als Erotiker den Geliebten nicht mit einer anderen Person, ich begehe also keinen Ehebruch im landläufigen Sinn dieses Wortes, wohl aber mit der Idealgestalt, an der ich ihn ständig messe, und das ist vielleicht sogar die grausamere Form des Betruges, weil sie den Betrogenen noch viel tiefer erniedrigt, indem sie ihm nicht nur den Wert für mich, sondern den Wert überhaupt abspricht. Die von Casanova betrogene Frau scheitert an einer Rivalin, die schließlich doch der gleichen Ordnung angehört wie sie selbst, die von Don Juan betrogene aber findet sich in das Nichts gestoßen, sie scheitert an einem von ihr nicht zu fassenden Idol.

Wir haben früher die beinahe fanatisch vorgetragene Behauptung *Weiningers,* daß einem wirklich Liebenden der Gedanke der körperlichen Vereinigung mit dem geliebten Wesen ein völlig undenkbarer ist, und daß es überhaupt nur eine Liebe gibt, die Liebe zur Beatrice oder die Anbetung der Madonna, wir haben diese Anschauung, wenigstens andeutungsweise, auf die große Jugend Otto Weiningers — er war, als er das schrieb, noch kaum dreiundzwanzig Jahre alt — zurückgeführt. Beim jungen, noch nicht voll ausgereiften Menschen, vor allem beim jungen Mann, ist die Erotik von der Sexualität zunächst völlig geschieden. Beide kommen sozusagen aus ganz anderen, ja entgegengesetzten Richtungen auf ihn zu. Das erscheint um so überraschender, als doch gerade in der Jugend der Bruch zwischen Sinnlichkeit und Geistigkeit noch relativ wenig scharf ist. Diese scheinbare Paradoxie läßt sich aber daraus erklären, daß eben der verhältnismäßig harmonische Charakter erst recht nichts unversucht lassen wird, um die sinnliche Wirklichkeit seinen Idealen anzupassen, und daß er sich durch das Mißlingen dieses Versuches schwer enttäuscht fühlt, während der ältere und „reifere" Mensch, der sich des Bruches bewußt geworden ist, im Blick auf alle Harmonisierungsbestrebungen viel leichter und schneller resigniert. Er erwartet von der Realität gar keine Übereinstimmung mit irgendwelchen Idealen. Er überträgt nicht wie der Jüngling seine Vorstellungen von Vollkommenheit auf konkrete Geschöpfe, also etwa auf die Frauen, sondern nimmt diese so wie sie tatsächlich sind. Vor allem aber nimmt er auch sich selber so, wie er tatsächlich ist, und gibt sich über die Möglichkeit seiner persönlichen Vollendung keinen Illusionen hin. Er findet sich damit ab, daß zu ihm, diesem so gearteten Mann auch nur eine so geartete Frau gehört. Die Sinnlichkeit der Partnerin stößt ihn nicht ab, weil er seine eigene Natur kennt und sich nicht jene Gottähnlichkeit zutraut, die dem Jüngling immer noch vorschwebt und vor der ihm dann freilich auch immer wieder bange wird.

Der junge Mensch erlebt seine eigene Zwiespältigkeit und Gebrochenheit als etwas, das ihn tief beängstigt, als ein Nicht-sein-Sollendes, wogegen der „Reife" schon existenziell geworden ist in eben diesem Nicht-sein-Sollenden, so existenziell, daß es ihm als Widerspruch kaum noch zum Bewußtsein kommt. Nicht ohne zu erschrecken erfährt der Jüngling den Zwiespalt von Eros und Sexus, weil er noch etwas von der metaphysischen Abgründigkeit dieses ganzen Komplexes ahnt, etwas von seinem Gegensatz zur Urliebe. Es ist also eigentlich gar nicht die Erotik, die bei ihm prävaliert, das stellt sich nur dem Älteren so dar, sondern diese Urliebe, diese Mitte, die sich vor allem von der Sexualität beleidigt fühlt. Dabei kennt freilich auch der junge Mensch, ja sogar schon das kleine Kind, sexuelle Regungen. Die aber haben zunächst gar nichts mit dem anderen Geschlecht zu tun, sondern bleiben auf die eigene Körperlichkeit beschränkt und unterscheiden sich kaum sehr wesentlich von den üblichen physischen Bedürfnissen, von Hunger, Durst usw. Auf die Hintergründe solcher Erscheinungen einzugehen können wir uns hier ersparen; denn uns interessiert lediglich die mann-weibliche Beziehung.

Es wäre falsch, die Liebe des Jünglings so wie Weininger für „platonisch", d. h. für unsinnlich zu halten. Sie ist nur unsexuell, d. h. noch nicht auf bestimmte Organe „zugespitzt". Der Liebende liebt hier mit seinem ganzen Leib und mit seiner ganzen Seele den ganzen Leib und die ganze Seele der Geliebten. Er ist relativ androgyn, d. h. in diesem Fall wohl männlich, aber nicht prononciert männlich, nicht einseitig aktiv, sondern auch passiv empfangend. Das Weibliche erscheint ihm nicht bloß als sein andersartiges Gegenüber, von dem er sich bewußt unterscheidet, es gehört vielmehr auch noch zum Bestand seines eigenen Wesens. Im Anblick des Mädchens und in der Liebe zu ihm erfährt er unmittelbar die transzendente Einheit beider Geschlechter und verschmäht darum ihre sexuelle Vereinigung im Bereich der Immanenz, die er intuitiv als den Sündenfall der Liebe erkennt. Nicht als ob ihm diese Vereinigung verboten erschiene, weil sie Mann und Weib einander zu nahe bringt und die Trennung aufhebt, im Gegenteil, sie ist ihm viel zu wenig Nähe zur Geliebten, viel zu bedingt und bloß teilweise, gemessen an der sich allerdings nur in der Transzendenz herstellenden bedingungslosen Einheit aus der ebenso bedingungslosen Hingabe der Liebenden aneinander als Voraussetzung. Nicht die Liebe, sondern gerade die Sexualität verewigt die Distanz und verschärft sie zum Bruch; denn sie sucht ja nur die reflektierte, die objektivierte Verbindung, die Verbindung mit Vorbehalt, die Verbindung als Schauspiel, aus der sich die Verbundenen genießerisch zuschauend heraushalten. Wenn also Weininger sagt, daß dem wahrhaft Liebenden der Gedanke der körperlichen Vereinigung mit der Geliebten ein völlig undenkbarer wäre, so mißversteht er da seinen eigenen Genius. Der Liebende will vielmehr mit der Geliebten gerade auch körperlich ganz Eines werden, mit ihr zu einem einzigen Wesen verschmelzen, von ihr ungeschieden sein und sieht sich eben deshalb durch die bloß partielle und temporäre Verbindung, durch den das Sakrificium zu einem Sakrileg erniedrigenden und das Mysterium entweihenden Sexualakt um das eigentliche Ziel seiner Liebe betrogen. Er will nicht weniger, sondern viel, viel mehr als der Sexualist, freilich ein Mehr, das sich nur im Transzendieren des empirischen Gegenübers erreichen ließe. Der echte Erotiker, der „platonische" Schwärmer dagegen will tatsächlich weniger. Er sucht die Einheit im bloß Intelligiblen und *Transzendentalen,* d. h. in der abstrakten Vorstellungswelt, in der irrealen reinen Geistigkeit und nicht im Transzendenten. Das Transzendente nämlich ist eine *Realität höherer Ordnung,* das Transzendentale aber hat überhaupt keine Realität, sondern nur *Idealität,* es ist ein Gebilde des träumenden Geistes.

Die idealistische Philosophie hat seit jeher Transzendenz und Transzendentalität miteinander verwechselt, entweder die Ideen als Vorstellungsgebilde für metaphysische Realitäten gehalten wie *Platon,* oder umgekehrt die metaphysischen Realitäten für bloße Gedankendinge wie *Kant.* Das hat seinen Grund darin, daß der Mensch geneigt ist, die Werte, unter deren Mangel er leidet, irrigerweise gerade dort zu suchen, wo ihr Mangel schmerzlich erfahren wird. Er nimmt also die Erfahrung des Mangels für eine Art Erfahrung der mangelnden Werte selbst. Der einsam schweifende und der Wirklichkeit entfremdete Geist ist nichts weiter als ein *Vakuum,* nämlich der Hohlraum des aus der Vollwirklichkeit gefallenen Menschen. Als der diesen Hohlraum, diesen leeren Sack mit mir Herumschleppende weiß ich, daß mir etwas fehlt, und lasse mich dazu verführen, das Fehlende in den Ort seines Fehlens hineinzuprojizieren, hineinzudichten. Ich gebe mich der Illusion hin, daß ich, indem ich um das Fehlen weiß, auch das Fehlende kenne, ja es besitze, und zwar eben dort besitze, wo es fehlt. So macht es der Idealist und so macht es auch der Erotiker, aber nicht, gerade nicht der liebende Jüngling; denn er meint wirklich die transzendente und nicht die bloß transzendentale Einheit. Darum hat sein gesunder Abscheu vor dem Sexualen auch nicht das geringste mit Askese oder dergleichen zu tun. Er will ja, wie gesagt, viel mehr und nicht weniger als der Sexualist. Die Askese wächst immer nur auf dem dürren Boden des Idealismus. Sie ist Wirklichkeitsverachtung und Wirklichkeitsverneinung zugunsten jenes Hohlraumes.

Erst beim vollreifen und noch mehr beim älteren Mann kann das, was beim Jüngling sich bloß in den nicht mehr verstehenden Augen des Ernüchterten als übersinnliche Erotik darstellt, zur geschlechtsfeindlichen asketischen Ablehnung des Weibes entarten. So wie das etwa in den Worten des Gautama Buddha seinen Ausdruck findet: „Solange nicht das geringste Verlangen des Mannes nach dem Weibe ausgerottet ist, so lange ist sein Geist gefesselt wie das säugende Kalb an die Mutterkuh.“ „Hüte dich vor dem Weibe, der listigen Versucherin, die durch Geschlecht und Liebe in die Welt zurücklockt, der der Weise entflieht.“[13]

Monogamie und Polygamie

Dem empirischen Menschen tritt, so wie er selbst ein Individuum unter vielen Individuen des eigenen Geschlechtes ist, auch das andere Geschlecht als Vielheit und nicht in Gestalt eines einzigen möglichen Partners entgegen. Der jeweilige Geliebte oder die jeweilige Geliebte muß erst aus dieser Vielheit erwählt werden, sei es zu bloß zeitweiliger oder zu dauernder Verbindung. Daß die sich auf ein einzelnes Wesen beschränkende Liebe nicht die Erfüllung aller Wünsche bringen kann, ebensowenig wie der ständige Wechsel des Partners, also die Ausweitung der geschlechtlichen Beziehung auf eine möglichst große Anzahl von Frauen oder Männern, wurde soeben gesagt. Im ersten Fall fehlt dem Geliebten die zuletzt geforderte Totalität, im zweiten der persönliche Charakter. Innerhalb der Welt, in der wir leben, erweist sich die damit gegebene Dialektik als unaufhebbar, und das heißt, es gibt hier, wenigstens solange nur die Natur sowie die sich auf die natürliche Anlage gründende Ethik das Wort hat, keine Möglichkeit einer vollkommen eindeutigen Entscheidung für die monogame oder für die polygame Beziehung zwischen den Geschlechtern. Daß die Einehe sittlicher ist als die Vielehe oder selbst als die völlig wahllose und rein zufällige Vermischung von beliebigen Männern mit beliebigen Frauen, läßt sich jedenfalls ohne Zuhilfenahme religiöser Vorstellungen auf keine Weise hinreichend begründen, ja selbst religiöse Vorstellungen genügen hier nicht unter allen

Umständen, wie wir noch sehen werden, es wäre denn, daß man unter religiös soviel wie christlich versteht, wozu aber nicht der geringste Anlaß vorliegt.

Da sich für die Frau aus bestimmten Gründen das ganze Problem etwas anders ausnimmt als für den Mann, ist es vor allem dieser, für den die Frage: Monogamie oder Polygamie? niemals ihre Aktualität und ihre Dringlichkeit verliert. Er findet sich immer zwischen zwei Frauentypen gestellt, die beide ihn mit gleicher Stärke, obgleich in sehr verschiedener Weise anziehen. Wir wollen sie vorläufig noch ganz unverbindlich die *„Gattin"* und die *„Hetäre"* nennen. Jene repräsentiert die Geliebte in ihrer unwiederholbaren Einmaligkeit, diese die an einer ganz unbestimmten Anzahl von Individuen gleicherweise in Erscheinung tretende Weiblichkeit überhaupt. Der Abfall in den Zustand, in dem wir uns nun einmal befinden, bedeutet nicht Abwendung von der Einheit und Hinwendung zur Allgemeinheit, sondern Verlust der Identität beider, also des Zusammen von Einheit und Allgemeinheit in einem einzigen weiblichen Wesen. Jedem Mann schweben zwei Idealbilder der Frau vor, weil jeder sowohl erotisch wie auch sexuell bedürftig ist und die erotische Sehnsucht sich von allem Anfang an auf ein durchaus andersgeartetes Weib richtet als der sexuelle Trieb. Für den Mann der nördlicheren Breitengrade gilt im allgemeinen, daß die Frauen des eigenen Volkes, etwa die blonden Frauen, mehr erotisch, die dunkleren Südländerinnen dagegen, wenn sie ihm rassisch nicht gar zu fremd sind, mehr sexuell auf ihn wirken. Die qualitative Ähnlichkeit, die Wesensverwandtschaft der Liebenden scheint also Vorbedingung erotischer Empfindungen zu sein, während relative Andersartigkeit umgekehrt den sexuellen Reiz erhöht. Seinen Grund mag das vor allem darin haben, daß im zweiten Fall kaum noch das seelisch-geistige, sondern fast ausschließlich das physische Moment die Liebeswünsche auslöst. Das nur Physische aber ist auch schon das Allgemeine und Unpersönliche, also nicht das Einmalige am Menschen. Die Frau eines fremden Volkes, einer anderen Rasse ist für mich viel mehr als die des eigenen *Objekt,* und Objekte sind austauschbar. Zwar gefällt mir ein Goldstück besser als eine Kupfermünze, aber alle Goldstücke von gleicher Prägung behalten für mich genau denselben Wert. Es kommt mir nicht auf den Besitz gerade dieses besonderen Exemplares an, und es macht mir nichts aus, wenn ich das eine, das ich gerade habe, für ein anderes gleichwertiges hingeben muß. Natürlich wird es mir lieb sein, so viele wie nur irgend möglich von dieser Sorte zu besitzen und zu meiner Verfügung zu haben. Der Wert des *Einzigen* dagegen ist inkommensurabel. Das Einzige ist die gewisse Perle, für die man alles andere verkauft, die selber man aber niemals verkaufen würde.

Die beiden Frauentypen, die wir eben die Gattin und die Hetäre genannt haben, tauchen bereits in den Mythen und Sagen der Antike sowie später in der abendländischen Dichtung immer wieder auf, und zwar als die Gegenpole, zwischen die sich der Mann gestellt sieht, zwischen denen er zu wählen hat und die ihm zum Schicksal werden. Die zwei Göttinnen etwa, die Tugend und das Laster, die dem Herakles nach der bekannten Erzählung des Sophisten *Prodikos* am Scheideweg begegnen, tragen unverkennbar ihre Züge. Und wenn der Göttervater Zeus, aller Eifersucht seiner Gemahlin Hera zum Trotz, auf Liebesabenteuer ausgeht und sich in den verschiedensten Gestalten als Schwan, Wolke, Goldregen, Stier und Amphitryon mit zahlreichen Geliebten wie Leda, Io, Danae, Europa, Alkmene usw. verbindet, so sind zwar diese Frauen nicht gerade Hetären, aber doch, gemessen an Hera und wenigstens für den Geschmack des amourösen Gottes selbst, Vertreterinnen des hetärischen Prinzips. Ähnlich wie Hera verteidigt in Richard *Wagners* „Walküre" Frigga gegen Wotan die Unantastbarkeit der monogamen Ehe, während sich die Sympathie des Gottes offensichtlich Brünhilde, der Beschützerin des ehebrecherischen Geschwisterpaares Siegmund und Sieglinde zuneigt. Ganz deutlich sind die Typen in den Gestalten der Elisabeth und der Frau Venus im „Tannhäuser" zu erkennen. Auch die Ballade von Tom, dem Reimer, der zunächst nicht weiß, ob er es mit der Himmelskönigin oder mit der Elfenkönigin zu tun hat, gehört in den gleichen Kreis. Es ist nicht schwer, weitere Beispiele in großer Zahl anzuführen. Vor allem wäre noch an die rabbinische Sage von den beiden Frauen Adams: Eva und Lilith zu denken und schließlich an die Gegenüberstellung der Braut des Lammes und der großen Hure Babel in der Johannes-Apokalypse.

Hier in diesem letzten Fall handelt es sich allerdings nicht eigentlich um dialektische Gegenpole, aber als solche allein lassen sich ja überhaupt auch Gattin und Hetäre nicht restlos verstehen, vielmehr schwingt in der Idee der Gattin, also des einen und unersetzlichen Weibes immer auch schon das jeder Dialektik Transzendente mit, wie übrigens in allen positiv bewerteten Polen der uns bekannten Relationen, so etwa im Begriff des sittlich Guten, das keineswegs nur die dialektische Antithese des Bösen ist. Genau das gleiche gilt von der Erotik in ihrem Verhältnis zur Sexualität. Sie ist einerseits gewiß die idealistisch deformierte Liebe und insofern nicht weniger fragwürdig als die Sexualität, aber andererseits lebt sie doch auch wieder aus dem Zusammenhang mit der Ungebrochenheit des Ursprungs, was ihre Bewertung durchaus rechtfertigt. Auch der Pharisäer ist an sich nicht schlechter, sondern entschieden besser als der Zöllner; und wenn der Zöllner vor ihm etwas voraus hat, so doch nur dies, daß er, seiner tieferen Verstricktheit in die Sünde wegen, der Erkenntnis seiner Verlorenheit und Erlösungsbedürftigkeit vielleicht näher ist. Es wird kaum einen Menschen geben, der sich seiner sinnlichen Triebe rühmt und sie sich zur Gerechtigkeit anrechnet. Wohl aber wird mancher Erotiker in Versuchung kommen, seine schönen Gefühle dem besonderen Adel seiner Seele zuzuschreiben und sich gerade so mehr als der Triebmensch den Zugang zur wahren Liebe zu verstellen. Niemand hält verrostetes Eisen für Gold, aber vergoldetes Silber läßt sich mit echtem Gold verwechseln.

Das Verhältnis der beiden Geschlechter zu Monogamie und Polygamie ist ein grundsätzlich verschiedenes. Die Frauen sind gewöhnlich entweder monogam oder polygam veranlagt und das heißt wesensmäßig zur Gattin oder zur Hetäre prädestiniert. Zwar hat ohne Zweifel kaum eine Frau nur monogame oder nur polygame Instinkte, aber jedenfalls je mehr von den einen, um so weniger von den anderen. Der Mann dagegen kann sehr wohl in einer Person, wenn auch gewiß in zwei verschiedenen Schichten seines Wesens, monogam und polygam zugleich sein und beides mit derselben Intensität. Das liegt allein darin begründet, daß im Geschlechtsleben der Frau eine doppelte, dem Mann aber nur eine einfache Funktion zukommt, die immer die gleiche bleibt, ganz gleichgültig, mit welcher Art Frau er es zu tun hat. Ob er dabei Vater wird oder nicht, hängt nicht von ihm ab und bedeutet für ihn auch keinen Unterschied. An ihm ändert sich dadurch nichts. Als das Geschlechtswesen, das er ist, kann er immer nur auf die Zeugung und nicht auf die der Frau vorbehaltene Geburt eingestellt sein und hat darum insofern auch gar kein Interesse an der Aufrechterhaltung der einmal eingegangenen Beziehung, während die Frau für sich und für ihr Kind den Beschützer und Erhalter benötigt. In sexueller Hinsicht ist er demgemäß von Natur aus polygam. Monogam hingegen ist er abgesehen von allem bloß Sexuellen in seiner Geistigkeit als der Partner der Gattin, deren Monogamie auch nichts mit ihrem Muttertum zu tun hat.

Nach *Bachofens* Darstellung war die Einehe ursprünglich eine Schöpfung des weiblichen und nicht des männlichen Willens. Der Frau wurde jener hypothetische, freilich in keiner Weise zu belegende Anfangszustand der Promiskuität, der wahllosen Geschlechtermischung allmählich unerträglich, und so suchte sie die Regelung der geschlechtlichen Beziehungen durch die Ehe durchzusetzen, was ihr schließlich auch gelang. Sie führte das von Bachofen sogenannte *demetrische* Zeitalter, das Zeitalter des Matriarchates und der Gynäkokratie herauf. Auch das ist freilich nur ein mythologischer Traum und keine geschichtliche Realität, wenigstens sicher nicht in dem von Bachofen angenommenen Umfang. Uns interessiert vor allem die Tatsache, daß hier die Monogamie lediglich auf das natürliche Bedürfnis des Muttertums und nicht auf irgendwelche Ideen höherer Ordnung zurückgeführt wird. Die ideelle Monogamie folgt, wie Bachofen meint, erst viel später, und zwar nach dem dionysischen Rückschlag in den Hetärismus durch ein männliches Dekret. Jetzt ist es nicht die Mutter, nicht das Weib, sondern der apollinische Geist des Mannes, der die Einehe in der Gestalt des Patriarchates fordert. Wir bemerken auch hier wieder die eigenartige Zwiespältigkeit des Bachofenschen Denkens, das ständig schwankt zwischen der Verklärung des mütterlichen Weibes und der damit nicht recht zu vereinbarenden Höherbewertung des solarischen männlichen Prinzips.

Auch Otto *Weininger* muß, da er die Fähigkeit wirklich zu lieben und nicht nur sexuell zu begehren, allein dem Mann zuerkennt, die Einehe als ethische Institution folgerichtig im männlichen Geist begründet finden. Zwar erstrebt auch die Frau, oder doch wenigstens eine bestimmte Abart der Frau, die Monogamie, ja sogar noch viel leidenschaftlicher als irgendein Mann, aber das nur aus den ethisch völlig bedeutungslosen Instinkten des Muttertiers heraus. Daß es diesen Typus des mütterlichen Weibes, wie ihn Weininger schildert, wirklich gibt, d. h. also die Frau, der es zuletzt überhaupt nicht auf den Mann, sondern ausschließlich auf das Kind, besser gesagt auf die Brut ankommt, soll gar nicht bestritten werden, aber eine solche absolute Mutter ist dann nur der dialektische Gegenpol der reinen Dirne und nichts weiter. Weder der Mutter noch der Dirne geht es um diesen einen Mann, beide sind bloße Triebwesen, und eben aus ihrem Trieb ist die eine monogam und die andere polygam. Die Gattin, von der Weininger nichts weiß und die seiner Meinung nach nur in der Phantasie des reinen Toren, Mann genannt, vorkommt, ist weder Mutter noch Dirne, weder einseitig auf den sexuellen Genuß noch einseitig auf das Kind erpicht. Sie meint vielmehr wirklich diesen einen Mann und mit ihm gewiß auch das Kind, das sie von ihm hat oder sich von ihm wünscht und in dem sie dann nicht irgendein anderes, sondern wieder ihn, den Geliebten erkennt. Sie allein ist die wahrhaft liebende Frau, die aus jener Urliebe liebt, in der Mann und Weib sich vereinigen, um in ihrer eigenen Einheit auch schon das dritte zu sein und in der darum auch *Empfängnis und Geburt* zusammenfallen.

Die lediglich triebhaft bedingte monogame Veranlagung der mütterlichen Frau wurde leider sehr oft und immer wieder mit dem sich auf den Wert der Person gründenden Willen der typischen Gattin zur dauernden und ihrem Wesen nach unlöslichen Ehe verwechselt. Auch *Bachofen,* der den Unterschied zwischen Mutter und Gattin doch mindestens ahnt, macht sich dieser Verwechslung schuldig, indem er der demetrisch-matriarchalischen Monogamie ethische Lichter aufzusetzen versucht. Die bloße Mutterliebe, die ja auch das Tier kennt, verdient nicht die sentimentalen Nebelschwaden, in die man sie gewöhnlich einzuhüllen beliebt. Die hier gerügte Verwechslung entspringt der geheimen Absicht, sich einen Naturtrieb, für den man gar nichts kann, zur Tugend anzurechnen.

Übrigens muß auch Bachofen, dieser Romantiker der Mütterlichkeit, wider Willen zugeben, daß Mutterliebe als solche noch keinen ethischen Wert darstellt, so z. B. wenn er sagt: „Die innige Verbindung des Kindes mit dem Vater, die Aufopferung des Sohnes für seinen Erzeuger verlangt einen weit höheren Grad moralischer Entwicklung als die Mutterliebe, diese geheimnisvolle Macht, welche alle Wesen der irdischen Schöpfung gleichmäßig durchdringt. Später als sie kommt jene zur Geltung, später zeigt sie ihre Kraft." Aber das wird dann doch sofort wieder abgeschwächt, wenn nicht geradezu umgestoßen durch die anschließenden Worte: „Dasjenige Verhältnis, an welchem die Menschheit zuerst zur Gesittung emporwächst, das der Entwicklung jeder Tugend, der Ausbildung jeder edleren Seite des Daseins zum Ausgangspunkt dient, ist der Zauber des Muttertums, der inmitten eines gewalterfüllten Lebens als das göttliche Prinzip der Liebe, der Einigung, des Friedens wirksam wird."[14] Man fragt hier unwillkürlich: wie kann das, was eben noch als eine alle Wesen der Schöpfung ohne Ausnahme durchdringende Macht gekennzeichnet wurde, was also dem Tier nicht weniger eigentümlich ist als dem Menschen, nun doch wieder zur Grundvoraussetzung spezifisch menschlicher Gesittung gemacht werden? Bachofen hängt eben am evolutionistischen Schema, das ihm den Zugang zur Wahrheit immer wieder verbaut. Das Höhere gilt als das Spätere, und somit muß konsequenterweise das Frühere das Unvollkommene sein. Aber dann wird doch wieder gerade umgekehrt in das Frühere, in die der Theorie nach relativ niedere Stufe des Matriarchates die ganze Fülle des Paradieses hineingedichtet, aus dem die Menschheit vertrieben wurde. Das Problem kann seine befriedigende Lösung nur dann finden, wenn man die Vorstellung von einem sukzessiven Aufstieg fallen läßt, d. h. die Vollendung nicht an das Ende, sondern an den Anfang des Prozesses setzt. Dann kommt nämlich auch noch die Mutterliebe des Menschen zu ihrem Recht als ein Phänomen besonderer Art, das mit der des Tieres nicht einfach identisch ist und überdies von der auch von Bachofen trotz allem höher geschätzten Liebe zwischen Vater und Sohn weder zeitlich noch qualitativ unterschieden werden muß. Die Liebe der Menschenmutter zu ihrem Kind hat vor jener der Tiermutter das voraus, daß sie das Kind liebt nicht als das Junge, das des Schutzes bedarf und die Art erhalten soll, nicht als den Fortsetzer der Generation in der Zeit, sondern als das in der zeitlichen Welt freilich sehr entstellte Symbol des „Menschensohnes", der Einheit von Mann und Weib, in der sich beide Gott darbieten. Nur von daher empfängt die Mutterliebe ihren Adel, nur in diesem Licht wird sie zu einem heiligen Mysterium, gleich der Liebe zwischen den Geschlechtern, von der sie ja so verstanden sich auch gar nicht mehr unterscheidet. Im gleichen Grad aber, in dem sich die weibliche Liebe zum Kind vom Mann entfernt, wird sie zum bloßen Muttertrieb, wie umgekehrt die Liebe zum Mann zur bloßen Sexualität in dem Grad, in dem sie sich vom Kind entfernt. So treten Muttertum und Dirnentum auseinander als die beiden dialektischen Entartungsformen jener Liebe, in der der Mann in der Frau seine Einheit mit ihr und die Frau im Mann ihre Einheit mit ihm, also beide das gemeinsame Dritte lieben, das sie selber sind und in dem sie sich der Urliebe Gottes erschließen. Von diesem einen Zentrum her empfängt die Gattenliebe wie die Mutter- und die Vaterliebe erst ihre Würde, so daß die Frage nach dem höheren Rang der einen oder der anderen jeden Sinn verliert. Ich darf hier nochmals an den schon einmal erwähnten Roman von George *Barker* („Der Dorn im Fleisch", The Dead Seagull) erinnern. Da ist es der Mann, dessen Liebe so ausschließlich der Gattin gehört, daß er nur mit brennender Eifersucht an das noch ungeborene Kind denken kann. Damit aber wird seine Liebe auch schon zur bloßen Geschlechtsgier und gehört heimlich gar nicht mehr der Frau, sondern der im Hintergrund wartenden Dirne.

Die Dirne sucht ihren Genuß, sei es den rein geschlechtlichen, sei es irgendeinen anderen, zu dem ihr die sexuelle Beziehung indirekt verhilft. Der Mann ist ihr unter allen Umständen nur Mittel zum Zweck, so wie umgekehrt auch sie dem Mann. Das mütterliche Weib dagegen denkt nicht primär an sich, sondern an das Wesen, dessen Mutter es ist, und soweit eine solche Mutter den Vater ihrer Kinder liebt, behandelt sie auch ihn mehr wie ein Kind als wie einen Gatten. Das empfangende Prinzip wird in der Mutter zum bewahrenden, in der Dirne zum verschlingenden. Die Mutter dient, die Dirne aber bemächtigt sich ihrer Partner und läßt sie in sich oder an sich untergehen als von ihr Überwältigte.

> Dienen lerne beizeiten das Weib nach ihrer Bestimmung;
>
> — — — — — — — — — — — — — — — — —
>
> Daß sie sich ganz vergißt und leben mag nur in anderen!
> Denn als Mutter, fürwahr, bedarf sie der Tugenden alle.

heißt es in Goethes „Hermann und Dorothea". Das gilt von der Mutter. Die Hetäre dient nicht, sie läßt sich dienen und zwingt in ihren Dienst. Ihre dämonische Aufgipfelung findet sie in Gestalten wie Circe, Semiramis, Theodora, Cleopatra oder Messalina. Aber auch die Mutter hat ihr dämonisches Extrem, nämlich als die *strenge* Mutter. Strenge hängt mit Strafe zusammen, und alle Strafe will zuletzt den Tod des Bestraften, wie alles Herrschen im Sinn der Tyrannei den Tod des Beherrschten. Diesem Grenzfall kommt die spartanische Mutter nahe, die dem in die Schlacht ziehenden Sohn den Schild überreicht mit den Worten: Kehre mit ihm oder auf ihm zurück. Sparta war in keiner Weise hetärisch, wohl aber matriarchalisch, so daß die androkratischen Athener verächtlich sagen konnten, dort herrschen die Weiber über die Männer. Daß die spartanischen Epheben alljährlich vor dem Altar der Artemis, also einer weiblichen Gottheit blutiggepeitscht wurden, spricht eine hinreichend deutliche Sprache. In dieser eigentümlichen Todesbezogenheit berührt sich übrigens das Mütterliche wieder mit dem Hetärischen. Der Kreis der weiblichen Möglichkeiten schließt sich hier im

Negativen, so wie er auf der anderen positiven Seite aus einem gemeinsamen Ursprung, in dem die liebende Gattin steht, sich nach den beiden Polen hin entfaltet. Der Mann, der zum weiblichen Partner die absolute Mutter hat, ist ebenso wie der andere, den die Dirne hat, ein Geopferter. Er gleicht der Drohne, die im Hochzeitsflug ihre Bestimmung erfüllt und dann stirbt. Es läßt sich oft nicht entscheiden, ob die großen Göttinnen, denen im näheren und ferneren Orient blutige Menschenopfer gebracht wurden, wie der indischen Kali, als Repräsentantinnen der Magna Mater oder der Magna Meretrix zu gelten haben, weil eben hier beide in Eines zusammenfallen. Der weibliche Schoß wird zum Symbol der Erde, die nicht das Lebendige aus sich hervortreibt, sondern das Tote in sich zurücknimmt.

Wie aber dem Mann das Weib, so wird dem Weib selbst die eigene Naturgebundenheit zum Schicksal und Verhängnis. Die paradiesische Schlange, die Eva verführt und sie, die Gattin, zur Mutter und zur Dirne werden läßt, erscheint da und dort in verschiedener Gestalt in den Mythen und Sagen. So etwa als die kleine Giftschlange, die die vor den Nachstellungen des Halbgottes Aristäus flüchtende Eurydike, die schöne Gattin des Orpheus, in den Fuß sticht und tötet. Dieser Schlangenbiß bedeutet ohne Zweifel nichts anderes als das in der Flüchtenden heimlich aufkeimende wollüstige Verlangen nach dem Verfolger. Indem sie so kaum bewußt der Versuchung nachgibt, hat sie bereits die Ehe gebrochen in ihrem Herzen, ist sie aus der Gattin zur Dirne geworden und damit dem Hades verfallen. Der liebende Gatte geht ihr nach in die Unterwelt und erwirkt von Proserpina ihre Freigabe, allerdings nur unter der Bedingung, daß er sich, solange er den Ausgang des Hades noch nicht erreicht hat, nicht umwendet. Beinahe am Ziel vergißt er sich aber, sieht sich um, und im gleichen Augenblick wird ihm die Geliebte wieder entrissen, und zwar nun für immer. Orpheus wendet sich um, das heißt, er kann genau so wenig wie Eurydike der Versuchung widerstehen. Auch er verfällt dem Unten, der Schlange. Auch seiner Liebe fehlt die Vollkommenheit, die die Bindung des Mannes an die Frau und der Frau an den Mann zur ewigen unzerstörbaren Ehe macht. Nach seiner Rückkehr an die Oberwelt wird Orpheus von den Mänaden, den hetärischen Dienerinnen des Dionysos, zerrissen. Er ist, soll damit gesagt sein, der Macht des Dirnentums und also dem Untergang verfallen. Dem reinen Gatten, dem in seiner Liebe unerschütterlichen hätten die Mänaden nichts anhaben können. Er wäre als der Sänger, der er war, ein Diener des Apollon geblieben und nicht in die Gewalt des Dionysos geraten, der immer auch Hades ist nach dem bereits erwähnten Ausspruch des *Heraklit.* Es ist nicht die milde liebende Frau von der Art der keuschen Eurydike, die dem Mann die höchsten Wonnen verspricht, sondern die rasende Priesterin des Dionysos, die Hetäre. Aber die Lust des Rausches, den sie gibt, muß immer bezahlt werden, zuletzt mit dem Leben.

Das Eurydike-Thema wird auch von *Goethe* variiert in dem Gedicht „Paria", und zwar in der „Legende":

> Wasser holen geht die reine
> Schöne Frau des hohen Brahmen

Dieser Frau ist es gegeben, ohne Gefäß mit den bloßen Händen Wasser schöpfen zu können; denn:

> Seligem Herzen, frommen Händen
> Ballt sich die bewegte Welle
> Herrlich zu krystallner Kugel;
> Diese trägt sie, frohen Busens,
> Reiner Sitte, holden Wandelns,
> Vor den Gatten in das Haus.

Einmal aber, da sie sich wieder niederbeugt zum Fluß, zieht über ihr ein schöner junger Gott vorüber, und sein Bild spiegelt sich vor ihr im Wasser, so daß ihr Auge wie gebannt an ihm hängen bleibt und sie ihn unwillkürlich ansieht „seiner zu begehren". Da zerrinnt auch schon die Wasserkugel zwischen ihren Fingern. Mit leeren Händen muß sie vor den Gatten treten – „Schuldig, keiner Schuld bewußt" – und wird als Ehebrecherin von ihm getötet. Solange sie die reine Gattin war, hatte sie Macht über das Element, als die selbst dem Naturtrieb und also den Elementarkräften Verfallene aber verliert sie diese Macht. Nun ist das Element Herr über sie, so wie die Schlange über Eurydike in dem Augenblick, da sich ihre Neigung, obgleich ungewollt, dem Verfolger zuzuwenden beginnt. In einer Tagebuchnotiz aus dem Jahr 1807 tadelte Goethe an *Schillers* „Jungfrau von Orleans", daß sie sich ihrer Liebe zu Lionel und damit ihrer Schuld bewußt wird und verweist demgegenüber auf eben das indische Märchen, dem er den Stoff für sein Gedicht entnommen hat. Eine bewußte Schuld ist allzu oberflächlich, allzu geheimnislos und allzu sehr nur an das Individuelle gebunden, als daß sie ein tragisches Schicksal rechtfertigen könnte. Die unbewußte hat ungleich mehr Gewicht, sie sitzt ganz tief im eigentlichen Kern des Menschen, sie hat mit der *Ur-Sünde* zu tun und also das Todesverhängnis in sich. Eurydike und die Brahmanin scheitern als Gattinnen an ihrem verborgenen Dirnentum. Gerade weil sie die höchste Stufe der Reinheit und der persönlichen Liebe beinahe erreicht haben, muß am Ende die doch auch sie bindende Schuldverfallenheit zur Katastrophe führen. Der individuell Schuldlose lebt ganz und gar aus der Ur-Schuld, und so trifft auch ihn für diese sichtbar das Gericht, während die anderen unbemerkt vermodern. Daß an ihm die Ur-Schuld mit ihren Folgen offenbar wird, ist seine Blamage vor Gott, aber seine Auszeichnung vor den Menschen.

Die beiden Sagen von Eurydike und der Brahmanenfrau konnten nur von solchen Völkern ersonnen werden, für die die eheliche Treue, vor allem die Treue der Gattin, einen hohen sittlichen Wert darstellte, während sie den Hetärismus verabscheuten, die also im Erotischen und nicht im Sexuellen das eigentliche Wesen der geschlechtlichen Liebe gefunden zu haben meinten. Nicht immer und nicht überall aber stoßen wir auf die gleiche Anschauung. So scheint vielmehr vor allem in zahlreichen altorientalischen Kulturen gerade umgekehrt der sakrale Akzent auf dem Dirnentum zu liegen, wogegen die Monogamie wie überhaupt das eheliche Leben dem profanen Bereich zugehört. Heilig ist die Hetäre und nicht die Gattin. Wir sagten ja schon, daß die empirische individuelle Ehe zwischen einem Mann und einer Frau insofern ganz offensichtlich das Moment der Unvollkommenheit an sich hat, als sie alle anderen Männer und alle anderen Frauen und das heißt das Ur-Männliche und das Ur-Weibliche seiner Totalität nach ausschaltet. Diesem Mangel will die vollkommene Ehe dadurch begegnen, daß der Gatte die Gattin und die Gattin den Gatten als Repräsentanten des ganzen anderen Geschlechtes liebt und ihm bzw. ihr die Treue hält, so als ob es sonst keinen Mann und keine Frau mehr auf der Welt gäbe. Die Einzelehe soll sich ideell zur absoluten Ehe steigern. Daß dies eine Illusion bleiben muß, ist ebenso klar wie die Tatsache, daß sich die Liebe nur in einem monogamen Verhältnis erfüllen kann, aber eben in einem monogamen Verhältnis, das sich in der Wirklichkeit, wie wir sie kennen, auf keine Weise herstellen läßt. Hier bleibt es bei dem Entweder-Oder, entweder Einehe auf Kosten der Totalität oder Totalität auf Kosten der Einehe und der persönlichen Liebe zwischen Ich und Du. Es gibt keinen Ausweg aus dieser Alternative, keine dritte Möglichkeit. Der Mensch muß schuldig werden, ob er sich so oder so entscheidet, und je nachdem wie die Götter beschaffen sind, denen er jeweils dient, wird ihm entweder die strenge Monogamie oder der Hetärismus im Licht religiöser Forderung erscheinen. Wer Apoll zu seinem Gott macht, wird in der Gattin, wer den Dionysos verehrt, in der Mänade das Idealweib sehen, und Apollon ist nicht weniger als Dionysos ein heidnischer, d. h. ein natürlicher Gott und also sein Abgott. Wohl kann man in Apollon den Genius aller persönlichen Werte sehen, während Dionysos über das Persönliche und Einmalige hinweggeht, aber wer sagt uns, daß vor dem unbekannten Gott, der über beiden Rivalen thront, der eine mehr gilt als der andere; denn das, was wir in unserer zeitlichen Existenz unter persönlichen Werten verstehen, sind doch in Wahrheit nur individualistische Werte, deren ganze Fragwürdigkeit uns gerade dadurch zum Bewußtsein gebracht wird, daß sie ständig durch die dialektischen Gegenforderungen des Kollektivs negiert werden. Es läßt sich von daher sehr wohl begreifen, daß manche heidnische Religionen die Allgemeinheit nicht auf dem Weg absoluter Vereinzelung, sondern auf dem diametral entgegengesetzten der Ausbreitung des Erotischen über möglichst alle Vertreter des anderen Geschlechtes, also in der Potenzierung der Sexualität gesucht haben. Daraus erklären sich die bekannten Sitten, nach denen etwa die Frauen oder auch die erwachsenen Mädchen zur zeitweiligen kultischen Preisgabe an alle Männer, die sie begehrten, verpflichtet waren, sowie die Tempelprostitution, der Hierodulendienst usw. Auch die Selbstentmannung der Kybelepriester und vieler Männer im orgiastischen Kult der phönikischen Astarte gehört mit in diesen Rahmen; denn die Verstümmelung bedeutet hier nicht so sehr einen asketischen Akt, wie z. B. die angebliche Selbstentmannung des *Origines*, sondern eher die geschlechtliche Vereinigung mit der Urgöttin als Inbegriff der gesamten Weiblichkeit. Ihr sollte alles gegeben werden. Die Einehe, ja sogar die individuelle Liebe eines Mannes zu einer Frau erscheint unter diesem Gesichtspunkt als ein religiös verwerflicher Frevel. Die Person des Partners oder der Partnerin darf keine Rolle spielen, was in manchen rituellen Bräuchen seinen Ausdruck findet. So geben sich die Hierodulen zuweilen zwar mit enthülltem Körper, aber mit verhülltem Gesicht den Männern hin. Als Beispiel dafür kann die biblische Erzählung von Juda und Thamar angeführt werden. Thamar verkleidet sich als „Hure", d. h. nicht etwa als gewöhnliche Prostituierte nach Art einer Straßendirne von heute, sondern als Hierodule, als geweihte Dienerin irgendeiner heidnischen Gottheit Kanaans, um sich so ihrem Schwiegervater anzubieten, und zwar besteht ihre Verkleidung, wie ausdrücklich gesagt wird, in der Verhüllung des Gesichtes. Nur so kann sie unerkannt bleiben und zu ihrem Ziel kommen. Juda denkt offenbar auch gar nicht daran, ihr den Schleier fortzunehmen; denn das wäre eine Entweihung der Priesterin, ein schweres kultisches Vergehen. Wenn die Hierodule ihr Gesicht bedeckt, so tut sie damit das genaue Gegenteil dessen, was Adam und Eva taten, als sie sich Schürzen aus Feigenblättern machten. Diese Schürzen nämlich sollten das verbergen, was dem gefallenen Menschen als Zeichen seiner Gottunebenbildlichkeit und seines Persönlichkeitsverlustes erschien. Die Dirne aber kehrt umgekehrt gerade das heraus in die Sichtbarkeit und entzieht dafür ihre Augen, das „Licht ihres Leibes", das Zeichen ihrer persönlichen Einmaligkeit den Blicken. Sie will genommen sein als eine unter den anderen, als bloßes Exemplar des Geschlechtes und nicht als diese besondere Frau. Sie ist vertauschbar, ebenso wie die Männer, mit denen sie wahllos verkehrt. Sie dient ihrem Gott oder ihrer Göttin, indem sie ihr Selbst opfert. Man darf nicht meinen, daß in unserer Welt dergleichen nicht auch noch zuweilen vorkommt und ähnliche Vorstellungen völlig ausgestorben wären. Auf der Ebene des sichtbaren Kulturlebens spielen sie wohl keine Rolle mehr und haben keinen Platz in den öffentlich anerkannten Religionen oder in der bürgerlichen Ethik, wohl aber in den verborgenen Abgründen des Unterbewußtseins. Ein moderner Nervenarzt berichtet zum Beispiel, daß eine seiner Patientinnen, eine sonst durchaus normale und überdurchschnittlich intelligente Frau, im Dienst einer weiblichen Gottheit zu stehen meinte, die ihr dann und wann im Traum erschien und ihr den möglichst häufigen intimen Verkehr bald mit diesem, bald mit jenem Mann zur Pflicht machte, aber sofort eine drohende Haltung annahm, sobald die Patientin die Dauer der Beziehung zu irgendeinem dieser Männer über Gebühr ausdehnte und persönliche Liebe für ihn empfand. Sie sollte also Hetäre, aber eben darum nicht Gattin sein; denn als solche hätte sie das Gesetz der Göttin verletzt.

Obwohl bei den orientalischen Völkern des Altertums die kultische Prostitution gewöhnlich mit der Verehrung der unter verschiedenen Namen auftretenden „Großen Mutter“ verbunden war, kam es dabei doch nicht auf Fruchtbarkeit und Fortpflanzung an, sondern ganz allein auf die geschlechtliche Betätigung. In Karthago und auch anderswo wurden die vornehmsten Hierodulen sogar sterilisiert und so für die Mutterschaft untauglich gemacht. Bei den alten Slawen pflegten sich nach dem Tod eines Stammeshäuptlings junge Mädchen freiwillig zu melden, um mit dem Verstorbenen begraben oder verbrannt zu werden. In der Zwischenzeit zwischen dessen Tod und Bestattung gaben sie sich jedem hin, der nach ihnen verlangte, und wurden dann während der Beerdigungsfeier geschlachtet. Auch hier scheidet also die Möglichkeit, Mutter zu werden, aus. Daß nicht die Fortpflanzung der eigentliche Sinn solcher Kulthandlungen war, zeigt ja auch die bereits erwähnte Selbstentmannung der Kybelepriester und anderer. Der Gott oder die Göttin des Geschlechtes will nicht das Kind, sondern das Opfer. Der einzelne Mensch, Mann wie Frau, soll sich zu Ehren der Gottheit verzehren und im Feuer der orgiastischen Begeisterung verbrennen.

Wo die persönliche Liebe zugunsten der Sexualität verneint wird, dort trifft dieses Nein ganz selbstverständlch auch das individuelle Kind, die Frucht dieses einen Vaters und dieser einen Mutter. Die wahllose Vermischung der Geschlechter in der Orgie fragt nicht nach dem Einzelnen, auch nicht nach dem zeitlich Einzelnen, nach dem morgigen Tag, sondern findet ihre Erfüllung im Rausch und im allgemeinen Untergang der Berauschten, aus dem die alles verschlingende Urmutter neu befruchtet auch ein Neues gebären mag, das, weit jenseits aller individuellen Erfahrbarkeit, aus dem Chaos aufsteigen soll.

Von einigen Stämmen der Südseeinsulaner wird berichtet, daß die jungen Mädchen von der Zeit der Reife bis zum Tag ihrer Verheiratung in völlig ungebundenem Verkehr mit allen jungen Männern des Stammes leben, die Mutterschaft aber allein den Ehefrauen vorbehalten bleibt. Schwangere Mädchen werden samt den noch ungeborenen Kindern getötet. Vom Standpunkt unserer Moral aus erscheint diese Sitte völlig unbegreiflich. Sie erklärt sich jedoch unschwer aus der metaphysischen Dialektik von Muttertum und Hetärentum, auch wenn die betreffenden Völker davon nichts mehr ahnen, sondern lediglich eine alte Tradition stumpfsinnig fortsetzen. Es handelt sich hier nicht etwa um eine Bestrafung des Mädchens ihrer Unkeuschheit wegen, vielmehr wird sie der Großen Mutter geopfert, gegen die sie sich, wenn auch ungewollt und ohne sich im entscheidenden Augenblick dessen bewußt geworden zu sein, versündigt hat.

Bachofen will den Übergang vom Hetärismus zur ehelichen Gemeinschaft entwicklungsgeschichtlich interpretieren, und zwar in dem Sinn, daß jener am Anfang, diese am Ende des Prozesses steht, wobei die religiösen Vorschriften, durch welche die Frauen zur allgemeinen Preisgabe gezwungen werden, allmählich an Strenge verlieren: „Die jährlich wiederholte Darbringung weicht der einmaligen Leistung, auf den Hetärismus der Matronen folgt jener der Mädchen, auf die Ausübung während der Ehe die vor derselben, auf die wahllose Überlassung an alle die an gewisse Persönlichkeiten. An diese Beschränkungen schließt sich die Weihe besonderer Hierodulen an: sie ist dadurch, daß sie die Schuld des ganzen Geschlechts von einem besonderen Stande fordert und um diesen Preis das Matronentum von aller Pflicht der Hingabe freispricht, für die Hebung der gesellschaftlichen Zustände besonders bedeutend geworden. Als die leichteste Form eigener Leistung erscheint die Darbringung des Haupthaares, welches in einzelnen Beispielen als Äquivalent der körperlichen Blüte genannt, von dem Altertum aber überhaupt mit der Regellosigkeit hetärischer Zeugung, insbesondere mit der Sumpfvegetation, ihrem natürlichen Prototyp, in die Beziehung innerer Naturverwandtschaft gesetzt wird."[15]

Indem sich der Mensch von den alten, den chthonischen Göttern ab- und den uranischen oder siderischen Lichtgöttern zuwendet, gewinnt die eheliche und verliert die hetärische Geschlechtergemeinschaft ihr religiöses Gewicht, verliert also auch die Hierodule ihre ursprüngliche Heiligkeit, so daß sie schließlich sogar wie im Abendland, aber auch zum Teil schon in der Antike, zur Ausgestoßenen, zur gesellschaftlich Geächteten und Verworfenen wird. Trotzdem bestehen auch weiterhin bis zur Stunde Ehe und Hetärismus nebeneinander, wie ja auch die Mächte der Tiefe zwar ignoriert und aus dem Bewußtsein verdrängt, aber keineswegs endgültig erledigt sind. Man wird hier mit seinem Urteil sehr vorsichtig sein müssen. Es ist jedenfalls nicht einfach so, daß da ein dialektischer Prozeß nach Hegelscher Manier an sein Ziel gekommen wäre; denn das Matronentum als bloßer Gegenpol des Dirnentums hat ebensowenig wie dieses Anspruch auf die Urbildlichkeit des absoluten Geistes. Die Hochschätzung der Ehe in unserer Kultur und auch schon in der griechischen und römischen beruht viel eher auf einer Verkümmerung der metaphysischen Organe als auf einer reineren Ethik.

Ehrlicherweise müßte zugegeben werden, daß der moderne Zivilisationsmensch weder die Ehe noch die Prostitution für heilig hält. Nur entspricht die eheliche Regelung der Geschlechterbeziehung mehr den Anforderungen der bürgerlichen Lebensordnung. Dem Bürger kommt es nicht auf Heiligkeit, sondern allein auf Sicherheit und Geborgenheit an. Er will hier in seiner Welt von Göttern und Dämonen unbelästigt sein. Er will nichts wissen von dem unter der Erdoberfläche oder, was dasselbe ist, unter seiner Bewußtseinoberfläche brodelnden Feuer. Er lügt sich eine seinen eigenen wenig hochgeschraubten Bedürfnissen angemessene ungefährliche Lichtwelt vor. Seine Religion ist die Humanität, in der er, wie schon der Name sagt, keine anderen Götter hat neben sich. Das Unheimliche und Tragische reagiert er ab, indem er es auf die Bühne oder gar auf die Filmleinwand verweist, oder am Ende, wie im Kommunismus, als nicht existent dekretiert. Es ist klar, daß in einer solchen Atmosphäre die Ehe nur noch eine sehr profane und keine sakrale Angelegenheit sein kann. Man heiratet so wie man ein Geschäft eröffnet, eine Firma gründet oder einen Mietvertrag abschließt, und eben der Gattin dieser Ehe steht dann die polizeilich gemeldete gewerbsmäßige Prostituierte als der andere Pol gegenüber. Indem die Gattin zur *Dame* wird, wird die Hetäre zur Straßendirne. Ihre metaphysische Tiefe haben beide im gleichen Grad eingebüßt. Alles ist nüchtern, flach und geheimnislos geworden. Man merkt weder etwas von der Wölbung des Himmels oben noch von der des Abgrundes unten. Die Vertikale hat sich auf ein Minimum verkürzt und verschwindet schon beinahe in der Horizontalen, in der Ebene, auf der sich dieses bürgerlich-proletarische Leben abspielt. Das heißt aber, daß Ehe und Dirnentum, Monogamie und Polygamie einander bedenklich nahegekommen sind. Die Erleichterung der Scheidung in der Ehegesetzgebung z. B. der Vereinigten Staaten hebt den Unterschied zwischen Matrone und Hetäre beinahe auf. Noch ein paar Schritte weiter in dieser Richtung und die Prostitution wird überflüssig – die Ehe freilich auch. Auf der anderen Hemisphäre verbietet man die gewerbsmäßige Prostitution und verschärft die Ehegesetze, d. h. man versucht den Trieb gewaltsam zu entmächtigen. Zweck der Geschlechterbeziehung ist nur noch die Fortpflanzung. Liebe und Leidenschaft lenken von der sozialen Aufgabe ab und haben darum keine Daseinsberechtigung. Wie dort die platte Sexualität, so wird hier die ebenso platte Produktion von Nachkommen schematisiert, Muttertum und Dirnentum haben in gleicher Weise ihre Dimension verloren.

Wie Bachofen an der früher zitierten Stelle sagt, trägt der Stand der Hierodulen, der geweihten Tempeldienerinnen, die Schuld des ganzen weiblichen Geschlechtes ab und kauft damit das Matronentum von der Pflicht der Hingabe an fremde Männer frei. Das ist natürlich im religiös-kultischen Sinn zu verstehen. Die alten chthonischen Götter fordern eigentlich von allen Frauen ohne Ausnahme den schrankenlosen Hetärismus, und die Einehe wie jede geregelte Beziehung der Geschlechter gilt vor ihnen als Frevel, nämlich als Verstoß gegen ihr Gesetz, das ja das Gesetz des Chaos oder, wie Bachofen sich ausdrückt, der „Sumpfzeugung“, des wild wuchernden Pflanzenwuchses, des Dschungels ist. Der natürliche Mensch lebt immer zwischen zwei Göttergeschlechtern, den Himmlischen und den Unterirdischen, den Olympiern und den Beherrschern des Hades, den Bewohnern von Asgard und von Niflheim, Osiris und Typhon, Ormuzd und Ahriman. Er muß es nach Möglichkeit mit beiden gut halten, die einander widersprechenden Forderungen beider zu erfüllen trachten. Die Himmlischen wollen die Ehe, die Unterirdischen das Dirnentum, und so schließt man eben einen Kompromiß, indem man einerseits in der bürgerlichen Gesellschaft sich an die Monogamie hält, andererseits aber in Gestalt der kultischen Prostitution den Mächten der Tiefe den schuldigen Tribut entrichtet. Und daran hat sich im Grunde bis heute gar nichts geändert. Zwar ist die öffentliche Dirne unserer modernen Großstädte keine Hierodule mehr, es fehlt ihr also die priesterliche Würde, aber trotzdem ist noch immer sie es, die den ehrbaren Bürgerfrauen und Jungfrauen das ungestörte eheliche und voreheliche Leben ermöglicht und sie vor dem brutalen Zugriff der unverheirateten Männerwelt bewahrt. So ruht also doch auch unsere abendländische Ordnung auf einem sehr dunklen und sehr bedenklichen unterweltlichen Grund und erweist sich dadurch allein auch selbst als höchst fragwürdig in ihrer Wurzel. Das Gute, das seine Möglichkeit der Realität des Bösen zu verdanken hat, hat auch teil am Bösen, ist insofern nur seine andere Seite. Das sollte man nie vergessen. Wie die so viel bewunderte antike Polis – der platonische Idealstaat nicht ausgenommen – undenkbar wäre ohne den Schatten der Sklavenwirtschaft, und wie es den gerechten Pharisäer nur geben kann als den von der massa perditionis sich vorteilhaft Abhebenden, so hat auch die Monogamie die Polygamie, die Matrone die Hetäre zur unabdingbaren Voraussetzung. Die eheliche Tugend wächst und blüht aus dem Dünger der Prostitution.

Trotzdem darf daraus nicht geschlossen werden, daß zwischen der Gattin und der Dirne gar kein Wertunterschied besteht. Zwar verhalten sich Monogamie und Polygamie zueinander wie dialektische Pole, weshalb der zwischen sie gestellte Mensch dem Verhängnis der Schuld nicht entrinnen kann, aber wir müssen nochmals betonen, daß der positive Pol immer auch irgendwie den Abglanz der der Polarität transzendenten Synthesis trägt. Die Tugenden der Heiden und der Pharisäer lassen sich nicht einfach als „glänzende Laster" abtun. Obgleich das dem Bösen widerstrebende Gute niemals das wirklich Gute sein kann, ist es doch ohne Zweifel besser als das Böse. In allen Pflichtkonflikten, die uns die Unausweichlichkeit der Schuld zum Bewußtsein bringen, gehört dennoch der einen Pflicht oder der einen Schuld der Vorzug vor der anderen. So wird etwa Antigone, indem sie ihren Bruder Polyneikes bestattet, wohl schuldig an dem Gesetz des Staates, aber sie wäre in weit höherem Grad schuldig geworden, wenn sie die Pflicht der geschwisterlichen Liebe verletzt hätte. Von den beiden einander kontradiktorisch ausschließenden Möglichkeiten bleibt stets die eine noch überschwebt vom Absoluten, während die andere sich im rein Negativen erschöpft. Das gilt natürlich auch von der Alternative Ehe oder Hurerei, und *Luther* urteilt mit unbefangener Sicherheit, wenn er meint: Wer hurt, der tut, „was der Teufel haben wollte, denn er ist dem Ehestand feind, und ein unsauberer Geist der Hurerei, darum läßt er denselbigen nicht gern zu oder macht ihn voller Unruhe."

Damit stimmt auch das NT durchaus überein. Die Frauen, die nach den evangelischen Berichten mit Jesus konfrontiert werden, wie die Samariterin, die große Sünderin, die Ehebrecherin, und vielleicht auch Maria Magdalena, kommen zwar in der Regel dem Typus der Dirne viel näher als dem der Matrone, wenn sie nicht sogar wie jene große Sünderin geradezu Dirnen sind, aber damit ist längst noch nicht gesagt, daß Jesus ihnen vor den Gattinnen den Vorzug gegeben hätte. Er ist der Zöllner und der Dirnen Geselle nur als Arzt, der zu den Kranken geht und nicht zu den Gesunden. Dieses Wort wird hier übrigens zum zweischneidigen Schwert. Seine Schärfe müßte von beiden erkannt werden, von den Zöllnern und Huren ebenso wie von den Pharisäern und Matronen. Es spricht in einem Atem von der offensichtlichen und in gar keiner Weise beschönigten Krankheit der Kranken und von der doch immerhin recht verdächtigen Gesundheit der Gesunden. Keinem wird da erlaubt, sich zu rühmen, sich über den anderen zu erheben; der Dirne und dem Zöllner nicht, weil ihre Sünde vor aller Augen liegt, der Matrone und dem Pharisäer nicht, weil sie in ihrer Weise nicht tugendhaft sein könnten ohne die Untugenden der anderen. Aber nicht nur unter den Frauen, denen der lebendige Jesus begegnet, auch unter seinen eigenen Urmüttern befinden sich Hetären wie Rahab, die Hure von Jericho, oder die schon erwähnte Thamar, die zwar keine Hierodule war, aber doch in der Rolle einer solchen den Sohn Judas empfing. Ja selbst das Verhalten Ruths, die sich unter die Decke des Boas legte, streift mindestens ans Dirnenhafte. Das Fleisch, das der Sohn Gottes angenommen hat, als er Mensch wurde, ist also sicherlich zum Teil Hetärenfleisch, eben Sündenfleisch, und indem er dieses sein Fleisch an das Kreuz trägt, und es dann verklärt in der Auferstehung, erlöst er die Dirne genau so wie die Matrone, den Zöllner genau so wie den Pharisäer, d. h. hebt er die Dialektik zwischen beiden auf, die Dialektik nämlich zwischen den uranischen und den tellurischen Göttern, denen der Mensch von Natur aus so oder so dient; „denn Gott hat alle beschlossen unter den Unglauben, auf daß er sich aller erbarme" (Röm. 11, 32).

Der dämonisierte Eros

Lieben sollte heißen, die Geliebte oder den Geliebten wollen und nichts außerdem, nicht mehr und nicht weniger. Die Konturen der echten Liebe fallen genau mit jenen des Geliebten zusammen. Daß unsere empirische Liebe dem nicht entspricht, daß ihr mindestens sehr viel zu solcher Vollkommenheit fehlt, ja daß sie ihrer Beschaffenheit und Struktur nach nicht einmal die Möglichkeit hat, sich in der Richtung auf dieses Ideal hin zu erfüllen, ist inzwischen genügend klar geworden. Die bloß immanente und nicht bewußt transzendierende Liebe geht auf eine nur partielle Vereinigung der Liebenden, auf eine Vereinigung mit Vorbehalt. Sie bleibt an die Zweiheit gebannt, hält sich in der Dimension des gesonderten Gegenüber von Ich und Du und stößt nicht durch zur Einheit. Der Liebende ist sich hier Objekt und Subjekt zugleich als Einerseits und Andererseits, und zwar Objekt als der sich mit dem Geliebten Verbindende, Subjekt als der Genießer und innerlichst unbeteiligte Zuschauer. Damit aber spaltet er nicht nur sein eigenes Ich, sondern genau ebenso auch das des Geliebten; denn indem er ihn sich zum Mittel seines Genusses macht, zu einer Sache, über die er verfügt, erkennt er ihm seine Duheit ab, seinen persönlichen Wert, will er ihn gar nicht so, wie er als dieser Ganze wirklich ist, sondern nur soweit er sich dem Zweck unterordnen läßt. Einen anderen nicht als den lieben, der er ist, heißt aber ihn *hassen,* ihn nicht wollen oder sein Nicht-Sein, seine Vernichtung wollen. Das wird vor allem an den Erscheinungen der sexuellen Liebe deutlich, die ja überhaupt die negativen Momente in jeder Hinsicht drastischer zum Vorschein bringt als die erotische. Die Sexualität hat, sofern sie tatsächlich gar nicht Liebe ist, den Haß immer schon bei sich. Sie geht auf die Vernichtung der Andersheit des anderen, aber allerdings auch der Selbstheit des Liebenden. Worauf hier der Trieb tendiert und worin der Getriebene seinen Genuß sucht, das ist aufs letzte gesehen trotz allem die völlige Vereinigung der Liebenden, nur eben, daß diese Vereinigung, diese Einheit, deren Realisierung die Aufhebung der Zweiheit in sich schließt, in der Dimension der Zweiheit selbst angestrebt wird, was sich dann nur als Negation beider Partner darstellen kann. In den Willen aufgenommene Negation ist aber Haß.

Nach dem sogenannten Weber-Fechnerschen Gesetz hat gerade die tiefste und leidenschaftlichste erotische Liebe am meisten die Tendenz, in Haß umzuschlagen. Das kommt daher, daß in ihr das Überindividuelle, das Transzendente am intensivsten erfahren wird. Läßt die Kraft einer solchen Liebe nach und fällt der Blick der Beteiligten wieder auf das Empirische, also auf die beiden gesonderten Individuen zurück, dann nehmen sich diese aus etwa wie die nach einem Verbrennungsprozeß übriggebliebene Schlacke. Sie sind das Negierte und also Hassenswerte. Die Liebenden wollen ihre Einheit, das heißt ja schon, sie wollen nicht ihre Zweiheit, nicht das Ich hier und das Du dort. Sofern die Liebe transzendiert, fällt jenes Wollen, sofern sie aber nicht transzendiert, dieses Nicht-Wollen ins Bewußtsein, was so weit gehen kann, daß geradezu die Vernichtung des Geliebten oder des Liebenden oder auch beider für das eigentliche Ziel der geschlechtlichen Liebe gehalten werden kann. Der Liebende sucht die Befriedigung seiner Wünsche, indem er entweder der Geliebten Leiden und Schmerzen zufügt, ja sie im äußersten Fall sogar tötet, oder umgekehrt sich von ihr Leiden und Schmerzen zufügen läßt. Er will liebend hassen oder liebend gehaßt werden, auslöschen oder ausgelöscht werden. Das sind nicht etwa abnorme Zugaben zu einer an sich normalen Sexualität, vielmehr gehört das alles zu den inte-

net erscheint. Sie ist gar nichts weiter als das Prinzip der Spaltung, das den Krankheitskeim in die Liebe hineinträgt und nun zu immer weiteren Spaltungsprozessen führt. Das Verlangen gilt nicht der transzendenten Einheit, in der sich die Liebenden zusammenfinden und vollenden, sondern dem, was sich dem nicht transzendierenden Blick an Einzelphänomenen innerhalb der zu transzendierenden Dimension darbietet, vor allem der hier sichtbar werdenden partiellen und temporären Vereinigung, dann der damit verbundenen Negation der Sonderexistenz sowohl des Geliebten wie auch des Liebenden usw. Es ist ja nicht nötig, an dieser Stelle auf alle die verschiedenen Entartungserscheinungen des Sexuallebens näher einzugehen. Die Genußsucht stürzt sich je nachdem auf dieses oder auf jenes Teilphänomen. Sie analysiert, statt die Synthese zu ergreifen, sie zersetzt und zerstört, statt zu vollenden, und wo sie das bewußt will, wo sie eben an der Zerstörung ihre eigentliche Freude findet, dort wird sie zur dämonischen Liebe.

Die dämonische Übersteigerung der geschlechtlichen Liebe geht immer von der Sexualität und nicht von der vergeistigten Erotik, von der sogenannten „platonischen" Liebe aus; denn nur jene ist den chthonischen Mächten, diese dagegen den himmlischen Göttern zugeordnet. Zwar sind diese Götter auch Abgötter, aber doch immerhin Abgötter des Lichtes und nicht der Finsternis, des, wenn auch irregeleiteten, Lebenswillens und nicht des Todeswillens. Von Dämonie aber sprechen wir erst dort, wo der Mensch lüstern wird nach dem Tod, wo er den Untergang, das Sterben selbst, sei es das eigene oder das eines anderen, genießerisch auszukosten sucht, wo er in der verheißungsvollen Vernichtung schwelgt, nicht etwa als der, der aus der Vernichtung wiedergeboren werden soll, sondern als der zu Nichts Werdende. Auch der heroische idealistische Liebestod legt den Akzent auf den Untergang der Liebenden, aber er versteht diesen Untergang als das sichtbare Pathos einer unsichtbaren Katharsis, von der her überhaupt erst die positive Bewertung des Sterbens möglich wird. Es handelt sich dabei also doch um ein erträumtes oder phantasiertes Transzendieren aus dieser unzulänglichen empirischen Welt heraus und in ein besseres, reineres, dem Adel der Liebe angemessenes Jenseits hinein. Die dämonische Liebe dagegen transzendiert *nach unten,* in das Nichts, und dämonisch wird sie, indem sie dieses Nichts bejaht, nämlich als Nichts bejaht, weil es das Nichts ist, bejaht. Die noch unbefangene natürliche Sexualität hat selbstverständlich auch schon die Tendenz nach unten, aber sie wird sich dessen nicht bewußt, sie erstrebt lediglich die sinnliche Lust und nichts außerdem, die dämonische jedoch hat erkannt, wohin der Weg geht, nämlich in den Abgrund, und wirft sich ekstatisch dem Abgrund in die Arme.

Der „normale" Geschlechtstrieb mag vielleicht tierisch sein, dämonisch wird er erst durch das Pathos der Negativität, wenn er etwa orgiastische Formen annimmt, vor allem in Gestalt der Schmerzwollust, gewöhnlich Sadismus und Masochismus genannt, von welchen der erste sich bis zum Lustmord steigern kann. Zwar sind unleugbar beide von allem Anfang an in der Sexualität angelegt, aber die Dämonie bricht erst durch, wenn sie zur Hauptsache gemacht werden. „Daß aller Geschlechtstrieb der Grausamkeit verwandt ist, hat man nach *Novalis* oft wiederholt." „Er verneint", sagt *Weininger*, „das Weib, aber auch den Mann; er raubt im Idealfall beiden das Bewußtsein, um dem Kind das Leben zu geben. Einer ethischen Weltanschauung wird es begreiflich sein, daß, was so entstanden ist, auch wieder vergehen muß."[16] Weininger meint also, daß eine Zeugung, in der die Zeugenden sozusagen sterben oder fast sterben, mindestens eine Herabsetzung ihres Bewußtseins erfahren, die sie an den Rand des Todes stellt, auch nur Sterbliches zeugen kann. Die Wahrheit dieser Behauptung läßt sich gar nicht bestreiten. Daß sich die Liebenden in der letzten Erfüllung ihrer Sehnsucht nicht erhoben, nicht gesteigert, nicht zu ihrer höchsten Freiheit befreit, sondern umgekehrt als die, die sie sind, negiert finden, macht eindeutig offenbar, wie himmelweit die natürliche Liebe von ihrem Urbild entfernt ist, ja wie sie dieses in sein Gegenteil verkehrt hat. Aber die in der sexuellen Lust nur mitschwingende Grausamkeit gegen den anderen und gegen sich selbst ist so lange noch undämonisch, als sie nicht zur eigentlichen Quelle des Genusses wird, als sich nicht der bewußte Wille auf die Vernichtung des Geliebten oder des eigenen Selbst richtet. Die sogenannte normale Sexualität verwechselt bloß das Negative mit dem Positiven, das Unten mit dem Oben, die pervertierte dagegen meint das Negative in seiner Negativität. Sie verhält sich zu jener wie die unvergebbare Sünde wider den Geist zu der vergebbaren, die nicht weiß, was sie tut.

Wäre der Mensch in Ordnung, dann wäre ihm die Selbstvollendung, das Hinaus über seinen empirischen Zustand und also auch seine mannweibliche Einswerdung weder Lust noch Schmerz, sondern Seligkeit. Mit der Unterscheidung zwischen Gut und Böse hat sich Adam aber auch die zwischen Lust und Schmerz angegessen und die Fähigkeit selig zu sein verloren.

Vollenden könnte er sich nur, indem er aufhört, das zu sein, was er ist und worin er sich zu seinem Verhängnis allerdings schon vollendet wähnt. Sich vollenden heißt darum für ihn jetzt die Grenze zum Nichts überschreiten, nämlich zu dem, was er notwendig für das Nichts halten muß, wenn er die Fülle des Seins in sein augenblickliches So-Sein projiziert. Das Nichts kann er freilich nicht wollen, weil das Nichts als solches kein möglicher Gegenstand, sei es des Willens oder der Erkenntnis, ist. Aber er ahnt trotz aller Trübung seines Bewußtseins noch immer, daß sich eben dort, wo er das Nichts vermutet, das Sein befindet, und so will er das Jenseits seiner Grenzen und will es gleichzeitig auch nicht. Er verspricht sich von dem entscheidenden Schritt ins Dunkel sowohl die höchste Lust wie auch den Untergang, und darum heißt hier Lust Genießen des Todesschmerzes. Diese in sich widerspruchsvolle coincidentia oppositorum tritt nun als Schmerzgenuß für ihn an die Stelle der Seligkeit, und das zwar so, daß der Schmerz, der Untergang das letzte Wort behält, weil ja das wahre Ziel sich dem Auge des Bewußtseins entzieht. Als dieser Einzelne will der Genießer die Früchte der Hingabe seiner Vereinzelung ernten. Er will sich seiend als den Nicht-Seienden genießen. Er will dann als Liebender gar nicht mehr die Einheit von Ich und Du, sondern nur noch das lustvolle Hinsterben beider in ein unbestimmtes X hinein. Er sucht das Opfer des Ich oder des Du oder auch des Ich und des Du, das Opfer um seiner selbst willen.

Das Wort „Opfer“ trifft durchaus das Wesentliche; denn auch das religiöse, also das eigentliche Opfer steht in der gleichen Dialektik. Wer als Opfernder den Akzent auf die Negation legt, auf das Moment der Hingabe, auf den Schmerz oder gar auf den Tod, den er sich selber oder dem geopferten Opfer zufügt, dient damit nicht dem lebendigen Gott, sondern einem gefräßigen Götzen. Jeder Opferdienst – auch die Askese – ist im Kern Abgötterei. Der wahre Gott will niemals den Tod des Sünders, sondern daß der Sünder sich bekehre und lebe. Die Opfer des AT sind von Gott nicht eigentlich gefordert, sondern nur zugelassen, als Konzession an das getrübte Gottesbewußtsein des Menschen. „Was soll mir die Menge eurer Opfer? spricht der Herr. Ich bin satt der Brandopfer von Widdern und des Fettes von den Gemästeten und habe keine Lust zum Blut der Farren, der Lämmer und Böcke.“ (Jes. 1, 11.) Diese Worte des Propheten Jesaia stehen unsichtbar auf jedem israelitischen Opferaltar geschrieben und stellen eben das, was da geschieht und scheinbar nach dem klaren Gebot auch geschehen soll, wieder in Frage. Gott hat dem Menschen des AT wie die Ehescheidung, so auch das Opfer nur erlaubt „wegen seines Herzens Härtigkeit" (Matth. 19, 8), d. h. weil er, der Mensch, in seiner Grausamkeit sich auch Gott nicht anders als grausam vorstellen konnte. Und der nur liebende Gott hat aus seiner Liebe heraus die falsche Vorstellung des Menschen vom grausamen Gott bis zum letzten auf sich genommen und damit ad absurdum geführt, daß er selber als der, dem geopfert wurde und geopfert werden sollte, den grausamen Opfertod am Kreuz starb, d. h. das absolute Opfer brachte, durch das die ganze Opferideologie in ihrer Verkehrtheit aufgewiesen und also aufgehoben wurde. Nur von diesem Opfer Christi her, das genau besehen das radikale Nein zum Opfer überhaupt ist, läßt sich der Sinn aller Opfer verstehen. Das Christentum unterscheidet sich von den übrigen Religionen darin, daß es das Opfer nicht kennt. Wo aber innerhalb des Christentums dennoch von Opfern oder opferähnlichen Vorgängen geredet wird, dort handelt es sich um einen Rückfall in das Heidentum oder in das Judentum, das ja nur eine göttlich konzessionierte Abart des Heidentums ist.

Wir sind damit scheinbar etwas weit abgekommen von unserem Thema, aber doch nur scheinbar; denn die Abirrungen der Sexualität, von denen wir sprachen und die mit der Grausamkeit zusammenhängen, sind tatsächlich gar nichts weiter als urheidnische Opferriten. In allen Kulten, die sich durch die Grausamkeit ihrer Opfer auszeichnen, spielt nicht zufällig auch die sexuelle Orgiastik eine entscheidende Rolle. Der Gott, dem geopfert wird, ist immer der Teufel, der nichtige Abgott des Nichts, der in jenem Vakuum herrscht, das für den selbstherrlich gewordenen Menschen an die Stelle der göttlichen Transzendenz getreten ist, also auch der Transzendenz, in die zu transzendieren Mann und Weib als Liebende aufgerufen sind. Der Mensch soll zu Gott hin sein, er soll sich Gott hingeben, weil er nur so zu seiner Vollendung als Ebenbild kommen kann. Der ebenbildliche Mensch aber ist der Eine, der mann-weibliche, an den sich Mann und Weib hingeben, indem sich einer dem anderen hingibt, so daß die eine einzige Liebe von Gott her alles durchdringt. Der Liebesakt wird damit zum kultischen Akt schlechthin; denn in ihm und durch ihn erreicht die Schöpfung ihr Ziel, wird sie unter der Leitung des Menschen zu dem, wozu sie von Gott geschaffen wurde. Alle liturgischen Handlungen, alle Kulte und Riten haben überhaupt nur den einen Sinn, die Hinwendung des Menschen zu

Gott, die Ebenbildwerdung symbolisch darzustellen. Im Gottesdienst bringt sich die gläubige Gemeinde ihrem Gott dar, macht sie sich zu seiner Braut, zu seiner Gattin. Das gilt für alle Religionen ohne Ausnahme. Der rituelle Vorgang meint also immer das, wovon die Liebe zwischen Mann und Weib das sinnfälligste innerweltliche Abbild ist oder sein sollte, ja zu dessen Abbild sie von Gott eingesetzt wurde. Darum allein besteht zwischen den religiösen Vorstellungen irgendeines Volkes oder irgendeiner Kultur und den Hochzeitsbräuchen, den Anschauungen über die Ehe, die Prostitution usw. der allerengste Zusammenhang, darum wird in den meisten Fällen das Geschlechtliche geradezu zum wesentlichen Bestandteil des Rituals. Eine Ausnahme bildet hier nur das Christentum und das Judentum, also, wenn man so sagen will, die Religion der biblischen Offenbarung, nicht etwa weil für diese das Geschlechtliche nicht auch die gleiche Bedeutung hätte, sondern weil nur in ihr die Verderbtheit der erotischen Liebe und damit ihre kultische Untauglichkeit wirklich erkannt ist. Der Heide weiß nichts von der Ursünde, er nimmt das Natürliche in seiner Natürlichkeit als das ebenso von Gott Gewollte hin. Er überträgt unbedenklich auch die zur Sexualität entartete Liebe auf seine Götter und glaubt ihnen zu dienen, indem er seinen Trieben folgt und sie sogar aufpeitscht bis zur mänadischen Raserei. Das Christentum wie das Judentum klammert dagegen die Geschlechtlichkeit aus. Sie wird nicht asketisch unterdrückt – denn auch das hieße schon, ihr zu viel Ehre antun –, aber sie wird ihrer Weihe entkleidet. Die erotische Liebe, wie wir sie allein kennen, die Liebe, die zu dem geworden ist, was sie ist, durch die Abwendung des Menschen von Gott, kann in ihrer empirischen Gestalt nicht mehr zulängliches Gleichnis für die Hinwendung zu ihm sein und hat infolgedessen auch im kultischen Bereich nichts mehr zu suchen. Freilich hat nun auch der Kult als solcher einen ganz anderen Charakter als im Heidentum. Er stellt nicht mehr die unmittelbare Zuwendung des Menschen zu Gott dar, sondern beschränkt sich darauf, das Gnadenwort anzuhören, in dem sich Gott dem gefallenen, ohnmächtigen und erlösungsbedürftigen Menschen zuwendet. Was sich ursprünglich zwischen Adam und Gott hätte abspielen sollen, das spielt sich nun in einem innergöttlichen Vorgang zwischen dem Vater und dem Sohn ab, und der Mensch kann bloß entgegennehmen, was er als die Frucht dieses innergöttlichen Vorganges ohne sein Zutun empfangen soll. Wäre der Mensch so beschaffen wie Adam vor dem Fall, d. h. hätte er die Fähigkeit, sich ohne Bruch, ohne Gericht, ohne Tod zum Ebenbild zu vollenden, dann wäre die Vereinigung von Mann und Weib die gottesdienstliche Handlung an sich. Da er aber nicht so beschaffen ist, hat sich die Richtung seiner Geschlechtlichkeit verkehrt und bedeutet ihre rituelle Akzentuierung Gotteslästerung, ja geradezu Verkehrung des Gottesdienstes in Teufelsdienst. Der Mensch, der das Zeichen des Todes trägt, gerade und vor allem auch in seiner Männlichkeit und Weiblichkeit, ist nicht Ebenbild, auch nicht potentielles Ebenbild, aber darum noch nicht Gegenbild Gottes. Dazu wird er jedoch in dem Augenblick, da er seine Nichtebenbildlichkeit als Ebenbildlichkeit ausgibt, und Gegenbild Gottes sein heißt Ebenbild des Satans sein.

Nochmals ist hier an die eigentümliche und so tief verwurzelte Scheu der alttestamentlichen Religion vor der Nacktheit zu erinnern. Nackt wurde der Mensch ursprünglich zum Unterschied von den Tieren, die mit Haaren usw. bekleidet waren, als das Ebenbild Gottes geschaffen, als der zur unmittelbaren Anschauung Gottes Berufene und darum auch den Blicken Gottes unverhüllt Dargestellte. Verliert er aber seine Ebenbildlichkeit, weil er sein Auge nicht mehr auf Gott hinrichtet und weil damit samt seinem Auge sein ganzer Leib finster wird, dann verliert er auch das Recht auf seine Nacktheit. In ihr spiegelt sich nun nicht mehr das Göttliche, sondern umgekehrt das Widergöttliche, dem er sich zugewandt hat. Darum wird ihm geboten, den nackten Leib zu bedecken, ja fühlt er schon unabhängig von jedem ausdrücklichen Gebot das Bedürfnis, ihn schamvoll zu verbergen. Tut er das nicht oder wirft er gar die Hülle fort, um seine Nacktheit deutlich sichtbar zu machen, dann bietet er sich damit zur Selbstpreisgabe den Göttern an, die neben dem wahren Gott zu haben ihm verboten ist, dann „hurt“ er mit diesen fremden und falschen Göttern, mit den Dämonen und bekennt sich als ihr Ebenbild. Während die israelitischen Kultvorschriften den Priestern und allen, die dem Heiligtum nahekommen, die sorgfältigste Bekleidung zur strengen Pflicht machen, nimmt in den heidnischen Kulten sehr häufig die Nacktheit sakralen Charakter an. Nicht als ob da die Priester und Priesterinnen oder die Gläubigen während des Tempeldienstes gewöhnlich unbekleidet wären, wohl aber werden zuweilen, wenigstens vor gewissen Gottheiten, die Kleider abgelegt, wenn die religiöse Begeisterung ihren Höhepunkt erreicht. Man glaubt den Gott oder die Göttin besonders zu ehren, indem man sich ihr oder ihm unverhüllt zeigt, als nacktes Opfer;

denn es darf kein Hindernis geben, das dem Gott den Zugang zu dem ihm dienenden Menschen verwehrt.

Die Erzählung von dem berauschten Noah, der nackt in seinem Zelt liegt, will nicht nur sagen, daß der Betrunkene die Herrschaft über sich verliert und nicht mehr weiß, was er tut, dabei vielleicht ganz absichtslos seine Kleider verliert; diese Nacktheit Noahs hat vielmehr ihren kultischen Hintersinn. Der Nackte ist der vom Geist, vom Gott des Weines Über-mannte, der, wenn auch ungewollt, zum Götzendiener, zum dionysischen Schwärmer Gewordene. Darauf allein kommt es an, und nur darum wird die Geschichte überhaupt erzählt. Ähnlich verhält es sich auch, obgleich aus anderen Gründen, mit dem unter die Propheten gegangenen Saul, der seine Kleider auszieht und einen ganzen Tag und eine ganze Nacht hindurch nackt auf der Erde liegenbleibt. Zwar heißt es, daß dies geschah, nachdem der Geist Gottes über den König gekommen war, aber in dem damals bereits verstockten und verworfenen Saul wirkt sich der prophetische Geist ganz anders aus als in den echten Propheten. Der vom Geist Ergriffene wird zum besessenen Ekstatiker, zum Priester der Dämonen. Die heilige Flamme verkehrt sich in ihm zum unheiligen heidnischen Opferfeuer. Er fängt an zu brennen wie ein rasender Bacchant.

Der moderne Abendländer kennt zwar, von einzelnen vielleicht da und dort noch existierenden Winkelsekten adamitischer Art abgesehen, keine kultische Nacktheit mehr, aber man redet doch auch heute und gerade heute sehr viel von der sogenannten „Nacktkultur“, man macht in besonderen Zeitschriften sogar Propaganda für das Baden ohne jede Bekleidung usw., angeblich im Interesse der Hygiene oder der Ästhetik, und merkt nicht, daß es sich dabei noch immer um einen freilich säkularisierten und seine eigenen metaphysischen Hintergründe nicht mehr kennenden Dämonenkult handelt. Die alten Heiden wußten wenigstens noch, um was es geht, die Heiden von heute wissen das nicht mehr. Sie tun äußerlich das gleiche wie jene, aber ohne Sinn. Dadurch wird die Sache keineswegs besser, sondern ganz im Gegenteil noch viel schlimmer. Eine den Thyrsos schwingende Mänade, die dem Dionysos zujubelt und sich unbedenklich den wildesten Ausschweifungen hingibt, hat mehr Substanz als das Bürgermädchen, das mit Freunden und Freundinnen auf Sylt oder auf Hiddensee nackt badet, weil das so gesund sein soll, und dem doch in Wahrheit nur die Tiefe und der Mut fehlt, um sich über die eigentlichen eigenen Regungen und Beweggründe

Rechenschaft geben zu können. Die Mänade ist wenigstens bereit, sich ihrem Gott auch zu opfern, sich vom Feuer der Orgie verbrennen zu lassen, das ach so sonnenfreudige und gesundheitslüsterne Bürgermädchen aber läßt sich von den Flammen nur belecken und kitzeln. Es macht aus dem gefährlichen Gott ein ungefährliches Göttchen, weil es eben selbst nur ein ganz ungefährliches und des Opfers längst nicht mehr würdiges kleines Mädchen ist.

In den beiden früher erwähnten biblischen Erzählungen sind es Männer, Noah und Saul, die ihre Nacktheit herauskehren, aber es ist trotzdem nicht die Männlichkeit, sondern die Weiblichkeit des Menschen, nämlich seine verkehrte Gottzugewandtheit, die in dem, was da geschieht, in Frage steht und den einen wie den anderen zum Dämonenpriester werden läßt. Nicht der Mensch als solcher, weder Mann noch Weib, kann dämonisch werden, sondern nur das verkehrte und verzerrte Göttliche an ihm, also sowohl das Von-her des Mannes wie auch das Zu-hin des Weibes, nämlich die der Klarheit des Bewußtseins entzogene und in die Triebregion abgesunkene Beziehung zur Transzendenz, die sich aus der Perspektive der individuellen Besonderung als das Negative darstellt, und das zwar im schillernden Zwielicht des zugleich Gewollten und Ungewollten, des Lockenden und Drohenden. Da aber der Trieb wesentlich der Ausdruck eines Zu-hin-Seins ist, also dessen, was dem weiblichen Charakter des Menschen entspricht, so erscheint auch die Frau viel mehr als der immer egozentrische, auf sein Selbst eingeschränkte Mann für das Dämonische anfällig. Nicht Adam, sondern Eva wird von der Schlange angeredet und betrogen. Der Mann ist dem Dämon gewöhnlich nur indirekt, auf dem Umweg über das Weib zugänglich. Er verfällt dem Versucher, indem er zuerst der Frau als dem Medium verfällt, so wie etwa nach *Wagners* „Parsifal" Amphortas durch Kundry in die Gewalt Klingsors gerät.

In der gefallenen Welt stimmt das Von-her des Mannes nicht mehr zusammen mit dem Zu-hin des Weibes. Der Mann erkennt im Weib nicht mehr das auf seinen eigenen Grund hin Ausgerichtete, sondern ein fremdes, ja unheimliches der Natur und der Nacht verhaftetes Wesen. Die arché wie das telos der Weiblichkeit erscheint ihm im düsteren Licht des Abgründigen. Die chthonischen Mächte der Tiefe sind es, die sich in ihr spiegeln, im Gegensatz zu den hellen uranischen Göttern und ihrer freien Geistigkeit, als deren vorzüglicher Repräsentant er selber, der Mann, sich zu erkennen glaubt. Die Urscheidung der Götter in solche des Lichtes und solche der Finsternis geht zurück auf den Zwiespalt der Geschlechter. Die Himmlischen und die Unterweltlichen sind die Gegenpole, die dem disharmonierenden männlichen und weiblichen Prinzip entsprechen. Die Frau als Priesterin dient immer den Göttern des Unten und des Todes. In den ältesten Mythen scheinen die tellurischen Gottheiten noch weiblich-mütterliche Gestalt zu haben, so wie Gea als Gemahlin des Uranus und Rhea als Gattin des Kronos, oder auch Demeter. Sie standen damit noch in einer unmittelbaren positiven Beziehung zum Himmlischen, weil sich in ihrer Weiblichkeit das Zu-hin zu ihren männlichen Partnern ausdrückte. Sobald aber der Gott der Tiefe zum Mann wird und als solcher sich absondert von seinem uranischen Gegenspieler, verwandelt er sich in einen Dämon, und wird mit ihm auch das weibliche Zu-hin dämonisch. Diese Wendung ist das Erschütternde am Kore-Mythos; denn mit Persephone kehrt sich das Demetrische selbst, d. h. das Weibliche überhaupt dem Abgrund zu.

Der Mann kann wohl böse sein und brutal, aber niemals eigentlich dämonisch. Das ist immer nur die weibliche Natur, deren Wurzeln hinabreichen in die dunklen Urgründe und deren telos weit hinausweist über alles bloß Natürliche. Die Frau und nicht der Mann ist das transzendierende Wesen, das Tor sowohl zum Übermenschlichen wie auch zum Untermenschlichen. Sie verlockt zum Steigen und zum Stürzen, sie hat, obgleich ihr selbst nicht bewußt, den Widerschein sowohl des Himmels wie auch der Hölle an sich. Davon haben seit der Hexen-Angst zum erstenmal wieder die Romantiker etwas geahnt, so vor allem *Görres* und dann um die Mitte des 19. Jahrhunderts *Bachofen*. Typisch für diese Art des Denkens sind etwa die Worte des Romantikers J. W. *Ritter* von 1810: „Der Mann entbindet nur. So stolz sei er nicht, zu glauben, sein Kind sei seine Frucht. Er gibt allein dem Weibe seine Natur zurück, er löst die Fesseln der Frau, und treibend gebiert die Erde durch sie. Sie ist die Fortsetzung der Erde. Der Mann ist der Fremde, die Frau die Einheimische auf Erden ... Man liebt nur die Erde, und durch das Weib liebt uns wieder die Erde. Darum findest du in der Liebe aller Geheimnisse Enträtselung. Kenne die Frau, so fällt das übrige dir alles zu.“[17]

Die griechisch-römische Welt hat sich, wenigstens solange sie noch auf ihrer Höhe war, dem Eindringen der dämonisch-orgiastischen Religiosität des Ostens leidenschaftlich widersetzt und damit den Grund gelegt für die spätere Kultur des Abendlandes. Die Perserkriege der Griechen und die punischen Kriege der Römer sind die äußeren Zeichen dafür. Man wollte nicht wie die Orientalen in schamloser Nacktheit den unterirdischen Mächten, sondern den Olympiern, den Göttern des Lichtes dienen, in denen der menschlich-männliche Geist sich seine eigenen Idealgestalten geschaffen hatte. Diese Lichtgötter konnten ihre Herrschaft freilich nur in ständigem unermüdlichem Kampf gegen ihre Widersacher behaupten. Sie konnten die Finsterlinge wohl zeitweilig in den Tartaros verbannen, sie konnten ihnen mit einigem Erfolg die Oberwelt streitig machen, endgültig auslöschen konnten sie sie aber nicht. Im Gegenteil: gerade der Druck, unter den der Feind gesetzt wurde, verstärkte erst recht seinen Gegendruck und seine Gefährlichkeit. Er war immer noch da wie die brodelnde Lava unter einem Vulkan, die dann doch einmal ihren Krater sprengt und nach oben durchbricht. Die Götter des Tages verhalten sich zu jenen der Nacht genau so wie die sublimierte Erotik zum Sexus, über deren dialektische Polarität bereits ausführlich gesprochen wurde. Beide halten einander immer die Wage, d. h. jedem Mehr auf der einen Seite entspricht auch eines auf der anderen. Im Augenblick, da sich der menschliche Geist zur Autonomie erhebt und meint, über die Natur triumphieren zu können, aktiviert er auch schon den nun geist- und bewußtlos gemachten Trieb, füllt er sozusagen das Kraftreservoir des Unbewußten auf. Er entfesselt, was er zu binden meint, nur in einer anderen Form. Womit er bisher in den Grenzen der eigenen Subjektivität zu kämpfen hatte, das kommt nun als objektiver Gegner von außen her auf ihn zu, vielleicht so verändert, daß er in ihm gar nicht mehr den ursprünglichen Rivalen wiedererkennt.

Was also etwa den Griechen in den Persern oder den Römern in den Karthagern entgegentrat, war im Grunde nur die aus dem Kulturbewußtsein verdrängte und damit in die Objektivität verlagerte eigene Dämonie. Der gleiche Kampf, der in den Jugendstadien dieser Völker als ein innerlicher ausgefochten wurde, mußte nun als äußerlicher fortgesetzt werden, und er endete schließlich in der Spätantike mit dem Sieg des Ostens. Aber nicht darüber wollen wir jetzt sprechen, sondern über den Beginn der großen Auseinandersetzung in der Frühzeit des Griechentums zwischen Apollon und Dionysos. Es wird zwar erzählt, daß auch Dionysos als ein fremder Gott aus Thrakien in Griechenland einbrach, daß er also nicht autochthon war und darum auch keinen Platz im Olymp hatte, aber dieser Einbruch vollzog sich doch ganz anders als z. B. der Angriff der Perser. Hier fiel jedenfalls nicht ein Volk über das andere her, um es mit bewaffneter Macht zu unterwerfen, sondern die orgiastische Religion des thrakischen Gottes fand ihre Anhänger im Griechentum selbst. Der hellenische Geist als solcher erwies sich als anfällig für den Dionysoskult, und so standen in dem Ringen, das nun anhob, zwei Wesensseiten dieses Geistes, eben die apollinische und die dionysische, gegeneinander. Wie Kronos und Zeus die Titanen und die Giganten, ihre eigenen Brüder und nächsten Anverwandten in den Tartaros schleuderten, so verwies jetzt Apollon den Dionysos in die unteren Regionen, aber auch diese beiden Götter waren eigentlich Brüder, aus der gleichen Wurzel entsprossen, d. h. unmythologisch gesprochen: die übersinnliche Geistigkeit und die wilde Triebhaftigkeit bedingen einander wechselseitig, mit der einen entsteht auch die andere. Es ist gar nicht so, daß der Geist zunächst an die Natur gefesselt wäre und sich von ihr erst losringen müßte, vielmehr bedingt die Hybris des reinen selbstherrlichen Geistes die Entbindung auch der tellurischen Gegenmacht. Erst als das Griechentum begann, sich den Weg zur menschlichen Autonomie zu bahnen und damit den Apollon zu seinem Genius machte, erweckte es sehr gegen seinen Willen auch den Dionysos zum Leben und mußte nun, um sich durchzusetzen, den Kampf gegen diesen aufnehmen. Während der apollinische Orpheus die Lyra schlug und seine Lieder sang, stürmten gleichzeitig die begeisterten Scharen der Mänaden und Bacchanten über die Berge. Orpheus wurde von den Mänaden zerrissen, aber seinem Geist war es doch gegeben, dem Sonnengott zum Sieg zu verhelfen.

Viele Jahrhunderte später wiederholt sich auf abendländischem Boden genau das gleiche Schauspiel. Auch jetzt ist es wieder der Geist, der sich freizumachen sucht von allen metaphysischen Bindungen und der gerade damit die dämonischen Kräfte entfesselt. Renaissance und Hexentum gehören genau so zusammen wie Apollon und Dionysos, wie Orpheus und die Mänaden. Die Hexe ist die Bacchantin des Abendlandes. Wie Dionysos die Mänaden, so führt der Satan die Hexen an, die in der Walpurgisnacht nackt auf ihren Besenstielen zum Sabbath reiten, wobei der Besenstiel durchaus dem Thyrsosstab entspricht. Und wie im Gefolge des Rauschgottes die gehörnten und bocksgestalteten Satyrn als Partner der in wilder Sinnlichkeit rasenden Weiber, so befinden sich in jenem des Satans als Liebhaber der Hexen die gleichfalls gehörnten und auch sonst ihren antiken Vorbildern sehr ähnlichen Buhlteufel. Die Dirne ist nach *Weininger*, wie wir hörten, das weibliche Komplement des männlichen Machtmenschen. Das gilt erst recht von der Hexe, der Teufelsdirne, dieser Hierodule der Neuzeit. Der Mensch der Renaissance ist ja der vollendete Machtmensch, der Welteroberer, der Weltdespot in jedem Sinn, der sich als wissenschaftlicher Denker sogar den Kosmos zu unterwerfen und dienstbar zu machen sucht. In dieser seiner Autonomie aber ist er oder glaubt er zu sein sicut Deus und d. h. ist er nicht von Gott, sondern vom Satan her, hat er den Satan zum Vater, und ebenso ist das ihm entsprechende Weib zum Satan hin, also eben Hexe. Das freilich will er nicht wahr haben, in diesen Spiegel will er nicht sehen, und so wütet er gegen das Weib wie die Orphik gegen die Mänaden. Und wie in der Antike der Kampf zunächst mit dem Sieg des Apollon, so endet er jetzt — auch zunächst — mit dem Sieg des autonomen Geistes in der Aufklärung. Die Aufklärung verbrennt keine Hexen mehr, sondern glaubt nicht mehr an sie, weil die Augen des vollendeten Apollon metaphysisch erblindet sind. Der Mensch ist jetzt so autonom, daß er von den Dämonen überhaupt nichts mehr merkt, bis sie ihn dann einmal nicht wie ursprünglich von innen, sondern von außen anfallen werden.

Während nach der einen Version Orpheus von den thrakischen Mänaden getötet wurde, weil er seine ganze Liebe einer einzigen Frau, der Gattin Eurydike, schenkte, traf ihn nach der anderen das gleiche Schicksal, weil er der Päderastie, der Knabenliebe ergeben war. Nicht nur die strenge Monogamie also, sondern auch das, was man heute Homosexualität nennt, widersprach dem dionysischen Prinzip, nicht etwa seiner „Unnatürlichkeit" wegen, nicht weil die geschlechtliche Kraft hier zur Unfruchtbarkeit verurteilt war, das alles interessierte die Mänaden kaum; denn ihnen kam es ja nur auf Lust und Rausch und nicht auf Mutterschaft an. Wohl aber entzog sich der Päderast dem Gesetz der mann-weiblichen Vermischung, dem Dienst der Gottheit, die die orgiastische Selbstauflösung alles Individuellen forderte. Die griechische Knabenliebe, die mann-männliche Liebe war primär gar nicht sexuell bedingt, vielmehr lag der eigentliche Akzent durchaus auf dem geistigen Eros, auf der seelischen Freundschaft zwischen Gleichgesinnten oder zwischen Lehrern und Schülern. Das Sexuelle ging dabei nur nebenher als eine im Grunde unwesentliche Begleiterscheinung. Der den Mann liebende Mann wollte sich durch nichts von dieser den ideellen Werten zugewandten Liebe ablenken lassen, und so gab er dem Freund auch das, was er dem Weib schuldig gewesen wäre.

Die männlichen Liebschaften erscheinen nach *Bachofen* „als Gegensatz der auf das Weib gerichteten rein sinnlich-geschlechtlichen Begierde. Durch Orpheus wird dem mächtigsten der Triebe eine neue, edlere Richtung gegeben. Auf die αρρενες ερωτες gründet der apollinische Prophet die Erhebung des Menschengeschlechtes aus dem Sumpf hetärischer Sinnenlust zu einer höheren Stufe des Daseins... In der Geschichte der Religion nimmt sie (die Männerliebe) eine wichtige Stelle ein... Als Beförderung der Tugend wurde der männliche Eros von den Alten... in ihr öffentliches Leben aufgenommen, und noch von Späteren in demselben Lichte betrachtet, in welchem ihn Orpheus zum Ausgangspunkt eines höheren apollinischen Daseins machte. An die αρρενες ερωτες knüpft Sokrates die erste Erhebung des Menschen an, in ihnen erkennt er die Befreiung von der Herrschaft des Stoffes, den Übergang von dem Leib zur Seele, in welchem die Liebe sich über den geschlechtlichen Trieb erhebt; er erklärt sie deshalb als das beste Mittel, sich der Vollkommenheit zu nähern.“ [18]

Die gleichgeschlechtliche Liebe, die nicht physiologisch durch hermaphroditische Veranlagung oder dergleichen bedingt ist, sondern als Kulturerscheinung auftritt, erweist sich unter diesem Gesichtspunkt als das diametrale Gegenteil des sexuellen Dämonismus oder Satanismus. Hier werden die Triebe nicht entflammt, sondern umgekehrt abgekühlt. Der Homosexuelle gilt als der relativ Unsexuelle, ja Antisexuelle. Daraus erklärt sich auch die Bemerkung des Aristophanes im platonischen „Symposion“ über die homosexuellen Männer als die besten, d. h. als die männlichsten. Nicht der relativ weibliche Mann ist es, der den Jüngling liebt, um in ihm die androgyne Ergänzung zu seinem eigenen gynandrischen Wesen zu finden, sondern gerade der betont männliche, der es stolz verschmäht, in irgendeiner Form dem Weib hörig zu sein.

In dem sonst freilich nur wenig echte Erkenntnis vermittelnden Buch von Ernst *Bergmann* wird doch die richtige Einsicht ausgesprochen, daß die griechische Päderastie mit dem apollinisch-sokratischen γνωθι σεαυτον eng zusammenhängt; denn auch die Leidenschaft zur Selbstbeobachtung und Selbstanalyse ist eine Art gleichgeschlechtliche Inzucht und also eine geistige Perversion. Der Mensch hat seine Sinne und auch seine Vernunft nicht, um mit ihnen um das eigene Zentrum zu kreisen, sondern um sie nach außen zu richten. „Sokrates als erster entdeckte und pries in der Episteme das Bewußtsein als Bringer alles, auch des sittlichen Heils. Wie der Eros des Jünglings damals schon seinem Naturzweck entzogen wurde, *so auch sein Bewußtsein.* „Erkenne dich selbst" ... so lautet die jeder Übertreibung fähige Grundforderung des Sokratismus." „Sokrates war der *erste Psychoanalytiker,* der erste Freudianer in Athen. Psychoanalyse, Bewußtmachung dunkler und dunkelster Seelengründe betrieb er auf der Angora von Athen, indem er den Mitunterredner zum ‚Dialegesthai' nötigte. Und das Ganze war ihm ein Vorwand, ein Präludium zur Knabenliebe. Die platonische Seele wurde anamnetisch abgetastet, und es wurde gesucht, was sie in ihrem präexistenten Sein auf den Sternen schon einmal gewußt hatte und was bei ihrem Abstieg ins Irdische ‚verdrängt' worden war."[19] Man sieht, daß hier die Päderastie wesentlich negativer bewertet wird als bei Bachofen, obwohl auf den gleichen Grund zurückgeführt. Für Bachofen bedeutet eben das „Erkenne dich selbst" den Triumph des menschlichen Geistes, und so muß er folgerichtig auch der damit verknüpften Knabenliebe ein positives Vorzeichen geben. Bergmann dagegen sieht in der Selbstanalyse ein Zeichen der Degeneration, und offenbar mit Recht, wenn auch gewiß sein Urteil eine nur naturalistische und darum etwas zweifelhafte Begründung findet. Es verdient aber beachtet zu werden, daß in der Renaissancezeit die Homosexualität die „Sünde der Philosophen" genannt wurde. Orpheus und die Mänaden, der Philosoph und die Hexe erscheinen immer gleichzeitig als Gegensätze. Der Philosoph, der Sokratiker als Selbstanalytiker, sondert sich ab in seiner Ichheit, in seiner übersteigerten geistigen Männlichkeit und verabscheut insofern das Weib als die Verführerin zur Objektivität.

Das Haupt des Orpheus wurde nicht von Männern, sondern von Frauen ehrfürchtig bestattet, allerdings von den *lesbischen* Frauen, die genau so wie der Sänger selbst dem Apollon und nicht dem Dionysos dienten, also die erklärten Widersacherinnen der Mänaden waren und die Mädchenliebe pflegten wie die athenischen Männer die Knabenliebe. Den orphischen Männerliebschaften tritt auf Lesbos, wie Bachofen sagt, „das Liebesverhältnis des Weibes zu seinem eigenen Geschlechte gleichartig zur Seite. Erhebung aus den tieferen Stufen der Sinnlichkeit, Läuterung der physischen zu psychischer Schönheit ist auch hier das einzige Ziel. Auf Erziehung ihres Geschlechtes ist Sapphos Bestreben gerichtet, daraus entstehen alle Freuden und Leiden ihrer durch Eros zu stets neuem Wirken und Schaffen, Ringen und Jagen begeisterten Seele."[20] Und weiter heißt es in fast bedingungsloser Bejahung der orphisch-lesbischen Liebe: „Den kälteren, dem

Geist des Altertums und dem südlicher Naturen so unendlich fern stehenden Nord zu überzeugen, daß seine Begriffe von Sittlichkeit und reiner Weiblichkeit keinen Anspruch haben, als allgemeiner Maßstab der Moralität zu gelten, ist nicht weniger schwierig, als dem christlichen Bewußtsein gegenüber ein Gesetz der Sittlichkeit zur Anerkennung zu bringen, das nicht auf der Ertötung der Sinnlichkeit und Leidenschaft, sondern auf ihrer Reinigung und sukzessiven Läuterung beruht."[21] Trotzdem aber muß auch Bachofen am Ende widerwillig zugeben, „daß eben jenes Geschlecht, dessen höherer Erziehung die Dichterin (Sappho) alle Kräfte ihrer Seele gewidmet hatte, gar bald dem tiefsten Eros zur Beute wurde, den Musenruhm durch den des entwickeltsten Hetärismus verdrängte, und der auf das eigene Geschlecht gerichteten Liebe eine Sinnlichkeit lieh, durch deren Bezeichnung der Name der orphischen Insel auf alle Zeiten hinaus gebrandmarkt dasteht."[22]

Das christliche Urteil über die Homosexualität findet sich kurz und klar von Paulus ausgesprochen im 1. Kapitel des Römerbriefes. Der Apostel bekennt sich zunächst als Schuldner der Griechen und der Barbaren, der Weisen und der Unwissenden (1, 14) und sagt sodann, daß eben die, die sich für weise hielten, also offenbar die Griechen, zu Narren geworden sind (1, 22). Sie haben nämlich die Herrlichkeit des unvergänglichen Gottes in ein Bild vergänglicher Geschöpfe verwandelt. Darum wurden sie dahingegeben, „zu schänden ihre eigenen Leiber" (1, 24) und in schändliche Leidenschaften. „Denn ihre Weiber haben verwandelt den natürlichen Brauch in den unnatürlichen. Desgleichen auch die Männer haben verlassen den natürlichen Brauch des Weibes und sind aneinander erhitzt in ihren Lüsten und haben Mann mit Mann Schande getrieben und den Lohn ihres Irrtums an sich selbst empfangen." (1, 26 f). Die Päderasten und Lesbierinnen sind demnach die, die sich für weise hielten und in ihrer angeblichen Weisheit hoch über die Barbaren stellten. Auch Paulus bringt also ganz unzweideutig die Homosexualität mit der typisch griechischen autonomen Geistigkeit in Zusammenhang. Der apollinische Weise verdrängt seine natürlichen Triebe, er glaubt sich von aller materiellen Gebundenheit emanzipieren und als rein spirituelles Wesen existieren zu können. Aber gerade das ist seine Narrheit, die dann in dem pervertierten Geschlechtsverkehr von Männern mit Männern und von Frauen mit Frauen grotesk zum Durchbruch kommt. Der „Weise" in der Bedeutung, die ihm hier gegeben wird, ist der auf sich gekehrte, egozentrische und autarke Mensch, der aus seiner Autarkie heraus auch Gott nach seinem Bilde formt, statt umgekehrt sich nach dem Bilde Gottes zu formen oder formen zu lassen. Und diesem Kreisen um das eigene Ich entspricht auch die Fehllenkung der Sexualität auf den eigenen Leib oder auf das eigene Geschlecht. Eigentlich hätte der Orphiker den Geschlechtstrieb am liebsten abgetötet, und nur weil ihm das nicht gelang, mußte er sich damit begnügen, ihn päderastisch oder lesbisch zu verfälschen. Psychoanalytisch ausgedrückt heißt das, der verdrängte heterosexuelle Komplex kam in der Gestalt der Homosexualität doch wieder zum Vorschein. Der Mensch, der aus eigener Kraft die Dämonen bannen wollte, muß sich am Ende als ihr willenloser Knecht, ja geradezu als ihr Narr erkennen; denn der Päderast ist in seiner ganzen hybriden Geistigkeit eine noch weit lächerlichere Figur als der dionysische Orgiast. Was er treibt, hat nicht einmal die Rechtfertigung, ein biologisch sinnvoller Vorgang zu sein, sondern wird zum bloßen Possenspiel, an dem ein Publikum von Teufeln sich ergötzen kann.

Das Kind

Von einigen wenigen gelegentlichen Nebenbemerkungen abgesehen wurde bisher bloß über die erotische Beziehung der beiden Geschlechter zueinander und ihre Problematik gesprochen, nicht aber über das, was sich als die sichtbare Frucht der mann-weiblichen Liebe darstellt, über das *Kind*. Die Liebe meint und will die Einheit der Liebenden und gar nichts darüber hinaus, die Einheit also der konvexen und der konkaven Wesensseite des Menschen in seinem Von-Gott-her und Zu-Gott-hin, aber sie meint diese Einheit nun auch wirklich *als Einheit*, als das Zusammen, als die unlösliche Verbundenheit der beiden Geschiedenen, als das eine Wesen, in dem die Liebenden ihre Sonderexistenz transzendiert und endgültig aufgehört haben zwei zu sein, sie meint also nicht und unter gar keinen Umständen irgendein von den Verbundenen nun erst recht getrenntes Drittes. Gerade das jedoch ist das Kind, und indem es das ist, wird an ihm deutlich, daß die Liebe der Liebenden ihr eigentliches Ziel, eben die ungeschiedene Einheit, nicht erreicht hat. Sie konnte es auch gar nicht erreichen, weil sie von allem Anfang an eine unvollkommene, eine nicht totale, sondern nur partielle, eine nicht ewige, sondern nur zeitliche Liebe war, nämlich eine Liebe abseits vom Ewigen, abseits von Gott, die Liebe Adams und Evas nach dem Fall im Versteck. Liebe abseits von Gott, Liebe abseits von der Liebe heißt immer auch schon Liebe mit Vorbehalt, in der, weil die Liebenden nicht Gott wollen, auch der eine den anderen nicht schrankenlos wollen, sich ihm nicht ohne jede Bedingung hingeben kann. In dieser gottverlorenen Liebe sucht vielmehr der Mann ebenso wie die Frau mindestens auch sich selber und hält sich damit zurück aus der Verbindung. Jeder bleibt der Einzelne, der Besondere, der er ist, und so erscheint auch ihre Einheit wieder in Gestalt eines Einzelnen und Besonderen, eben als Drittes.

Die natürliche Zeugung mit der natürlichen Geburt als Folge ist der immer wieder unternommene und immer wieder vergebliche Versuch des Menschen, seine Bestimmung in der außerparadiesischen Welt zu erfüllen, und die geschichtliche Zeit als die in Unendlichkeit unabschließbare Kette der Generationen ist nichts weiter als der sinnfällige Ausdruck der Vergeblichkeit eben dieses Versuches. Statt sich in die Vertikale zu wenden, wo allein das Ziel zu finden wäre, jagt ihm der Mensch weiter in der Horizontalen nach, ohne hier jemals an ein Ende kommen zu könen. Auf die Zeugungen folgen Geburten, und auf die Geburten abermals Zeugungen der Geborenen. In gewissem Sinn ist wohl das Kind die Einheit seiner Eltern, aber doch nur ihre aus der Transzendenz in die Immanenz zurückgeholte und so um ihre Einheit gebrachte Einheit, also gewissermaßen das innerhalb der Immanenz selbst Transzendente und so das andere Immanente, nämlich die Eltern verdrängende und Negierende, sie zum Tod Verurteilende. Darum muß die gefallene Frau ihre Kinder schon mit Schmerzen gebären. Man könnte vielleicht fragen, warum diese Schmerzen gerade nur die Frau und nicht mindestens auch der Mann zu leiden hat. Darauf wäre zu antworten, weil von ihnen der Mensch betroffen wird, sofern er auf Gott, d. h. auf sein Ziel hin sein sollte und nicht darauf hin ist, also seiner weiblichen Seite nach. Außerdem aber betrifft der Schmerz, um den es hier geht, die Leiblichkeit und erscheint damit gleichfalls vor allem dem Weib zugeordnet. Das heißt freilich nicht, daß der Mann davon überhaupt unbetroffen bliebe, vielmehr trifft ihn eben das, was die Frau als körperlichen Schmerz zu erdulden hat, als Schuld, und Schuld bedeutet eine noch viel tiefere Verwundung als der körperliche Schmerz.

Während das Kind am Leben bleibt und allmählich zum erwachsenen Menschen heranreift, also eine *Zukunft* hat, werden die Eltern alt, nähern sie sich dem Tod und sinken damit ab in die *Vergangenheit.* Das ist wenigstens der normale Ablauf. Dort Zukunft, hier Vergangenheit und dazwischen, wo die Gegenwart sein sollte, ein Nichts. Die Eltern fallen heraus aus der Gegenwart schon im Augenblick der Zeugung, sie verschreiben sich dem Tod, indem sie, ohne die Grenze ihres Zwei-Seins zu transzendieren, sich zu vereinigen suchen. Solange der Mann das Weib ansieht als seine eigene andere Wesensseite, nämlich seine Gottzugewandtheit, die auf ihrem Gesicht den Abglanz des ewig gegenwärtigen Gottes trägt, erscheint es ihm als gehalten in seiner Gegenwärtigkeit, ja geradezu als deren Garant. Sowie er aber die Frau in seinen Dienst und damit, in dialektischer Umkehrung, sich in ihren Dienst stellt, sie zum Objekt seines Genusses macht und selbst diesem Objekt hörig wird, gleitet sie wie alles bloß Objektive ab aus der Gegenwart in die Vergangenheit und er mit ihr. Er „erkennt" sie als der, der sich, d. h. seinen Genuß *will,* und so setzt er dort Vergangenheit und hier Zukunft um den Preis der Gegenwart. Das Willensziel wird um so zukünftiger, je vergangener der Erkenntnisgegenstand ist, es erweist sich schließlich ebenso als ein anderes wie das Erkannte, wie das mißbrauchte Weib und tritt dem Mann, dem Vater als das Kind gegenüber, ihn überwachsend und in die Gewesenheit zurückstoßend. Die Geburtswehen der Mutter sind Wehen eben darum, weil hier auseinanderbricht, was eigentlich nicht auseinanderbrechen dürfte, weil hier Vergangenheit und Zukunft wird, was Gegenwart sein sollte, weil hier zur Erscheinung kommt, was geschah, als sich der Mensch von Gott lossagte und damit als Mann auch schon von seinem weiblichen Du, auch und gerade während er sich ihm zuzuwenden glaubte.

In jeder Ehe, in jeder Hochzeitsnacht wiederholt sich der Sündenfall, und von jeder ohne Ausnahme gelten die Worte: „Und Adam erkannte sein Weib Eva, und sie ward schwanger und gebar den Kain." Jedes Kind ist zunächst einmal Kain, der Mörder, nicht nur der Brudermörder, sondern auch und vor allem der Elternmörder, Sünder, weil „in Sünden gezeugt"; das ist hier durchaus keine leere Phrase. „Ich habe einen Menschen (oder den Menschen) gewonnen durch Gott" ruft Eva nach der Geburt Kains aus, so als ob nun das in Erfüllung gegangen wäre, wozu sie ursprünglich berufen war. Aber es war gar nicht Gott, es war Adam, der gefallene Mann, dem sie dieses Kind, diesen Unheilssohn, zu verdanken hatte. Und darum war auch ihr Sohn nicht der „Menschensohn", nicht der Mensch des Lebens, sondern der Mensch des Todes, der Töter und Getötete. Trotzdem freilich spricht Eva mit ihren Worten, ihr selber unbewußt, auch eine Wahrheit aus; denn sie, diese sterbliche Frau sollte in einer ihrer Töchter tatsächlich durch Gott und mit Gott den „Menschensohn“ gewinnen, den Mann des Lebens gebären. Sie trug ihren Namen Eva (Leben), den ihr Adam gegeben hatte, nicht ganz zu Unrecht, nur eben nicht aus ihrer eigenen Natur, sondern aus der Kraft eines Wunders; und nicht durch Kain, den erstgeborenen Sohn, sondern durch Seth, den „Setzling“ Gottes, sollte das möglich werden.

In seinem leider nur wenig bekannten Buch „Gründe und Abgründe“ äußert sich Oskar *Ewalt* über die tiefe geheimnisvolle Einheit zwischen der mann-weiblichen Liebe und dem Wunsch nach dem Kind: „Der Wunsch nach Vermehrung ist der Wunsch nach Vereinigung (also eigentlich nach *Verminderung*). Das ist der Sinn des Kindes. Er widerspricht dem Trieb seiner Erzeuger, in absolute Einheit aufzugehen, da es ihnen als ein anderes, ein drittes vor Augen tritt. Es erfüllt diesen Trieb, sofern es lediglich sein Produkt ist, sofern in ihm wirklich zwei Individualitäten in einer verbunden sind. Es reißt die Erzeuger unendlich weit auseinander, indem es als ein absolut neues Individuum zwischen sie tritt. Es führt sie wieder äußerst nahe zusammen, da es eben ihr Kind, ihre gemeinsame Frucht ist, an dem beider Eigenwert zur Spiegelung kommt. Seltsam zwiespältig und dialektisch ist dies Verhältnis, dialektisch und mehrdeutig wie unsere ganze sinnliche und seelische Wirklichkeit.“ [23] Indem der liebende Mann die geliebte Frau will, will er auch das Kind als die Verkörperung seiner Einheit mit ihr, indem er sie aber auch als die nur sexual begehrte nicht will, sondern sich und seine Lust, will er, ohne es zu wollen, das Kind als das Dritte, das weder mit ihm noch mit ihr Eines ist. So wird das tatsächliche Kind zum Inbegriff sowohl der Liebe wie auch der Nicht-Liebe der Liebenden. Von hier aus erklärt sich das immer gebrochene, das immer zwiespältige Verhältnis der Eltern zu ihrem gemeinsamen Kind, eine verhängnisvolle und unausweichliche Zweideutigkeit, der den Stachel zu nehmen und die in Eindeutigkeit aufzulösen keiner Moraltheorie jemals gelingen kann. Jedes Kind ist und bleibt sowohl ein Ja wie auch ein Nein zu seinen Eltern, ein Segen und ein Fluch zugleich. In ihm lebt ihre Liebe und ihre Sünde fort. Sie sind die von ihm Erwählten und von ihm Verworfenen, so wie auch umgekehrt es selber das von ihnen Erwählte und Verworfene in Einem ist.

Diese ganze Dialektik erweist sich als so ungeheuer verschränkt und verwickelt, daß kein einziges Moment im Komplex der hier miteinander verbundenen Phänomene eindeutig positiv oder negativ bewertet werden kann. Wird irgendeines verneint, dann mit ihm auch schon etwas, das gerade nicht verneint werden dürfte, und wird irgendeines bejaht, dann mit ihm auch schon etwas, das gerade nicht bejaht werden sollte. Das gilt sogar noch von der Geschiedenheit des Kindes von den Eltern, von der Tatsache also, daß hier den beiden Erzeugern ein Drittes und ihre Existenz in Frage Stellendes gegenübersteht; denn eben diese Geschiedenheit kann den Liebenden zum Symbol für die Transzendenz ihrer Einheit werden und sie veranlassen, in der gemeinsamen liebenden Hingabe an das Kind sich dorthin auszurichten, wohin überzusetzen sie in ihrer Liebe füreinander versäumt haben. Natürlich wird damit nichts rückgängig gemacht und wird das Zerbrochene nicht wieder zusammengefügt, aber es wird vielleicht doch die Ahnung von einem Unzerstörten jenseits des empirisch Wirklichen wachgehalten.

Ich habe früher gesagt, daß der Mann, indem er die Frau nur begehrt und also nicht wahrhaft will, *ohne es zu wollen*, das Kind als das Dritte will; d. h. *als das Ungewollte will.* Das Kind ist, darüber sollte man sich keiner Täuschung hingeben, in der Sexualität immer das Ungewollte. Der gleiche Vorgang, dem es seine Entstehung, sein Leben verdankt, der es verursacht, ohne den es nie zur Welt käme, will nichts von ihm wissen, und zwar auch dann, wenn die Eltern sich vorher und nachher bewußt ein Kind wünschen. Der Vollzug selber kennt kein Vorher und kein Nachher und auch keinen Wunsch nach dem Kind, er ist vielmehr kindesmörderisch in seiner Wurzel, nämlich lebensfeindlich in jeder Beziehung. Darin liegt die furchtbare Paradoxie dieses Zusammenhanges. Da entsteht etwas, gerade weil es nicht gewollt wird und der ganzen Natur des bedingenden Ereignisses nach auch gar nicht gewollt sein kann; denn indem Mann und Frau nur einander oder richtiger sich selber am anderen genießen, sind sie so ausschließlich ichbezogen, daß für den Willen zu einem Dritten, zu dem Dritten, das da wird, überhaupt kein Raum bleibt. Aber eben diese Ichbezogenheit bewirkt, daß das Gewirkte aus ihnen herausfällt und als Drittes entsteht. Übrigens verhält sich nicht nur die Sexualität allein, sondern auch die Liebe gegen das Kind gleichgültig, die Sexualität, weil sie sich ganz und gar auf das genießende Individuum beschränkt und so das Kind, wie alles, was nicht mit dem unmittelbaren Genuß zusammenhängt, ausschließt, die Liebe, weil sie die Erfüllung meint, über die hinaus es nichts mehr gibt und die das, was das Kind positiv repräsentiert, als vollkommene Einswerdung von Mann und Weib einschließt. Man heiratet, wenn man sich liebt, nicht, um Kinder zu kriegen, freilich auch nicht, um keine zu kriegen. Ist das Kind einmal da, dann ist es, wie schon gesagt, die Zukunft, während die Eltern zur Vergangenheit geworden sind, die Liebe aber ist weder Vergangenheit noch Zukunft, sondern Gegenwart und als solche um ihrer selbst willen. Nur ihrer Unvollkommenheit wegen legt sie sich in Vergangenheit und Zukunft auseinander, d. h. zerbricht sie oder ist schon zerbrochen. Die Eltern werden zur vergehenden Ursache der entstehenden Wirkung, des Kindes, Mittel zum Zweck. Ob sie das Kind bewußt wollen oder bewußt nicht wollen, in beiden Fällen wird die Gegenwart und mit ihr die Liebe verraten, einmal der Zukunft und einmal der Vergangenheit zuliebe.

Der Streit um die Frage, ob der Sinn der geschlechtlichen Liebe in ihr selber oder im Kind zu suchen sei, ist auf der Ebene der natürlichen Erotik unentscheidbar; denn ihre Beantwortung sowohl im ersten wie im zweiten Sinn verfehlt die Wahrheit, und ein Sowohl-als-auch läßt sich hier an die Stelle des Entweder-oder nicht setzen. Nur wenn, was in der zeitlichen Welt niemals geschehen kann, die Vereinigung der Liebenden als solche bereits das Dritte ergäbe, wenn Mann und Frau sozusagen in ihrer Einheit auch schon das Kind wären, wäre die Alternative überwunden, weil dann die Liebe Selbstzweck wäre und gerade als Selbstzweck das gezeugte Dritte.

Die Meinung, daß alle Erotik überhaupt nur im Kind, nur in der Fortpflanzung ihre Rechtfertigung fände, kann entweder naturalistisch-biologisch oder moralistisch begründet werden. Zu den Vertretern der ersten Theorie gehört etwa *Schopenhauer*. Nach ihm ist es lediglich der unbewußte Wille der im Werden begriffenen Generation, der Männer und Frauen zueinander treibt, so daß die Liebe sich als trügerische List des über die Individuen hinaustrachtenden Gattungswillens erweist. „Ein Held", sagt er, „schämt sich aller Klagen, nur nicht der Liebesklagen, weil in diesen nicht er, sondern die Gattung winselt."[24] Aber nicht nur unter der Voraussetzung eines je nachdem optimistisch oder, wie bei Schopenhauer, pessimistisch akzentuierten Naturalismus, auch nach dem Urteil der Bibel scheint die erotische Liebe bloß um der Nachkommenschaft willen da zu sein. Im AT vor allem stehen Geschlechtlichkeit und Ehe fast ausschließlich im Dienst der Fortpflanzung, der Erhaltung und Weiterführung des Stammes. Das hat aber seinen Grund darin, daß hier überhaupt alles auf die heilsgeschichtliche Zukunft, nämlich auf den verheißenen Messias ausgerichtet ist. In diesem Messias erfüllt sich jedoch endgültig die Zeit. Er ist ja der „Menschensohn", der schlechthin Gegenwärtige, der in seiner Gegenwart Vergangenheit und Zukunft aus ihrer Verlorenheit heimholt und zusammenbindet, also gar nicht eigentlich ein Zukünftiger. In ihm vollzieht sich jener Schritt in die Transzendenz, den Adam zu tun versäumt hatte. Indem er erscheint, entsteht nicht nur irgendein Kind, das fortzeugend weitere Kinder aus sich entläßt, sondern offenbart sich die Gottebenbildlichkeit des Menschen als Einheit des Von-Gott-her und Zu-Gott-hin. Er selbst ist die Liebe und nicht nur ihre von den Liebenden losgelöste Frucht. Im dritten Band seiner Dogmatik macht Karl *Barth* darauf aufmerksam, daß nur einmal in den Schriften des AT der Ton nicht auf die Nachkommenschaft, sondern auf der erotischen Liebe selbst liegt, nämlich in Gen. 2 und im Hohenlied, d. h. erstens dort, wo diese Liebe noch nicht durch die Sünde um ihre Heiligkeit gebracht ist, und dort, wo der liebende Geliebte zum Gleichnis des Bräutigams wird, der als der neue Adam seine Hochzeit feiert, um sich in der Braut und die Braut in sich zu vollenden.

Trotzdem wird man kaum behaupten können, daß das AT die geschlechtliche Liebe asketisch abwertet. Es gibt ihr zwar nicht, wie vielfach das Heidentum, sakrales Gewicht, es drängt sie ab in den bloß profanen Bezirk, aber dort läßt es sie, soweit sie nicht ausartet, völlig unbefangen gelten. Auch die eben erwähnte Verlagerung des Schwerpunktes auf die Nachkommenschaft hat nichts mit Sinnenfeindschaft zu tun; denn es handelt sich ja hier gar nicht um das Kind überhaupt, um das Kind als letzten und einzigen Zweck des Erotischen, sondern immer nur um ein ganz bestimmtes Kind, auf das hin alle anderen heilsgeschichtlich bedeutsamen Kinder gezeugt und geboren werden. Im Blick auf dieses eine Kind von unabschätzbarem Wert wird alles andere zum bloßen Mittel und tritt zurück in den Schatten.

Da das NT zum Unterschied vom AT nur noch ein eschatologisches und kein innergeschichtliches Ziel mehr kennt und da sich überdies hier der eigentliche Sinne der mann-weiblichen Liebe in der Hochzeit des Christus mit seiner Gemeinde erfüllt, wird neben der natürlichen Geschlechterbeziehung auch die Nachkommenschaft gleichgültig. Die Worte des Paulus aus dem 7. Kapitel des 1. Korintherbriefes, nach welchen es dem Menschen gut ist, daß er kein Weib berühre, und den Ledigen und Witwen, wenn sie bleiben wie sie sind, müssen ernst genommen werden. Zwar wird hier niemandem ein Zwang auferlegt, das geordnete eheliche Leben steht, obgleich, wie alles Natürliche, von der Sünde Gezeichnete, unter der Vergebung, aber der Apostel erteilt doch immerhin einen Rat, dessen leicht asketische Tendenz sich nicht überhören läßt, und wenn er im 1. Timotheusbrief das Aufziehen von Kindern zu den guten Werken des Weibes zählt und anordnet, daß junge Witwen wieder freien und Kinder zeugen sollen, so gewiß nicht, weil ihm die Vermehrung am Herzen läge, sondern weil durch die Pflichterfüllung im Dienst des Kindes die Eltern ihre Willigkeit bekunden, das ihnen auferlegte Kreuz zu tragen. Über solche dem Geist des Evangeliums angemessene behutsame Ermahnungen ist das kirchliche Christentum allerdings schon sehr bald weit hinausgegangen und hat vielfach versucht, dem Menschen eine Enthaltsamkeit aufzuerlegen, die zu predigen dem Apostel Paulus niemals eingefallen ist. So meint etwa *Augustin*, den ehelichen Geschlechtsverkehr nur billigen zu können, wenn die Absicht zur Zeugung vorliegt. Wie aber kann man die Zeugung positiv bewerten, wenn man den Zeugungsvorgang verwirft? Auch widerspricht sich Augustin selbst insofern, als er an anderer Stelle meint, es wäre besser, gar keine Kinder zu zeugen, weil dies dazu beitragen würde, das Ende der Welt und das Kommen des Gottesreiches näherzurücken. („O, daß doch alle dies täten – sich des Geschlechtsverkehrs zu enthalten –, um so schneller würde der Gottesstaat sich erfüllen und das Ende der Zeiten beschleunigt.“ Also: pereat mundus, adveniat regnum tuum.) Selbst *Luther* steht noch unter dem Einfluß dieser Augustinischen Rechtfertigung der Ehe allein durch das Kind. Er läßt sich gelegentlich zu Bemerkungen über die Frauen hinreißen, die an Brutalität grenzen. „Mögen sie“, heißt es da einmal, „sich ruhig zu Tode tragen, das macht nichts, sie sind dazu da.“ In der Reformation vermischt sich übrigens der von Augustin übernommene asketische Ansatz mit dem spießbürgerlichen Moralismus der beginnenden Neuzeit. Die Bewertung des Kindes bekommt dadurch einen ganz anderen Sinn. Man will jetzt Nachkommen, leibliche Erben, Stammhalter aus sehr praktischen Gründen. Man fühlt sich in der Weltgeschichte durchaus heimisch, man sorgt für den morgigen und übermorgigen Tag und denkt weder an das Ende der Welt noch an das Reich Gottes. Das Kind wird zum Zweck und die Liebe zum Mittel, so wie der rechnende Bürger überhaupt immer und überall in der Kategorie von Mittel und Zweck kalkuliert. Wo aber kalkuliert wird, dort geht es um die vorweggenommene Zukunft und nicht um die Gegenwart, dort hat man für die Liebe wenig Zeit und wenig Interesse. Wie schön, wenn man seiner merkantilen Mentalität nun auch noch den Anschein einer sittlichen Grundlage geben kann. Dazu soll nun der alte asketische Geist herhalten, zu dem man freilich innerlich nicht mehr die geringste Beziehung hat. Der Moralist gibt vor, nur noch das Kind zu wollen, weil ihm, dem so biederen und keuschen Mann, an den Präliminarien ja gar nichts mehr liegt, während er doch in Wahrheit über seinem sehr profanen und ethisch völlig irrelevanten Zweckdenken den Sinn für die Unmittelbarkeit der Liebe verloren hat.

Angesichts dieser pharisäischen Überschätzung des Kindes, aber auch schon gegen Augustin und Luther hat *Schleiermacher* durchaus recht, wenn er meint, die Lehre von der inneren Absicht im Sexuellen auf das Kind sei anmaßend, „weil man es doch eigentlich nicht kann", und überdies „niedrig und frevelhaft, weil dadurch etwas in der Liebe auf etwas Fremdes bezogen wird". Und in geradezu prachtvoller Antithetik ruft er aus: „Du sollst nicht absichtlich lebendig machen." Seinen Sinn und seinen Wert hat das Kind gerade darin, daß es im Akt der Zeugung nicht bewußt gewollt wird, daß es unwillkürlich und vollkommen unbeabsichtigt entsteht aus einer Verbindung, in der die Eltern, Mann und Frau, nur einander wollen und gar nichts außerdem. Ob etwas Wahres ist an der Behauptung, daß die Kinder der Liebe immer am besten geraten, weiß ich nicht, es könnte jedenfalls wahr sein, wenigstens in dem Sinn, daß diese Kinder die Einheit ihrer Erzeuger in der größtmöglichen Harmonie zur Darstellung bringen. Selbstverständlich darf Unmittelbarkeit der Liebesbeziehung nicht verwechselt werden mit bloßer hemmungsloser Unbedenklichkeit im sexuellen Genießen, in der z. B. der Grund dafür zu suchen ist, daß nachgewiesenermaßen Ehen von Psychopathen und Trinkern zum Teil doppelt so fruchtbar sind wie die von Normalen. Der bloß Unbedenkliche ist nämlich genau so ein Zeitmensch und also genau so wenig ein Gegenwartsmensch wie der reflektierende Rechner. Er denkt zwar nicht an die Zukunft, aber er lebt nur im Jetzt, im vergänglichen Augenblick, und auch hier hat die Liebe keinen Raum. Die vielen Kinder, die – man kann gar nicht anders sagen — in einer solchen Ehe „geworfen“ werden, widerspiegeln nur die vielen einzelnen Augenblicke der Lust, in denen die Erzeuger gar nicht einander, sondern nur der eine und der andere sich selbst gewollt haben.

In diesem Zusammenhang wäre auch noch die Frage zu beantworten, ob die Geburtenbeschränkung grundsätzlich zu verwerfen ist oder nicht. Gemeint ist natürlich Geburtenbeschränkung durch künstliche Verhinderung der Empfängnis oder durch Schwangerschaftsunterbrechung. Auf die erste Frage gibt Gen. 38, 9f keine unzweideutige Antwort; denn Onan verhindert die Empfängnis nicht, um überhaupt keine Kinder zu haben, sondern nur, weil seine Kinder gar nicht seine, sondern die seines verstorbenen Bruders Ger sein sollten. Immerhin wird man sagen dürfen, daß man als Christ dergleichen jedenfalls nicht billigen kann, nicht nur darum, weil so dem neuen Leben eine Schranke gesetzt wird — vielleicht ist es ja in den meisten Fällen besser, nicht geboren zu werden —, sondern auch, was damit freilich zusammenhängt, weil die eheliche Liebe hier, ganz bewußt auf das Sexuelle eingeengt, die Unmittelbarkeit einbüßt, die ihr als Liebe wesentlich sein sollte. Daraus aber den Schluß zu ziehen, daß die Zeugung möglichst vieler Kinder vom Standpunkt einer christlichen Ethik aus zu fordern sei, wäre ebenso falsch. Worauf es ankommt ist weder, daß Kinder entstehen, noch, daß keine entstehen, sondern allein, daß die Liebe ihren Gegenwartscharakter bewahrt und sich nicht in positiver oder in negativer Weise auf die Zukunft entwirft. Die Sentimentalität des „süßen Geheimnisses“, das die werdende Mutter dem Gatten errötend ins Ohr flüstert, ist eine bourgeoise Verlogenheit.

Wenn es aber auch nicht auf die Vermehrung im Sinn einer Vergrößerung der Menschenmenge ankommt, so doch jedenfalls auf das *Ja zum Leben,* und dieses Ja ist unteilbar, weshalb die Verneinung des Kindes, also die gewaltsame Verhinderung der Geburt, sei es durch vorbeugende Mittel oder durch nachträgliche Eingriffe, in Einem auch schon die Selbstverneinung der Eltern bedeutet. Der Liebende, der das Kind nicht will, will auch die Geliebte nicht, obgleich er vielleicht — wie z. B. der Mann in dem bereits wiederholt erwähnten Roman von George *Barker* — subjektiv überzeugt sein mag, daß es gerade seine übergroße und ausschließliche Liebe für die Frau ist, die kein Drittes duldet. Man hat nicht ohne tiefe Berechtigung behauptet, daß das menschliche Kind, verglichen mit dem Jungen des Tieres, eine „physiologische Frühgeburt“ darstellt, weil es viel länger als irgendein neugeborenes Tier auf die elterliche Pflege angewiesen bleibt. Aber selbst der erwachsene Mensch, der keine Beschützer mehr braucht, hält normalerweise von Liebe bestimmte enge Beziehungen zu Vater und Mutter aufrecht, während das einmal flügge gewordene Tier seine Eltern nicht anders ansieht als jeden anderen Stammesgenossen. Das heißt offenbar, daß beim Menschen zwischen Eltern und Kindern eine tiefere innere Identität besteht, daß es einfach zur Menschlichkeit des Menschen gehört, um die geheimnisvolle Einheit von Kind und Erzeugern zu wissen. Der Vater oder die Mutter, die es dem Kind verwehrt, zum Leben zu kommen, würgt darum auch das eigene Leben ab, begeht sozusagen Selbstmord. Daß sich mir mein Leben in der Zukunft in Gestalt eines von mir verschiedenen Wesens darstellt, hängt freilich mit meiner individuellen Sterblichkeit zusammen. Während mein Kind zunimmt, nehme ich ab. Und es könnte darum so scheinen, als ob ich ohne Kind mehr Leben hätte, als ob ich, etwas überspitzt ausgedrückt, mein Leben retten könnte, indem ich meinen Mörder ermorde. Tatsächlich aber ermorde ich mit der Ermordung dieses Mörders noch viel mehr als nur ein individuelles Leben, nämlich das Leben, das mich mit ihm verbindet und in dem ebenso wie seines auch mein eigenes individuelles Leben beschlossen liegt. Ich begünstige die Todesseite, die negative Grenze meiner Einzelexistenz, die ich als gefallener Mensch allerdings immer mit meinem wahren Leben zu verwechseln geneigt bin.

Im allgemeinen entspricht es weit mehr dem Charakter des Mannes als dem der Frau, die Geburt von Kindern zu vermeiden, weil die Mutter mehr als der Vater das Kind als ein Stück des eigenen Ich erfährt. Obwohl die Geburt das Leben der Mutter und nicht das des Vaters unmittelbar gefährdet, ist doch im letzten er und nicht sie in Frage gestellt; denn ihr Leben geht, selbst wenn sie stirbt, gleichsam kontinuierlich in das Neugeborene über und bleibt dort erhalten, während ihm dieses nun als der Konkurrent gegenübertritt, der seine Hand auf die Zukunft legt und den Vater in die Vergangenheit zurückverweist. Darum die trostlos lächerliche Rolle, die jeder Mann während der Entbindung seiner Frau und der Geburt seines Kindes spielt. Er ist nun der endgültig Überflüssige, das bloße Mittel zum Zweck, das, sobald der Zweck erreicht ist, eigentlich jede Daseinsberechtigung verloren hat und abtreten kann. Er ist der von dem Kind, das da geboren wird, Überlebte. Wenn bei vielen Naturvölkern im sogenannten *Männerkindbett* der Mann die Schmerzen der Gebärenden übertrieben nachahmt, sich windet und schreit, so ganz sicher wenigstens zum Teil aus der instinktiven Ahnung heraus, daß er weit mehr als die Mutter, die ja als Ernährerin dem Kind erhalten bleiben muß, der eigentlich Negierte und dem Untergang Preisgegebene ist, vielleicht daneben auch noch aus dem Bedürfnis, durch scheinbare Übernahme eines Teiles der Anstrengung seine Existenzberechtigung zu dokumentieren.

Was hat es zu bedeuten, daß das Kind, obgleich es das Wesen beider Eltern in sich vereinigt, in der empirischen Welt trotzdem weit mehr Mutterkind als Vaterkind ist, so daß *Schopenhauer* ebenso wie nach ihm *Weininger* sagen konnte: Jeder Mensch weiß, wer seine Mutter ist, aber keiner kann hinsichtlich seines Vaters mehr als Vermutungen haben? Worauf beruht diese unleugbare Priorität der Mutterschaft vor der Vaterschaft? Daß es die weibliche Natur des Menschen ist, sein Zu-hin, das das Kind, den „Menschensohn" herausstellt und auch herausstellen soll, unterliegt keinem Zweifel. Das begründet von allem Anfang an einen gewissen Vorrang der Mütterlichkeit, aber einer Mütterlichkeit, die allerdings den Vater nicht unbedingt ausschließen muß, sondern vielmehr ihn gemeinsam mit dem Weib dem väterlichen Gott gegenüber zur Mutter machen soll. Da sich aber der Mann Gott und damit auch dem Weib versagt, sich mit diesem gar nicht wirklich verbindet, also seine eigene Weiblichkeit verleugnet, um er selbst, d. h. nur ein Mann sein und bleiben zu können, wird das Kind ohne ihn und gleichsam an ihm vorbeigeboren. Er verliert sein Anrecht darauf. Das Kind gehört jetzt eigentlich der Mutter allein und gar nicht ihm. Das Kind ist nicht Menschensohn, sondern nur noch Weibessohn, um so weniger Kind des Vaters, als der Vater Weib Gottes ist. Der Vater verliert sein Kind in dem Grad an das Nur-Weibliche, in dem er das Nur-Männliche zu sein beansprucht. Das Weib, das er beherrschen will, macht ihm seine Herrschaft streitig. Der Kampf zwischen Mann und Frau beginnt als Kampf um das Kind und muß nach dem Gesetz dieser Welt mit dem Sieg der Frau enden, weil ja hier bereits der Vater und nicht erst das Kind sich als ein vom Weib Geborener, als ein vom Weib her Seiender vorfindet.

Mit Recht sieht *Bachofen* in dem Paulinischen Satz: „Denn nicht ist der Mann von der Frau, sondern die Frau von dem Manne" (1. Kor. 11, 8) gerade das ausgedrückt, was das christliche Paternitätsprinzip deutlich abhebt von dem bloß natürlichen, das sich immer nur im Kampf um das Kind gegen die Ansprüche des Matriarchats zeitweilig durchsetzen kann.

Auch innerhalb der natürlichen patriarchalischen Ordnung bleibt der Mann zuletzt eben doch ein Muttersohn, der zu der Erde zurückkehrt, von der er genommen ist. Er, der einmal auf die Stimme seines Weibes gehört hat, bleibt auch in Abhängigkeit vom Weib, es wäre denn, daß durch einen Akt der Neuschöpfung die ursprüngliche Ordnung, die Ordnung der Herkunft des Menschen von Gott und damit auch des Weibes vom Mann wiederhergestellt wird. Nur der Mann, der in seinem Von-Gott-her auch auf Gott hin ist, der die Weiblichkeit aufgenommen hat in seinen Willen, hat Macht über das Weib und unterliegt ihm nicht. Das zitierte Pauluswort ist ein Glaubenswort. Es ist nur für den Glauben wahr und läßt sich in keiner Weise aus der empirischen Wirklichkeit begründen oder mit ihren Gesetzen in Einklang bringen. Hier sind wir vielmehr alle ohne Ausnahme vom Weibe Geborene und der Mutter Hörige. Daß dieser bestimmte Mann mein Vater ist, das kann ich nach dem erwähnten Ausspruch Schopenhauers nur glauben und nicht wissen, wobei freilich das Wort „glauben" lediglich die Bedeutung von „vermuten" hat, d. h. weniger meint als „wissen". Der christliche Glaube aber steht über dem Wissen. Indem ich so an Gott glaube, darf ich in gleicher Weise auch an meinen Vater und darf mein Sohn an mich als seinen Vater glauben.

Bisher wurde vom Kind in der Hauptsache als von einem einzigen geredet, das als das Dritte zur Zweiheit der Eltern hinzukommt. Es gehört aber von Urbeginn her zum Wesen des Kindes, nicht im Singular, sondern im Plural aufzutreten. Schon von den ältesten Patriarchen der biblischen Geschichte heißt es immer wieder: Sie lebten so und so viele Jahre und zeugten Söhne und Töchter. Selbst dann, wenn aus einer ehelichen Verbindung nur ein einziges Kind hervorgeht, hat dieses doch wenigstens der Möglichkeit nach Brüder und Schwestern neben sich, und wie die Eltern mit ihren Kindern, so stehen auch die Geschwister untereinander in Zusammenhang, ja man könnte sagen, *sie alle sind das in die Vielheit auseinandergelegte eine Kind* dieser Mutter und dieses Vaters, und von ihrer Vielheit gilt genau dasselbe, d. h. sie steht in genau der gleichen eigenartigen Dialektik wie die Geschiedenheit der Kinder von den Eltern überhaupt. Wie die Eltern, die ihr Kind vor oder nach der Zeugung, vor oder nach der Geburt töten, Selbstmord begehen, ihr eigenes Leben vernichten, so legt auch der Bruder, der den Bruder, Kain, der den Abel erschlägt, Hand an sich selbst.

Das Kind wächst leiblich von der Mutter weg und geistig zum Vater hin. Darum steht das zuerst geborene dem Vater, das zuletzt geborene der Mutter näher. Der Menschensohn als der *Eingeborene* wäre in Einem der Erst- und Letztgeborene. Nun ist Jesus zwar der Eingeborene als Sohn Gottes, nicht aber auch als Sohn der Maria. Als solcher ist er vielmehr bloß der Erstgeborene (Luk. 2, 7), d. h. der dem Vater Zugehörige. Ob Maria noch weitere Söhne hatte oder nicht, ist ohne Bedeutung; sie hätte jedenfalls noch beliebig viele haben können, und was darüber in der Bibel steht, scheint zweifellos eher dafür zu sprechen, daß Jesus nicht ihr einziges Kind war. Die katholische Kirche freilich hat ein lebhaftes Interesse an der dauernden Jungfräulichkeit der Maria, weil es ihr, die sich selbst in der „reinen Jungfrau" dargestellt glaubt, nicht nur auf den Vater, sondern mindestens ebenso auf die Mutter ankommt und weil im Blick auf diese die später Geborenen allerdings die Monogeneität Jesu in Frage stellen. Aber gerade das ist das Entscheidende, daß der Erstgeborene der Maria der Eingeborene Gottes ist, daß sich in diesem einen Menschen die menschliche Natur mit der göttlichen verbindet, und zwar die der Sünde verfallene menschliche Natur, das „Sündenfleisch".

Der Erstgeborene ist gewöhnlich, obgleich nicht immer und überall, der Erbberechtigte, er übernimmt den Besitz und die Rechte des Vaters. In ihm pflanzt sich die Hauptlinie des Geschlechtes fort. Nach der zweifellos zutreffenden Deutung *Bachofens* hängt die Bevorzugung der Erstgeburt mit dem Patriarchat, die der Spätgeburt mit dem Matriarchat unmittelbar zusammen. Was das zweite anbelangt, stützt sich Bachofen vor allem auf Angaben aus der Heroengeschichte des Philostrat. Der Erstgeborene ist, wie gesagt, der dem Vater nächste, der Letztgeborene der, der aller Voraussicht nach auch zuletzt sterben wird, d. h. der Ton liegt dort auf dem der Zeit überlegenen geistigen, hier auf dem ihr unterworfenen physischen Prinzip, dort auf dem Leben, hier auf dem Tod, auf der Vergänglichkeit alles Geborenen, auf seiner Zugehörigkeit zur mütterlich-weiblichen Erde.

Nun stoßen wir auf eine eigentümliche Bevorzugung zwar nicht der Letztgeborenen, wohl aber der Spätgeborenen auch in der Patriarchengeschichte der Genesis. Hier ist es Gott selbst, der den Jüngeren vor dem Älteren erwählt, so Abel vor Kain, Isaak vor Ismael, Jakob vor Esau, Juda vor Ruben, Perez vor Serah und Ephraim vor Manasse. Abgesehen vielleicht von der auffallenden Vorliebe Abrahams für Ismael und der Rebekka für Jakob lassen sich hier aber keine Anhaltspunkte finden, die auf matriarchalische Zustände hindeuten würden, schon deshalb nicht, weil dann auch das zweite typische Merkmal des Matriarchats, die Bevorzugung der Töchter vor den Söhnen, gegeben sein müßte. Es ist nicht die Mutter, es ist Gott allein, der den Jüngeren erbberechtigt macht, im Gegensatz nämlich zu allen bloß menschlichen Erwartungen und Voraussetzungen, und das offenbar, um anzudeuten, daß der natürliche Sohn des gefallenen Menschen eben nicht der wahre Erbe, nicht der Erbe der Verheißung, nicht der dem „Menschensohn" angemessene ist. Der wahre Erbe muß vielmehr mit Durchbrechung der irdischen Gesetze durch ein Wunder Gottes gezeugt werden.

Die aus einer Ehe – im AT auch aus einer polygamen Ehe, wie etwa der Jakobs – hervorgegangenen Kinder sind, um es nochmals zu betonen, als entfaltete Einheit anzusehen, sozusagen als das in eine Vielheit zerbrochene einzige Kind dieser Eltern oder wenigstens dieses Vaters und seiner Frauen, wobei der älteste, der Erstgeborene gleichsam die *Spitze* darstellt und die Richtung anzeigt, in die das Ganze weist. Nun ist aber der gefallene Mensch eben der verkehrt gerichtete, d. h. seine Spitze und die Spitze des von ihm Gezeugten weist in die falsche Richtung, nämlich nicht auf Gott hin, wie sie sollte, sondern von Gott weg. Der Erstgeborene ist also geradezu der Repräsentant der Verkehrtheit und darum auch der, der für die *Heilsgeschichte* nicht in Betracht kommt. Heil, Erlösung, Wiederherstellung heißt soviel wie Bekehrung, Aufhebung der Verkehrung, Änderung der Richtung. Hier allein hat man den Grund für die Verwerfung der Erstgeburt im AT zu suchen. „Jakob habe ich geliebt, aber Esau habe ich gehaßt" zitiert Paulus Röm. 9, 13 in freier Wiedergabe den Propheten Maleachi (Mal. 1, 2 f). Gott liebt da nicht den einen Sohn Isaaks und haßt den anderen, vielmehr haßt er die verkehrte Richtung und liebt den Verkehrten, er haßt die Sünde und liebt den Sünder, er bricht der Verkehrung die Spitze ab. (Wahrscheinlich hat auch die Beschneidung in Israel den gleichen Sinn: die Spitze soll abgeschnitten werden.) Man könnte hier auch an das Molochopfer und ähnliche Bräuche bei heidnischen Völkern des alten Orients denken, an die Tötung der erstgeborenen Söhne zu Ehren des Gottes. Zweifellos verbirgt sich dahinter die Vorstellung, daß dem Gott das Leben der Erstgeborenen nicht wohlgefällig ist. Da aber der heidnische Gott selbst als „Abgott" in der falschen Richtung steht, eben dort, wohin sich der

DIE EHE

Die natürliche Ehe

Von ganz wenigen unbedeutenden Ausnahmen abgesehen hat, soweit sich das von uns aus beurteilen läßt, die eheliche Regelung der Geschlechterbeziehung – wenn auch nicht unbedingt in Gestalt der strengen Monogamie – bei allen Völkern, in allen Kulturen und in allen Epochen der Geschichte den Vorrang gehabt vor dem regellosen Hetärismus, und nichts spricht für die Annahme, daß dieser der Urzustand gewesen wäre, aus dem sich die Ehe als eine relativ späte Pflanze erst entwickelt hätte. Der Hetärismus erscheint zwar irgendwie miteingebaut in die allgemeine Ordnung, und zwar sogar da und dort religiös sanktioniert, aber eben eingebaut, d. h. er durfte nur in gebändigter Form seine Rechte geltend machen, und selbst dort, wo es ausschweifende Orgien gab, blieben diese an bestimmte Zeiten gebunden. Die schrankenlose Geschlechtlichkeit war also in Fesseln gelegt und durfte das fruchtbare Land, auf dem die Ehe gedeihen konnte, nicht überfluten.

Über die besondere Dialektik zwischen Ehe und Hetärismus oder Monogamie und Polygamie brauchen wir hier nicht mehr zu sprechen. Es sei nur daran erinnert, daß innerhalb der gegebenen Wirklichkeit die Einzelehe allein die Einehe zwar nicht realisieren, aber doch gleichnishaft darstellen kann, während sie sich andererseits als Gemeinschaft von bloß zwei Individuen verschiedenen Geschlechtes gegen alle übrigen abschließt und so die Allgemeinheit verleugnet, die gleichfalls zu den Kriterien der Einehe als Urehe gehört, woraus sich die kultische Dignität der Prostitution etwa bei zahlreichen altorientalischen Völkern erklärt.

Ihre Heiligkeit hat die Ehe nicht als menschliche Institution, sondern als Symbol der Schöpfungsordnung. Soweit der Mensch mit dieser überhaupt noch zusammenhängt und nicht im Chaos versinken soll, muß er auch die Ehe wollen. Nur sie entspricht der *Realität* der persönlichen Ich-Du-Beziehung, und eben auf das Festhalten dieser Realität kommt es an. Mag die empirische Ehe auch noch so unvollkommen und in vieler Hinsicht problematisch sein, problematisch nämlich der Dialektik wegen, in die sie unvermeidlich geraten muß, so hängt sie trotzdem an der Wurzel des Seins, das an sich aller dialektischen Auflösung entzogen ist, wogegen sich dasselbe vom Herätismus als ihrem Gegenpol gerade nicht sagen läßt. Die Entscheidung für die Realität, für das Sein, für das Leben und für das Licht ist niemals nur die Entscheidung für den einen Pol gegen den anderen, sie steht nicht restlos im Zeichen der Erkenntnis von Gut und Böse, sondern greift nach der *Mitte*, in der die Pole verschmelzen und nicht als bloße opposita coincidieren. Das eigentliche Gegenteil der wahllosen geschlechtlichen Vermischung ist die asketische Negation alles Erotischen und gar nicht die eheliche Gemeinschaft. Nur sofern im Blick auf die vielfachen sexuellen Möglichkeiten des Einzelnen auch schon die Ehe das Moment der Askese bei sich hat, steht sie im dialektischen Widerspruch zur Prostitution, aber genau ebenso hat sie ihr dialektisches Verhältnis zur Askese, sofern in ihr die Sinnlichkeit zu ihrem Recht kommt. Die Ehe gehört zur Tagseite des Lebens. Der Mensch kann zwar, ohne Schaden zu nehmen, ehelos bleiben, wenn er, ohne sich damit Gewalt antun zu müssen, jedem Geschlechtsverkehr überhaupt entsagt oder vielleicht auch, wenn er diesen auf ein sein Eigentliches nicht mehr berührendes Minimum herabsetzt; er verkommt aber unweigerlich, wenn er sexuell in Unordnung lebt, sei es als Unverheirateter oder als Ehebrecher. Mit der Unordnung der Ehe zerbricht auch jede andere Ordnung. Diese Feststellung hat mit bürgerlichem Moralismus gar nichts zu tun, sie ist auch gar nicht moralistisch gemeint, sondern betrifft einfach eine Tatsache. Der enge Zusammenhang von Prostitution und Geschlechtskrankheiten spricht hier übrigens eine hinreichend deutliche Sprache. Die Geschlechtskrankheit gedeiht nur auf einem fauligen Boden. Sie ist der Pesthauch des Sumpfes und seiner wuchernden Vegetation, in der Bachofen das antike Symbol des Hetärismus erkannt hat. Diese Krankheiten sind nicht zufällig über die Menschen gekommen, und die medizinische Wissenschaft befindet sich wahrscheinlich in einem schweren Irrtum, wenn sie meint, die Krankheitskeime ausrotten, den Nährboden, auf dem sie wachsen, aber bestehen lassen zu können. Hier wird wie so oft, ja vielleicht in der Hauptsache immer, nur ein Krieg gegen Symptome geführt.

Wird in der Polarität der Geschlechter das Männliche eindeutig dem Geist und dem Licht, das Weibliche der Materie und der Finsternis zugeordnet, dann muß der Eindruck entstehen, als ob die Ehe eine Erfindung ausschließlich des Mannes wäre oder als ob doch der Mann allein Interesse an ihr hätte. In diesem Sinn äußert sich vor allem *Weininger:* „Es gibt kein Rechtsinstitut weiblichen Ursprungs. Alles *Recht* rührt vom Manne und nur viel *Sitte* vom Weibe her (schon darum wäre es ganz verfehlt, das Recht aus der Sitte oder umgekehrt die Sitte aus dem Recht hervorgehen zu lassen. Beide sind ganz heterogene Dinge). Ordnung in wirre sexuale Verhältnisse zu bringen, dazu kann, wie nach Ordnung, nach *Regel,* nach Gesetz überhaupt (im praktischen wie im theoretischen) nur der Mann — donna é mobile — das Bedürfnis und die Kraft besessen haben." Die prinzipielle Unterscheidung zwischen Sitte und Recht sowie die Behauptung der Nicht-Zurückführbarkeit des einen auf das andere ist gewiß tief und richtig. Es bleibt aber doch die Frage, ob nicht beide sehr wohl den gleichen Ursprung haben könnten, aus dem sie sich nach der Seite des Männlichen und des Weiblichen entfaltet haben. Weder wird man bedingungslos dem Recht vor der Sitte die höhere Würde zusprechen, noch die Institution der Ehe einseitig jenem zuordnen dürfen. Es handelt sich hier vielmehr um die gleiche Polarität, die *Hegel* in dem Gegensatz von „menschlichem" und „göttlichem" Gesetz ausgedrückt fand, und die auch *Bachofen* meint, wenn er von einer *demetrischen* und einer *apollinischen* Form der ehelichen Ordnung redet. Der Frau geht es gewiß nicht um die Erfüllung irgendeines Gesetzes, wenn sie von dem sie begehrenden Mann die Ehe fordert. Weibliche Liebe hält sich immer jenseits von Gesetz und Recht. Die Frau will nicht, daß einer Regel, daß einem Buchstaben gemäß verfahren werde, das ist ihr völlig gleichgültig, wohl aber will sie sich nur dem geben, der sich ohne Vorbehalt für sie entscheidet, der sich ihr genau so gibt wie sie sich ihm. Sie stellt ihre Forderung einfach aus dem unmittelbaren Wissen um den Ursinn der Liebe heraus. Darauf allein gründet sich die Ehe als Sitte. Dazu braucht es kein geschriebenes Recht. Der Mann dagegen muß allerdings seine immer schweifende Geschlechtlichkeit gewaltsam in Fesseln legen. Er macht darum die Ehe zum Gesetz, zur Bändigung gerade nicht der weiblichen, sondern seiner eigenen Natur. Weininger hat also durchaus recht, wenn er das Ehegesetz auf den Mann zurückführt, aber die Ehe lebt ja gar nicht aus dem Gesetz, vielmehr richtet auch hier das Gesetz nur Zorn an und ist dazwischengekommen, damit die Sünde erst recht offenbar werde. Nach Bachofen ist die demetrische, d. h. also die auf der Sitte oder auf dem „göttlichen Gesetz“ Hegels beruhende Ehe die Frühform, die apollinische, dem „menschlichen Gesetz“ entstammende und rechtlich geordnete hingegen die Spätform der Monogamie. Es hindert uns nichts, dem zuzustimmen, wenn auch die Meinung, daß die erste als Folgeerscheinung einer Art Gynäkokratie verstanden werden müsse, kaum haltbar ist. Nicht Weiberherrschaft, sondern Verwurzeltheit im Ursprung läßt das in Form einer Sitte sich durchsetzen und als das wahrhaft Natürliche anerkennen, was später mit den harten Mitteln des Gesetzes erzwungen werden muß. Der Mensch jener, wenn wir bei dem Ausdruck bleiben wollen, demetrischen Ordnung ist nicht weiblicher, er ist nur der Mitte näher als der jüngere, ihm erscheint noch selbstverständlich, d. h. dem göttlichen Gebot gemäß, was dann, nachdem das Ohr für dieses Gebot taub wurde, für das gar nicht Selbstverständliche gehalten und eben darum künstlich geschaffen wird.

Die Ehe ist die einzige Gemeinschaft zwischen Menschen, in der der persönliche Wert des Einzelnen eine Steigerung und keine Herabminderung erfährt. Dem schönen Buch von Max *Picard* „Die unerschütterliche Ehe“ entnehme ich die aus einem beinahe visionären Tiefsinn gesprochenen Worte: „Das Allgemeine hat ... im Haus der Ehe seine Unheimlichkeit verloren, es ist Fleisch, es ist Person geworden ... Das Allgemeine hört im Hause der Ehe auf Masse zu sein ... Und das Allgemeine außerhalb der Ehe wird selbst konkreter dadurch, daß wenigstens ein einziges Mal ... es in einer Person, in der Frau, konkret hat werden können.“ [1] Picard redet vom „Haus der Ehe“. Das verdient besondere Beachtung. Die Ehe braucht ihr Haus, d. h. ihre eigene Umwelt, um wirklich Ehe sein zu können. Sie ist nicht einfach ein Glied der weiteren menschlichen Gemeinschaft, des Volkes oder des Staates, sondern hebt sich aus diesen als ein prinzipiell Andersartiges, ja sogar Gegensätzliches heraus. An der Ehe findet das Recht des Staates seine Grenze. Das Haus der Ehe steht wie eine Oase der Urschöpfung mitten in der politischen Wüste. Staat bedeutet immer Kollektiv, amorphes oder bestenfalls mechanisch geordnetes Nebeneinander von isolierten Individuen, Ehe aber persönliches Für-einander. Es ist zwar richtig, daß die Gesundheit der politischen Gemeinschaft abhängt von jener der Ehen in ihr, aber es ist nicht richtig, daß die Ehe dem Staat zu dienen hätte als seine Zelle oder dergleichen; denn nur die Ehe hat sakralen, der Staat aber bloß profanen Charakter. Also hat er der Ehe zu dienen und nicht umgekehrt. In dem Grad, in dem er das tut, d. h. nicht etwa von sich aus Ehegesetze gibt, sondern das Eigengesetz der Ehe anerkennt und schützt, wird er auch für sich Kraft ziehen aus ihrer Kraft und damit wenigstens relativ gesund sein. Das Haus der Ehe ist sozusagen der Tempel der Urordnung, der paradiesischen Welt in der außerparadiesischen Unordnung. Sobald einmal der Staat sich nicht mehr an der Ehe orientiert, sondern die Ehe zwingt, sich an ihm zu orientieren, steht alles auf dem Kopf. Die politische Macht muß wissen, daß das Haus der Ehe für sie tabu, exterritoriales Gebiet ist, das sie nicht betreten darf, nicht entweihen darf, wenn sie sich nicht selbst in schwerste Gefahr bringen will. Wer das Heiligtum vorwitzig angreift, fällt tot um wie Usa in dem Augenblick, da er die Bundeslade berührt.

Noch vor wenigen Jahrzehnten war es selbstverständlich, daß man erst heiratete, wenn man auch die Möglichkeit hatte, einen eigenen Hausstand zu gründen, weil eben der Hausstand selbst zum Wesen der Ehe gehört. Das Haus galt als Raum, als Welt der Ehe. Die Ehe war nicht in der Welt, sie hatte ihre Welt oder sie war überhaupt nicht Ehe. Heute ist das anders. Man heiratet auch ohne gesicherte Existenz, man wohnt irgendwo, vielleicht bei den Eltern des Mannes oder der Frau; der Mann sorgt nicht allein für den gemeinsamen Lebensunterhalt, sondern beide Gatten gehen gesondert ihrer beruflichen Beschäftigung nach und treffen sich nur noch im Bett, d. h. man hängt eigentlich nur durch die sexuelle Beziehung zusammen. Damit aber hört tatsächlich die Ehe auf Ehe zu sein und wird zu einem bloßen legitimierten Liebesverhältnis. Das ist vielleicht *Monohetärismus*, aber sicher nicht Monogamie. Der Vorwurf trifft natürlich nicht den Einzelnen oder das einzelne Pseudoehepaar, sondern den Geist der Epoche, der freilich auch der Geist aller Einzelnen ist. Hier hat unversehens bereits das Kollektiv über die Person gesiegt, auch in den formell noch nicht totalitären Staaten. Es ist die Allgemeinheit, die Masse, die das Haus der Ehe aufgesogen, sich einverleibt und damit vernichtet hat. Es gibt nur noch das menschliche und nicht mehr das göttliche Gesetz. Der Boden der Wirklichkeit ist so profan geworden, daß er keinen Raum mehr aussparen kann für einen Tempel. Gott, der Schöpfer, ja nicht einmal einer seiner Engel findet noch eine Wohnung unter den Menschen. Alles Himmlische hat sich in die fernsten Himmel zurückgezogen.

Die Ehe kann kein Gesetz außer sich und über sich gelten lassen, wenigstens kein menschliches Gesetz, weil der Grund, auf dem sie ruht oder ruhen sollte, allein die Liebe ist, und „Nur die Liebe hat“ nach Franz von

Baader, „wie das Leben, das sie selber ist, kein Warum, nichts, was früher als sie wäre. Deswegen ist sie allein absoluter Zweck – Ende und Vollendung aller Dinge wie ihr Anfang –, dem alles andere sich als Mittel fügen muß. Von ihr gilt, daß sie kein Gesetz hat, weil sie selber das höchste Gesetz ist." Weder der Staat noch selbst die Familie kann darum der Ehe übergeordnet werden, der Staat nicht, weil er seinem Wesen nach nichts mit Liebe zu tun hat, die Familie nicht, weil sie gleichfalls nur aus der Liebe lebt, die in der Ehe und nirgends sonst ihr eigentliches Zentrum hat. Die Familie ist um der Ehe und nicht die Ehe um der Familie willen da. Daß es in der Praxis oft sehr anders aussieht und aus verschiedenen Gründen vielleicht auch sehr anders aussehen muß, ändert gar nichts an der Wahrheit dieser Feststellung, es offenbart nur die tiefe Fragwürdigkeit der Praxis und dessen, was wir müssen. Schon der biblische Satz: „Darum wird ein Mann Vater und Mutter verlassen und an seinem Weibe hangen" sagt deutlich, daß das Recht der Ehe dem der Familie vorangeht. Die Umkehrung bedeutet genau so wie die Eingliederung der Ehe in den Staat Vermassung. Wo die Familie mit ihren Interessen das erste und letzte Wort zu sprechen hat, dort ist die Liebe, also das die Ehe konstituierende Moment, bereits verraten.

Damit soll nicht behauptet sein, daß die Eltern die Gattenwahl ihrer Söhne und Töchter bedingungslos gutzuheißen hätten und gar nicht mitreden dürften, sondern nur, daß auch ihr eventueller Einspruch oder Zuspruch sich ganz allein von der Liebe und nicht von irgendwelchen anderen Gesichtspunkten leiten lassen sollte. Sie müssen sich darüber klar sein, daß die heiratenden Söhne und Töchter ihre Gattinnen und Gatten nicht in die Familie hereinholen, sondern mit ihnen aus der Familie heraustreten, eben Vater und Mutter verlassen. Sie sollten nur darauf bedacht sein, daß in den Ehen, die da geschlossen werden, auch wirklich die Liebe zu ihrem Recht kommt und ihr Recht aufrichtet. Eine Ehe ohne Liebe ist ebensowenig eine Ehe wie eine Liebe ohne Ehe Liebe ist. Aber Liebe heißt allerdings weder sinnlich-sexuelle Leidenschaft noch erotische Schwärmerei. Liebe meint vielmehr die Mitte, die ungeschiedene Einheit des Seelischen und des Sinnlichen. Gerade sie kann sich darum sowohl der Leidenschaft wie auch der Schwärmerei gegenüber sehr zurückhaltend, wenn nicht geradezu ablehnend verhalten. Eine dauerhafte Ehe gründet sich nicht auf der bloßen Begierde nach dem leiblichen Besitz des anderen und nicht auf schönen Träumereien, aber freilich auch nicht auf dem bloßen Vakuum zwischen beiden, und sicher ist nicht ein solches Vakuum gemeint, wenn ein liebender Vater oder eine liebende Mutter ihr Kind warnt und zur Nüchternheit ruft. Der junge Mensch verwechselt allzu leicht eine augenblickliche Leidenschaft mit Liebe oder dichtet in ein beliebiges Wesen des anderen Geschlechtes seine Idealitäten hinein. Die Liebe der Eltern erspürt da manchmal den Irrtum besser und schärfer als die Unbekümmertheit der Söhne und Töchter. Diese elterliche Liebe muß wollen, daß der, der sich aus ihr löst, das wieder nur aus Liebe tut. Sie entläßt und gewinnt damit den Entlassenen zugleich.

Aus Liebe eine Ehe schließen heißt, sich unter das Gesetz der Liebe stellen, die Liebe als das Prinzip des Lebens anerkennen, nämlich die Liebe überhaupt, die immer nur eine sein kann und darum selbstverständlich auch die Liebe zu den eigenen Eltern in sich schließt. Es dürfte danach also keine Liebeskollisionen geben. Das aber widerspricht allzu offensichtlich der Erfahrung, um als Norm überhaupt in Frage zu kommen. Tatsächlich fordert sehr oft gerade die Liebe zu dem einen Menschen den Verzicht auf die Liebe zu einem anderen. In allen solchen Fällen nimmt die fordernde Liebe den Charakter der Pflicht an, und Pflicht und Liebe lassen sich nicht zur Deckung bringen. Weder die Liebe, die eine andere ausschließt, noch jene, die ausgeschlossen wird, ist insofern Liebe, und das bedeutet, daß Widersprüche dieser Art nur in einer Welt möglich sind, in der die Liebe eben nicht regiert, bzw. in der das, was Liebe genannt wird, diesen Namen eigentlich nicht mehr verdient. Darum werden von allem, was wir soeben über die Identität von Liebe und Ehe gesagt haben, praktisch sehr erhebliche Abstriche zu machen sein. Seine Wahrheit aber bleibt davon unberührt. „Mann und Frau können vom Phänomen der Ehe verworfen werden, nicht aber können sie die Ehe verwerfen", heißt es in dem erwähnten Buch von Max *Picard.*[2] Und wir alle sind vom Phänomen der Ehe und also auch vom Phänomen der Liebe verworfen, sofern wir hier unausweichlich in die verschiedensten Konflikte geraten. Der Mensch ist ja aus der Schöpfungsordnung, d. h. aus der Liebesordnung herausgefallen und der Gesetzesordnung verfallen. Wenn nun der Staat oder die Familie das absolute Eigengesetz der auf Liebe gegründeten Ehe nicht respektiert, so haben wir auch kein Recht, uns darüber zu beschweren, sondern werden die Schuld dafür bei uns selbst, nämlich bei der Unvollkommenheit und Verkehrtheit gerade unserer Liebe zu suchen haben. Wir haben gar nicht die Macht, in unseren Ehen die Ordnung der

Liebe herzustellen. Wo so etwas wie diese Ordnung erscheint, dort kommt sie über uns wie ein unverdientes Geschenk aus einer anderen Region, dort werden wir in sie hineingenommen, in sie hineingehoben, unserer wahren Natur zum Trotz. „Das Glück in der Ehe ... ist nicht bloß das subjektive Glück des Mannes und der Frau, es ist auch das Glück der Ehe selber, und das eben ist das größte Glück für die beiden, daß sie am Glück der Ehe selber teilnehmen können."[3] *Picard* hat sein Buch „Die unerschütterliche Ehe" genannt, aber nicht die empirische, sondern nur die metaphysische Ehe ist unerschütterlich, die Ehe, an der freilich auch die impirische teilhat, sofern das Glück, von dem hier geredet wird, in ihr aufleuchtet. Dieses Glück hängt nicht ab von Zufälligkeiten und äußeren Umständen, es kann durch sie weder erzeugt noch zerstört werden; denn es ist wesenhaft ewig, genau so ewig wie die Liebe, mit der es ja zusammenfällt. Es gibt darum auch keine Liebe und keine glückliche Ehe ohne Treue. In einem alten bekannten Operettenlied heißt es:

Hab' ich nur deine Liebe,
Nach Treue frag' ich nicht.
Die Liebe ist die Knospe,
Aus der die Treue bricht.

Das ist wahr, wenn es nicht romantisch verstanden wird, aber freilich auch nur dann, sonst wird es zur gefährlichen Illusion.

Man kommt nicht vorbei an der fatalen Tatsache, daß einerseits die Liebe, je größer und tiefer und leidenschaftlicher sie ist, um so mehr die unlösliche eheliche Gemeinschaft als den ihr allein gemäßen Ausdruck und als ihre Erfüllung fordert, und daß andererseits trotzdem die aus leidenschaftlichster Liebe geschlossenen Ehen in den meisten Fällen nach relativ kurzer Dauer unglücklich werden oder gar zerbrechen. Das kommt daher, daß das an sich Ewige in der Welt der Zeit am wenigsten Bestand hat, oder vielleicht richtiger, daß das Zeitliche das helle Licht des Ewigen nicht lange verträgt. Ewigkeit, ewige Gegenwart ist nämlich etwas ganz anderes als zeitliche Dauer. Wer als vergänglicher Mensch in das Kraftfeld dieser Gegenwart gerät, der verbrennt in ihr. Sie wird ihm zum verzehrenden Feuer. Th. von *Scheffer* hat nicht ganz unrecht, wenn er schreibt: „Die Ehe ist kein brausendes Frühlingslied, sondern ein ruhig erntender Sommer und Herbst. Die Ehe ist kein prächtiger Komet, sondern ein harmonisches Sonnensystem. Die

Ehe beruht zuweilen in ihrem Anstoß, nicht aber in ihrem Inhalt auf Liebe, sondern auf Herzlichkeit, Güte, Toleranz, Zuneigung, Anlehnungsbedürfnis, Geduld, nochmals Geduld und, man verachte es nicht, auf dem Gesetz der Trägheit."[4] Es wird jedoch zu fragen sein, ob diese abgeklärte Form der Erotik wirklich nichts weiter als Kameradschaft, Freundschaft oder dergleichen ist, wie sie ja schließlich auch, und zwar wahrscheinlich sogar besser zwischen Männern als zwischen Personen verschiedenen Geschlechtes bestehen könnte, oder ob es sich hier nicht vielleicht doch um ein durch Resignation hindurchgegangenes Verständnis für den letzten Sinn alles Erotischen überhaupt und um ein geheimnisvolles Transzendieren hinaus über die der Sichtbarkeit gesetzten Schranken und hinüber in die wahrhaft „unerschütterliche" Ehe handeln könnte, in die eschatologische Ehe, in der auch die Liebe erst zu sich selbst kommt. Vielleicht ist so etwas aber doch nur in der Atmosphäre des christlichen Glaubens möglich, und darüber soll an dieser Stelle noch nicht gesprochen werden.

Kierkegaard sagt einmal: „Die romantische Liebe läßt sich vortrefflich darstellen, nicht aber die eheliche Liebe; denn der ideale Ehemann ist nicht einer, der es *einmal* in seinem Leben ist (wie der Held der romantischen Liebe), sondern einer, der es *jeden Tag* ist." Die eheliche Liebe ist „inkommensurabel für die Kunst." „Der Dichter kann nur erzählen, *daß* sie sich durch die Länge der Zeit behauptet; aber *wie* soll er das darstellen." Es ist aber gar nicht die Länge der Zeit, die dem Dichter hier die größten Schwierigkeiten macht, sondern vielmehr das gänzlich Unheroische, das Unsensationelle, das platt Alltägliche (obzwar in Wahrheit und an sich gar nicht Alltägliche) und darum ästhetisch völlig Unergiebige einer solchen Liebe. Die eheliche Liebe ist die um ihr Pathos gebrachte Liebe, sie hat den Traum des Eros, in dem der Dichter befangen ist und auch befangen bleiben muß, wenn er dichten will, ausgeträumt, sie ist aus ihm erwacht, und das nimmt sich innerhalb der sichtbaren Welt beinahe spießbürgerlich aus. Das Reich der Romantik liegt zwischen der unproblematischen Behaglichkeit des Philisters, in der freilich die weitaus meisten sogenannten glücklichen Ehen versumpfen, und der Abgeklärtheit des wahrhaft Weisen; und der Philister und der Weise sehen einander äußerlich oft sehr ähnlich, so ähnlich, daß sie sich für den Blick des Unweisen überhaupt nicht unterscheiden. Die eheliche Liebe verzichtet darauf zu sprühen und zu glänzen, weil sich das Licht, in dem sie steht, an den Dingen der Wirklichkeit gar nicht reflektiert oder doch nur in der Weise, daß diese Dinge in seinem Schein nicht verklärt werden, sondern ihre Bedeutungslosigkeit erst recht hervorkehren. Anders ausgedrückt: Unter dem Aspekt der Ewigkeit wird die Zeitlichkeit des Zeitlichen um so deutlicher.

Will aber ein Dichter dennoch die eheliche Liebe besingen, dann bleibt ihm keine andere Möglichkeit als die, sich gerade über die Zeitlichkeit des Zeitlichen souverän hinwegzusetzen, den ewigen Augenblick in der Zeit zu fixieren und Gegenwart ihrer Natur zuwider in Dauer zu übersetzen, d. h. die Wirklichkeit der Illusion zu opfern, wie z. B. der römische Dichter Ausonius in seinen schönen Versen:

Uxor, vivamus, quod viximus; et teneamus
Nomina, quae primo sumpsimus in thalamo;
Nec ferat ulla dies, ut commutemur in aevo,
Quin tibi sim Juvenis, tuque Puella mihi! [5]

(Frau, laß uns leben, was wir gelebt; und laß uns behalten
Die Namen, die erst wir uns gaben im ehelichen Gemach;
Und niemals bringe irgendein Tag es dahin, daß wir uns wandeln im Alter,
Daß nicht Jüngling ich dir und du mir Mädchen seist.)

Die Problematik der Ehe ist auch die Problematik der Liebe, und das zwar in dialektischer Weise, so nämlich, daß in exemplarischen Fällen die Ehe die Liebe und die Liebe die Ehe problematisch macht, selbstverständlich nur die unvollkommene Ehe – aber eine andere kennen wir ja nicht – die gleichfalls unvollkommene Liebe und umgekehrt; denn in der Vollkommenheit wären beide Eines. Und so gilt einerseits unaufhebbar ihre ideelle Identität, also der Satz: „Eine Ehe ohne Liebe ist ebensowenig eine Ehe wie eine Liebe ohne Ehe Liebe ist", und andererseits doch auch die Infragestellung der einen durch die andere, das Ja zur Ehe als Nein zur Liebe und das Ja zur Liebe als Nein zur Ehe, wobei aber immer die Ehe vor der Liebe die Würde des sittlich Gebotenen und die Liebe vor der Ehe die metaphysische Tiefe voraus hat. In dem Grad, in dem sich der Liebende der Liebe bemächtigt, sie für sich in Anspruch nimmt, statt sich von ihr in Anspruch nehmen zu lassen, über sie verfügen will, statt sich ihr zur Verfügung zu stellen und damit erst seine wahre Freiheit zu finden, im gleichen Grad also wird ihm die Ehe, d. h. die Forderung, sich der Geliebten zu verpflichten, und zwar ohne jede Rücksicht auf die Stärke und Dauer seiner Liebe, zum heteronomen Gesetz, dessen Repräsentant sowohl der Staat wie auch die Familie sein kann.

Ich will versuchen, diese außerordentlich komplizierte und geradezu verwirrende Dialektik an dem Verhältnis Jakobs zu seinen beiden Gattinnen, der leidenschaftlich geliebten Rahel und der ungeliebten Lea, deutlich zu machen. Mit Gottes Willen zwar, aber, soweit er selber dabei die Hand im Spiel hatte, mit höchst unlauteren Mitteln, hat sich Jakob in den Besitz des Erstgeburtsrechtes gebracht. Die ihm nunmehr bestimmte Frau ist demgemäß die gleichfalls erstgeborene Tochter seines Schwiegervaters Laban, also Lea. Mit dem Erstgeburtsrecht muß er zwangsläufig auch sie von seinem betrogenen Bruder Esau übernehmen. Daß er sich genötigt findet, sie als ein Betrogener und ohne Liebe zu heiraten, ist nur die Antwort auf seinen Betrug und auf seine Lieblosigkeit dem Bruder gegenüber. Seine Willkür, sein Freiheitsmißbrauch kehrt sich als fremdes Gesetz gegen ihn. Er hat die Liebe verraten, und so kommt die Ehe ohne Liebe auf ihn zu. Aber auch an der Stelle Esaus bleibt er immerhin Jakob, und als dieser Jakob, d. h. als der zweitgeborene Sohn Isaaks, heiratet er nach Lea doch auch noch die zweitgeborene Tochter Labans: Rahel. Lea ist, obwohl ungeliebt, die gesetzlich bevorrechtete Gattin, die erste und eigentliche Ehefrau, und ihre Ehe wird bestätigt durch die Geburt von zunächst vier Söhnen, wogegen die geliebte Rahel durch viele Jahre unfruchtbar bleibt und so nur als Beischläferin, aber nicht als vollwertige Gattin gelten kann. Beide Verbindungen haben ihre Licht- und ihre Schattenseiten. Dort ist Ehe ohne Liebe, hier Liebe ohne Ehe, dort wird ein freudeloses Gesetz erfüllt, hier ohne Billigung des göttlichen Gesetzgebers Freude genossen. Die Verheißung ruht auf der Ehe mit Lea; denn aus ihr geht als vierter Sohn Juda hervor, von dem das Zepter nicht weichen soll, bis daß der Held komme, dem die Völker anhangen (Gen. 49, 10). Juda, heißt das, wird der, wenn auch an sich unwürdige Stammvater des Messias. Immerhin bleibt doch auch der Liebesbund mit Rahel nicht ganz erfüllungslos. Rahels erster Sohn Josef hat zwar keine heilsgeschichtliche Bedeutung, aber er wird dafür in seinem persönlichen Leben das unvergleichliche Vorbild eben dessen, der aus Juda kommen soll, er nimmt in dem, was er darstellt, die verheißene Zukunft vorweg und verpflanzt sie in die Gegenwart. Juda steht ganz und gar in der Zeit, er ist ein Glied in der Kette der Geschlechter, in Josef dagegen erscheint die Zeit transzendiert, hier bricht das Licht der Ewigkeit ein in die Welt der Geschichte. Und so eben gewinnt auch die Liebe zwischen Jakob und Rahel ihren unersetzlichen Gleichniswert, obwohl nur die nüchterne Ehe mit Lea irdischen Bestand hat. Die Ehe als gesetzliche Ordnung der Geschlechterbeziehung gilt sozusagen auf der Horizontalen, während die Liebe in die Vertikale weist. Wären wir nicht gefallen, dann müßten wir nicht in der gleichsam horizontal verlaufenden Zeit leben und sterben, dann hätte unsere Geschichte teil an der Vertikalen, dann wäre sie Bewegung im Rhythmus der ewigen Gegenwart, und dann wären auch Lea und Rahel, d. h. Ehe und Liebe Eines.

Über Ruth, die Stammutter Davids und damit auch Jesu, wird gesagt: „Der Herr mache das Weib, das in dein (des Boas) Haus kommt, wie *Rahel und Lea,* die beide das Haus Israel gebaut haben; und wachse sehr in Ephrata (in dem Ort, in dessen Nähe Rahel starb, Gen. 35, 16) und werde gepriesen zu Bethlehem", wo Jesus geboren wurde, der Messias, in dem sich die Verheißung erfüllt und dessen Abglanz auf Josef, den Sohn der Rahel, gefallen war. Die Menschen, die diese Worte (Ruth 4, 11) sprachen, hatten zwar nicht den Messias im Sinn, sondern dachten an die beiden Teile des Reiches Israel, die vor allem durch die Stämme Juda (den Sohn der Lea) und Ephraim (den Enkel der Rahel) repräsentiert wurden, aber doch wird erst von Jesus her die wahre und tiefere Bedeutung des hier Gesagten offenbar; denn eben durch ihn kommt das Gesetz mit der Liebe zur Versöhnung, werden Rahel und Lea, die Geliebte und die Gattin, ein einziges Weib. Von Rahel und nicht von Lea sagt der Prophet Jeremia (31, 15), daß sie über ihre Kinder weint, weil es aus ist mit ihnen; denn Ephraim wurde in die assyrische Gefangenschaft geführt, aus der es keine Wiederkehr gab. Und trotzdem wird auch ihr der Trost zugesprochen: „Laß dein Schreien und Weinen und die Tränen deiner Augen; denn deine Arbeit wird wohl belohnt werden, spricht der Herr. Sie sollen wiederkommen aus dem Land des Feindes." (31, 16) Diese Worte haben zwar niemals ihre geschichtliche, wohl aber ihre eschatologische Erfüllung gefunden; denn in Jesus, dem Urbild Josefs, ist tatsächlich auch Ephraim heimgekommen aus dem Land des Feindes.

Der Gegensatz zwischen Lea und Rahel kommt zum Vorschein auch in der Feindschaft des Benjaminiters Saul gegen den Judaiter David. Saul unterliegt und David bleibt, genau so wie dann später das Reich Ephraim verschwindet, während Juda bleibt oder doch wieder aufgerichtet wird. Und trotzdem geht am Ende abermals auch die der Rahel zugesprochene Verheißung in Erfüllung, nämlich in dem Benjaminiter Saulus-Paulus, der die Heilsgeschichte Israels ins Eschatologische wendet und eben damit zum Apostel der Heiden werden kann. Die Horizontale der Gesetzlichkeit wird hineingenommen in die Vertikale der Liebe. Aber das ist Gottes Werk allein. Der Mensch kann den Widerspruch nicht aufheben und scheitert, wenn er das versucht. Ein Gleichnis dafür ist vielleicht die unfruchtbare Ehe zwischen Judith und Manasse, die durch ihre Namen deutlich genug auf Juda und Josef und also auf Lea und Rahel hinweisen.

Wenn von einer Ehe wie von dieser oder auch von jener Jakobs mit Rahel in ihren ersten Jahren gesagt wird, sie sei unfruchtbar, so heißt das, wenigstens nach der Anschauung des AT, sie habe ihre Bestimmung als Ehe gar nicht erfüllt. Die Fruchtbarkeit aber hängt an der leiblichen Gemeinschaft der Gatten, und somit liegt hier durchaus darauf der Nachdruck. Die körperliche Vereinigung gilt also nicht etwa nur als Begleiterscheinung, sondern ganz offensichtlich als die Hauptsache, als das, was die Ehe überhaupt erst zur Ehe macht, und so wird sie ja eigentlich auch von jedem unbefangenen Menschen beurteilt. Ph. Th. *Culmann* hat recht, wenn er sagt, daß die leibliche Gemeinschaft das punctum saliens in der Ehe sei, „von dem aus sich die fernere (d. h. die seelische und geistige) Ineinsbildung der verschiedenen Lebenskreise beider Individuen verbreitet. Jedes andere Liebesverhältnis, wie z. B. das der Freundschaft ... ist ein unvollständiges und hängt in der Luft, weil ihm die feste Basis leiblicher Gemeinschaft mangelt, die allein in der Ehe gegeben ist."[6]

Und doch läßt sich nicht übersehen, daß gerade die leibliche Gemeinschaft in ihrer uns allein bekannten sexuellen Gestalt eben das ist, was die Liebe der Geschlechter und also auch die Ehe so ungeheuer problematisch macht. Hier und nirgends sonst liegt die Wurzel aller Verirrungen, weil ja doch die Sexualität als solche die Urverirrung, nämlich die bereits entartete sinnliche Liebe ist. Man kann wenig einwenden gegen die harten Worte Otto *Weiningers:* „Auf dem Boden irgendwelcher Abweichung vom strengen Sittengesetz (gemeint ist die absolute Keuschheit) – und eine solche Abweichung liegt in jeder empirischen Ehe – sind *völlig* befriedigende Problemlösungen nie mehr möglich: zugleich mit der Ehe ist der *Ehebruch* auf die Welt gekommen."[7]

Nur Phantasten geben sich der Einbildung hin, in einer rechten Ehe könne das Sinnliche harmonisch in das Geistige eingebaut werden und die Sinnlichkeit „gesund" erhalten bleiben. Diese sogenannte „gesunde" Sinnlichkeit gibt es in unserem Daseinsbereich gar nicht. Wie in allem, so ist der Mensch auch in seiner Sinnlichkeit und gerade in ihr immer krank, auch in der besten Ehe. Als natürlich religiöse Menschen bleiben wir immer Heiden und als natürlich sinnliche Menschen immer ausschweifende Orgiasten. Es wäre ein Gebot der Wahrhaftigkeit, sich da nichts vorzumachen. Daß das so ist, läßt sich nicht moralistisch übertünchen, sondern bestenfalls mit einem gewissen Humor überwinden oder richtiger vergleichgültigen. Ganz daneben gehen etwa die folgenden Sätze von Helmuth *Schreiner:* „Echte Sinnlichkeit ist Angelegtheit auf Sinn und auf Wahrheit. Wenn aber Wert mehr ist als Trieb, dann ist der Trieb angewiesen auf diese über ihn hinausgreifende Mächtigkeit des Lebens in der Verantwortung, der Gemeinschaft und ihrer Werte. Es gibt darum nur eine Möglichkeit, wenn der Trieb nicht verwahrlosen soll: ihn seiner Anlage nach eingliedern in eine höhere Aufgabe, ihn freimachen und einbeziehen in das Reich einer verantwortungstiefen Liebe."[8]

So dürfte gerade ein evangelischer Theologe nicht reden. Was soll das überhaupt heißen: den Trieb seiner Anlage nach eingliedern in eine höhere Aufgabe? Das sind nichts weiter als schön klingende Worte, die ihre oberflächliche Schönheit ganz allein dem Umstand verdanken, daß sie es versäumt haben, sich mit der Wirklichkeit und den gegebenen Möglichkeiten konfrontieren zu lassen. Wäre der Trieb seiner Natur nach angelegt auf eine höhere Aufgabe, dann wäre er eben nicht Trieb, d. h. eine der Herrschaft des Bewußtseins sich entziehende untergründige Macht. Daß sich das Liebesverlangen des Menschen zum Trieb entstellt hat, macht ja seine Fragwürdigkeit aus. Der Trieb ist die aus dem Licht in die Finsternis gefallene Sinnlichkeit, die nicht und in keiner Weise nach oben, sondern ausschließlich nach unten tendiert. Mit Trieben läßt sich darum ethisch gar nichts mehr anfangen, sie lassen sich nicht in ein System der Ordnungen einbauen. Der Trieb braucht gar nicht erst zu verwahrlosen; denn er ist schon verwahrlost, ja er ist die Verwahrlosung selbst. Sofern wir Triebe haben, sind wir verwahrlost, sind wir unfrei und also verantwortungslos. Dem Trieb gegenüber gibt es für uns nur zwei Möglichkeiten: entweder ihm folgen oder ihn unterdrücken, und beides ist von Übel. Der Getriebene befindet sich in einem Gefängnis und ist auf gar keine Weise imstande, dieses Gefängnis zu sprengen. Als der Getriebene hat er keine „höhere Aufgabe" mehr, sondern ist ihm im Gegenteil a priori der Weg zu jeder höheren Aufgabe versperrt. Damit müssen wir uns abfinden und uns alle Illusionen, alle pharisäischen Ideale verbieten. Otto *Weininger* urteilt viel realistischer, viel ehrlicher und auch theologisch zutreffender, wenn er sagt: „Zugleich mit der Ehe ist der Ehebruch auf die Welt gekommen." Von der natürlichen Ehe wenigstens gilt das ohne Abstrich, und zwar darum, weil die natürliche Liebe ihrer sexuellen, ihrer Triebseite nach schon in ihrer ersten Anlage ehebrecherisch ist.

Auf diese sinnliche Liebe läßt sich weder Treue noch Monogamie gründen. Ohne sie gibt es allerdings keine Ehe, aber obwohl sie zweifellos die conditio sine qua non der Ehe ist, ist sie doch auch zugleich das, was alle Ehen fragwürdig macht. Die Ehe kann also, schroff ausgedrückt, weder ohne sie noch mit ihr leben, weder ohne sie noch mit ihr Ehe sein. Emil *Brunner* will zwar nicht nur, aber doch in erster Linie, die Monogamie damit rechtfertigen, „daß jeder Mensch unwiderruflich *eines* Mannes und *eines* Weibes Kind, daß jeder Vater unwiderruflich mit diesem Weib und jedes Weib unwiderruflich mit diesem Mann dieses Kindes Vater oder Mutter ist."[9] Das Wahrheitsmoment dieses Arguments soll durchaus nicht bestritten werden. Immerhin bleibt es unzulänglich. Unbedingt zulänglich wäre es nur dann, wenn zwei Menschen verschiedenen Geschlechtes miteinander nur ein einziges Kind und überhaupt nur einmal zeugen könnten. Da sie aber tatsächlich oft und viele Kinder zeugen können, so ist durch die mögliche Vielheit der Kinder und der sie bedingenden Zeugungsakte auch schon die absolute Geltung der Einehe in Frage gestellt. Die anderen Kinder könnten sehr wohl, vom ersten her gesehen, auch einen anderen Vater oder eine andere Mutter haben.

Ein weiteres Argument für die Natürlichkeit der Monogamie ließe sich eventuell herleiten aus der Überlegung, daß ich in einem Augenblick nur einem anderen Menschen ins Auge blicken kann und ich nur in einem solchen Augenblick die aller Zeit überlegene Gegenwart erfahre, mich also in dem Zustande befinde, der allein dem Charakter der Liebe entspricht. Dabei wäre die physiologische Tatsache zu beachten, daß, infolge der besonderen Beschaffenheit der Geschlechtsorgane, nur der Mensch, nicht aber das Tier, während der leiblichen Vereinigung dem Partner in die Augen sieht. Aber der Augenblick in der Zeit, der Augenblick des Liebesgenusses ist leider nicht einfach identisch mit dem ewigen Augenblick, mit der Gegenwart, auf die es ankäme. Das eben ist ja unsere Sünde, daß wir die Gegenwart zum Jetzt gemacht, die Transzendenz in die Immanenz herabgeholt, oder umgekehrt, uns nicht aus dieser zu jener erhoben haben. So wurde das *Einmalige* zum *Einzelnen*. Alle unsere Einehen sind darum nur Einzelehen, und in der Einzelehe, d. h. in der einzig natürlichen Ehe bleibt das, was die Ehe eigentlich will und meint, unerfüllbar. Sie steht unter dem Verhängnis, einerseits gefordertes Abbild der Urehe zu sein und andererseits doch auch gerade dieses ihr Urbild unausweichlich in ein Zerrbild verwandeln zu müssen. Alle Versuche, der Einehe eine Rechtfertigung zu geben, die ihren Grund in den Gegebenheiten des empirischen Lebens findet, enden so mit einer Aporie. Wir können zu der Schöpfungsordnung, die wir einmal verlassen haben, nicht wieder zurück.

Die christliche Ehe

Der heilige Gral, die sagenhafte Schale aus Smaragd, die das Blut Christi aufgenommen haben soll und dann als höchste Kostbarkeit auf einem unzugänglichen Berg von geweihten Rittern gehütet wurde, könnte sehr wohl verstanden werden als Symbol für die Gottoffenheit und Gottzugewandtheit, also für die reine Weiblichkeit oder Bräutlichkeit des durch die Erlösertat Christi wiederhergestellten Menschen. Von Zeit zu Zeit, heißt es, kommt eine Taube, d. h. der Geist Gottes herab über den Gral, so wie er einst über die Jungfrau Maria kam, um ihn mit neuer Kraft zu füllen, um die Menschen zu befähigen, sich ihrem Heiland glaubend und liebend hinzugeben, mit ihm die Ehe zu schließen, die nun an die Stelle jener anderen ersten Ehe getreten ist, vor der der Mensch im Paradies versagt hat. Die Sage von Lohengrin, dem Sohn des Gralkönigs und Elsa von Brabant ließe sich in diesem Zusammenhang deuten als Gegenüberstellung der heiligen Ehe des Schöpfers mit seiner wiedergeborenen Schöpfung und der natürlichen menschlichen Ehe. Lohengrin kommt zu Elsa gleichsam aus der Transzendenz, um sie, die Frau, ihrer Bestimmung zuzuführen, um sich mit ihr auf den Gral hin ehelich zu verbinden, um sie, mit sich verbunden, zur Gralsbraut, ja zum lebendigen Gral selbst zu machen. Nur eine Bedingung wird ihr gestellt: Sie darf den Ritter nicht nach seiner Herkunft fragen, sondern muß einfach an ihn glauben. Mit anderen Worten: Ihre Liebe soll so beschaffen sein, daß sie hinausreicht über alles Erfragbare, über alles in menschlicher Sprache Ausdrückbare, über alles den Sinnen und dem Verstand Faßbare, sie soll also die Welt der Erfahrung transzendieren. Aber Elsa scheitert an dieser Aufgabe, sie stellt im entscheidenden Augenblick die verbotene Frage und tut damit das gleiche, was Eva tat, als sie nach dem verbotenen Baum ihre Hand ausstreckte. Wie dieser Baum in der Mitte der Baum des Lebens gewesen wäre oder mit ihm verschmolzen wäre, wenn der Mensch nicht nach ihm gegriffen hätte, so wäre Lohengrin für Elsa zum Lebensbringer geworden, wenn sie seine Herkunft nicht zum Gegenstand ihrer vorwitzigen Frage gemacht hätte. Als die Frau, die sie war, als die Tochter Evas konnte sie freilich nicht anders. Vor der Forderung, die da auf sie zukam, mußte sie ihrer Natur nach versagen. Sie wäre wohl imstande gewesen, eine normale Ehe einzugehen, in ihr recht und schlecht zu bestehen, dem Gatten die Treue zu halten usw., aber zur absoluten Hingabe aus Glauben war sie ebensowenig fähig wie irgendeine andere Frau oder auch irgendein menschlicher Mann. Damit ist das Gericht gesprochen über alle natürlichen Ehen, diesmal nicht vom Urstand, sondern gerade vom Ziel her, das dem Menschen und mit ihm der ganzen Schöpfung im Licht der Erlösung gesetzt ist. Aber dieses Gericht ist doch nicht nur Gericht. Lohengrin scheidet sich zwar von der unwürdigen Gattin, aber nicht ohne jeden Trost; denn er hinterläßt ihr den *Bruder,* und das könnte heißen, daß in diesem unserem Leben, unter dem Siegel des auferstandenen und wiederkehrenden Christus, als vorläufige Ordnung, als Ordnung der Geduld und des Wartens, an die Stelle der verdorbenen erotischen die brüderliche und schwesterliche Liebe treten soll und daß uns aufgetragen ist, in solcher resignierender Liebe auf den Bräutigam und auf die große Hochzeit zu hoffen.

Die Ehe, wie wir sie kennen, steht christlich beurteilt unter einem doppelten Aspekt: als *Schöpfungsordnung* vom *Anfang* her und als *eschatologische* Ordnung auf die *Vollendung* hin. In diesem Zwielicht schillert für den christlichen Glauben ja eigentlich alles in dieser zeitlichen Welt. Das hängt unmittelbar zusammen mit der Fleischwerdung des Logos, die in der gefallenen Schöpfung etwas grundsätzlich anderes ist als in der unverdorbenen. Während nämlich im Paradies der Mensch von Natur aus zubereitet war für die Ebenbildlichkeit, für den Übergang in die Christusförmigkeit, muß er so, wie er jetzt ist, erst *rückverkehrt* werden. Deshalb kann hier auch die Ehe nicht ohne weiteres Gleichnis der Vermählung Gottes mit der Schöpfung sein. Wie alles Fleisch, so muß auch die fleischliche Ehe den Weg über das Kreuz nehmen und sich so verwandeln lassen. Die Menschwerdung Christi bedeutet in Einem das Ja und das Nein zu der Gestalt, die er annimmt, und demgemäß wird durch sie auch die menschliche Ehe *zugleich bestätigt und aufgehoben.* In dem Menschen- und Gottessohn und nur in ihm allein ist der Mann, indem er ganz Gott, dem Vater zugewandt ist, auch ganz dem Weib, nämlich der Welt zugewandt. Daß sich diese doppelte, diese im Grunde in sich identische Zugewandtheit uns darstellt als Leiden unter dem Gericht sowohl Gottes wie auch der Welt, enthüllt die Gebrochenheit und Gefallenheit eben derer, die das wahrnehmen. Der Gekreuzigte ist von Gott gerichtet, weil er sich der Welt, und von der Welt, weil er sich Gott zuwendet. In dem Zwiespalt nämlich, in dem diese Welt zu Gott steht, bedeutet Zuwendung zur Welt Abwendung von Gott und Zuwendung zu Gott Abwendung von der Welt, bedeutet also die *Vermittlung des Mittlers seine Zerreißung.* Indem er als Gottes Sohn die Welt liebt, opfert er seine Göttlichkeit, und indem er als Menschensohn Gott liebt, seine Menschlichkeit. Dieses sein doppeltes Opfer in der Verlassenheit vom Vater und von den Menschen ist aber *an sich* der große Liebesakt, der zur Wiederherstellung, zur Erneuerung der Schöpfung und zur Geburt des lebendigen Menschensohnes aus dem Grab in der Auferstehung führt. Was von allem Anfang an geschehen sollte, aber nicht geschah, das ist nun tatsächlich geschehen. Der vorläufig noch diesseits der eschatologischen Grenze lebende Mensch hat keine andere Aufgabe mehr als die, sich in die Liebestat Christi glaubend hineinnehmen zu lassen. Seine innerweltlichen (gesetzlichen) Anstrengungen, die nach dem Fall ohnehin scheitern mußten, haben jetzt ihr Gewicht verloren, und zu diesen Anstrengungen gehört vor allem auch die mann-weibliche Liebe. Sie weist zwar immer noch zurück auf die Urschöpfung und bleibt ein Symbol der Urliebe, aber eben auch wirklich nur ein Symbol und nichts außerdem; denn von ihr hängt nichts mehr ab.

Innerhalb der „Gemeinschaft der Heiligen“, die den Leib des auferstandenen Menschensohnes bildet, steht die Geliebte dem Liebenden und die Gattin dem Gatten nicht wesentlich anders gegenüber als irgendein anderer Mensch, auch einer des gleichen Geschlechtes. Die Paulusworte: „Einer trage des anderen Last, so werdet ihr das Gesetz Christi erfüllen.“ (Gal. 6, 2), über die so viele Traureden gehalten werden, gelten nicht nur für Eheleute allein, sondern für die Glieder jeder menschlichen Gemeinschaft ohne Ausnahme. Der Mann liebt die Frau und die Frau liebt den Mann im Sinn der christlichen Liebe nur, sofern er sie als Schwester und sie ihn als Bruder *„in Christo“* liebt. Damit ist die natürliche geschlechtliche Liebe keineswegs verdammt, aber sie ist allerdings entthront und ihres Vorrangs entkleidet, genauer gesagt, sie ist einbezogen in die Liebe zwischen dem Auferstandenen und seiner Gemeinde sowie zwischen dem Schöpfer und seiner Schöpfung. Nur soweit sie sich so versteht, als sinnbildlicher, aber im Letzten nicht mehr nötiger Hinweis darauf versteht, ist sie auch in ihrer spezifischen Gestalt geheiligt. Es ist ihr, könnte man sagen, sowohl das Joch wie auch die Krone genommen. Das bedeutet für den betroffenen Menschen, für Mann und Weib, Befreiung und Enttäuschung, Gewinn und Verlust zugleich. Aber in solchem Zwiespalt leben wir eben als die Versöhnten in der Wartezeit zwischen Ostern und dem Jüngsten Tag.

Gerade als Christ wird man sich über die unaufhebbare Fragwürdigkeit des empirischen Ehelebens keinen rosenroten Täuschungen hingeben. Auch *Luther* weiß, daß jede Ehe, selbst wenn äußerlich gar nichts geschieht, hundertfach gebrochen wird im Sinn der Worte Jesu (Matth. 5, 28). Vor allem ist es der Mann, der, wie sich Luther ganz brutal ausdrückt, von Natur aus Huren liebt und Ehefrauen haßt. Bekannt sind seine Worte: „So keusch wirst du nicht sein und so lieb wirst du dein Weib nimmer haben, daß du ihrer nicht müde werdest oder eine andere nicht lieber solltest gewinnen, desgleichen auch dein Weib wird dich so lieb nimmer haben, daß ihr nicht daneben ein anderer bass gefallen werde.“ Erbarmungslos kennzeichnet er das Verhältnis des einen Ehegatten zum anderen schließlich so: „Nec tecum vivere possum, nec sine te“. Aber nicht weniger als der unaustilgbare Hang zur Untreue und zum Ehebruch bedarf die sich auf die Vereinzelung des Menschen gründende individuelle und damit andere ausschließende Liebe des Ich zum Du der Vergebung. Beide müssen auf ihre gemeinsame Mitte bezogen und in ihr aufgehoben werden, was aber nur durch den „Mittler“ geschehen kann, und somit ist Ehe als *gerechtfertigte* Gemeinschaft dieses einzelnen Mannes mit dieser einzelnen Frau überhaupt nur aus einem eschatologisch gestimmten Glauben und niemals als einfache Tatsache der Erfahrungswirklichkeit möglich.

Die Urehe zwischen Adam und Eva steht unter der Forderung einer unmittelbaren, die durch Christus gerechtfertigte zeitliche Ehe jedoch unter der einer mittelbaren oder doppelten Selbsttranszendierung. Dort vollzieht sich oder sollte sich das Transzendieren vollziehen aus Leben in höheres Leben, hier aber aus Tod, der für Leben, in Leben, das für Tod gehalten wird, und sodann aus diesem Leben abermals in Leben. Diese drei Stufen entsprechen dem fleischlichen, dem auferstandenen und dem himmlischen Leben Christi oder auch der vergänglichen Welt, dem tausendjährigen Reich und dem ewigen Jerusalem in der Johannesapokalypse. Das Brautpaar, das vor den Altar tritt, wird hier geweiht nicht für die Vereinigung, die zu schließen es im Begriff steht — das wäre heidnisch, aber nicht christlich gedacht —, sondern für das Opfer eben dessen, was zu dieser Vereinigung und zu ihren Freuden gehört. So bedeutet die christliche Trauungszeremonie viel eher die Infragestellung als die Bekräftigung der natürlichen Ehe, freilich gleichzeitig auch ihre Einordnung in die Hochzeit Christi und damit doch wieder ihre Segnung. Weder das eine noch das andere Moment darf ignoriert werden. Die Gemeinschaft von Mann und Frau ist aller Entstellung zum Trotz noch immer die Gemeinschaft schlechthin, die eigentliche Urbegegnung von Mensch und Mensch, Hinweis auf die „sehr gute“ Ordnung des siebenten Schöpfungstages und insofern auch auf die Vollendung. Einerseits ernüchtert sie sich im Licht des christlichen Glaubens zu einem bloß brüderlichen und schwesterlichen Verhältnis, andererseits aber soll sie, gerade indem sie dieses Verhältnis ganz tief versteht und verwirklicht, hindurchdringen zu einer Verklärung in der Agape, in der Bruder und Schwester Eines sind als die eine Braut des einen Bräutigams. Von hier aus erscheint es doch nicht ganz falsch, die Ehe als Sakrament zu betrachten; denn ebenso wie durch die anderen Sakramente wird der Mensch auch durch sie über das bloß Empirische hinaus für die Erfüllung im Reich Gottes zubereitet. Das sacramentum macht den, der es empfängt, zu einem sanctus, d. h. zu einem Gott Geheiligten oder Geweihten. Das ist sein ganzer Sinn. Eben das geschieht aber auch bei der Schließung einer christlichen Ehe, wenn sie nur recht verstanden wird, mit dem Brautpaar.

Der Bund wird in das Licht des heiligen Bundes, des Bundes mit Gott gestellt und damit selbst geheiligt, wenn auch, wie schon gesagt, gerade nicht als das, was er natürlicherweise ist. Die Ehe zwischen Adam und Eva hätte als Selbstdarbringung des Menschen an Gott das Ursakrament, das Sakrament an sich sein sollen, und auf dieses Ursakrament, das dann von Christus, dem neuen Adam, vollzogen wurde, gehen alle Sakramente zurück.

In seiner nichts weiter begründenden, aber der Begründungen auch gar nicht bedürftigen Art sagt Max *Picard:* „So leben ein Mann und eine Frau ihre Ehe nicht nur für sich selbst, sondern auch für die ewige Ehe, und so bewegt sich auch die Ehe, die einzelne, hin nach jener ewigen Ehe, die über allen ist.“ [10] Daß damit die christliche Ehe gemeint ist, beweisen die Worte: „Erst als Gott durch seinen Sohn als Mensch zu den Menschen herabkam, hörte das heilige Feuer des Herdes im Haus der Ehe auf, drohende Flamme zu sein: es wurde freundliches Licht.“ [11] „Auch die antike Ehe hat eine sakramentale Mitte: das heilige Feuer des Herdes mit den Göttern, den Laren und den Penaten. Aber der Gott im Hause der antiken Ehe war ein Gott der puren Macht, und darum war die Macht, die er dem pater familias übertrug, schrecklich: über Leben und Tod aller Menschen im Hause gebot er wie der Gott selber.“ [12] Zum freundlichen Licht wurde die drohende Flamme durch ihre Entdämonisierung. Zwar war auch im alten Heidentum die Ehe relativ undämonisch, ja antidämonisch; denn sie stand im polaren Gegensatz zur offenen Dämonie des orgiastischen Hetärismus, des Dionysos-, des Astarte- und des Isiskultes. Sie war dem Reich der menschenfreundlichen Götter des Tages und des Himmels zugeordnet, aber zwischen diesen Göttern und ihren chthonischen Widersachern bestand Urfeindschaft. Gewalt antwortete auf Gewalt, die Thesis stand gegen die Antithesis, und nach dem Gesetz aller Dialektik hat da immer die eine an der anderen teil, das Licht an der Finsternis, das Göttliche am Dämonischen. Darum drohte auch die Flamme des häuslichen Herdes ständig aufzuflakkern und wild anzuschwellen zum alles verzehrenden Feuer, so wie ja sogar im AT Jahwe selber in seinem unheimlichen Zorn den Frevler vernichtete, der sich den fremden Göttern zuwandte, wie das Feuer aus den Räucherpfannen der Söhne Aarons Nadab und Abihu fuhr und sie vernichtete (Lev. 10, 1 f) und ebenso aus dem Räucherwerk Dathans und Abirams, der Söhne Eliabs. „Und Feuer ward unter ihrer Rotte angezündet, die Flamme verbrannte die Gottlosen.“ (Ps. 106, 18). So gefährlich ist die

Herdflamme der christlichen Ehe nicht; denn in Jesus Christus offenbart sich Gott als der dem dialektischen Kampf Transzendente. Die Dämonen sind also von ihm überwunden, sie erweisen sich vor ihm ohnmächtig. Der christliche Mensch bewegt sich nicht auf dem Schlachtfeld zwischen den Göttern oben und unten. Aber er ist dieser Zone des Verderbens doch nur entnommen auf Kosten der Bedeutung seines ganzen zeitlichen Lebens und also auch seiner ehelichen Gemeinschaft. Die Herdflamme brennt nur noch als harmloses Flämmchen, weil sie im Schein des über den Wanderern im finsteren Tal aufgegangenen eschatologischen Lichtes verblichen ist wie irgendein kleiner Stern vor den Strahlen der Morgensonne. Und wenn sie trotzdem heimlich leuchtet, so doch nur deshalb, *weil* und doch nur insofern, *als* der Glaube auch ihr schwaches Flimmern noch versteht als ein an sich unscheinbares verheißungsträchtiges Geschenk der Herrlichkeit Christi, des für unsere leiblichen Augen vorläufig noch unsichtbaren göttlichen Glanzes.

Im Heidentum, das seinem Wesen nach die Erfüllung innerhalb der zeitlichen Welt sucht und suchen muß, ist die Einehe immer zugleich gefordert und verboten, gefordert von den Göttern des Himmels, verboten von den Mächten des Abgrundes, im Christentum aber, das seinen Schwerpunkt ganz und gar im Transzendenten hat, auf das hin ihm das Vergängliche zum Gleichnis wird und so allein wertbezogen erscheinen kann, ist allein die Monogamie möglich. Dem einen Schöpfer und der einen Schöpfung, dem einen Christus und der einen Kirche entspricht der eine Mann und die eine Frau. In der gefallenen Welt vermag die Monogamie ihr dialektisches Verhältnis zur Polygamie niemals zu überwinden, bleibt sie durch diese ständig in Frage gestellt, ist sie bloß der eine Pol der Antinomie und fehlt ihr darum die Möglichkeit, sich als das allein Gültige zu rechtfertigen. In ihrer sinnbildlichen Bezogenheit auf die geglaubte Wahrheit jedoch ist sie der Dialektik entnommen, damit freilich auch um ihre Letztgültigkeit gebracht, zu einer Vorläufigkeit degradiert. Es verhält sich mit ihr ähnlich wie mit dem Opfermahl da und dort. Für das heidnische Opfermahl ist die Sättigung dessen, der an ihm teilnimmt, wesentlich, während das christliche Abendmahl gerade umgekehrt die körperliche Sättigung verbietet. „Hungert aber jemand, der esse daheim" – d. h. vor dem Abendmahl –, „auf daß ihr nicht euch zum Gericht zusammenkommt." (1. Kor. 11, 34). Sich zum Gericht zusammenkommen würden auch die Ehegatten, die ihre geschlechtliche Vereinigung, also die Sättigung ihres sinnlichen Hungers als Vollzug eines Sakramentes verstünden.

Im Blick auf 1. Kor 6, 16 f: „Wisset ihr nicht, daß wer an der Hure hängt, der ist *ein* Leib mit ihr? Denn ‚es werden (spricht er) die zwei ein Fleisch sein'. Wer aber dem Herrn anhangt, der ist ein Geist mit ihm." Dazu bemerkt Karl *Barth:* „Was macht das ‚ein Geist sein' mit Christus gegenüber dem ‚ein Leib sein' mit der Dirne so ausschließlich? Dies offenbar, daß Christus die Treue Gottes in Person, die Dirne aber die personifizierte menschliche Untreue gegen den Menschen ist." [13] Der Verkehr mit der Dirne und das heißt mit jeder nicht angetrauten Frau, wie selbstverständlich auch mit jedem nicht angetrauten Mann, erweist sich so als die Negation der Beziehung zu Christus. Im Heidentum entspricht dem untreuen Menschen auch der untreue Gott, der Zeus z. B., der hinter dem Rücken seiner Hera einer Unzahl von göttlichen, halbgöttlichen und menschlichen Frauen nachstellt. Dieser Gott, obwohl Herr des Himmels, bleibt selber gefangen in dem Zwiespalt zwischen Monogamie und Polygamie. Der ewige Sohn des ewigen Vaters dagegen kennt nur die Treue, und zwar die Treue sogar gegenüber der Untreue, weshalb untreu sein, der Untreue dienen notwendig heißt, sich von ihm lossagen.

Es ist zwar nicht möglich, die eheliche Treue vom Evangelium her dem Menschen zum verpflichtenden Gesetz zu machen, wie das immer wieder versucht wurde und versucht wird, wohl aber muß gesagt werden, daß eheliche Treue allein sich mit christlicher Haltung vereinbaren läßt. In dem Maß, in dem ich weiß, daß ich zu Christus und in Christus zu Gott gehöre, also Gott zugewandt bin, ist mir die Frau meiner Wahl, die Frau, die mir zugehört und der ich zugehöre, meine eigene Gottzugehörigkeit, von der ich mich nicht lossagen kann, ohne mich in Einem auch von Gott loszusagen. Das meint nicht, daß ich eine Ehe, die wesenhaft gar keine ist, unter allen Umständen aufrechterhalten müßte, nur um dem „Gesetz Christi" gerecht zu sein, sondern es meint bloß, daß ich als Christ keine andere Beziehung zum Weib wollen kann als eben die unlösliche Ehe, zu der die Treue gehört, und es meint allerdings auch, daß dort, wo dieser Wille in Kraft besteht, sich wahrscheinlich auch eine noch unzulängliche, vielleicht ohne tiefe erotische Liebe geschlossene Ehe kräftigen und zulänglich werden wird. Picard redet in seinem Ehebuch einmal von solchen Menschen, die nicht nach der Gnade streben, zu denen aber die Gnade strebt, und er fügt hinzu: „So ist es auch mit der Ehe: Die Gnade kommt zu ihr hin, und die Ehe braucht nichts anderes zu tun als eine rechte Ehe zu sein.«[14]

Eheliche Treue hat gar nichts zu tun mit sublimierter Erotik, mit vergeistigter Liebe oder Beständigkeit des Geistes. Wenn Emil *Brunner* sagt, der eheliche Treuebund verhalte sich zum bloßen Liebesbund „wie der Geist zur Natur. Nur im Geist, nicht in der Natur gibt es Identisch-Bleibendes.«[15], so klingt das eher platonisch-idealistisch als christlich, obwohl sich gerade Brunner sonst vom Platonismus und seiner Verachtung des Sinnlichen, also des Natürlichen, sehr scharf abzugrenzen pflegt. Nicht auf die *Vergeistigung* oder dgl. kommt es in der christlichen Ehe an, sondern auf ihre Transzendierung ins Eschatologische, auf ihre – wenn man so sagen will – *Vergeistlichung*, d. h. auf ihre Bekehrung dorthin, wo die Polarität von Geist und Natur kein Problem mehr bildet. In seiner Schrift „Die romantische Ehe und der lutherische Ehestand“ bemerkt M. *Macholz:* „Die wahre Ehe ist unauflöslich. Das könnte auch Luther sagen. Aber diese wahre lutherische Ehe ist das Gegenteil jener erotisch hochprozentigen Ehe der Romantiker (oder auch der Idealisten)... Sie ist die Ehe, in der die Erotik alle Selbstherrlichkeit aufgab und willige Dienerin Gottes geworden ist. Sie ist die Ehe, in der alle wilde und trunkene Selbstbehauptung der Persönlichkeit hinfällt, weil es in ihr gilt, den Glauben unter Dornen wachsen zu lassen und im Kreuz den Schöpfer zu verherrlichen... Sie ist die Ehe, in der man gern Leben verliert, um Leben zu gewinnen, die nie vergißt, daß wer auf das ‚Reich‘ zielt, durch das enge Tor wandern muß. Diese wahre Ehe ist unauflöslich, *weil der Glaube in Kraft des Geistes Gottes überwindet.*«[16]

Daß die christliche Ehe im Eschatologischen wurzelt, findet seinen Ausdruck schon darin, daß die Liebe in ihr unabhängig sein soll vom zunehmenden Alter der Gatten und der damit unvermeidlichen Abnahme des sinnlichen Reizes und der Erfüllungsmöglichkeit sowohl der erotischen wie der sexuellen Wünsche. Indem sich die Treue der Gatten ins Alter hinein bewährt, nicht als Zwang oder als Pflichterfüllung, sondern allein aus der Liebe heraus, die sie aneinander bindet, weitet sich diese Liebe aus von der bloß individuellen zur absoluten des urhaften mann-weiblichen Verhältnisses, das gehalten ist von der Mitte, in der der Menschensohn Jesus Christus steht. Es mag gewiß eine solche Gattentreue bis ins höchste Alter und bis zum Tod auch außerhalb des Christentums geben. – Die Sage von

Philemon und Baucis ist eine heidnische Sage. – Aber diese Treue lebt dann nicht aus *der* Liebe, zu der unabtrennbar auch Glaube und Hoffnung gehören, sondern aus der gemeinsamen Resignation angesichts der Eitelkeit alles Irdischen. Man hält zusammen als Kameraden unter den Schlägen des Schicksals. Die eheliche Liebe ist die Insel, die letzte Insel, auf die man flüchtet vor der alles ringsumher verschlingenden Flut. Man ist allein, aber wenigstens zu zweit allein und also doch nicht ganz allein. So werden auch Philemon und Baucis auf eine Insel gerettet und vor dem Untergang bewahrt. Als Diener im Tempel des Zeus beschließen die beiden Uralten ihr Leben und werden am Ende von dem Gott in zwei Bäume verwandelt, die sehnsüchtig, aber erfüllungslos ihre Zweige nacheinander ausstrecken. Die christlichen Gatten dagegen halten einander die Treue und bewahren einander ihre Liebe gerade auf die Erfüllung hin, die ihnen das zeitliche Leben auch in seinen höchsten Augenblicken versagen mußte. Ihre Liebe hat nicht den gemeinsamen *Verzicht,* sondern die gemeinsame *Zuversicht* zum tragenden Untergrund. Sie verstehen ihr Altern als ein heimliches Wachsen, als ein verborgenes Heranreifen zum wahren Hochzeitstag.

In der patriarchalischen Ehe und Familie des Heidentums ist der Mann absoluter Herrscher, oft sogar Herr über Leben und Tod, und auch im alttestamentlichen Judentum hat sich seinem Spruch die Frau wie jedes andere Familienglied bedingungslos zu beugen. Das ist die Ordnung des Gesetzes nach dem göttlichen Gerichtswort „Er aber wird dein Herr sein.“ Im NT mildert sich diese Ordnung insofern, als hier das Herrentum des Mannes zurückgeführt wird auf die Herrschaft Christi, die eine Herrschaft nicht der Gewalt, sondern der Liebe ist. „Die Frauen seien untertan ihren Männern als dem Herrn. Denn der Mann ist das Haupt der Frau, so wie Christus das Haupt der Gemeinde.“ (Ep. 5, 22 f.) Die Unterordnung der Frau unter den Mann wird damit verstanden als sozusagen indirekte Unterordnung unter Christus (als dem Herrn), dem auch der Mann untergeordnet ist: „Ich will euch aber zu wissen geben, daß eines jeden Mannes Haupt Christus ist, das Haupt aber der Frau der Mann, das Haupt aber Christi Gott.“ (1. Kor. 11, 3.) Wenn demnach der Mann seinen Herrschaftsanspruch als das Abbild Christi hat, so doch nur, indem er sich dem oder der gegenüber, deren Haupt er ist, analog verhält wie Christus gegenüber der Gemeinde, d. h. indem er sie liebt. Darum: „Ihr Männer, liebet eure Frauen, so wie Christus geliebt hat die Gemeinde.“ Im AT war das anders, weil dort der Mittler, das Mittelglied Christus noch fehlte. Hier gab es nur das Volk Israel auf der einen und Gott auf der anderen Seite, und dieser Gott war der in der Wolke verborgene Deus absconditus, der Gott des Gesetzes. Er war der Gott, der nicht liebte oder dessen Liebe doch wenigstens nicht offen zutage lag, sondern der befahl. Und dem entsprach auch die eindeutige Befehlsgewalt des Mannes sowie der blinde Gehorsam des Weibes. In Christus jedoch wird der Gesetzgeber als der liebende Vater offenbar und gewinnt demgemäß auch der Primat des Mannes in der Ehe den Charakter der Liebe.

Wenn Otto *Weininger* das Verhältnis des Mannes zum Weib mit dem des Christentums zum Judentum vergleicht, ja beide Verhältnisse einander geradezu gleichsetzt, weil nämlich der Christ der *Sinn* des Juden sei, ebenso wie der Mann der Sinn des Weibes, so ist das sicher nicht ohne Wahrheit und Tiefe und läßt sich mit den Worten des Paulus im Epheserbrief durchaus vereinbaren. Es mag zweifelhaft sein, ob in dem Satz Eph. 5, 23: „er ist der Heiland des Leibes“ das Wort „er“ auf Christus oder auf den Ehegatten zu beziehen ist. Es läßt sich, wie mir scheint, ohne Widerspruch sehr wohl auf beide deuten. Jedenfalls darf bedingterweise auch der Mann des Weibes Heiland genannt werden, sofern nämlich das Weib ganz gewiß seiner Natürlichkeit nach, und das heißt ja als Leib des Mannes, ebenso wie die Kreatur auf die Offenbarung der Söhne Gottes wartet. Nur wenn der Mann Gott und dem Weib gegenüber zu seiner Bestimmung findet, führt er auch das Weib sich gegenüber zu seiner Bestimmung. Weininger freilich geht hier viel weiter, wenn er fortfährt: „Der Erlöser des Judentums ist der Erlöser vom Judentum“, woraus gefolgert wird, daß auch der Erlöser des Weibes der Erlöser vom Weib, nämlich von der Weiblichkeit sein müsse. Hier hat der Platonismus schon wieder das Christentum verdrängt. Das Weib wird ebenso wie das Judentum der Materie gleichgesetzt, die in der Verwirklichung der Idee aufhört zu sein. Richtig wäre gerade umgekehrt von der dem Mann gebotenen Liebe zur Frau der Schluß zu ziehen gewesen auf das Verhältnis des Christen zum Judentum. Das Weib soll ja gerade in seiner wahren Weiblichkeit und das Judentum zu seinem wahren Israelitentum nach dem Geist erlöst, d. h. beide sollen in dem, was sie eigentlich sind, bejaht und nicht verneint werden. Bejahen in diesem Sinne aber kann nur die Liebe als die Agape Christi.

In der christlichen Ehe hat der Mann seine Autorität entweder von Christus oder überhaupt nicht. „Wenn der Mann die Autorität selbst nimmt, von seinem Subjekt aus, wenn er sie usurpiert, dann übertreibt er sie, denn im Subjektiven ist kein Maß, der Mann wird brutal: die Autorität, die vom Geist her bestimmt ist, die qualitative Autorität verwandelt sich so ins bloß Quantitative, und diese quantitative Autorität drückt schwer, sie ist materienhaft."[17] Indem also der Mann die Frau zur Materie erniedrigt, wird er selber Materie. Die geistige Autorität des Mannes aber ist eigentlich gar nicht die Autorität des Mannes, sondern die Gottes und Christi, für die der Mann in seiner Geistigkeit nur durchscheinend wird, und der göttlichen Autorität ist die Frau als die Weiblichkeit des Mannes bestimmungshaft zugewandt. „Durch die Transparenz wird die Autorität verbunden mit allem, was Geist ist, dadurch wird sie erst recht mächtig."[18] Der Katholik Picard kann überdies unbedenklich sagen: „Das Sakramentale herrscht in der Ehe. Darum ist eine Tyrannis des Mannes über die Frau oder eine Tyrannis der Frau über den Mann wie eine Usurpation der legitimen Herrschaft des Sakramentalen, – und um die Usurpation zu verdecken, wird die Tyrannis heftig und laut. Immer ist eine solche Tyrannis komisch, denn immer ist der Mensch, der das Sakramentale usurpiert, komisch; eher komisch als dämonisch."[19]

Tyrannis des Mannes über die Frau oder der Frau über den Mann hängt fast immer zusammen mit der Prädominanz des Sexuellen. Zwar kann auch die christliche Ehe die Sexualität weder ausschalten, wie die Askese, noch veredeln, wie die Romantik, noch endlich einordnen in ein Sinnganzes, wie der Moralismus will, aber sie kann sie allerdings vergleichgültigen, so wie sie ja auch selber als Ehe dieses einzelnen Mannes mit dieser einzelnen Frau vergleichgültigt ist vor dem großen Mysterium (Eph. 5, 32), dessen Abglanz sie trägt. „Ich habe es alles Macht, es frommt aber nicht alles. Ich habe es alles Macht, es soll mich aber nichts gefangen nehmen." (1. Kor. 6, 12) Das wäre vor allem auch von der Sexualität in der Ehe zu sagen. Entscheidend bleibt, daß man über ihr steht, sie in keiner Weise zu ernst nimmt, weder ausschweifend noch asketisch, noch verklärend, sondern ihr läßt, was man ihr, so wie man einmal beschaffen ist, lassen muß, ohne jede Prüderie. Mit Moralismus ist an das Problem überhaupt nicht heranzukommen, weil die geschlechtliche Liebe in allen ihren Formen, auch in den verdorbenen, alle Moralbegriffe hinter sich läßt. Liebesverfehlungen stehen immer nur unter dem Gericht der Liebe selbst, eine andere Instanz gibt es für sie nicht. Die Worte: „Es ist dem Menschen gut, daß er kein Weib berühre. Aber um der Hurerei willen habe ein jeglicher sein eigen Weib, und eine jegliche habe ihren eigenen Mann." (1. Kor. 7, 1 f) hat man dem Apostel Paulus schon wiederholt sehr übel genommen, und doch treffen gerade sie ins Schwarze. Sexualität ist, wir haben darüber ja bereits ausführlich gesprochen, ihrer Natur nach immer Hurerei, auch in der Ehe, weil ich als sexuell Begehrender niemals nur diesen einen Partner, sondern immer das ganze andere Geschlecht in seiner unpersönlichen Allgemeinheit meine. Die Gattin oder der Gatte sinkt dabei zum zufälligen Vertreter herab, der durch einen beliebigen anderen ersetzt werden könnte. In seiner Sexualität steht der Mensch darum auch in der Ehe tatsächlich außerhalb der Ehe. Da es aber nicht darauf ankommen kann, den Trieb auszutilgen, bleibt nur die Möglichkeit, ihn einzuschränken, sich also nicht von ihm gefangennehmen zu lassen. Und darauf allein will Paulus hinaus. Die in ihrem Gleichnischarakter begründete Heiligkeit der Ehe wird damit in keiner Weise angetastet. Daß man im Ehebett nicht beten kann, wie *Luther* sagt, sollte zu denken geben. Nicht beten können heißt ja, sich nicht auf Gott beziehen, sich nicht mit gutem Gewissen vor Gott verantworten können. Und wo man das nicht kann, dort ist man auch nicht heilig, hat man gar keine Möglichkeit heilig zu sein. Also hört im Ehebett die Heiligkeit der Ehe, die ihr sonst nicht bestritten werden soll, jedenfalls auf.

Dedo *Müller* hat durchaus recht, wenn er den wahren Grund für die Ohnmacht der Kirche der heutigen sexuellen Verwahrlosung gegenüber darin sieht, daß es die Kirche überhaupt verlernt hat, das natürliche Leben des Menschen aus seiner Bezogenheit auf das Transzendente, auf das Reich Gottes zu verstehen, anders ausgedrückt: radikal eschatologisch zu denken wie das Urchristentum und vor allem auch Paulus. Man hat die Wissenschaft, die Politik, die Technik, die Wirtschaft ihren eigenen Gesetzen überlassen, vor ihren Ansprüchen den Rückzug angetreten. Woher sollte man nun das Recht nehmen, gerade nur das geschlechtliche Leben allein auszunehmen. Man gab „nicht nur Essen und Trinken und Kleidung, sondern auch ... vor allem das ganze öffentliche Leben mit seiner Gleichniskraft der undurchsichtigen Immanenz, der ursprunglos und hintergrundlos völlig in sich ruhenden Diesseitigkeit preis, für die man auch kirchlicherseits die Formel der Eigengesetzlichkeit gern gelten ließ." „Man überließ das Parlament, die äußere Politik, die Börse, das Kontor, die Zeitung dem Beelzebub, die Sinnlichkeit sollte dem Heiligen Geist gehören – eine schon rein psychologisch unmögliche Zwiespältigkeit, die zuerst dort möglich ist, wo jetzt nicht mehr der alles tragende und durchwaltende Lebensgrund, sondern nur noch Begriff und feierliche Kulisse ist."[20]

Die Sexualität ist säkularisierte Geschlechtsliebe, genau so etwa wie die Philosophie säkularisierte Theologie, die Moral säkularisierte Frömmigkeit, die Psychoanalyse säkularisierte Seelsorge und zuletzt – der autonome Mensch ein säkularisierter Gott ist. Und wie man nicht durch eine fortschreitende Veredelung aller dieser Dinge das wieder finden und erneuern kann, dessen säkularisierte Derivate sie sind, also etwa nicht mit Hilfe einer vollendeten Philosophie wieder zur Erkenntnis Gottes aufsteigen kann, so kann man auch niemals auf dem Weg einer Vergeistigung des Geschlechtlichen die reine Liebesbeziehung zwischen Mann und Weib wiederherstellen; denn alles Säkularisierte hat den Todeskeim in sich aufgenommen, der nun ausreifen muß, so wie der zum Mikrotheos gewordene Mensch dem Tod entgegengeht und damit seine Gottgleichheit ad absurdum führt. Weder die romantische Verklärung des Sexuellen nach der Art Friedrich *Schlegels,* oder auch *Schleiermachers,* noch gar seine Verchristlichung, wie sie etwa in manchen Praktiken der Brüdergemeinde des Grafen *Zinzendorf* erstrebt wurde, ist diskutierbar, ja dieser zweite Versuch muß sogar mit Notwendigkeit die widerlichsten Blüten treiben. Die Christen in der Ehe können nur solche sein, „die da Weiber haben, daß sie seien, als hätten sie keine; und die da weinen, als weinten sie nicht; und die sich freuen, als freuten sie sich nicht; und die da kaufen, als besäßen sie es nicht; und die diese Welt gebrauchen, daß sie dieselbe nicht mißbrauchten. Denn das Wesen dieser Welt vergeht." (1. Kor. 7, 29–31) Das Reich Gottes, das kommt, wenn diese Welt vergeht, bringt in sich die Erfüllung dessen, wofür auch die christliche Ehe nur ein hinschwindendes Gleichnis ist. „Wenn aber kommen wird das Vollkommene, so wird das Stückwerk aufhören." (1. Kor. 13, 10).

Es verdient besondere Beachtung, daß der Erste, von dessen Bekehrung in der Apostelgeschichte (Kap. 8) und damit auf dem Boden der christlichen Kirche ausführlich berichtet wird, der Schatzmeister der äthiopischen Königin Kandake, kein Heide (obwohl er immer wieder als solcher

mißverstanden wurde), sondern ein Eunuch, ein zeugungsunfähiger Mann, ist. Der Name Kandake bedeutet vermutlich ungefähr „Herrin der Knechte". Diese Königin war zweifellos eine von jenen königlichen Hetären, jenen Inkarnationen der Magna Mater, der zu Ehren sich ihre Diener und Priester zu entmannen pflegten. Orgiastik und Selbstentmannung im Rausch der höchsten Begeisterung gehörten in den orientalischen Kulten zusammen. Nach dem mosaischen Gesetz (Deut. 23, 2) war der Kastrat ausgeschlossen aus der Gemeinde, aus dem Volk Gottes. Der Schatzmeister konnte darum, auch wenn er dem Blute nach Jude war, kein vollwertiges Glied Israels sein. Der Prophet Jesaia hat allerdings für das kommende messianische Reich die Aufhebung dieses Gesetzes geweissagt: „Der Verschnittene soll nicht sagen: Siehe, ich bin ein dürrer Baum. Denn so spricht der Herr von den Verschnittenen, welche meine Sabbate halten und erwählen, was mir wohlgefällt und meinen Bund fest fassen: Ich will ihnen in meinem Hause und in meinen Mauern einen Ort und einen Namen geben, besser denn Söhne und Töchter; einen ewigen Namen will ich ihnen geben, der nicht vergehen soll." (Jes. 56, 3 ff.) Dazu fügen sich sinngemäß auch die nicht dem Mann, sondern der Frau geltenden Worte: „Rühme, du Unfruchtbare, die du nicht gebierst; freue dich mit Rühmen und jauchze, die du nicht schwanger bist! Denn die Einsame hat mehr Kinder, als die den Mann hat, spricht der Herr." (54, 1.) Damit greift das AT prophetisch hinaus über seine eigenen Grenzen und seine eigene Ordnung.

Im Propheten Jesaia, und zwar im 53. Kapital, liest auch der Eunuch, als ihn der Diakon Philippus auf der Straße nach Gaza trifft, und zwar enthält die Stelle, um deren Auslegung er sich bemüht, den Vers: *τὴν γενεὰν αὐτοῦ τις διηγήσεται*; was richtig übersetzt bedeutet: „Wer wird von seiner Nachkommenschaft erzählen?" Damit ist gesagt, daß der Knecht Gottes, der Messias, keine Nachkommen im üblichen Sinn haben und damit sein wird wie ein Eunuch. Also werden in seiner Gemeinde, anders als in der alten, auch die Eunuchen aufgenommen sein. Mit dem natürlichen Gottesvolk, dem Israel nach dem Fleisch konnte man nur verbunden sein durch die Blutsverwandtschaft, genauer gesagt, nur durch die Teilnahme an seiner zeitlichen Fortpflanzung, als Gatte einer gebärtüchtigen Frau und als Vater von Kindern. Der Entmannte war für dieses Volk so gut wie tot, er existierte in ihm überhaupt nicht. Die geschlechtliche Liebe bildete die Voraussetzung für die Zugehörigkeit zur Gemeinde, sie war das Band, das die Glieder zum

Ganzen verknüpfte. Mit dem neuen, dem eschatologischen Gottesvolk, mit dem Israel nach dem Geist aber ist der Einzelne verbunden durch eine andere, durch die geistliche Liebe, die nicht in die Zeit hinein, sondern aus ihr heraus zeugt und gebiert. Was nach alttestamentlicher Vorstellung ein schwerer Mangel sein mußte, wird jetzt geradezu zum Vorzug. Der zeugungsunfähige Mann und die unfruchtbare Frau werden zum Gleichnis der ewigen Fruchtbarkeit, der Fruchtbarkeit aus Gegenwart in Gegenwart. Und von dieser Art eben ist auch die neutestamentliche Agape, die „christliche Nächstenliebe".

So spricht Jesus selbst von solchen, die sich um des Himmelreiches willen verschnitten haben (Matth. 19, 12). Mindestens vom zweiten Jahrhundert an hat es in der Kirche Männer gegeben, die diese Worte durchaus im Gegensatz zum Geist des Evangeliums als Aufforderung zur Selbstentmannung verstanden und danach gehandelt haben. Das bekannteste Beispiel ist, wenigstens nach den freilich nicht sehr verläßlichen Angaben des Eusebius, *Origines.* Aber auch sonst finden sich in den Schriften der Kirchenväter, so bei Justin, Epiphanias, Athanasius u. a., Berichte über gelegentliche Selbstentmannungen christlicher Fanatiker. Das Konzil von Nicäa mußte schließlich gegen diese immer mehr um sich greifende Unsitte einschreiten. Wenn *Tertullian* die Frau „Pforte der Hölle", „Weg des Unrechts", „Stachel des Skorpions", „Gehilfin des Teufels" nennt und ausruft: „Weib, du solltest stets in Trauer und Lumpen gehen, die Augen voll Tränen. Du hast das Menschengeschlecht zugrunde gerichtet; um deiner Sünden willen mußte der Erlöser den Tod erleiden"[21]), so weist das alles in die gleiche Richtung. Das erwähnte Wort Jesu von den Verschnittenen um des Himmelreiches willen wird ohne Zweifel richtig auf eine geistliche Kastration, entsprechend der „Beschneidung des Herzens", gedeutet. Die Verschnittenen sind die, die keines Weibes bedürfen, nicht weil sie zeugungsunfähig sind, sondern weil sie ihr Lebenszentrum bereits drüben haben, und weil die Welt, in der gezeugt und geboren wird, für sie versunken ist.

Der Verschnittene erweckt keine sinnliche Liebe, und wenn er selber liebt, so bleibt seine Liebe unerwidert, er findet keine Gegenliebe, er kann sein Liebesbedürfnis im natürlichen erotischen Bereich nicht befriedigen und muß darum entweder überhaupt auf Liebe verzichten oder sich verweisen lassen auf eine Liebe, die nicht „von dieser Welt" ist. Der geistlich Verschnittene weiß sich, ohne durch ein Gebrechen dazu gezwungen zu sein, aus seiner Bekehrtheit heraus auf diese andere Liebe verwiesen, und er weiß, daß er immer Gegenliebe findet, ja daß eigentlich seine Liebe bloß die Gegenliebe ist auf jene, mit der er immer schon zuerst geliebt wurde, und das, obgleich er hier unglücklich zu lieben scheint. Er sieht den Menschen, die er liebt, ganz tief in ihr Herz, bis dorthin, wo sie lieben, ohne es zu wissen, auch ihn, den äußerlich Ungeliebten, vielleicht sogar Gehaßten. Und nur das ist christliche Liebe. „Wenn ein verschmähtes, nicht erkanntes, zurückgewiesenes Lieben das bitterste Leiden des Menschen ist, so ist es" – nach Franz von *Baader* – „auch dasjenige, was ihn am meisten Gott ähnlich macht, dessen Liebe die allerverkannteste und verschmähteste ist. Man möchte sagen, daß nur jener wahrhaft liebt oder der Liebe wahrhaft inne wird, welcher unglücklich, d. h. ungeliebt wie Gott liebt: wie denn jede verkannte und verschmähte Liebe sich gleichsam klagend zu Gott, als zur allverkannten, allverhöhnten, ja allgekreuzigten Liebe wendet und nur hierin ihren Trost findet, indem sie den Genossen ihres Schmerzes findet."

Es scheint somit für uns sehr wenig übriggeblieben zu sein von dem ursprünglichen Glanz des paradiesischen Eros, es scheint, als müßten wir radikal aller Erotik absagen, um in den Genuß der christlichen Agape treten zu können. Auch für die natürliche Liebe gelten die Worte, mit denen der Täufer Johannes von Christus und von sich selber redet: „Er muß zunehmen, ich aber muß abnehmen." (Joh. 3, 30.) Er, das ist Christus, der auferstandene Menschensohn mit seiner Liebe, ich, das bin ich, der sichtbare Mensch mit seiner Erotik. Und doch ist die die eschatologische Schranke transzendierende geistliche Agape keine andere Liebe als jene, die damals aufbrach, als Gott dem ersten Mann das erste Weib zuführte, als die Liebe des menschlichen Von-Gott-her zum eigenen Zu-Gott-hin, nur freilich führt der Weg dieser Liebe jetzt über das Kreuz, vor allem über das Kreuz dessen, in das hinein wir sie gehüllt und damit beinahe unkenntlich gemacht haben. Nicht also die Liebe selber muß darum abnehmen, sondern nur das, was wir irrigerweise für Liebe halten, indem wir gar nicht wahrhaft den Geliebten, sondern das eigene Ich meinen und wollen.

Otto *Weininger* beruft sich einmal auf das Zeugnis des Clemens Alexandrinus, nach dem Jesus zu Salome gesagt haben soll: „So lange werde der Tod währen, als die Weiber gebären, und nicht eher die Wahrheit geschaut werden, als bis aus zweien eins, aus Mann und Weib ein drittes Selbes, weder Mann noch Weib, werde geworden sein."[22]) An der etwas gnostischen Formulierung des Gedankens werden wir uns nicht gleich stoßen dürfen. Gemeint ist ja doch nur, daß Mann und Weib zusammen der ebenbildliche Mensch sind im Menschensohn, wie es auch bei Paulus heißt: „Doch ist weder der Mann ohne das Weib, noch das Weib ohne den Mann in dem Herrn.“ (1. Kor. 11, 11.) Ein anderer alter Exeget hat, worauf *Baader* aufmerksam macht, die Seitenwunde Christi, des neuen Adam, auf die Stelle gedeutet, aus der dem alten Adam einst die Rippe genommen wurde und in die nun diese gleiche Rippe, das Weib, die Braut, die Gemeinde wieder zurückgenommen werden soll, damit der Menschensohn auferstehen kann.

Dem Auferstandenen begegnet vor dem offenen leeren Grab Maria Magdalena. Sie will ihn, wie es scheint, umarmen. Er aber weist sie zurück (noli me tangere!) und fügt dann als Begründung hinzu: „Denn ich bin noch nicht aufgefahren zu meinem Vater.“ (Joh. 20, 17.) Der Versuch, die Vereinigung abermals diesseits der Grenze und in der Traumbefangenheit des irdischen Lebens herzustellen, muß abgewehrt werden. Erst drüben im Erwachen vor dem gegenwärtigen Gott können Mann und Weib, Bräutigam und Braut verbunden sein als der wahre Menschensohn und als das vollendete Ebenbild.

Ende

ANMERKUNGEN

EINLEITUNG

1 Georg Simmel, Fragment über die Liebe, Logos X/1, S. 18
2 Die Welt als Wille und Vorstellung, II/607
3 Psyche, Ausgewählte Ausgabe von L. Klages, S. 174
4 Das Gebot und die Ordnungen, S. 325

DER URSINN DER GESCHLECHTER

1 Kirchliche Dogmatik, III/1, S. 331
2 So vor allem Bultmann selbst, Theologie des NT, S. 131
3 a. a. O., S. 342
4 Die christliche Ethik, S. 61
5 Religion und Eros, S. 84 f
6 Zitiert nach Ph. Lersch, Vom Wesen der Geschlechter, S. 30
7 Geschlecht und Charakter, S 129
8 a. a. O.
9 Parerga und Paralipomena, II/497
10 Max Scheler, Vom Umsturz der Werte, II/233
11 a. a. O., S. 106
12 Der Mythos von Orient und Occident, herausgegeben von M. Schröter, S. 20 f
13 Die Frau in Europa, S. 11
14 a. a. O., S. 346
15 a. a. O., S. 323
16 Über die männliche und weibliche Form. Zitiert nach Lersch, a. a. O., S. 36
17 a. a. O., S. 38
18 a. a. O., S. 3
19 a. a. O., S. 46
20 Simmel, a. a. O., S. 40
21 Die Ehe, S. 119

DER EROS OHNE GOTT

1 Geschlecht und Charakter, S. 338
2 a. a. O., S. 396
3 a. a. O., S. 345 f
4 a. a. O., S. 302
5 Vom Wesen der Geschlechter, S. 12
6 W. a. W. u. V., II/619
7 S. 39 f
8 *σκληρον σοι προς κεντρα λακτιξειν*
9 a. a. O., II/637
10 a. a. O., S. 319 f
11 a. a. O., S. 40 f
12 a. a. O., S. 328
13 Zitiert nach W. Schubart, a. a. O., S. 184
14 a. a. O., S. 14
15 a. a. O., S. 32 f
16 a. a. O., S. 333
17 Zitiert nach A. Baeumler, Einleitung zu „Der Mythus von Orient und Occident, S. LXXXIV f
18 a. a. O., S. 493 f
19 Erkenntnisgeist und Muttergeist, S. 291
20 a. a. O., S. 495
21 a. a. O., S. 503
22 a. a. O., S. 508
23 Gründe und Abgründe, I/288
24 W. a. W. u. V., II/631

DIE EHE

1 Die unerschütterliche Ehe, S. 114
2 a. a. O., S. 39
3 a. a. O., Picard
4 Philosophie der Ehe, S. 136 f
5 Zitiert nach Picard, a. a. O., S. 218
6 Christliche Ethik, S. 451
7 a. a. O., S. 290
8 Ethos und Dämonie der Liebe, S. 33
9 Das Gebot und die Ordnungen, S. 330
10 a. a. O., S. 261

11 a. a. O., S. 95

12 a. a. O.

13 Kirchliche Dogmatik, III/2, S. 370

14 a. a. O., S. 60

15 a. a. O., S. 344

16 a. a. O., S. 58

17 Max Picard, a. a. O., S.105

18 a. a. O.

19 a. a. O., S. 92

20 Dedo Müller, Religion und Alltag, 4. Aufl., S. 151

21 Zitiert nach W. Schubart, Religion und Eros, S. 208

22 Weininger, a. a. O., S. 468

PERSONENVERZEICHNIS

symbolon

Die Buchreihe »symbolon« ist Teil eines Konzeptes, das der Arbeitskreis »symbolon« in den letzten Jahren entwickelt hat.
Die Arbeit dieses Kreises umfaßt Horoskop-Beratungen, Astrologie-Kurse, Esoterik-Kurse, Therapie-Gruppen, Einzel-Therapien und Phantasie-Reisen in Kassettenform. Nähere Informationen können unseren Büchern (Peter Orban: Die Reise des Helden, Kösel Vlg. 1983 und Astrologie als Therapie, Hugendubel 1986) sowie unserer Informations-Broschüre (»symbolon«, Eduard-Rüppell-Str. 3, 6000 Ffm 1) entnommen werden.
Da wir alle Lernende sind und insbesondere die Astrologie ein sehr tiefschürfendes Symbolsystem darstellt, so möchten wir es uns zur Angewohnheit machen, den erscheinenden Bänden dieser Reihe jeweils am Ende des Geburtshoroskop des Autoren (soweit verfügbar) beizugeben.
Der astrologisch interessierte Leser (und das werden zunehmend mehr) kann so über den Inhalt des Buches *und* das Horoskop des Autoren in einen Lernprozeß verwickelt werden, in dem er früher oder später die Einheit dieser beiden Symbolfiguren zu verstehen in der Lage ist.
Es läßt sich daran zeigen, daß das Leben eines Menschen und seine Form der Bearbeitung von »Welt« (in Form eines Buches) einer Gesetzmäßigkeit unterliegen.
Es dürfte die gleiche Gesetzmäßigkeit sein, die den Leser eines Buches ausgerechnet zu diesem Buch greifen läßt.

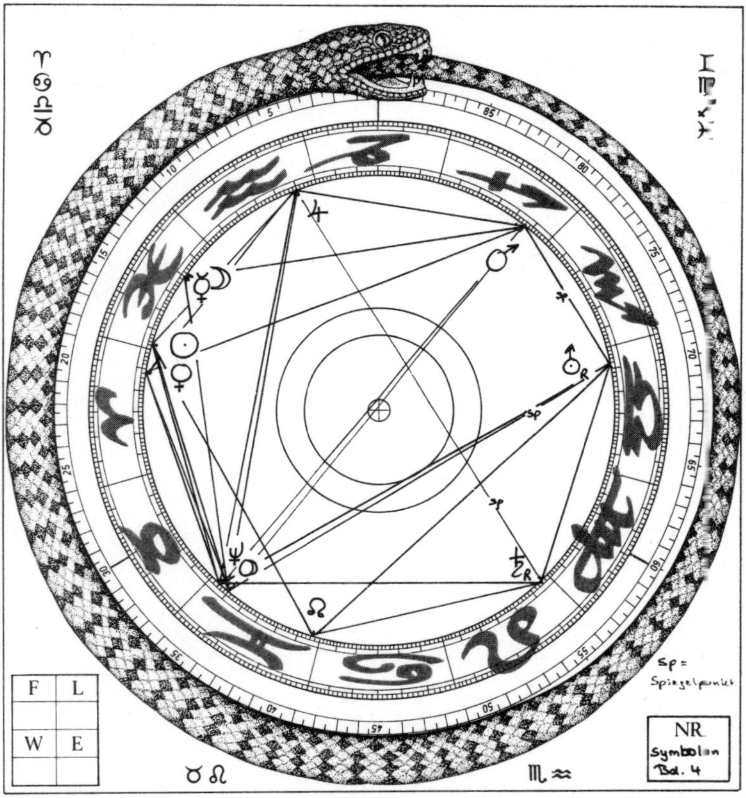

Name	Erwin Reisner	Geb.-Datum 19.3.1890	Geb.-Zeit ?
Geb.-Ort	Wien	Breite	Länge

MEZ	?	MC	?
WZ		11	
K		12	
OZ		AS	?
ST		2	
KP		3	

☉	28° ♓	♃	5° ♒
☊	28° ♊	♄	28°30' ♎ R
☽	4°–14° ♓	♅	25°40' ♎ R
☿	10° ♓	♆	2°11' ♊
♀	6° ♈	♇	5°8' ♊
♂	4° ♐	♇	

INHALTSVERZEICHNIS

März 1986
Umschlaggestaltung: Martin Orban
Gesamtherstellung: Franz Spiegel Buch GmbH, Ulm

Printed in Germany

ISBN 3-8036-3006-1

1. Auflage 1986